LA SIGNATURE
HUMAINE

Du même auteur

AUX ÉDITIONS DU SEUIL

Devoirs et délices, 2002
L'Homme dépaysé, 1996
La Vie commune, 1995
Une tragédie française, 1994
Face à l'extrême, 1991
Nous et les autres, 1989
Critique de la critique, 1984
La Conquête de l'Amérique, 1982
Mikhaïl Bakhtine, le principe dialogique, 1981
Symbolisme et Interprétation, 1978
Les Genres du discours, 1978
Théories du symbole, 1977
Poétique, 1973
Dictionnaire encyclopédique des sciences du langage (avec Oswald Ducrot), 1972
Poétique de la prose, 1971
Introduction à la littérature fantastique, 1970

AUX ÉDITIONS ROBERT LAFFONT

La Peur des barbares, 2008
L'Esprit des Lumières, 2006
Les Aventuriers de l'absolu, 2006
Le Nouveau Désordre mondial, 2003
Mémoire du mal, tentation du bien, 2000

AUX ÉDITIONS BIRO ÉDITEUR

L'art ou la vie ! Le cas Rembrandt, 2008

AUX ÉDITIONS GRASSET

La Naissance de l'individu dans l'art (avec Bernard Foccroulle et Robert Legros), 2005
Le Jardin imparfait, la pensée humaniste en France, 1998
Les Morales de l'histoire, 1991

(suite en fin de volume)

TZVETAN TODOROV

LA SIGNATURE HUMAINE

Essais 1983-2008

ÉDITIONS DU SEUIL
*27, rue Jacob, Paris VIe*

ISBN : 978-2-02-099326-5

www.editionsduseuil.fr

INTRODUCTION

La signature humaine

J'ai choisi les essais qui composent le présent volume parmi ceux que j'ai écrits au cours des vingt-cinq dernières années, entre 1983 et 2008. En jetant un regard rétrospectif sur une période aussi longue, je suis inévitablement conduit à m'interroger sur le sens de mon propre parcours. Et, pour commencer, sur le choix de ce point de départ : pourquoi en 1983 ?

Je suis né en Bulgarie en 1939, à la veille de la Deuxième Guerre mondiale. En 1944, l'Armée rouge a traversé mon pays natal (qui n'était pas en guerre avec l'URSS) et il est tombé dans la zone d'influence soviétique. Un semblant de démocratie y a été introduit au début mais, dès 1947, la dictature communiste était fermement établie sur le pays. Dès les premiers jours de ma scolarité donc, j'ai été immergé dans un monde qui subissait un contrôle idéologique devenu peu à peu total. Mes goûts m'ayant orienté vers les études littéraires, j'avais vite compris que tout débat tournant autour des idées et des valeurs que met en scène la littérature m'était interdit. Subsistait – peut-être ! – la possibilité de parler des œuvres en s'en tenant à leurs aspects les moins idéologiques : leur matière verbale, leurs formes poétiques ou narratives. De telles études n'étaient pas encouragées (elles ne contribuaient pas à la construction du socialisme) mais elles pouvaient être tolérées. J'ai commencé donc à m'intéresser aux différentes écoles de critique « formaliste » et aux ouvrages de linguistique générale.

À ma sortie de l'université, au début des années soixante, grâce aux efforts de ma famille, une opportunité a surgi devant moi : je pouvais partir pour un an en Occident, au-delà du « rideau de fer », pour y parfaire mon éducation. Sans hésiter, j'ai choisi Paris comme lieu de résidence – pour des raisons qui m'apparaissent aujourd'hui comme assez superficielles, telle la réputation (qui devait dater de l'avant-guerre) d'une « capitale des arts et des lettres ». Je ne connaissais bien ni la langue ni la culture française. Toutefois, une fois sur place, et après quelques mois d'errements, je me suis vu introduit par quelques personnes devenues amis, comme Gérard Genette et Nicolas Ruwet, dans un milieu intellectuel qui me convenait. En 1963, un courant d'idées et de pratiques venait de faire son entrée sur scène, on l'appelait le structuralisme, et son représentant le plus en vue était l'anthropologue Claude Lévi-Strauss. Dans les autres sciences humaines et sociales, on essayait de suivre les voies que ce dernier semblait ouvrir ; et donc aussi en études littéraires. Mes connaissances, aussi fragmentaires fussent-elles, de traditions autres que la française suscitaient la curiosité dans ces milieux traditionnellement très franco-centrés, je leur parlais donc avec enthousiasme des formalistes russes ou allemands, des « nouveaux critiques » anglais ou américains. Mes choix du temps de la Bulgarie communiste (la mise à l'écart des idéologies) s'intégraient facilement à l'esprit structuraliste en France.

Puis les choses ont changé. Mon séjour français qui ne devait durer qu'un an s'est transformé en choix de vie : je suis resté habiter en France, je me suis marié, je suis devenu chercheur au CNRS. Deux événements parmi d'autres me paraissent particulièrement significatifs pour mon évolution : en 1973, j'ai été naturalisé français ; en 1974, je suis devenu père. Ces deux changements, de nature tout à fait dissemblables, ont produit sur moi le même effet : ils m'ont amené à vivre davantage dans l'ici et le maintenant, et non plus seulement dans le savoir abstrait. La naturalisation m'a fait prendre conscience de ce que mes stratégies de défense et d'évitement, élaborées dans les conditions du régime totalitaire, n'étaient pas indispensables pour vivre dans une démocratie libérale comme la France. Le débat sur les valeurs et les idées sortait donc de la zone rouge ; je me suis même aperçu qu'il m'intéressait de plus en plus. Quant à la paternité, elle était devenue pour moi un fait trop central pour qu'elle ne marque pas aussi le reste de mes occupations, et j'aspirais confusément à voir s'établir une continuité entre les différents compartiments de mon existence.

Au cours des années qui ont suivi j'ai pris conscience d'une spécificité des sciences humaines que les théoriciens du passé avaient formulée depuis longtemps, mais dont la force m'est seulement apparue une fois que je l'eus ressentie dans ma propre expérience. Pour le dire en peu de mots : lorsqu'il s'agit d'analyser les comportements humains, nous cherchons certes à nous appuyer sur une information abondante, des observations précises, des raisonnements rigoureux ; mais cela ne suffit pas. Une fois acquis ce savoir, nous devons le soumettre à un travail d'interprétation, grâce auquel seulement il devient sens. Or, pour accomplir ce travail indispensable, le spécialiste en sciences humaines se sert d'un appareil mental, qui lui-même est le produit de son histoire personnelle. Bien entendu, il peut ensuite chercher à étayer ses intuitions et ses suppositions, en rassemblant d'autres faits allant dans le même sens ; il n'en reste pas moins que l'identité du savant joue en ce domaine un rôle autrement décisif que dans celui des sciences naturelles : une partie du sens qu'il construit provient de lui-même.

À la fin des années soixante-dix, je travaillais sur l'œuvre d'un historien de la culture et penseur russe, Mikhaïl Bakhtine, qui s'était parfois inspiré du travail des formalistes, mais qui les avait aussi fermement critiqués, en reprochant à leurs études d'ignorer les interactions humaines qui transparaissent derrière les formes verbales. Ses idées m'ont peut-être influencé ; plus encore, j'ai subi l'impact d'une rencontre à première vue anodine. Au cours d'un séjour au Mexique, où j'enseignais la théorie littéraire, je me suis mis à lire les écrits des premiers témoins de la Conquête, au XVIe siècle, et j'en ai été bouleversé. Je crois comprendre aujourd'hui : cette rencontre lointaine entre populations qui s'ignorent m'est apparue comme une sorte de parabole de ce que moi et tant d'autres immigrés avions vécu en changeant de pays. Bien entendu, les événements étaient tout à fait différents (et beaucoup moins graves), pourtant le cadre global restait le même.

À peine terminé mon livre sur Bakhtine, donc, je me suis jeté avec avidité sur cette matière jusqu'alors entièrement inconnue de moi, la conquête de l'Amérique. J'ai pris des leçons d'espagnol pour pouvoir lire les sources non traduites, je suis retourné au Mexique et, trois ans plus tard, je publiais un livre très différent de mes ouvrages précédents, intitulé *La Conquête de l'Amérique* (1982).

À partir de ce moment – me voilà parvenu à l'année 1983 ! – tout en maintenant une continuité avec les sujets qui m'avaient intéressé précédemment, je ne pouvais plus les étudier sans tenir compte de ce qui, en ma propre identité, me poussait vers eux ; j'essayais donc de tirer profit de mon expérience personnelle. Pour autant, il ne s'agissait nullement de remplacer l'étude du monde par l'autobiographie. L'objet de la recherche me restait extérieur et je cherchais à rassembler le maximum d'informations le concernant. Mais je n'oubliais pas que, pour les interpréter, je devais recourir à mon expérience personnelle et à ma mémoire. Cela justifie à mes yeux le choix des thèmes dont débattent les essais réunis ici. Ma propre expérience d'immigré, devenu par la force des choses une personne familière de plusieurs traditions différentes, m'aura guidé dans mon étude de la rencontre des cultures. Mes années de formation dans la Bulgarie communiste, entre 1944 et 1963, expliquent sûrement mon intérêt soutenu pour les comportements humains en régime totalitaire. Quant à notre dépendance du regard d'autrui et à la malléabilité de notre être, je trouve sans doute ma motivation dans quelques traits de mon propre caractère.

Que l'expérience personnelle du spécialiste en sciences humaines compte pour le résultat de ses recherches ne signifie donc ni qu'il remplace le savoir par la confession, ni qu'entre les deux s'établisse un simple parallèle. Plusieurs de ces essais traitent de cette relation entre « vie » et « œuvre », et j'essaie de montrer qu'elle peut être aussi d'inversion, ou de compensation, ou de complémentarité. La relation varie donc, mais elle est toujours présente. J'en ai eu encore une confirmation récente en découvrant, dans les archives de Germaine Tillion ouvertes après sa mort, sa manière de décrire le métier d'ethnologue. Elle s'était rendu compte qu'elle ne parlait pas de la population qu'elle étudiait, les paysans de l'Aurès en Algérie, de la même manière avant et après ses années de déportation à Ravensbrück. Elle n'avait pourtant recueilli aucune information nouvelle sur les Aurésiens ! Elle avait, en revanche, beaucoup appris sur les conduites humaines, les effets de la faim, la place de l'honneur, le sens de la solidarité. Du coup, sa compréhension du monde qu'elle étudiait s'était transformée.

Je n'ai pas changé d'opinion sur cette question de méthode depuis 1983, alors que j'ai évolué sur bien d'autres plans, et notamment pour ce qui concerne les thèmes abordés : l'écroulement du Mur de Berlin m'a libéré d'une contrainte intérieure et m'a permis d'introduire dans mon travail l'analyse du totalitarisme. En même temps, je dois constater que ma curiosité insatiable de faits saillants et d'histoires exemplaires m'a attiré vers des matières très variées, vers des auteurs qui ont écrit en diverses langues, au cours de plusieurs siècles (entre le XVIe et le XXe). Je me suis intéressé également à différentes sciences humaines, car je reste persuadé que, leur objet étant commun, elles ont tout intérêt à coordonner leurs recherches et à faire communiquer entre elles leurs résultats. Seul le manque de temps et l'obligation de nous soumettre à des contraintes bureaucratiques nous enferment à l'intérieur d'une discipline universitaire et nous font ignorer ce que font les voisins. Sociologie, ethnologie, psychologie, sciences politiques sont autant de voies conduisant vers le même centre. Auquel mènent également les disciplines historiques, histoire sociale, histoire des mentalités, tout comme celle des idées, de la littérature ou de l'art. Centre éclairé aussi par les sciences naturelles dont l'être humain ou ses proches parents sont l'objet, et qu'il est également regrettable de méconnaître : biologie, neurologie, psychologie clinique, éthologie. Et n'oublions pas la première science humaine, la littérature, qui a été pendant des millénaires la grande forme d'expression et de préservation de la sagesse humaine ! Elle n'est du reste pas rendue inutile par l'essor des sciences humaines ; comme le disait Germaine Tillion, l'une de leurs meilleures praticiennes : « Seuls les romanciers nous sortent de l'approximation. »

J'ai réparti en trois « genres » les essais qui composent ce volume et dont aucun ne porte exclusivement sur des concepts généraux (je me reconnais à cet égard dans une formule de Leibniz – qu'aimait citer Marc Bloch – évoquant « la volupté d'apprendre des choses singulières »). Le premier est celui des « portraits », et c'est à dessein que je les ai mis au début : les rencontres avec leurs modèles, qu'elles se soient déroulées dans le monde extérieur ou à travers les livres, m'ont marqué durablement. Je suis conscient de l'effet un peu étrange que peut produire le rapprochement de ces figures tutélaires entre elles. En dehors de la reconnaissance que j'éprouve à leur égard, rien ne les relie ; les admirateurs et disciples de chacun de ces personnages restent des groupes humains indépendants les uns des autres. La juxtaposition de ces portraits est donc aussi une manière de dessiner mon propre autoportrait – un « portrait chinois », comme on dit, composé de mes goûts pour les autres.

La plus ancienne parmi ces rencontres est celle avec Roman Jakobson, linguiste et historien russe, puis américain, dont je me sentais proche au cours de la période antérieure à 1982. Il était, à bien des égards, l'emblème vivant du structuralisme, et de plus établissait des ponts entre l'Est et l'Ouest comme entre linguistique et poétique. Mais je crois que ce qui m'attirait vers lui étaient plutôt ses qualités personnelles : son cosmopolitisme, sa boulimie de connaissances, sa générosité avec les jeunes qui l'entouraient, son enthousiasme pour toutes les créations artistiques.

J'ai joint sa figure à celle de Mikhaïl Bakhtine, que, à la différence de Jakobson, je n'ai jamais rencontré en chair et en os, mais dont j'ai lu les livres. C'est sa pensée qui m'a intéressé avant tout ; sa manière de mettre en lumière l'interdépendance des êtres humains, leur vie nécessairement dialogique, m'a aidé à donner forme à mes propres intuitions.

Le troisième personnage retenu pour ma galerie de portraits est Edward Said, critique et essayiste américain d'origine palestinienne ; à la différence des deux Russes, qui étaient de la génération de mes parents, Said appartenait à la mienne et nous étions amis, même si l'on ne se voyait qu'irrégulièrement. Bien que nos histoires soient très différentes, je me sentais proche de sa réflexion sur la différence des cultures et sur les effets de l'exil ; j'admirais en même temps son courage civique.

Les deux derniers modèles de mes portraits, tous deux des Français, se rattachent de nouveau à la génération précédente. Si je n'ai pas connu Raymond Aron, analyste de la vie politique et historien, je me suis senti concerné par sa pensée après sa mort, survenue en 1983. Ce qui m'a attiré d'abord vers lui était son analyse lucide du totalitarisme et de ses effets pervers sur les intellectuels. Mais j'ai beaucoup apprécié aussi sa manière d'approcher les problèmes les plus variés de la vie publique : bien informé, évitant de caricaturer l'adversaire, ne se laissant pas emporter (sauf exception) par ses propres passions.

Enfin Germaine Tillion, devenue une figure centrale pour moi depuis une dizaine d'années. J'ai fait tardivement connaissance avec la personne, alors que je fréquentais ses livres depuis quelque temps déjà ; dans les dernières années de sa vie (elle est morte en 2008), j'ai œuvré pour que ses écrits soient mieux connus du public, en participant à leur édition ou réédition. J'admire en elle la femme intrépide qui s'installe seule pendant des années dans les montagnes arides de l'Algérie afin d'y conduire une enquête ethnologique ; qui, à peine rentrée à Paris en 1940, s'engage dans la résistance ; qui, déportée à Ravensbrück, lutte de toutes les forces de son esprit contre l'inhumanité. Mais ce qui me la rend particulièrement chère vient après : c'est sa manière de tirer des leçons des terribles épreuves qu'elle a subies, sa capacité d'éviter de déshumaniser ceux qui lui ont fait mal, son effort pour devenir la protectrice de nouvelles victimes au lieu de se complaire dans le rappel de sa propre souffrance ; et, peut-être plus que tout, son humilité, son humour, sa légèreté. Je suis heureux d'avoir connu une personne aussi remarquable.

Enfin, le portrait de Goethe appartient à la même série mais je l'ai mis à part, à la fois parce qu'il se réfère à un passé beaucoup plus lointain et parce que je n'ai pas eu l'ambition d'évoquer ici toute l'œuvre et toute l'existence de cet homme universel : je me suis contenté d'en dessiner un profil, d'en donner une vision parmi d'autres possibles. Pour ma part, j'ai été particulièrement sensible à sa réflexion sur notre dépendance les uns des autres, mais aussi à ses idées sur l'art et la littérature ou à sa sagesse pratique.

Les deux autres sections du livre demandent moins d'explications. J'ai constaté que mes essais oscillent entre les études de textes (ce que j'appelle « lectures ») et l'étude de ce qui a été l'objet d'autres textes, c'est-à-dire les événements du monde (ce sont les « histoires »), même si tel essai particulier peut participer des deux. Les « histoires » concernent le rapport des individus au régime politique dans lequel ils vivent, interrogé à travers un exemple unique, le totalitarisme du XXe siècle, dans son opposition à la démocratie. Le rôle du totalitarisme a été particulièrement important en Europe, terrain d'affrontement entre ses deux grandes variantes, communisme et nazisme ; mais il n'est pas négligeable sur les autres continents, soit que des régimes s'inspirant des idées communistes s'y soient installés, soit que la lutte contre ces idées ait engendré des dictatures militaires ou conduit à des pratiques anti-démocratiques. Les régimes totalitaires ne représentent plus une menace aujourd'hui, mais l'expérience de ce passé proche recèle encore des leçons pour nous. Ses traces sont visibles partout, non seulement dans les pays qui en ont souffert ; et ce régime n'est pas venu d'une autre planète, il est né parmi nous, à partir de pratiques qui ne nous sont pas étrangères. De plus, au cours de cette expérience se sont révélés des traits humains que l'on pouvait ignorer jusque-là, mais dont on sait aujourd'hui qu'ils se retrouvent sur toute la surface du globe. Certaines personnes en ont été détruites ; d'autres, au contraire, ont révélé dans leur résistance au totalitarisme des qualités insoupçonnées. Ce sont quelques-unes de leurs histoires que j'ai essayé de raconter ici.

Enfin, dans la dernière section, celle des « lectures », je cherche à pratiquer une « critique dialogique », celle qui ne se contente pas de décrire le sens du texte mais entre en débat avec son propos, postulant que nous nous trouvons tous deux – l'auteur étudié et moi – à l'intérieur d'un cadre plus général, celui d'une recherche de vérité et de justice. C'est ce qui me permet, en toute humilité, de questionner certaines pensées, par exemple de La Rochefoucauld ou de Beckett. Il est question dans ces textes des thèmes déjà évoqués : la vie commune, la rencontre des cultures, l'art et la spiritualité.

À travers ces différences de genre, d'époque ou de pays, je crois entrevoir un objet commun à toutes ces recherches : quels que soient les angles d'approche, les niveaux de généralité ou les parcours suivis, il s'agit toujours d'une tentative pour mieux comprendre les conduites humaines – ce que désigne aussi le titre du livre, *La Signature humaine*. Je ne suis pas qualifié pour identifier ce qui serait spécifiquement humain, et nous distinguerait des autres mammifères, je ne suis même pas certain que cette distinction soit nécessaire : après tout, nous appartenons bien au règne animal et ce qui nous importe sont les traits saillants des comportements humains, leur originalité n'est pas décisive. C'est la raison pour laquelle je m'attache à l'analyse de nos actes sociaux, de nos régimes politiques, de la rencontre entre cultures ; mais aussi à notre capacité d'imaginer des œuvres, du sens, des idéaux, une spiritualité, une continuité temporelle (qui inclut ce qui précède notre apparition au monde et ce qui suit notre disparition), un cosmos.

Nous avons besoin de connaître cette « signature humaine » non seulement parce que la connaissance en elle-même est une joie, ou parce que nous pourrions en tirer quelques avantages pratiques, mais aussi parce que les valeurs humanistes, qui permettent d'orienter notre action à plus long terme, doivent s'appuyer sur les traits constitutifs de l'identité humaine. Si l'autonomie du sujet est l'une de ces valeurs, c'est parce que nous savons que l'être humain possède une conscience et une imagination qui lui permettent d'explorer en esprit l'infinité de l'espace et du temps, et aussi de concevoir des valeurs et des idéaux qui orientent son action ; il peut donc tenter de s'arracher à toute détermination subie – c'est en ce sens que l'on dit que sa liberté est inaliénable. Si faire d'autrui une fin est une valeur légitime, c'est que l'être humain est frappé d'une incomplétude constitutive, qu'il a besoin des autres pour exister. Les hommes dépendent les uns des autres non seulement pour se reproduire et assurer leur survie, comme les autres espèces, mais aussi pour devenir des êtres conscients et parlants ; ils découvrent qu'ils ne peuvent s'en passer s'ils veulent s'accomplir : le bonheur des autres fait le leur. Enfin, si l'égale dignité de tous les membres de l'espèce est une valeur, c'est parce que nous partageons une même identité biologique, qui nous met à part de toutes les autres espèces.

Ces valeurs communes ne sont donc pas le pur produit de la volonté humaine mais correspondent à la « signature humaine » ; elles s'imposent avec la force d'une évidence que ne possèdent pas les simples conventions. Les valeurs humanistes ne sont pas inventées, elles sont découvertes[1].

PORTRAITS

Germaine Tillion

J'ai rencontré l'œuvre de Germaine Tillion quand j'approchais de la cinquantaine, alors que j'écrivais mon livre sur la vie morale aux camps de concentration, *Face à l'extrême*. Son *Ravensbrück* m'a paru être l'un des textes les plus riches et les plus sages sur ce sujet éprouvant. Dix ans plus tard, je suis revenu vers son œuvre à l'occasion d'un autre ouvrage. Dans *Mémoire du mal, tentation du bien*, j'essayais de réfléchir sur l'histoire européenne du XXe siècle et j'avais décidé d'alterner l'analyse des grands désastres du siècle et les portraits de quelques personnalités hors pair, qui avaient su réagir avec force et dignité aux vagues déferlantes des totalitarismes. Le personnage de Germaine Tillion s'est vite imposé à moi, à côté de ceux de ses camarades Margarete Buber-Neumann et David Rousset, ou d'auteurs comme Vassili Grossman, Primo Levi et Romain Gary ; elle était la seule parmi eux à être en vie. J'ai lu à cette occasion ses autres écrits et découvert avec émerveillement son humour et son esprit non conformiste. C'est à la suite de ce dernier travail que j'ai fait sa connaissance.

Elle avait à ce moment quatre-vingt-dix ans bien sonnés, mais gardait son esprit vif et malicieux. Si j'ai éprouvé aussitôt une affection particulière pour elle, ce n'était pas parce qu'elle avait accompli des actes héroïques. Elle l'avait fait pourtant : comme résistante, dans Paris occupé, au risque de sa vie ; en déportation à Ravensbrück, en essayant d'aider les autres ; pendant la guerre d'Algérie quand, intrépide, elle s'était mêlée de ce qui ne la regardait pas, provoquant l'ire tant des inconditionnels de l'Algérie française que des durs du FLN, puisqu'elle n'avait qu'un souci en tête : sauver des vies humaines, donc empêcher aussi bien la torture et les exécutions capitales que les attentats aveugles. On admire les actes héroïques ; or ceux qui l'ont approchée *aimaient* Germaine Tillion. L'attrait qu'exerçait sur moi sa personnalité venait d'ailleurs – peut-être de ce que, de ses exploits du passé, elle ne faisait jamais étalage. Rien ne lui était plus étranger que de s'ériger en donneuse de leçons, en redresseur de torts, en incarnation du bien. J'ai acquis la conviction que, si elle occupe une place unique dans l'histoire de France du XXe siècle, ce n'est pas tant à cause de sa participation à la résistance, ni parce qu'elle a su témoigner avec éloquence de son vécu de déportée, mais plutôt parce qu'elle a su faire de ses expériences passées un usage tout à fait particulier. Elle a mené d'un même élan action et réflexion, elle a pensé sa vie et vécu sa pensée. C'est cette femme exceptionnelle, sage et drôle à la fois, qui s'est éteinte dans sa maison, en avril 2008, dans sa cent unième année.

Je me rends compte aujourd'hui que cette rencontre, survenue assez tard dans ma vie (et encore plus tard dans la sienne), m'a marqué en profondeur, que j'ai trouvé en Germaine Tillion une figure à la fois proche et exemplaire, l'incarnation de qualités qu'auparavant je ne savais pas distinguer clairement. Pour essayer de les décrire, je dois à mon tour évoquer simultanément un destin et une pensée – car ils sont étroitement entrelacés.

Le récit d'une éducation

Pour ce faire, il ne sera pas nécessaire d'évoquer la vie entière de Germaine Tillion (1907-2008) ; il suffira d'observer d'assez près la période qui correspond à sa formation intellectuelle et spirituelle, son *Bildungsroman*, en quelque sorte. Cette formation intérieure débute en 1934, avec sa première mission ethnologique dans l'Aurès algérien ; elle s'achève, en grandes lignes, en 1958, quand Tillion, au retour d'un autre voyage en Algérie, revient en France et commence son enseignement à l'École pratique des Hautes Études, où elle a été élue directeur d'études ; elle vient d'avoir cinquante ans.

La première mission la conduit donc dans le massif aurésien, dont la population est constituée de Chaouias, parlant le berbère. Comment décrire la jeune femme qui s'engage dans un séjour qui se poursuivra, avec des interruptions, pendant six ans ? À l'instar de ses parents, elle se considère alors comme une catholique pratiquante. Elle n'appartient à aucun mouvement politique mais éprouve un attachement viscéral pour sa patrie – ses paysages et ses coutumes, ses paysans et ses instituteurs – qui ne la conduit cependant pas à l'admiration béate : elle est consciente également des faiblesses de la France, de sa somnolence ronronnante, de son désir d'ignorer les dangers environnants en préférant se bercer de rêves de bonheur. C'est la raison de sa « poignante tendresse pour [s]on pays[1] » comme de ses réactions aux événements politiques en cours : la condamnation sans appel de l'Allemagne nazie, perçue comme une menace pour la France, la sympathie pour l'Espagne républicaine ou pour la Tchécoslovaquie sacrifiée à Munich, les craintes devant le Pacte germano-soviétique.

À ce fond chrétien et patriotique s'ajoute un ingrédient lié à son futur métier d'ethnologue et à son appartenance au milieu regroupé autour du musée de l'Homme. Celui-ci a été créé en 1937 à la place de l'ancien Musée d'ethnographie du Trocadéro, avec à sa tête des personnalités proches du Front populaire. Les membres des nouvelles équipes ne sont pas des anti-colonialistes, mais ils partagent la conviction que tous les hommes sont égaux et que le racisme est « une stupidité totalement exécrable[2] ». C'est dans cet esprit que, poussés par une grande curiosité, les jeunes ethnologues partent aux quatre coins du monde pour étudier les sociétés étrangères.

Le premier apprentissage de Tillion, une fois installée sur son terrain, concerne les habitants de l'Aurès : malgré leurs étrangetés apparentes, ils sont en réalité beaucoup plus proches des mœurs françaises qu'il ne paraît – non des habitants des villes, il est vrai, mais des paysans traditionnels. Eux non plus ne sont parfaits – ils ont autant de préjugés que leurs cousins français, autant de défauts et de qualités – et ils agissent poussés par les mêmes mécanismes psychiques et sociaux. Elle peut donc les comprendre en se projetant en eux, et les relations qu'elle établit avec eux (que ce soit dans l'Aurès ou, plus tard, dans la banlieue parisienne) sont fondées sur la réciprocité : elle répond à leur curiosité tout en cherchant à satisfaire la sienne, elle invite chez elle ceux qui l'ont reçue, elle rend service à ceux qui la traitent avec courtoisie. Ainsi la méfiance cède peu à peu la place à la confiance.

Le deuxième apprentissage concerne sa propre personne. Vivre parmi ces autres si différents produit sur soi un effet libérateur : « L'appartenance à une culture étrangère affranchit des passions inculquées[3]. » On cesse de prendre sa propre culture pour la nature, on établit une distance avec soi-même et, sans cesser de se voir de l'intérieur, on commence aussi à se percevoir du dehors. L'effet de cette double vision et de cette distance entre soi et soi est rafraîchissant et produit souvent un effet comique. Le ton des fragments autobiographiques laissés par Tillion, qui décrivent cette partie de sa vie, est généralement marqué par l'auto-ironie, sinon par la dérision. La discordance entre les attentes de la jeune ethnologue et les réalités du terrain provoquent le rire de l'auteur qui se juge, même à la fin de son séjour, en 1940, comme une « ethnologue de carton[4] ».

Un troisième apprentissage s'est produit en ces mêmes années sans qu'elle s'en rende compte sur le moment. Elle le décrit ainsi dans un entretien plus tardif : « Mon expérience de 1934 à 1940, en Algérie dans l'Aurès, m'avait déjà appris à vivre dans un milieu qui m'était complètement étranger, à regarder tous les problèmes politiques comme des objets. » Cette manière de traiter le monde environnant comme un objet d'étude se révélera particulièrement utile au cours des années suivantes. « Lorsque je me suis retrouvée, en 1940, en France, et ensuite à Ravensbrück, j'ai gardé cette façon de voir chaque chose, même la pire, comme un objet à analyser, ce qui oblige à aller chercher les informations là où elles sont »[5].

Tillion termine ses missions dans l'Aurès au début de juin 1940 et rentre à Paris au moment de la débâcle. Sa décision de ne pas accepter la défaite et donc de se lancer dans la résistance est immédiate, spontanée, irréfléchie ; elle ne procède pas d'une analyse savante ou politique mais d'un pur réflexe patriotique. L'annonce de la demande d'armistice, par Pétain, l'a fait littéralement vomir ; dès le lendemain, elle s'est mis en tête qu'« il fallait absolument faire quelque chose[6] » et part en quête d'autres personnes qui réagissent comme elle ; elle les trouve sans grand mal. C'est le patriotisme aussi qui lui rend d'emblée tous les Allemands suspects, même si elle sait qu'ils ne sont pas tous nazis (elle changera considérablement sur ce dernier point).

Une fois engagée dans la résistance, Tillion fait plusieurs nouvelles découvertes. Alors que l'ethnologie lui avait enseigné qu'aucune différence qualitative ne sépare une variété humaine et une autre, qu'à y bien regarder le lointain se révèle proche, elle apprend maintenant que tous les hommes ne sont pas semblables et que les proches peuvent s'avérer entièrement étrangers. Il y a bien deux races d'hommes, mais elles n'opposent pas les Européens aux Africains ni les civilisés aux barbares. Elles ne séparent pas non plus les tenants de différentes positions politiques ou les adhérents de différents partis : Tillion a découvert que parmi ses camarades de résistance les sympathies politiques vont de l'extrême gauche communisante à l'extrême droite monarchiste et catholique ; elle-même, qui continue de parler à tous, se qualifie pour cette raison de « modérée ». Peu importe aussi la catégorie sociale ou la classe. Dans la résistance, la division qui compte est simple : il y a ceux qui sont avec nous et ceux qui sont contre nous. Déportée à Ravensbrück, Tillion affine progressivement son intuition : la grande division de l'humanité en deux catégories est de nature morale. « Il y en a qui ont su qu'ils aimaient mieux mourir que trahir, et d'autres, qu'ils aimaient mieux trahir que mourir ; il y en a qui ont su qu'ils pouvaient donner leur dernier morceau de pain, et d'autres, qu'on pouvait voler celui d'une malade ou d'un enfant[7]. » La qualité humaine qui lui importe plus que toute autre, Tillion la nommera la *fiabilité*.

Elle verra de près l'action de ceux qui choisissent de trahir, puisqu'elle-même sera la victime d'un traître et que, plus grave encore, la trahison enverra ses amis du musée de l'Homme devant le poteau d'exécution, et sa propre mère à la chambre à gaz de Ravensbrück. Elle découvrira qu'il existe des êtres humains qui, non contents de trahir par égoïsme ou avidité, jouissent en plus de la souffrance des autres : ceux-là occupent à ses yeux l'échelon le plus bas de la qualité humaine et incarnent ce qu'elle appellera « le versant atroce de l'humanité ». L'un d'entre eux, un chanoine dont elle a fait le saisissant portrait, lui décrit avec le « sourire le plus épanoui et heureux » le sort atroce qui attend ses camarades condamnés à mort. Un autre, « avec ce même sourire de félicité complète et épanouie », choisit à Ravensbrück les femmes qui doivent être gazées immédiatement, tout en leur disant : « Le cœur bat, n'est-ce pas ? »[8]. Apprentissage cruel pour Tillion : ce sont pourtant des hommes comme les autres, des gens ordinaires. Elle ne pourra plus jamais se bercer d'illusions sur l'humanité, ni oublier son « versant atroce ». N'importe quelle société contient en elle les germes de haine, de peur et de crime, que des conditions appropriées peuvent transformer en monstruosités semblables à celles qu'elle a vécues à Ravensbrück. À l'état de larve, l'extrême gît au sein du commun. Tillion accomplit là un pas important dans son apprentissage : « C'est alors, et alors seulement, que je refis mes classes "humanistes"[9]. »

En même temps, elle fait de nouvelles découvertes sur elle-même. Elle apprend maintenant que ce qui fait souffrir le plus intensément ne sont pas les coups, ni même la perspective de mourir, mais les souffrances infligées à des êtres proches et qu'on est absolument impuissant à soulager. Elle traverse cette douloureuse épreuve à deux reprises au moins. La première, c'est lorsque ses amis du musée de l'Homme sont arrêtés, puis torturés, enfin condamnés à mort. Imaginer le sang qui gicle de visages connus et chéris est insupportable, elle se retrouve « avec un nœud de douleur à la place du cœur ». Apprendre leur condamnation à mort, voir échouer tous ses efforts pour repousser l'exécution est insupportable pour l'esprit et engendre une angoisse de tous les instants. Ce qui aggrave encore la souffrance, c'est de se sentir ne serait-ce que partiellement responsable de ce qui arrive aux autres. « Soutenir une thèse morale assis dans un fauteuil, en buvant une tasse de thé, est une chose, c'en est une autre [...] de se dire que des êtres – vivants, heureux, entourés de familles qui les aiment – vont subir la vraie mort, après la vraie torture, parce qu'ils vous ont écouté, vous et vos édifiantes raisons »[10].

La seconde épreuve n'est pas moins insupportable : elle concerne sa propre mère. Émilie Tillion a été arrêtée pour complicité avec les activités illégales de sa fille, en l'occurrence pour avoir hébergé des parachutistes anglais, et cette fille ne peut manquer de se sentir responsable du destin de sa mère. Les deux femmes sont détenues pendant quelque temps dans la même prison, ensuite Germaine est envoyée, sans sa mère, à Ravensbrück, où elle arrive fin octobre 1943. Elle espère donc la libération d'Émilie ; au lieu de quoi elle apprend, au cours de l'appel du 3 février 1944, que sa mère vient d'arriver au camp aussi. « J'étais pétrifiée de douleur[11]. » Germaine fait tout ce qui est en son pouvoir pour rendre ce séjour moins pénible à sa mère, mais ne peut rien contre la politique d'extermination : le 1er mars 1945, Émilie est jetée dans la chambre à gaz, condamnée à mort pour cause de cheveux blancs. La souffrance de sa fille, impuissante, est indicible.

À côté de cette nouvelle vulnérabilité, liée à l'amour et l'amitié que l'on éprouve pour les siens, Tillion fait une autre découverte sur elle-même. Apprenant, alors qu'elle est dans la résistance, la prochaine exécution de ses camarades, elle sent monter en elle une résolution nouvelle : si nécessaire, elle est prête à tuer. « Toute entreprise contre l'ennemi me parut valable[12]. » Il ne sert à rien de condamner certains actes comme étant « terroristes » : dans ce combat-là, on ne peut se défendre qu'avec les moyens dont on dispose. Sa propre arrestation est du reste liée à un projet « terroriste » : elle essaie de libérer des prisonniers résistants et de « neutraliser », c'est-à-dire d'éliminer, le traître responsable de l'arrestation du réseau « Musée de l'Homme ». Ce nouveau savoir lui sera particulièrement utile quinze ans plus tard, lorsqu'elle sera confrontée aux « terroristes » du FLN algérien.

Tillion vit des expériences qu'elle n'aurait pu imaginer auparavant. Ainsi le choc de l'arrestation, lorsque soudain tout s'immobilise, que tous ceux qu'on aime sont en danger et que toutes les sensations sauf la douleur disparaissent. Ou la lecture de son acte d'accusation qui comporte non moins de cinq motifs entraînant une condamnation à mort. Elle note avec humour : « Deux ou trois condamnations me semblaient suffisantes pour mon cas, mais j'en conçus une vision pessimiste de mon avenir. » Pourtant, quelques mois plus tard, elle connaît un tout autre état : parce que les exécutions se sont provisoirement raréfiées et parce qu'elle a été autorisée à travailler sur sa thèse en prison, elle se sent soudain sereine et même euphorique. Elle éprouve « un sentiment de paix et de joie », « un apaisement profond à pouvoir [se] dégager de plein droit de la haine et de l'obsession des crimes allemands ». Ce n'est pas qu'elle les condamne moins, ni qu'elle renonce à son idéal patriotique, mais elle réussit à dépasser le manichéisme qui fait exclure de l'humanité les ennemis du moment. Elle parvient désormais à « équilibrer l'amour très exigeant et douloureux que nous avions pour notre pays et le besoin de ne rien rejeter de ce qui est humain »[13].

Quelques mois plus tard cependant, une nouvelle expérience brutale lui est infligée : l'arrivée au camp, un lieu où les êtres humains sont en quelques heures dépossédés de tout ce qui formait auparavant leur identité, depuis leurs droits les plus élémentaires jusqu'à leur nom, en passant par la totalité de leurs objets ou habits, voire de leurs cheveux. Le but, souvent atteint, est l'avilissement profond des détenus.

Tillion s'est demandée pour quelle raison elle s'était retrouvée parmi les survivantes du camp. Question d'autant plus difficile que, au lendemain de l'assassinat de sa mère, elle avait constaté la disparition du « désir viscéral de vivre[14] ». Elle répond en évoquant une conjonction de raisons. Il y a d'abord, quelques jours après ce premier constat, une décision délibérée de rester en vie. Le but des nazis est l'anéantissement des détenues, survivre devient dans ce contexte un acte de résistance, un moyen de mettre leur projet en échec. À cela s'ajoute, bien entendu, une bonne dose de chance : il est illusoire de penser, dans les conditions du camp, que l'on tient entièrement son destin entre ses mains ; il aurait suffi qu'un des médecins SS passe par l'infirmerie un quart d'heure plus tôt ou plus tard pour qu'il ne reste rien de vos décisions catégoriques. Vient ensuite un sentiment de devoir : les déportées ont la conscience d'assister et de participer à une situation exceptionnelle, une déchéance inédite de l'espèce humaine ; se maintenir en vie pour en rendre compte au reste de l'humanité est une sorte d'obligation, non pour punir les responsables des crimes du passé, mais pour prévenir, autant que faire se peut, le retour de ces crimes dans l'avenir.

C'est ce même sentiment d'une mission à accomplir qui, quelques années plus tard, amènera des anciens déportés à s'engager dans la lutte contre les camps toujours en activité, en URSS et en Chine, en Grèce et en Espagne. Tillion avait déjà été alertée sur la réalité du régime soviétique par son maître en ethnologie, Marcel Mauss ; au camp, elle avait entendu les récits de sa camarade Margarete Buber-Neumann, transférée à Ravensbrück à partir des goulags soviétiques, cadeau de Staline à Hitler du temps de leur pacte. La guerre terminée, l'expérience traumatisante des anciens déportés leur impose un devoir : celui d'en partager les leçons avec les autres, et donc d'intervenir dans les situations nouvelles où d'autres qu'eux deviennent victimes. C'est pour cette raison que David Rousset, revenu de Buchenwald en 1945, engage en 1949 un mouvement en faveur des détenus qui n'ont toujours pas été libérés, ceux des camps soviétiques ; son appel est spécifiquement adressé aux autres anciens déportés. Tillion qui le rejoindra dans cette lutte écrira, au nom de sa propre association d'anciennes déportées : « Nous ne pouvions pas nous désintéresser du sort de ceux qui souffraient ce que nous avions souffert[15]. » Elle vivra toujours cet appel à aider les autres comme une obligation n'admettant aucune exception. Les membres de la commission fondée par Rousset ne disposent d'aucune force, ni militaire, ni diplomatique, ni politique ; ils n'ont à leur disposition qu'une arme unique : la vérité sur ces régimes, qu'ils cherchent à établir et à faire connaître aussi largement que possible.

Tillion aura été protégée dans une certaine mesure des rigueurs du camp par sa capacité de mettre de la distance entre sa conscience d'elle-même et son expérience du moment. Elle la doit peut-être à ce qu'elle appelle « l'intérêt intense que j'ai pour le spectacle de la vie et un certain désintérêt de moi-même et de mes propres sentiments[16] », qui lui permet de faire du vécu immédiat une instance parmi d'autres du monde extérieur. C'est après tout ce même trait de caractère qui l'a poussée vers la carrière scientifique et qui, comme on l'a vu, lui a appris dès l'Algérie à considérer les situations dans lesquelles elle est plongée comme « un objet à analyser ».

Trait qui est sans doute responsable aussi de l'humour avec lequel elle considère son destin. Il s'agit là d'un choix délibéré, qu'elle avait défendu dans un tract destiné à une publication clandestine, au tout début de la résistance. « Nous pensons que la gaîté et l'humour constituent un climat intellectuel plus tonique que l'emphase larmoyante. Nous avons l'intention de rire et de plaisanter et nous estimons que nous en avons le droit, car nous nous sommes engagés corps et biens dans l'aventure nationale[17]. » À la prison déjà, lorsque ses interrogateurs la menacent de torture, elle parvient à les faire rire par son autodérision ; à l'acte d'accusation qui peut la conduire à une quintuple condamnation à mort elle répond par une lettre ironique et humoristique qui transforme en comédie des péripéties proprement tragiques. On pourrait dire de cette lettre qu'elle est la première œuvre littéraire de Tillion et qu'elle marque la découverte d'une vocation : l'écrire provoque en elle un état d'extase. « Je fus si heureuse de pouvoir écrire avec une plume, après cinq mois de secret absolu, que ma main tremblait de joie en écrivant[18]. »

La même capacité de rire de soi permet à Tillion de rédiger, à Ravensbrück, son incroyable opérette-revue *Le Verfügbar aux enfers* qui, pour remonter le moral de ses codétenues, tourne leurs mésaventures en dérision. Ce faisant, son auteur ne manque pas de caricaturer les ethnologues eux-mêmes sous les traits d'un naturaliste qui tente de décrire une nouvelle espèce vivante, les détenues catégorisées comme *Verfügbar* (ou « disponibles »), c'est-à-dire celles qui, au lieu de partir en commando, restent au camp où elles sont corvéables à merci. Ces dernières découvrent progressivement les réalités du camp.

> *Nenette*. J'irai dans un camp modèle, avec tout confort, eau, gaz, électricité…
>
> *Le chœur*. Gaz surtout[19]…

Les déportées sont habillées de loques mais se comportent comme des mannequins de mode ; elles sont épuisées mais essaient de danser le french cancan ; elles sont traitées comme des animaux mais parlent un langage châtié ; elles sont faméliques et enlaidies mais on les appelle les *girls*…

Enfin, ce que Tillion appelle « une coalition de l'amitié » est également responsable de sa survie au camp. Elle se manifeste déjà en prison, où les gestes de solidarité sont nombreux et immédiats. Elle se maintient, quoique affaiblie, dans les camps, en particulier semble-t-il dans ceux des femmes. Il faut en effet se garder d'une vision simpliste du comportement moral des détenus : l'avilissement de certains côtoie l'ennoblissement d'esprit de quelques autres, la protection des proches au risque de sa propre vie n'est pas exceptionnelle. « Les fils ténus de l'amitié ont souvent paru submergés sous la brutalité nue de l'égoïsme, mais tout le camp en était invisiblement tissé[20] », constate Tillion. Ces fils ont résisté à l'épreuve du temps : le jour de son propre enterrement, en avril 2008, toutes les anciennes déportées de Ravensbrück encore en vie étaient présentes.

Après le camp

Elle quitte le camp en avril 1945 et rentre à Paris au mois de juillet, après trois mois passés en convalescence en Suède. Les quelques années qui suivent sont, dans son souvenir, les pires de sa vie et elle n'a pas de mots assez durs pour les qualifier : « le gouffre », « fatigue écrasante et désespoir morne », « épouvantable période ». Elle sombre dans une véritable dépression d'après-délivrance, ne trouvant plus d'aiguillon pour désirer la vie. Les raisons de cet état sont multiples. Survivre était perçu comme un acte de résistance contre la volonté d'extermination animant les nazis ; une fois ceux-ci vaincus, la poursuite de la vie perd son sens. « À cause de cela, pour beaucoup d'entre nous, la libération a été une chose affreuse, car cet appui du danger a manqué brusquement à des êtres dont tous les ressorts vitaux étaient brisés. » Quand la simple joie de vivre fait défaut, les êtres humains ont besoin d'un objectif au-delà de leur existence même. Gare à eux si l'objectif est atteint, ce pourquoi Tillion lance cette mise en garde : « Résistants de tous les pays, méfiez-vous de votre victoire »[21].

La disparition de cette raison de vivre s'accompagne d'autres pertes. Les souffrances endurées au camp étaient énormes, elle aurait voulu que, celles-ci une fois terminées, l'expérience serve à quelque chose, produise automatiquement un résultat positif ; or il n'en est rien, les bénéfices sont absents. « La souffrance seule ne sert à rien, qu'à faire mal[22]. » Tillion a perdu aussi d'autres parties importantes de son identité : ses amis ont été fusillés, sa mère et d'autres proches sont mortes au camp, son travail sur les Chaouias, amoureusement poursuivi et achevé en prison, a disparu à Ravensbrück.

Les pertes ne sont pas seulement matérielles : au sortir du camp, elle n'est plus croyante. « Du fond de l'abîme nous avons crié vers Vous et Vous n'avez pas répondu[23]. » Le mal vécu au camp est si excessif qu'il finit par devenir incompatible avec l'idée d'un monde créé et ordonné par Dieu. Plus grave peut-être pour cette ardente partisane de l'idée selon laquelle les lumières de la connaissance et de la civilisation ennoblissent le cœur des hommes : le peuple allemand était, à la veille de la Deuxième Guerre mondiale, parmi les plus cultivés du monde, féru de philosophie, de littérature et de musique ; rien de cela ne l'a empêché de commettre les pires atrocités ni d'agir avec la plus grande cruauté. Il en est allé de même de ceux qui, en France ou dans les autres pays occupés, ont accepté – pire, salué – l'avènement du nazisme, ou collaboré avec lui, ou appuyé la trahison et la violence : ceux-là non plus n'étaient pas des êtres incultes. La science, la culture, l'éducation ne servent-elles à rien ?

Rentrée en France, Tillion retrouve son poste au CNRS mais ne se sent pas capable de reprendre à zéro son travail ethnologique. Elle change de domaine et décide de se consacrer à la documentation et à l'étude de la résistance et de la déportation. Ce travail, qu'elle juge indispensable, finit de la déprimer. Elle est chargée, plus particulièrement, de documenter le parcours des résistants et des déportées avec lesquels elle a été en contact, de près ou de loin, pour permettre aux survivants ou aux proches des disparus d'obtenir des papiers d'identité ou de toucher aides et pensions. Travail accablant d'abord à cause des tracasseries bureaucratiques (« pour une veuve il fallait fournir seize pièces d'état civil, et neuf pièces pour chacun des orphelins[24] »), mais aussi parce qu'elle se trouve confrontée à mille vies brisées, qu'elle doit reconstituer les circonstances de la torture, des déportations, des exécutions d'êtres qui lui étaient proches.

Obligée aussi de réunir une documentation sur les bourreaux, qu'elle transmet à la justice, elle a du mal à respirer au cours de cette immersion dans le mal.

Ce n'est pas tout. Son travail historique lui-même, pourtant indispensable, lui laisse un goût amer : elle est obligée d'écarter mille détails (et de renoncer à la recherche de mille autres) pour extraire les sèches informations nécessaires à l'administration ou à la recherche historique : noms, dates, chiffres ; c'étaient pourtant des femmes concrètes, singulières, chacune chérie pour elle-même, qui gémissaient à ses côtés. La science n'a que faire des individus – or rien n'est plus précieux. Sous ses yeux mêmes, le vécu se transforme en histoire abstraite et impersonnelle – autant dire qu'il est anéanti une seconde fois.

La justice des tribunaux n'est pas plus enthousiasmante que l'Histoire. Tillion sera la déléguée des déportées françaises au procès des gardiens de Ravensbrück, en 1947 ; au retour, elle raconte à ses camarades les raisons de son désarroi. « Nous savons que chaque agonie a été individuelle, qu'elle a été personnellement le lot amer d'une seule femme. [...] Et c'est faux qu'on puisse, avec dix crimes, en comprendre cent mille. » Les crimes totalitaires sont d'une telle magnitude qu'ils échappent à la justice. Celle-ci juge et condamne des individus isolés, or il s'agit ici de crimes d'État, répétés d'innombrables fois par des agents qui croient obéir aux lois et aux ordres. Le mal introduit dans le cours du monde est destiné à y rester pendant de longues années, sinon des siècles. À quoi s'ajoute une raison supplémentaire pour éprouver un « désespoir morne » : au cours de ces procès, en Allemagne ou en France, elle ne peut manquer d'observer les anciens bourreaux devenus à leur tour prisonniers et de constater que, en détention, ils se comportent comme le faisaient ses camarades et elle-même, que ce sont donc des gens ordinaires et qu'elle éprouve à leur égard une certaine compassion. « Je m'aperçois que, tout en les haïssant, j'ai pitié d'eux et cela me rend malade »[25].

Le dernier chapitre dans le roman d'apprentissage de Tillion sera écrit au cours de la guerre d'Algérie. Sollicitée par des proches en 1954, elle se rend dans ce pays qu'elle a bien connu, cette fois-ci pour essayer d'empêcher l'extension de la guerre. Dans un premier temps, elle ne considère pas l'indépendance comme souhaitable, car elle craint que le résultat en soit un appauvrissement accru de la population algérienne ; elle rêve plutôt à « une symbiose économique entre les deux pays[26] ». Elle voit l'origine du malaise dans la misère et l'ignorance de la population algérienne et propose de lutter contre ces maux en créant des Centres sociaux, destinés à l'éducation de tous : aux habitants des villes mais aussi à ceux des hameaux les plus reculés, aux garçons et aux filles, aux enfants et aux adultes illettrés. Un diplôme d'études, pense-t-elle, est un meilleur héritage qu'un morceau de terre stérile ou quelques chèvres faméliques.

Mais cette voie n'est adoptée ni par le FLN ni par le gouvernement français, qui essaient, chacun, de gagner le conflit en s'imposant par la force. Ce dernier objectif exige des moyens tels que meurtres, attentats contre la population civile, torture généralisée, ouverture de camps, règne de l'arbitraire dans les prisons, exécutions régulières, lesquels entraînent à leur tour la haine croissante de part et d'autre. À partir de janvier 1957, lorsque les pouvoirs de police sont confiés à l'armée française, la violence qui s'étend devient l'adversaire principal de Tillion, devant la misère même ; et elle s'emploie, parfois au risque de sa propre vie, à empêcher les agressions contre les personnes, d'où qu'elles viennent. Elle échoue souvent (comme cela s'était déjà produit, quinze ans plus tôt, lors du procès du réseau « Musée de l'Homme »), réussit parfois, mais cela vaut toujours la peine : chaque vie humaine est infiniment précieuse.

À bien des égards la nouvelle guerre rappelle à Tillion l'ancienne. La ressemblance ne se situe pas, évidemment, dans la signification générale du conflit, une guerre mondiale contre le fascisme et le nazisme là, une guerre d'indépendance contre le pouvoir colonial ici ; ni dans le rôle qui incombe à Tillion, acteur et victime là, témoin concerné ici. Mais, dès les premiers pas qu'elle fait dans l'Algérie où elle retourne après une longue absence, s'empare d'elle un étrange sentiment de déjà-vu. « Au cours de cette enquête, j'avais acquis la certitude (avec quelle honte ! avec quelle douleur !) de l'emploi quasi général de la torture[27]. » Lorsqu'ils sont fouillés par les soldats français, les paysans algériens lèvent les bras avec le même regard désemparé que les Français arrêtés par les agents de la Gestapo. Les attentats, les emprisonnements, les trahisons, la torture mettent en jeu les mêmes mécanismes psychiques et sociaux. Les exécutions des « terroristes » algériens évoquent irrésistiblement dans son esprit celles de ses camarades résistants, et son impuissance de les empêcher la fait souffrir cruellement, une fois de plus. Se ressemblent aussi les explications données à leur victoire par les vainqueurs éphémères, qui l'attribuent à leur supériorité intellectuelle et morale.

Ce qui est nouveau pour Tillion, c'est la dynamique même de l'affrontement, où les coups d'un côté sont suivis par des coups venus de l'autre – mais d'une intensité accrue. Chaque geste d'un des adversaires nourrit l'indignation et la bonne conscience de l'autre, dans un jeu de miroirs qui ne fait que les amplifier. Aux actes de torture répondent les attentats aveugles, auxquels répondent les exécutions capitales, suivies d'attentats encore plus meurtriers. La violence entraîne l'humiliation qui entraîne la violence. Comment arrêter cette morne mécanique ? Tillion se voit investie, sans l'avoir vraiment cherché, du rôle de médiateur, elle supplie tour à tour chacun des deux belligérants d'interrompre la surenchère même sans obtenir une contrepartie. Son but n'est pas d'arrêter la guerre ; de manière beaucoup plus modeste (et réaliste) elle essaie simplement de faire « baisser progressivement la haine et la terreur que s'inspirent réciproquement les deux collectivités[28] », de diminuer la tension de quelques degrés, pour rendre possible cet acte éminemment humain : s'asseoir autour d'une table et se parler.

Pendant quelques semaines, au cours de l'été 1957, elle obtiendra un succès provisoire auprès de la partie algérienne : Yacef Saadi, chef de l'action militaire à Alger, accepte de suspendre les attentats contre les civils ; la presse française d'Alger témoigne aussitôt d'une certaine inquiétude et se demande : que cache cette accalmie ? Mais les autorités françaises ne prennent pas en compte ces timides avancées et poursuivent les exécutions des « terroristes ». Le miracle, faut-il s'en étonner, ne dure pas, Yacef est arrêté, les attentats recommencent, la répression se renforce. L'analyse à laquelle Tillion soumet les « ennemis complémentaires » et leurs logiques, les leçons qu'elle tire de la lutte contre le « terrorisme » algérien retrouvent une singulière pertinence aujourd'hui, alors que les pays occidentaux se sentent menacés par un nouveau « terrorisme » mondial : son appel à une « politique de la conversation » mérite toujours d'être entendu (une bouche qui parle ne mord pas).

Ce qui est nouveau aussi, dans la situation où elle vit, c'est que les causes et les principes auxquels elle veut rester fidèle ne se trouvent pas tous du même côté. Elle avait déjà envisagé ce conflit précédemment, ainsi lorsque, entrée dans la résistance, elle découvrait qu'amour de la vérité et amour de la patrie pouvaient ne pas coïncider. Ou encore quand, en prison, elle éprouvait un soulagement de ne plus opposer son patriotisme et son acceptation de l'humanité dans toute sa diversité. Mais cette fois-ci la réconciliation paraît plus difficile encore, car ses deux fidélités se répartissent entre les deux partis en guerre. Son travail d'ethnologue l'a amenée à connaître de près la population musulmane d'Algérie, arabe et berbère ; cette fréquentation qui a duré des années a créé des liens de sympathie, de confiance, d'amitié. Son attachement à la vérité ne lui permet pas de douter que cette population est maltraitée, humiliée, traquée, torturée. Son expérience de déportée détermine encore sa réaction. « C'est la prison qui m'a rendue sensible aux épreuves du peuple algérien », dit-elle en 1961 (dans un entretien accordé à la revue tunisienne *Faïza*). « Parce que j'avais éprouvé les chagrins, les humiliations qu'il a connus, j'ai compris les épreuves qu'il a traversées. » Pourtant, cela ne l'empêche pas de prendre en considération les souffrances des pieds-noirs nés en Algérie et qui, s'ils doivent partir, risquent de tout perdre. Elle intervient donc régulièrement en leur faveur aussi, ou en celle des harkis. En 1964, on la voit même écrire des lettres au général de Gaulle pour plaider la cause d'anciens militaires putschistes, alors emprisonnés…

Elle se trouve ainsi encombrée de devoirs qui la tirent en sens inverses : le patriotisme et la justice, la solidarité avec les siens et le droit des peuples à l'indépendance, la compassion pour les victimes présentes et celle pour les victimes futures. S'associera-t-elle à « ceux qui servent leur pays » ou à « ceux qui obéissent à leur conscience » ? Elle ne peut ni ne veut renoncer : ni à sa solidarité avec son pays natal, ni à « l'extrême compassion que [lui] inspirent les malheurs du peuple algérien ». Elle se reconnaît de part et d'autre de la barrière, alors que la guerre bat son plein. Elle choisira de ne pas choisir : de sauver le maximum de personnes de la mort et de la torture, sans leur demander au préalable leur obédience politique. « Je refuse de tuer l'un pour sauver l'autre »[29]. Situation insoluble par principe, mais dont on peut sortir au cas par cas, en mesurant le poids de chaque urgence, comme le fait Tillion. Ce dernier apprentissage consiste donc à accepter qu'aucun apprentissage ne saurait être le dernier.

En même temps Tillion voit se transformer la manière même dont elle pratique son métier d'ethnologue et d'historienne. Au début de son intervention, en 1954, Tillion croit que son histoire personnelle se répète : comme en 1940, elle est arrachée à son travail scientifique qui lui tient à cœur pour répondre à une urgence et s'engager dans l'action immédiate. Elle comprend progressivement qu'un processus nouveau s'est enclenché, non plus d'alternance entre connaissance et action, mais de leur synthèse. Les deux modes d'intervention lui apparaissent maintenant comme relevant d'un « double apprentissage ». La science, histoire ou ethnologie, n'est pas la seule à produire du savoir ; l'expérience vécue en engendre aussi, même s'il n'est pas de même nature. Pour comprendre un événement comme la guerre d'Algérie, elle a besoin des deux : données objectives et sentiments subjectifs, solidité de l'histoire et sensibilité de la mémoire, raison et passion – « une conjugaison, celle de la grande lumière blanche de l'enquête historique, qui illumine de toute part les reliefs et les couleurs, avec l'obscur rayon de l'expérience qui traverse les épaisseurs de la matière[30] ». Elle appliquera peu après cette leçon à l'étude de Ravensbrück : elle sait maintenant qu'il n'existe pas de connaissance du monde humain et des événements historiques sans parti pris, que sans cette implication personnelle la science humaine est destinée à rester un exercice stérile. Réciproquement, la connaissance elle-même conduit à l'action, le rôle du savant n'est pas seulement d'étudier mais aussi d'intervenir. « Je considérais les obligations de ma profession d'ethnologue comme comparables à celle des avocats, avec la différence qu'elle me contraignait à défendre une population au lieu d'une personne[31]. »

Tillion entreprend même, en 1961-1964, l'écriture d'un ouvrage consacré à « l'apprentissage des sciences humaines », dans lequel elle aurait expliqué comment la résistance en France et la déportation à Ravensbrück lui ont fait voir d'un œil différent la population des Chaouias en Algérie. On ne peut ni ne doit faire abstraction de l'identité du savant dans le travail de connaissance : il comprend les hommes qu'il étudie à l'aide d'un appareil mental constitué par ses propres expériences. Tillion renonce pourtant à achever son ouvrage, sans doute découragée par l'atmosphère qui règne dans les milieux scientifiques qu'elle fréquente : en ces années-là, les spécialistes de l'humain nourrissent l'ambition d'éliminer toute référence à la subjectivité du savant[32].

Vérité, justice, compassion

Essayons maintenant d'avoir une vue d'ensemble sur la pensée de Tillion, même si toute séparation entre pensée et action reste chez elle problématique. Une passion domine son existence : « Toute ma vie, dit-elle, j'ai voulu comprendre la nature humaine »[33]. Passons en revue quelques-uns parmi les résultats de sa quête.

Les hommes n'ont pas inventé la politique. Différentes espèces d'animaux connaissent des formes élaborées d'interaction sociale, établissent entre eux un ordre hiérarchique complexe, règlent les conflits d'intérêt des groupes. Mais seuls les hommes ont su introduire dans la vie politique des principes qui transcendent les habitudes et les intérêts ; et ce sont ces principes qui permettent de définir l'action de Tillion. En parlant d'un de ses compagnons de combat, l'ancien déporté David Rousset, elle évoque son choix, « défendre le Juste et le Vrai » ; en réfléchissant à son propre parcours, elle tient à séparer l'accessoire de l'essentiel, ce sur quoi on peut ou ne peut pas transiger, et elle conclut : « Je pense, de toutes mes forces, que la justice et la vérité comptent plus que n'importe quel intérêt politique. » C'est ce combat qui nous permet de déchiffrer « la signature humaine »[34], c'est lui aussi qui peut devenir notre idéal.

Tout d'abord, donc, l'être humain postule qu'« il y a un ordre caché dans tout ce qui vit », comme dans la nature inanimée ; il est appelé à « regarder en essayant de comprendre ». Il ne s'agit pas d'une activité secondaire ou facultative, mais de l'identité même de l'espèce : « C'est peut-être cela qu'on peut appeler *exister* »[35]. La vérité est la mesure de ce travail de compréhension, c'est aussi son horizon. Tous les hommes y sont toujours engagés, mais une partie d'eux en fait sa profession : ce sont les savants. Dans leur cheminement vers la vérité, ils ont délimité des étapes : réunir d'abord une information aussi complète que possible, la soumettre ensuite à la critique et au jugement – car on ne saurait analyser l'homme sans juger. Tenter enfin d'établir une interprétation d'ensemble en séparant le fondamental et le dérivé, le nécessaire et le contingent, les causes et les effets. Dans sa pratique, Tillion sera fidèle à cette vocation de l'homme.

Pour connaître, il faut comparer ; car c'est un individu qui essaie d'en connaître un autre et, s'il s'ignore lui-même, sa connaissance risque d'être viciée. Mais pour se connaître l'être humain a besoin d'un miroir, et ce miroir ne peut être qu'un autre que soi. La réflexion naît du reflet. La comparaison entre sociétés possède deux grandes formes. La première est celle de l'ethnologie, qui confronte l'ailleurs avec l'ici (elle ne se contente pas d'étudier des sociétés lointaines) ; mais c'est aussi la voie obligée de la sociologie en général puisqu'on ne peut identifier ses propres caractéristiques sans les distinguer de ce qui n'est pas elles. La seconde voie est celle de l'histoire qui met en regard – qu'elle le dise ou non ouvertement – l'autrefois et le maintenant. À la place du couple informateur / ethnologue, on trouve ici celui du témoin et de l'historien. Le premier a vécu l'événement de l'intérieur, mais il n'en connaît qu'une petite partie ; le second a une vue d'ensemble, mais lui manque la saisie intuitive de l'expérience. Or les deux sont nécessaires.

La connaissance du passé est indispensable à l'action dans le présent, et en même temps elle lui reste subordonnée. D'une part, « on ne prépare pas l'avenir sans éclaircir le passé », c'est pourquoi la connaissance du monde, le discernement, doit précéder le jugement qui oriente la pratique elle-même. En ce sens, chacun de nous est investi d'un « devoir de vérité »[36]. C'est cette manière de préparer l'action qui, à en croire l'expérience de Tillion, lui assure les plus grandes chances de succès. C'est bien ainsi qu'elle a procédé elle-même, appliquant à la situation dramatique dans laquelle elle s'est trouvée immergée les leçons apprises au cours de l'enquête ethnologique antérieure. D'autre part, l'éclaircissement lui-même se justifie par la construction de ce présent et de cet avenir : le but n'est pas de régler des comptes avec le passé mais d'apprendre à mieux vivre aujourd'hui.

Que les résultats de la connaissance doivent être mis au service de l'action n'autorise cependant personne à prendre des libertés avec ce qu'il tient pour la vérité – il risque, sinon, de faillir à son devoir humain. À plus forte raison, c'est là une obligation absolue pour tous ceux qui, comme Tillion, « ont choisi ce qu'on appelle une "carrière scientifique" » : ils sont tenus, en toute circonstance, de respecter la vérité. C'est pourquoi, si on lui suggère que ses constats sur la misère en Algérie pourraient inspirer une mauvaise politique, elle ne peut que répliquer : je n'ai pas dit ce que j'ai dit parce que cela m'arrangeait ou parce que cela arrangeait quelqu'un d'autre, je l'ai dit « parce que c'était vrai »[37].

Cette exigence rigide de vérité se manifeste dès le premier texte que rédige Tillion dans la résistance, son tract de 1941. Les circonstances de son écriture sont particulièrement significatives : dans la clandestinité, elle s'adresse à ses compatriotes privés de toute source fiable d'information. La radio de Vichy comme celle des Allemands mentent, bien sûr, mais radio Londres et la radio suisse ne peuvent non plus être prises à la lettre : chacun se soucie trop évidemment de son intérêt. Or la vérité est indispensable. Tillion s'engage donc solennellement, dans son tract, à ne jamais travestir la vérité, même si celle-ci dessert en apparence les intérêts de son pays, pour lesquels elle se bat. Ce à quoi appelle sa parole, c'est à « une sévère discipline de l'esprit », c'est à se défier de l'enthousiasme comme de la haine. S'il fallait choisir entre la cause qui lui est la plus chère en ce moment, la défense de la patrie, et le devoir de vérité, elle optera pour ce dernier, car « notre patrie ne nous est chère qu'à la condition de ne pas devoir lui sacrifier la vérité »[38].

Peu de temps après, au camp de Ravensbrück, les habitudes acquises dans le travail ethnologique permettent à Tillion de mieux comprendre la situation dans laquelle elle est plongée ; or la compréhension, même si elle ne suffit pas pour vous sauver, contribue à vous protéger. Ayant elle-même bénéficié de cette protection, Tillion décide de la partager avec ses camarades ; elle trouve l'occasion pour les réunir et leur faire « un véritable cours d'université[39] » sur la structure et les fonctions d'un camp de concentration ; ses auditrices lui racontent après coup qu'elles en ont éprouvé un véritable réconfort. Aussitôt après sa libération, Tillion commence à recueillir scrupuleusement toutes les informations disponibles sur chacune des déportées, sur chacun des résistants qu'elle a côtoyés.

Dix ans plus tard, elle se retrouve dans une situation analogue. Le déchirement, cette fois-ci, se situe entre la solidarité avec une partie des camarades de Ravensbrück, anciennes déportées, et la vérité qui exige de révéler les informations sur les camps de concentration qui prolifèrent en URSS ou en Chine. Une de ces camarades, communiste comme bon nombre d'entre elles, lui reproche son engagement dans la commission d'enquête de David Rousset ; Tillion répond : « Je crois, hélas, que les camps de concentration existent en URSS, et que les gens y meurent par milliers, dans une misère et un désespoir sans nom. » À partir de là, toutes les considérations sur les mauvais usages possibles de la vérité deviennent superflues. « Je ne peux pas dire qu'une chose n'est pas vraie, quand je pense qu'elle est vraie. » Ce respect absolu de la vérité l'emporterait même sur l'attachement le plus puissant. « Si je trouve quelque chose de mal fait par mon propre pays, de toutes mes forces j'essaierai de l'empêcher. Pourquoi veux-tu que je fasse pour l'Union soviétique plus que je ne ferais pour la France ? »[40].

Si l'on se voue ainsi à la recherche de la vérité, il faut être prêt à accepter aussi des vérités dérangeantes. À cette époque se situe un épisode bien caractéristique de la « méthode Tillion ». Dans un procès instruit en Allemagne, en 1950, deux surveillantes de Ravensbrück ont été accusées d'avoir décapité à la hache des détenues françaises. Germaine Tillion en est alertée ; elle convainc sa camarade Geneviève de Gaulle-Anthonioz, qui vient pourtant d'accoucher d'un bébé, d'aller avec elle au procès qui leur a été intenté à Rastatt, pour témoigner à décharge. Sa camarade se souvient, cinquante ans plus tard : « Tu m'as dit : "Si nous devons continuer à dire la vérité, nous devons aussi dire la vérité quand cela nous coûte"[41]. »

Tel est le premier principe dont se réclame Tillion. Mais « dire le *vrai* ne suffit pas, il faut aussi dire le *juste* ». Qu'est-ce que le juste ? Les exemples qu'elle donne à l'appui de cette affirmation sont révélateurs. Le constat des méfaits des nazis est conforme à la vérité ; pour le rendre en même temps juste, il faut « mentionner *aussi* le calvaire du peuple allemand ». Les déportés occupant des positions hiérarchiquement supérieures ont commis certaines brutalités ; ne pas reconnaître en même temps les nombreux services qu'ils ont rendus eût été injuste. Notre saisie globale du monde doit aspirer à une justice qui encadre et transcende chaque vérité ponctuelle. Tillion a changé depuis l'époque de la Deuxième Guerre mondiale, quand son jugement était animé par le patriotisme plus que par un souci de justice abstraite, ce qui l'amenait à condamner en bloc les Allemands, tous coupables, tous bêtes, tous méchants. « Lorsque, en 1940, ils occupèrent mon pays, j'avoue les avoir considérés, eux et leurs boniments, à travers les vitres un peu dépolies de la malveillance – mais il y a vingt ans de cela, pendant lesquels je n'ai pas cessé de nettoyer mes hublots »[42].

En effet, les exigences de vérité et de justice s'entremêlent dans la suite du travail de Tillion sur l'expérience nazie. Il ne s'agit plus de punir les bourreaux ni d'aider les victimes au moyen d'informations précises, mais d'approfondir la connaissance de ce mal passé pour être capable d'en prévenir la réapparition, sous une autre forme, dans le présent. Sa longue expérience du sujet l'amène à souhaiter qu'aucun segment du passé ne soit isolé des autres, même si ceux qui l'ont vécu ont tendance à le percevoir comme différent de tout le reste et sans rapport avec lui, autrement dit à le sacraliser. Les camps de concentration nazis, les « instituts » d'euthanasie et les camps d'extermination ne doivent pas être analysés « par tranches séparées, comme c'est actuellement le cas », mais comme les différentes facettes d'un seul et même projet. Ce travail d'étude et d'interprétation doit être poussé aussi loin que possible, même s'il restera toujours une part de mystère dans un comportement humain aussi extrême que celui des bourreaux nazis. Après avoir consacré une bonne partie de sa vie à l'analyse du phénomène nazi, Tillion doit admettre : « Au fond, nous ne savons pas ce qu'est le mal extrême », « je ne me l'explique pas »[43]. Avant de toucher cette ultime limite, elle est parvenue néanmoins à en comprendre des pans entiers, et à nous les faire comprendre.

Il ne faudrait donc pas réduire ce principe de justice à l'action des tribunaux. Ceux-ci outrepassent facilement leur rôle, qui est de protéger la société de ceux qui la menacent, et empiètent sur la responsabilité tantôt des historiens – qui est de contribuer à l'établissement de la vérité –, tantôt des prédicateurs qui délivrent des leçons de morale. C'est pourquoi aussi Tillion envisage sans enthousiasme la tendance plus récente qui veut instruire les crimes commis il y a quarante ou soixante ans. Fallait-il juger en 1987 Klaus Barbie, le policier tortionnaire allemand, pour des crimes commis en 1944 ? Tillion hésite là-dessus, mais rappelle que, de toutes les façons, l'essentiel est moins de punir les criminels longtemps après les faits que « de réfléchir au crime lui-même. Pour hier mais aussi pour demain ». Est-il scandaleux que Barbie ait trouvé un avocat ? Seule la question peut être jugée scandaleuse, ceux qui croient se situer du côté du bien oubliant aussitôt les plus élémentaires droits humains. Fallait-il, en 1998, mettre l'ancien fonctionnaire de Vichy Maurice Papon en prison ? Tillion ne le pense pas : « Il est aujourd'hui le seul à expier pour tous les fonctionnaires de Vichy. Je trouve cela pénible. » Qui menace-t-il aujourd'hui ? « Je déteste qu'on enferme les gens sans être obligé »[44]. Le but de la justice devrait être de nous défendre contre les dangers présents plutôt que de punir les erreurs passées ; il est nécessaire d'empêcher l'acte criminel mais, une fois ce but atteint, l'emprisonnement n'est plus indispensable.

Faut-il poursuivre en justice les tortionnaires appartenant à l'armée française, du temps de la guerre d'Algérie ? Tillion, qui a combattu la torture dès les années cinquante, qui s'est associée à l'appel lancé en 2000 par plusieurs personnalités pour que l'usage de la torture par l'armée soit officiellement reconnu par le gouvernement, le refuse : « On doit condamner la torture, mais on ne doit pas condamner les gens », on doit toujours savoir « distinguer le crime du criminel »[45], être impitoyable envers les méfaits et pitoyable envers ceux qui les commettent. On ne peut vraiment pardonner le mal qui a détruit définitivement une vie, irremplaçable ; mais on peut éprouver de la compassion même pour ceux qui ont commis le crime.

Aspirer à être juste ne signifie pas non plus qu'on se considère comme chargé d'une mission, celle de faire la morale aux autres. Celui qui s'y adonne implique que lui-même n'a rien à se reprocher ; or « le pire groupe humain est celui qui se trouve parfait[46] ». Pour cette raison, Tillion a décidé une fois pour toutes de ne donner des leçons ni de morale ni de politique ; elle n'aime pas non plus signer à tour de bras des pétitions ou des appels. Le *juste* auquel aspire Tillion se ramène en fin de compte à une idée : celle de la valeur irréductible de l'individu humain. Même si l'on est obligé, pour les besoins de la connaissance, de classer les personnes selon leur origine, classe, profession, conviction, lorsqu'il s'agit d'un jugement l'on doit partir du principe que l'individu n'est réductible à aucune catégorie. C'est bien pourquoi échouent les tribunaux qui se contentent d'examiner quelques cas et considèrent qu'ils valent pour tous.

Le principe de justice appris au camp débouche donc sur la compassion, qui l'englobe et le dépasse. À partir d'un moment dans sa vie, Tillion s'en tiendra en toutes circonstances à cet ultime choix. C'est la raison pour laquelle elle n'adhère jamais à aucun parti, n'embrasse aucune idéologie, si ce n'est celle qui lui fait se soucier des individus plus que de leurs appartenances politiques ou nationales. « Les causes sacrées ne sont pas éternelles. Ce qui est éternel (ou presque), c'est la pauvre chair souffrante de l'humanité. » En Algérie, l'armée française tue au nom de la défense de la patrie, les insurgés tuent au nom de la liberté et de l'indépendance ; ce ne sont pas moins, de part et d'autre, des êtres humains particuliers qui périssent. Plutôt que de répartir les participants du conflit en bons et méchants, elle se reconnaît dans les uns et les autres, « fraternellement solidaire et responsable de tous les coupables des deux bords »[47]. Au lieu de se sentir fière des héros issus de son groupe et en sympathie avec les innocents, elle se sait, chaque fois, responsable.

Elle a été, toute sa vie, une personne « engagée », mais son engagement est de nature bien particulière : jamais pour une cause politique mais, d'abord, pour la vérité, ensuite pour la justice, enfin pour la « pauvre chair souffrante de l'humanité » : la compassion lui paraît supérieure à la justice même. Tillion ne fait pas de tri parmi les victimes, provoquant l'incompréhension, voire l'indignation, de ceux qui militent pour une juste cause et croient que leurs victimes valent bien mieux que celles de leurs adversaires. Elle est en tout cela très différente de la figure habituelle de l'« intellectuel engagé », alors même qu'elle est l'un et l'autre.

On peut particulièrement bien observer ce contraste au cours d'une des péripéties liées au sort de Yacef Saadi. Il est arrêté peu après sa rencontre avec Tillion ; elle veut lui sauver la vie. Elle parvient, dans un premier temps, à le faire transférer, lui et ses complices, des mains des militaires entre celles de la justice, ce qui les protège de la torture et de l'exécution immédiate. Elle rédige ensuite, en octobre 1957, un témoignage qu'elle adresse à la justice militaire française, dans lequel elle raconte par le menu ses pourparlers avec le détenu. « Entre eux et la guillotine, il n'y eut, pendant toute cette période, rien d'autre que la timide velléité de négociation qu'on m'avait chargée d'amorcer. » Pendant l'été 1958 se tient le procès ; malgré les menaces qu'elle reçoit, Tillion se rend à Alger pour témoigner en faveur de Yacef. Il est condamné à mort (trois fois) mais l'élection de De Gaulle à la présidence de la République lui sauve la vie : celui-ci gracie tous les condamnés à mort. Le témoignage de Tillion sera publié dans *L'Express* à la fin août 1958.

Dans son autobiographie, *La Force des choses*, Simone de Beauvoir raconte que, en septembre 1958, elle « plonge, à la Nationale, dans la guerre d'Algérie » et tombe sur le texte publié dans *L'Express*. Elle transcrit ainsi son impression : « Nous avons tous dîné… en mettant en pièces l'article de Germaine Tillion que nous tenons, Bost, Lanzmann et moi, pour une saloperie[48]. » Ayant lu cette appréciation à la parution du volume, en 1963, Tillion adresse au journal

Le Monde, en réponse, une brillante lettre ouverte, publiée en mars 1964.

Simone de Beauvoir n'a jamais fourni d'explication détaillée pour son jugement de 1958, mais on peut la deviner par le contexte. L'équipe des *Temps modernes*, à laquelle appartiennent les trois personnes concernées, est engagée à l'époque dans le soutien au FLN. La teneur du témoignage de Tillion est beaucoup plus mitigée, il cherche en quelque sorte à excuser l'action de Yacef en rappelant ses bonnes intentions, ses regrets pour les victimes civiles ou ses promesses de suspendre les attentats. Au regard de l'intransigeance des intellectuels parisiens, les propos de Tillion, qui cherche à protéger de la mort un « terroriste » arrêté, apparaissent forcément comme une concession inadmissible aux pouvoirs en place, donc comme une « saloperie ». La combattante algérienne Zohra Drif, présente à la même rencontre, arrêtée en même temps que Yacef et également menacée de mort mais sauvée par l'intervention de Tillion, campe sur cette même position : à toute occasion, et encore tout récemment, elle déclarait n'avoir d'estime que pour ceux qui soutenaient sans réserve la cause du FLN, et mépriser les « leçons de morale » que leur aurait données Tillion au cours de la rencontre. On défend, d'un côté, une cause ; de l'autre, un être humain.

Venu à l'enterrement de Germaine Tillion à Paris, Yacef Saadi répétait à qui voulait l'entendre : « Je viens de perdre ma deuxième maman. La première m'avait donné la vie, la deuxième me l'a donnée, elle aussi, une nouvelle fois. »

Les usages de la mémoire

Trois quarts de siècle d'engagements sur la place publique sont une longue période, or Tillion n'a jamais voulu restreindre sa curiosité ni s'en tenir à un seul centre d'intérêt. Est-ce la multiplicité ou l'unité qui frappe quand on embrasse du regard son parcours entier ? Il faut bien constater qu'elle a évolué sur certains points, comme on l'a vu dans son « roman d'apprentissage ». Pourtant, l'unité l'emporte : tout est parti de cette double expérience, la profonde sympathie qu'elle a éprouvée pour les paysans chaouias et l'immense péril qu'a constitué l'invasion nazie. Tout sera par la suite examiné à la lumière de ces expériences décisives entre 1934 et 1945.

Cela ne veut pas dire que l'attitude reste la même : les circonstances changent, et puisque Tillion veut toujours partir de la recherche scrupuleuse et impartiale de la vérité, ses réactions changeront aussi. Ainsi pour la question de l'éducation. On a vu que Tillion revient de déportation hantée par une question, qu'elle formulera plus tard ainsi : « Comment un peuple plus éduqué que la moyenne avait pu sombrer dans une telle démence[49] ? » Il y a là, en effet, une anomalie troublante pour tout disciple des Lumières, puisque celles-ci nous enseignent que l'éducation est la voie royale de la libération des hommes. Or, cette fois-ci, l'éducation n'a pas empêché la barbarie. C'est cette énigme que tentera de cerner son livre *Ravensbrück*. Quelle conclusion faut-il tirer de cet épisode tragique de l'histoire ? On sait que, au lendemain de la Deuxième Guerre, certains auteurs n'ont pas hésité à conclure que c'étaient bien les Lumières qui avaient conduit, par une dialectique perverse, aux méfaits des régimes totalitaires, deux siècles plus tard. L'éducation, du même coup, a perdu beaucoup de son prestige.

Or voici que, revenue en Algérie en 1954, ayant constaté l'état déplorable de la population, Tillion envisage une grande réponse à la question de savoir comment améliorer l'état des Algériens : par l'éducation. Elle n'oublie pas la situation de l'Allemagne au cours de la Deuxième Guerre mondiale, mais elle ne veut pas la confondre avec celle de l'Algérie. Elle sait maintenant que l'éducation ne suffit pas pour prévenir tout désastre ; cela ne la rend pas moins nécessaire. Elle ne produit pas à elle seule des êtres moralement et politiquement supérieurs ; mais là où il faut faire face à l'extrême misère, acquérir les premiers éléments du savoir est indispensable. L'éducation permet de combattre certains maux, elle est impuissante devant d'autres, il faut savoir distinguer.

Il en va de même des deux guerres auxquelles elle s'est trouvée mêlée, Deuxième Guerre mondiale et guerre d'Algérie. De nombreux Français ont vécu l'une dans la continuité de l'autre. Beaucoup de résistants, à la fin de la guerre en 1945, se sont engagés dans l'armée ; ils se retrouvent à la tête de différentes unités, en Indochine en 1953, en Algérie à partir de 1954. Ils ont l'impression de continuer le même combat : défendre la patrie ; ils sont prêts à tout sacrifier pour la victoire. Ils obéissent à un devoir de mémoire : la patrie ne doit pas être humiliée une nouvelle fois, cette fois-ci ils seront les plus forts. Au nom d'une guerre qu'ils croient juste, les anciens résistants devenus chefs des parachutistes tuent, torturent et brûlent les champs de l'ennemi.

Est-ce à dire alors que les rôles sont simplement inversés, les Français jouant maintenant celui des Allemands, et les Algériens, celui des Français ? On sait que, dès 1947, Camus est prêt à le diagnostiquer devant tel ou tel fait : « Nous faisons, dans ces cas-là, ce que nous avons reproché aux Allemands de faire. » Tillion elle-même, on l'a vu, en dit autant quand elle est confrontée à l'usage systématique de la torture. Mais les mêmes faits n'ont pas forcément le même sens : « On ne doit pas confondre les atrocités commises dans la panique du danger immédiat avec les exterminations planifiées du nazisme »[50]. La situation n'est ni la même, ni simplement inverse ; c'est bien pourquoi il faut, avant tout, tâcher de la connaître. Il est donc parfaitement possible de rester attentif aux différences entre les deux moments historiques et de constater en même temps que les mêmes mécanismes psychologiques et sociologiques sont à l'œuvre ici et là, ou de s'inspirer des mêmes principes moraux.

D'un même événement initial – la résistance – Tillion tire une tout autre leçon que les résistants convertis à la chasse aux fellagas, car elle s'attache aux individus plus qu'aux formules. De ce fait, ses réactions ne seront pas identiques ici et là. En 1940, Tillion n'hésite pas un jour, pas un instant même, avant de se lancer dans la résistance : il s'agissait, dit-elle, d'un ennemi « totalement insupportable ». En 1957, face aux habitants de l'Algérie, « pieds noirs » et musulmans arabes ou berbères, elle se sent « incapable d'en maudire ou d'en injurier une catégorie quelconque »[51], car elle comprend les uns et les autres, compatit avec les uns et les autres, plaint tous ceux qui risquent de souffrir. À la place de l'ennemi « totalement insupportable », elle voit maintenant, comme le dit le titre de son livre consacré à la guerre d'Algérie, des « ennemis complémentaires ».

Elle ne s'engage donc pas du côté du FLN (elle ne portera pas de valises), ni du côté de « l'Algérie française », mais essaiera de sauver du pire quelques individus. Une fois de plus, les leçons de la guerre précédente portent, mais non de manière automatique.

Prenons enfin un troisième exemple, celui de l'extrême misère. Là encore, son expérience vécue provient de Ravensbrück ; mais, sensibilisée au sujet, elle en transposera les résultats à l'Algérie et à la France. Il en ira d'ailleurs de même de ses camarades de camp qui, comme Geneviève de Gaulle-Anthonioz, luttent contre la pauvreté du Quart-monde ; Tillion dit de cette dernière : « Elle a vécu Ravensbrück, ce qui l'a mise de plain-pied avec l'extrême misère[52]. » Tillion elle-même se consacre au combat contre la misère aussi bien lors de son retour en Algérie de 1954 à 1957 qu'après la fin de la guerre en 1962.

La méthode Tillion consiste, une fois de plus, à s'informer d'abord aussi complètement que possible. D'où vient la misère du Tiers-monde et, spécifiquement, celle des paysans algériens ? Pourquoi se sont-ils tant appauvris entre 1934 et 1954 ? C'est l'effet de la rencontre entre le pot de fer et le pot de terre. L'économie de subsistance qui a été celle des habitants de l'Aurès s'est effondrée au contact de l'économie européenne, introduite par l'État colonial. Les conséquences les plus faciles à observer se situent sur le plan démographique : l'hygiène, les vaccinations, les antibiotiques ont permis de diminuer la mortalité infantile. Résultat, la population augmente rapidement, or les ressources stagnent ; la terre stérile ne peut plus nourrir tout ce monde. Une partie des paysans s'exile à la ville, mais ils sont mal adaptés à la vie citadine car manquant de qualifications ; par conséquent, ils s'entassent dans les bidonvilles, donnant ainsi naissance à un phénomène nouveau, que Tillion appelle la « clochardisation ». Des transformations parallèles se produisent sur le plan économique : la construction de routes, l'arrivée de produits manufacturés contribuent à détruire l'ancien équilibre sans parvenir à en instaurer un neuf.

Si telle est la vérité de ce monde, comment faire pour y introduire un peu plus de justice et faciliter la survie de la population ? Il faut d'abord que cesse l'augmentation rapide du nombre : nécessité du contrôle des naissances. Il faut, de plus, que les filles puissent se procurer des ressources par elles-mêmes, afin de devenir aussi précieuses pour les familles que les garçons. Il faut enfin que les uns et les autres reçoivent une qualification plus poussée, qui les rende capables de travailler dans le monde moderne. En un mot, il faut agir non tant sur les effets (distribuer une aide aux plus démunis) que sur les causes, et donc ici sur la structure familiale, en rendant les femmes plus autonomes, en permettant à tous – filles et garçons – de poursuivre des études avancées. « Une société qui écrase les femmes, dit Tillion, se condamne elle-même à mort[53] », c'est pourquoi il faut essayer de modifier d'abord le statut de la femme. Ce n'est pas un hasard si elle a choisi, pour la couverture d'une des éditions de son livre *Le Harem et les Cousins*, une de ses propres photographies montrant une petite fille de l'Aurès algérien : l'avenir de son pays est entre ses mains. Les moyens pour aider son avènement sont la législation et l'éducation.

En France même, une fraction de la population souffre d'une forme de misère : il s'agit de la population des prisons. Ayant découvert leur réalité en 1942, ayant souffert des « punaises bien françaises » dont l'existence ne la dérangeait nullement tant qu'elle vivait en liberté, Tillion décide, une fois revenue de déportation, de ne plus cesser de s'intéresser aux conditions de vie carcérale. Vite devenue visiteuse de prison, elle continue jusqu'à la fin de sa vie d'envoyer des colis aux prisonniers. Mais elle profite aussi d'un passage au cabinet du ministre de l'Éducation nationale pour proposer son remède favori contre la misère : c'est, une fois de plus, de rendre l'éducation accessible à tous. Grâce à ses efforts, on peut aujourd'hui en France poursuivre des études normales, tout en étant prisonnier : on peut entrer en prison illettré et (pour peu qu'on y reste suffisamment longtemps…) en sortir docteur d'État.

La vie au camp de concentration a également appris à Tillion qu'il existe un espace vital absolument nécessaire à la survie ; que la privation d'espace est plus grave encore que la faim, le froid ou les coups. « Dans le block où les prisonnières couchaient deux par lit, la mortalité était très élevée, mais en rapport avec la moyenne de mortalité du camp ; dans les blocks où les prisonnières couchaient trois ou quatre par lit, la mortalité était absolument effrayante. » Or cette leçon trouve une pertinence nouvelle quand on pense à la surpopulation dans certains pays du monde, même si le cadre politique est entièrement différent. « L'agressivité humaine croît en proportion de la densité. Or la densité humaine est croissante, à un rythme jusqu'ici absolument inconnu sur la terre »[54]. Il y a donc, là aussi, et par-delà les oppositions évidentes, une continuité profonde.

Tillion nous initie là à un usage bien particulier de la mémoire. D'une part, elle évite la tentation de sacraliser le passé, c'est-à-dire de maintenir l'événement qu'elle a connu dans un isolement splendide, de le considérer comme incomparable avec ce qui s'est passé ailleurs ou depuis, de percevoir comme un sacrilège toute mise en relation entre lui et le reste du monde. Le passé est appelé à servir, non à être cultivé pour lui-même. Mais d'autre part, elle échappe aussi au travers de la banalisation : les événements ne se répètent pas, on ne peut simplement projeter les attitudes du passé sur le présent, sans interroger les grands principes qui devraient toujours guider nos pas, justice et compassion.

La traversée du mal

Le long parcours de Germaine Tillion ne lui a pas apporté que des joies. Des hommes et des femmes merveilleux, ses proches, ont péri dans la résistance ou dans les camps, d'autres ont vu leur vie brisée. La guerre d'Algérie – à la différence de l'indépendance de l'Algérie – était évitable, et avec elle la multitude de souffrances et de rancunes dont les deux peuples, français et algérien, continuent de pâtir. Les pauvres du monde sont tous les jours plus nombreux et plus pauvres. Les passions, bien plus que les traits de sagesse de Tillion, meuvent les foules. À la lire, on ne découvre pourtant pas une personne désespérée. Son sens de l'humour, de la dérision sans malice, ne s'est jamais démenti. Il lui a permis de confronter sans dégâts excessifs les épreuves que la vie lui a infligées, de tenir bon face aux nombreuses leçons de morale qu'elle a dû subir, et, au lieu d'accabler ses adversaires du moment, de les inviter à se voir du dehors. Le dernier livre auquel elle a travaillé, *Il était une fois l'ethnographie*, paru en 2000, est tout entier imprégné de ce rire joyeux.

Comment s'explique cette sagesse, quelle est la recette de ce remarquable équilibre entre lucidité et compassion ? La réponse, évidemment, est qu'il n'y a pas de recette et que l'équilibre ne s'explique pas. La conduite de chaque individu résulte d'une multitude de facteurs qui se conjuguent, s'opposent ou s'ignorent entre eux, de sorte qu'on ne peut jamais savoir à l'avance comment, face à l'extrême, se comportera cet homme, cette femme. Il y avait d'autres scientifiques, d'autres ethnologues en 1940 ; tous ne se sont pas engagés dans la résistance. Il y avait d'autres résistants ; tous ne se sont pas jurés de ne jamais sacrifier la vérité à leurs passions. D'autres déportés, qui n'ont pas lutté contre les camps en URSS ; d'autres anciens combattants qui n'ont pas refusé la violence en Algérie : on pourrait poursuivre longtemps cette énumération. Il se trouve que des événements dramatiques ont amené Tillion à opérer des choix justes. Il se trouve qu'elle a traversé la vie en gardant une humanité peu commune.

Sans rien expliquer, on peut pourtant rappeler le moment le plus douloureux de sa vie : l'exécution de sa mère au camp de Ravensbrück, alors qu'elle-même y est enfermée. Cette femme, Émilie Tillion, a été non seulement sa mère mais aussi une personne extraordinaire. Mieux encore que les souvenirs des survivantes, en témoigne cette petite lettre qu'elle envoie quelques jours avant sa mort à une jeune fille rencontrée à Ravensbrück[55], dont voici un extrait :

> Ma petite fille chérie, quel moment de douceur, de calme, de charme m'apporte votre lettre ; et c'est tellement loin du climat présent qu'on en savoure mieux tout ce que cela représente et qu'on se prend à penser que certains enrichissements compensent tout le reste. L'idée des larges compensations que nous vaut notre vie présente m'a d'ailleurs toujours soutenue. En dehors des grandes, des impérieuses raisons que nous avons d'être ici, je suis convaincue que nous y trouvons un élargissement extraordinaire de notre horizon, dans tous les ordres d'idées, et des possibilités insoupçonnées. De plus, je crois que nous

> exagérons beaucoup l'épreuve actuelle : à force d'y penser, et surtout à force d'entendre penser les autres, nous avons fini par admettre sans examen que notre malheur est immense. Or, c'est faux…

On ne peut s'empêcher de penser que quelque chose dans cette femme exceptionnelle et dans son destin tragique est responsable de ce que deviendra par la suite sa fille. Mais faut-il passer par des épreuves aussi terribles pour s'approcher un jour de sa sagesse ? Comme pour nous l'épargner, Germaine Tillion a laissé, tout au long de son existence, des traces écrites des questions qui l'ont agitée, et des réponses qu'elle a trouvées. Ces traces aboutissent à une œuvre, et l'on peut dire de son auteur ce qu'elle-même affirmait à la mort d'Albert Camus[56] : « Les douleurs et les haines cesseront, ceux qui ne les oublient pas mourront aussi, et tout passe. Sauf quelques œuvres – terre commune et partagée, patrimoine sans frontières »[57].

Raymond Aron

Avec le recul du temps Raymond Aron (1905-1983) apparaît comme le commentateur politique le plus lucide que la France ait connu au XXe siècle. Du commentaire politique il a pratiqué avec brio tous les registres, depuis l'éditorial dans le journal quotidien jusqu'au traité philosophique, en passant par l'étude d'histoire et la brochure polémique. Ses principales thèses sont aujourd'hui acceptées par tous les partisans de la démocratie. Si l'on s'en tient à sa biographie officielle, on peut avoir l'impression que son triomphe ne date pas d'aujourd'hui. Il a publié une quarantaine de livres de son vivant, tout en écrivant régulièrement dans la grande presse, de *Combat* à *L'Express* en passant par *Le Figaro*. Il a enseigné successivement à la Sorbonne, à l'École pratique des Hautes Études et au Collège de France, et donné d'innombrables conférences dans les plus grandes universités des États-Unis, de Grande-Bretagne et d'Allemagne. Il a reçu les prix les plus prestigieux et de nombreux doctorats honoraires. Il a rencontré les hommes politiques les plus en vue de son temps, en France, en Europe, en Amérique, qui ont bien voulu écouter ses opinions.

Pourtant, cette image officielle d'un vainqueur à la pensée consensuelle est trompeuse. Non seulement parce que, au moment où elle se formule, la pensée d'Aron n'est en rien orthodoxe mais va plutôt à contre-courant des idées reçues et des lieux communs. Le lecteur attentif de ses *Mémoires* découvre aussi, au-delà de l'auteur d'analyses brillantes, un être qui est prêt à douter de tout, et plus particulièrement de lui-même. Derrière son assurance affichée se révèle une vulnérabilité, une inquiétude, une insatisfaction de soi ; et l'on n'est pas surpris de voir Nicolas Baverez, son biographe, évoquer « l'infinie complexité de cette âme tourmentée[1] ».

Pour mieux comprendre Raymond Aron, il ne suffit pas de récapituler ses théories – pas plus qu'il ne faut les ignorer, et ne retenir que le destin de l'individu. La vigueur de la pensée et la fragilité de l'être, loin de s'opposer, sont complémentaires.

Les grands choix

Pour les Européens du XXe siècle comme Aron, nés avant la Première Guerre mondiale mais trop tard pour y participer, les grandes questions politiques par rapport auxquelles il faut prendre position s'appellent : nazisme ; communisme ; colonialisme. À chaque fois, Aron choisit son parti avec fermeté.

Sa découverte du nazisme n'a rien de livresque : de mars 1930 à août 1933, il travaille et étudie en Allemagne, d'abord à Cologne, ensuite à Berlin ; il assiste donc de près à l'effondrement de la démocratie et à la prise du pouvoir par Hitler. Ces événements transforment sa manière de percevoir la vie politique. Aron rompt avec le pacifisme, largement répandu parmi les jeunes intellectuels français, et, dans des articles qu'il écrit à l'époque pour diverses revues, tire le signal d'alarme : la menace hitlérienne lui apparaît dans toute sa force. Mais son nom ne jouit à l'époque d'aucun prestige et ses mises en garde ne rencontrent aucun écho. Dans les années qui suivent, il cherche à mieux comprendre ce nouvel ordre politique, en introduisant le concept de « religion séculière », dont relèverait le nazisme. Rappelé dans l'armée au début de la guerre, replié dans le Sud de la France en juin 1940, il entend parler des Français qui continuent de résister à l'envahisseur à partir de Londres. Sa décision est prise immédiatement : laissant sa femme et leur enfant en France, il réussit à s'embarquer, le 23 juin, sur un bateau en partance pour l'Angleterre. Et c'est là, au sein des Forces françaises libres, qu'il vivra la guerre, jusqu'à son retour à Paris en septembre 1944.

Dès avant la guerre, Aron porte un regard critique sur le communisme, cette autre « religion séculière » ; en 1942, malgré l'alliance entre Russes et Occidentaux contre un ennemi commun, il met en question « cette croyance en un au-delà terrestre »[2]. Mais c'est surtout au lendemain de la victoire sur les nazis, alors qu'il aurait pu se contenter de recueillir les bénéfices de son engagement du bon côté, qu'Aron entre dans un combat sans répit contre l'idéologie communiste. L'expression « rideau de fer » apparaît dans ses articles dès juillet 1945. C'est en raison de ce combat qu'en 1947 il choisit de devenir éditorialiste au *Figaro* plutôt qu'au *Monde*, journal marqué par son indulgence prolongée pour les crimes du communisme. Une fois de plus, le pacifisme n'est pas de mise. Dans le même esprit, il devient, en 1950, membre fondateur d'un organisme anti-totalitaire, le Congrès pour la liberté de la culture, à côté d'autres Français comme Léon Blum et David Rousset, François Mauriac et Albert Camus (le Congrès arrêtera son activité en 1966, lorsqu'il sera révélé qu'une partie de ses fonds provenaient de la CIA ; cependant, la liberté d'expression et d'action de ses membres n'avait jamais été restreinte). Aron écrit fréquemment dans la revue publiée par cet organisme, *Preuves* ; en 1955, il publie *L'Opium des intellectuels*, analyse brillante des raisons pour lesquelles le communisme fascine l'intelligentsia occidentale. D'autres ouvrages étudient la structure et l'idéologie de la société soviétique. Au moment où paraît *L'Archipel du Goulag* de Soljenitsyne, au milieu des années soixante-dix, il dénonce encore les illusions persistantes de la gauche française, pour laquelle les camps de concentration cessent d'être atroces dès l'instant où ils sont justifiés par un idéal élevé. Aron n'est évidemment ni le premier ni le seul à mettre en garde contre la séduction communiste ; il est néanmoins celui qui, en France, poursuit cette lutte avec le plus de persistance et fournit à ses compagnons d'armes les arguments les plus convaincants.

A-t-on le droit de réunir communisme et nazisme dans la rubrique commune des « religions séculières », ou de l'« idéocratie », ou du totalitarisme, malgré des différences qui sautent aux yeux ? À cette question, Aron répond sans hésitation, et tout au long de son existence publique : oui. Doit-on, en même temps, les condamner aussi sévèrement l'un que l'autre ? Pendant un long moment Aron pense que non, en raison de l'opposition dans leurs projets, et malgré la proximité de leurs pratiques : les crimes nazis sont une mise en œuvre du projet nazi, explique-t-il, les crimes communistes, une trahison du projet communiste. C'est encore la justification idéologique qui lui fait juger que l'extermination des paysans par Staline reste rationnelle, alors que celle des juifs par Hitler ne l'est pas. Cependant, au moment où il rédige ses *Mémoires*, Aron conclut que cette différence est en réalité illusoire, car le programme communiste n'a qu'un rôle de camouflage ; du coup, les appréciations portées sur les deux régimes tendent à se rapprocher. « Le communisme ne m'est pas moins odieux que me l'était le nazisme. L'argument que j'employai plus d'une fois pour différencier le messianisme de la classe de celui de la race ne m'impressionne plus guère. L'apparent universalisme du premier est devenu, en dernière analyse, un trompe-l'œil » (*M*, p. 1030).

La question coloniale attire moins souvent l'attention d'Aron, pourtant là aussi on observe une continuité : il se sent tenu à la solidarité avec la nation française, mais pense qu'il convient d'accorder l'indépendance aux colonies. À Londres, il plaide en faveur de l'abandon de l'Indochine. En 1946, alors que l'insurrection vietnamienne a commencé, il ne veut pas condamner ouvertement les troupes françaises engagées au combat ; mais il voit une contradiction entre les principes universalistes et égalitaires, dont se réclame la politique du gouvernement, et ses pratiques : « Maintenir par la violence, ce ne sera pas maintenir la France » (*M,* p. 293). Il aime passionnément son pays mais cet amour exige que le pays reste fidèle à son propre idéal. En 1951, il réitère son souhait : il faut que l'Indochine devienne indépendante. Néanmoins, il se reprochera plus tard de ne pas être intervenu assez souvent en faveur de la décolonisation.

Il ne s'engagera vraiment que pendant la guerre d'Algérie, par une brochure qui, en juin 1957, fera l'effet d'une bombe : *La Tragédie algérienne*. D'autres que lui plaident déjà à ce moment en France pour l'indépendance de l'Algérie ; ce qui l'en distingue n'est pas le but à atteindre mais les arguments qu'il déploie. S'il est contre le maintien de la colonie, c'est parce que celle-ci incarne l'inégalité entre groupes humains et donc contredit l'idéal qu'est censée incarner la France ; par conséquent, ce maintien risque de conduire son pays à la guerre civile. S'adressant non aux anti-colonialistes déjà convaincus mais aux hommes politiques du gouvernement et du parlement, il ajoute un argument économique qui devrait les toucher : l'entretien de la colonie, surtout en temps de conflit, coûte beaucoup plus qu'elle ne rapporte. Mais, là encore, Aron ne va pas jusqu'à embrasser la cause du FLN ni conseiller la désertion aux jeunes recrues : tant qu'on vit dans une démocratie, l'obéissance aux lois est préférable à l'insoumission civique.

Si Aron est contre le nazisme, le communisme et le colonialisme, c'est qu'il a opté, en effet, pour la démocratie libérale. Celle-ci incarne un compromis, toujours fragile, entre deux ingrédients : « Le domaine d'autonomie laissé aux individus ; les moyens que l'État donne aux plus démunis afin qu'ils puissent exercer les droits qui leur sont reconnus » (*M*, p. 1043). D'un côté la liberté, fondée sur le pluralisme des pouvoirs ; de l'autre, la lutte contre les inégalités. Ce compromis est non seulement fragile, il est aussi, à tout moment, imparfait. Il ne faut donc pas se retenir de critiquer les régimes démocratiques ; mais cette critique ne se fait pas en raison d'une nostalgie du passé ni du rêve d'une société future parfaite. Elle est exercée au nom de l'idéal démocratique lui-même. Alors même qu'il en accepte et approuve le cadre général, Aron reproche à la société dans laquelle il vit l'éviction de l'intérêt général par les intérêts particuliers, la paralysie de l'État par les groupes de pression, la transformation des citoyens en purs consommateurs, préoccupés uniquement de la satisfaction de leurs désirs. Ce débat-là ne s'arrêtera jamais.

Un autre danger menace également les régimes démocratiques : c'est qu'ils se prennent pour une incarnation du bien et veulent imposer par la force leur propre idéal aux autres pays du monde. Une démocratie, écrit Aron, « ne peut pas et ne doit pas mener une croisade pour répandre ses propres institutions » (*M*, p. 604). Vouloir soumettre les relations internationales aux principes qui régissent la vie intérieure des États relève d'une illusion dangereuse. « Les droits de l'homme ne font pas une politique », dit le titre d'un chapitre de son livre d'entretiens *Le Spectateur engagé*[3]. Dans le même contexte, Aron met en doute les tentatives récentes d'instaurer une justice internationale, supérieure aux États. « Dans les relations internationales, il n'y a pas de tribunal. » Nuremberg n'apporte pas une réfutation : le premier chef d'accusation des dirigeants de l'État nazi a été « le crime contre la paix », un crime dont seul le vainqueur du conflit peut décider. « Celui qui gagnera la guerre démontrera que le vaincu avait été responsable de la guerre[4]. » Autrement dit : ce prétendu exercice du droit illustre en réalité la prééminence de la force.

L'itinéraire d'un spectateur engagé

Telles sont les principales positions politiques d'Aron ; force nous est aujourd'hui d'admettre que bien peu d'intellectuels parmi ses contemporains peuvent s'enorgueillir de choix aussi judicieux. Aron est pourtant lui-même un intellectuel. La rencontre avec la philosophie, à la fin du lycée, lui a fait adopter cette attitude qui consiste à « penser notre existence au lieu de la subir » (*M*, p. 27). Comment se fait-il, alors, qu'il ait échappé aux travers habituels de l'intelligentsia ? Aurait-il reçu une éducation supérieure, aurait-il eu des maîtres particulièrement clairvoyants ? La réponse à ces questions est surprenante : Aron franchit les étapes décisives de son éducation, non sur les bancs de l'École normale supérieure, mais dans les rues de Berlin ; les personnages décisifs pour son orientation politique se nomment, non Kant ou Hegel, mais Staline et Hitler. C'est parce qu'il voit personnellement, en 1932-1933, la montée du nazisme en Allemagne qu'il choisit ce chemin rare et difficile : ne pas fermer les yeux devant le monde qui l'entoure, ne pas mettre rêves et abstractions à la place des réalités, faire de l'expérience vécue la pierre de touche des théories. C'est peut-être la leçon la plus importante léguée par Aron à tous ses successeurs : refuser la rupture entre vivre et penser, toujours « confronter les idées aux réalités qu'elles traduisent, déforment ou transfigurent » (*M*, p. 809). À la fin de sa vie, il revendiquera pour lui, non la sagesse, mais précisément cette continuité entre ses réactions d'individu singulier et ses constructions intellectuelles : « Je n'ai jamais justifié l'injustifiable pour raison dialectique » (*M*, p. 1007).

C'est au moment de son séjour en Allemagne que se décident également les formes d'action qu'Aron adoptera pour lui-même. Il y découvre, en effet, non seulement la puissance des forces irrationnelles et la violence des foules, mais aussi quelques règles concernant les réactions que l'on devrait avoir face au mal politique. L'une d'entre elles lui vient de Max Weber, le grand sociologue allemand. Elle consiste à tenir compte, dans le monde de l'action publique, moins des intentions des acteurs que des conséquences de leurs gestes. Une autre provient d'une rencontre fortuite, celle d'un homme politique français à qui, lors d'une visite à Paris, Aron fait un exposé sur le danger montant en Allemagne. Son auditeur réplique : « Vous avez sûrement raison mais, concrètement, que feriez-vous si vous étiez à la place du Premier ministre ? » Ne pas s'en tenir à l'indignation vertueuse, se mettre à la place des hommes d'action, et non seulement les critiquer au nom de principes élevés, réfléchir au possible et non seulement au souhaitable, ne pas se laisser enivrer par les belles formules mais les mettre à l'épreuve des faits, telle sera la leçon, exceptionnelle pour un intellectuel, que tirera Aron de ses années allemandes.

Il y trouvera, en même temps, l'objet de prédilection de sa recherche à venir : il ne se contentera pas de la pure réflexion philosophique, à laquelle le préparaient ses années d'études, mais voudra connaître et comprendre les hommes pris dans le mouvement de l'histoire et dans la diversité de leurs sociétés. Sur les bords du Rhin et de la Spree, il a conçu un projet auquel il restera fidèle toute sa vie : « Penser l'histoire en train de se faire[5]. » À cet égard encore, Max Weber lui apparaît comme une figure exemplaire, en ce que, plus que d'autres philosophes ou savants, il a su introduire dans l'objet de sa réflexion l'histoire en marche, celle qui fait trembler le monde ; il a su unir « le sens de la durée et celui de l'instant » (*M*, p. 95). À son tour, Aron choisira de vivre pleinement dans le monde qui l'entoure, d'être ce contemporain qui « entend le bruit, voit la fureur et cherche le sens » (*M,* p. 1028).

La continuité revendiquée entre vivre et penser aura aussi une conséquence, à première vue paradoxale : c'est l'exigence, souvent réitérée par Aron, de ne pas confondre le bien avec le vrai. Ce qu'il reproche rétrospectivement à ses tout premiers écrits, datant d'avant la conversion en Allemagne, c'est le mélange inextricable des deux, qui fait qu'à la place d'une analyse lucide des faits on trouve un reflet des bonnes intentions de l'auteur. Qui veut connaître la politique doit suspendre ses jugements pour saisir les acteurs tels qu'ils sont, non tels qu'ils lui conviendraient. Le politicien lui-même, écrit Aron en 1937, devrait être non « humanitaire et bienveillant, mais courageux et rude[6] ». Il faut du courage pour découvrir et défendre la vérité ; c'est parce qu'il en est pourvu, alors qu'en manquent la plupart de ses contemporains intellectuels, que, dès 1933, Aron saisira la menace hitlérienne, dès 1945 le danger stalinien.

La claire distinction entre le vrai et le bien, le refus de substituer des abstractions moralisantes à une connaissance impartiale du monde ne signifie pas pour autant qu'il faille éliminer l'un des termes et se contenter de l'autre. Éviter la confusion permet au contraire de les mettre en relation. La contribution d'Aron consiste ici à contester des oppositions traditionnelles et à les situer dans une structure nouvelle. On a tort d'opposer, en politique, les « réalistes » aux « idéalistes ». Ces derniers – ceux qui ne se préoccupent que du souhaitable – s'opposent aux stricts observateurs, lesquels se contentent d'enregistrer l'état du réel. Les réalistes, eux, vont au-delà de l'alternative : ils partent d'une connaissance fouillée du monde avant de chercher à le transformer dans la direction voulue. L'action réaliste s'oppose à la fois à l'attitude de résignation, qui finit par postuler que le réel est souhaitable, et à la rêverie autosatisfaite, qui prend le souhaitable pour du réel ; le réaliste n'est ni conservateur ni utopiste. De même, l'éthique de la conviction ne s'oppose pas à l'éthique de la responsabilité, mais au pur pragmatisme, à la recherche d'efficacité immédiate ; la responsabilité, elle, implique à la fois la présence de convictions et la prise en considération des circonstances, nécessaire au succès de toute entreprise. Aron prône une politique réaliste et responsable, non la résignation ou le cynisme ; il ne renonce pas à son idéal, mais refuse d'en faire un instrument pour la connaissance du réel.

Aron lui-même ne deviendra pas un homme politique. Il raconte dans ses *Mémoires* comment en Allemagne, au moment de la prise du pouvoir par les nazis, il devient conscient du choix qui se présente devant lui. Un ami étudiant allemand, qui a décidé de se plier aux nouvelles exigences, lui tient ce propos : « Vous serez toujours un spectateur et un spectateur critique, vous n'aurez pas le courage de vous engager dans l'action qui emporte le flux des foules et de l'histoire. – Il avait raison », commente Aron (*M*, p. 101). On peut rester en désaccord avec ce jugement. Aron s'engage dans l'action, immédiatement et avec beaucoup de courage, aussi bien en 1940 qu'en 1945 ou en 1957. Mais il est vrai que, en dehors de son départ pour Londres, cette action se situe sur le plan intellectuel plutôt que sur celui de l'activisme politique. Le pouvoir hiérarchique ne l'intéressera non plus jamais, alors qu'il aspirera à l'autorité intellectuelle. Les auteurs du passé qui suscitent ses sympathies, de Thucydide à Weber en passant par Montesquieu, sont aussi des hommes qui cherchent plus à comprendre le monde qu'à le transformer. Ce choix condamne Aron à une certaine solitude, loin de la chaleureuse fraternité qui règne entre compagnons de lutte.

La même absence d'engagement dans le conflit des partis politiques lui permet de ne pas s'en tenir aux certitudes fondamentales qui sont les siennes mais de les nuancer à l'infini. Aron confesse : « Catégorique sur les forces profondes, je me sens toujours partagé et incertain quand j'en viens à spéculer sur le cours des événements, prochains ou lointains » (*M*, p. 409). Et pour cause ; celui qui a posé comme préalable nécessaire à tout jugement une connaissance aussi approfondie que possible du monde ne peut que se rendre à l'évidence : les êtres humains et leurs sociétés sont infiniment complexes, les intentions généreuses peuvent produire des résultats catastrophiques (le contraire étant vrai également). Les grands principes ont beau être fermes et indiscutables, les cas particuliers se prêtent mal aux jugements manichéens. Le monde n'est pas peint en noir et blanc : « Ce n'est jamais la lutte du bien contre le mal, c'est le préférable contre le détestable », dit-il dans *Le Spectateur engagé*[7].

C'est pourquoi le travail de connaissance ne peut jamais être clos : les interprétations du monde humain sont condamnées à rester multiples, à se compléter plutôt qu'à s'évincer mutuellement. Aron n'a jamais prétendu détenir une vérité définitive ou un système d'explication total. Par conséquent, les jugements qu'il porte ne sont pas catégoriques mais laissent la place à la délibération. En 1940, à Londres, il rédige l'éditorial de *La France libre*, revue des Français exilés combattant l'Allemagne nazie ; tout en prenant parti dans la guerre en cours, il affirme que l'objectif de la revue est « la liberté et le respect nuancé de toutes les croyances[8] ». En 1955, préfaçant son ouvrage polémique *L'Opium des intellectuels*, il décrit ses compagnons de pensée comme « ceux qui savent combattre sans haïr[9] ». Ses jugements sur des sujets aussi brûlants que l'armistice et la collaboration, Vichy et Pétain, restent remarquablement équilibrés ; l'esprit des justiciers de l'épuration lui est entièrement étranger. Comparé à la hargne avec laquelle Sartre a parlé de son ancien camarade, le portrait qu'en fait Aron dans les *Mémoires* est d'une grande générosité ; il en va de même de ses autres anciens adversaires. Cette tendance à toujours voir le bon côté des idées qu'il critique et les défauts de celles qu'il défend exaspère ses critiques comme ses alliés : il est trop imprévisible, incertain, il atténue chaque affirmation par tant de restrictions qu'à la fin on ne sait plus à quoi s'en tenir ! Lui-même se demande dans les *Mémoires* s'il n'a pas été un peu trop anti-manichéen…

Pourtant non. Aron a su échapper aux écueils complémentaires du manichéisme et du relativisme. Voir le mélange du bien et du mal largement répandu ne l'a pas empêché d'identifier clairement les maux politiques du siècle. « La vérité ne se situe pas toujours dans la juste mesure, écrit-il en 1956, les horreurs des tyrannies du XXe siècle sont démesurées » (*M*, p. 494). Aron est resté catégorique dans sa condamnation du mal et incertain dans la prospection du bien.

Aron en marginal

L'acceptation consensuelle dont la pensée d'Aron fait l'objet aujourd'hui, l'admiration que lui ont vouée quelques grands esprits de son vivant risquent de nous induire en erreur et de nous le faire percevoir comme un personnage central de son temps, porte-parole de l'opinion commune. Il n'en est rien. Un homme aussi soucieux de véracité ne peut convenir durablement à aucun parti ni à aucune institution ; Aron a payé le prix de ses choix intellectuels en restant toujours un marginal – même lorsqu'il est couvert d'honneurs. Rousseau l'avait compris, qui remarquait : « Tout homme de parti, par cela seul ennemi de la vérité[10]... » Aron lui-même en est pleinement conscient, comme en témoigne cet autoportrait de 1965 : « Un déviant, trop soucieux de vérité dans l'action, trop soucieux d'action dans la pensée. [...] Me voici, depuis longtemps, un marginal, ici aussi bien que là. [...] Un sans-parti, dont les opinions heurtent tour à tour les uns et les autres, d'autant plus insupportable qu'il se veut modéré avec excès[11]. »

Aron est toujours resté marginal par rapport au pouvoir politique. On aurait pu l'imaginer conseiller du prince, puisqu'il entretient des relations personnelles respectueuses avec les présidents de la Cinquième République, Charles de Gaulle, Georges Pompidou, Valéry Giscard d'Estaing, tout comme il connaît bien divers hommes politiques de la Quatrième. Il ne sera pourtant jamais le conseiller officiel ou officieux d'un dirigeant du pays : toute servilité à l'égard du pouvoir lui est odieuse et il tient farouchement à son indépendance. Il en va de même des partis politiques. En 1926-1927, alors qu'il est encore étudiant, il s'inscrit au Parti socialiste ; cette affiliation ne survit pas à sa métamorphose en Allemagne. À Londres à partir de 1940, il aurait pu devenir gaulliste : il est irrité par le culte de la personnalité qui entoure le Général et par l'obligation imposée à ses admirateurs de voir le monde en noir et blanc ; il prend donc ses distances. Il reste sur sa réserve après la Libération, lorsque de Gaulle devient chef du gouvernement. Mais, une fois celui-ci éloigné du pouvoir, Aron décide de lui témoigner de sa fidélité et il entre au parti que celui-ci a créé, le RPF. Il y militera, en se forçant un peu, de 1948 à 1952. Il s'éloignera en revanche du Général une fois celui-ci revenu aux commandes de l'État, et critiquera même sévèrement certains de ses choix. Comme il l'observe ironiquement dans les *Mémoires* : « Je ne l'avais suivi que dans celle de ses entreprises qui échoua, le RPF » (*M*, p. 776).

Il en va de même de ses grands choix idéologiques. Avant la guerre, la famille d'esprit d'Aron, la gauche non communiste, est majoritairement pacifiste ; lui ne cesse de mettre en garde contre le danger militaire que représente l'Allemagne nazie. En 1945, Aron aurait pu s'enorgueillir de son refus de toute collaboration, de sa participation immédiate à la résistance ; il n'en fait aucune mention. Bien au contraire, il s'engage dans un combat très peu populaire : faire descendre l'Union soviétique, et l'idéologie communiste qu'elle est censée incarner, du piédestal où elle a été hissée. Le prestige du peuple soviétique, auréolé par sa victoire sur l'Allemagne nazie qui lui a coûté 25 millions de victimes, est alors au zénith ; le Parti communiste français est respecté et craint, les intellectuels parisiens font de la surenchère dans les déclarations antifascistes et dans les prises de position de gauche, souvent moyen pour eux de faire oublier leur propre passivité pendant la guerre. La gauche n'est pas majoritaire dans les urnes mais elle l'est à l'Université, où il est de bon ton de professer des sympathies pro-communistes. Devenu professeur, Aron se heurte à l'hostilité silencieuse ou bruyante des étudiants comme des collègues, pour qui le marxisme s'apparente à la vérité révélée. Le débat public est dominé par la figure de Sartre qui ne parle plus à son camarade de l'École normale et qui a proclamé : « Un anticommuniste est un chien, je ne sors pas de là, je n'en sortirai plus jamais[12]. » Dans ces conditions, défendre ses convictions sans rien concéder demande un courage certain : tout au long de cette période, Aron est un homme seul.

On aurait pu imaginer que, rejeté par la gauche, il serait accueilli les bras ouverts par la droite. Mais cette tradition-là n'est pas non plus la sienne. L'un des portraits les plus impitoyables des *Mémoires* est celui d'un idéologue de droite. « J'y retrouvai le type de l'Action française qui me fait horreur et qui me fit sentir une fois de plus que ces nationalistes ou réactionnaires appartiennent à un univers dans lequel je ne pourrais jamais respirer » (*M*, p. 957). Les gaullistes ne le compteront pas vraiment parmi les leurs, et les prises de position d'Aron au moment de la guerre d'Algérie lui valent la haine tenace d'une bonne partie de la droite, sans que son anticolonialisme ne lui regagne les faveurs de la gauche.

Ce n'est sans doute pas un hasard non plus si la reconnaissance institutionnelle lui vient tardivement et non sans contrecoups. En

1948, Aron pose sa candidature pour un poste de professeur à la Sorbonne ; on lui préférera un autre candidat, à la fois moins éloigné du marxisme et moins coupable d'écrire (bien) dans les journaux. Il s'y représente en 1955 et, cette fois-ci, l'emporte de justesse. Cependant, la vie de mandarin universitaire ne lui convient pas et, fait rare dans la carrière d'un professeur, il en démissionne en 1967 pour n'enseigner qu'à l'École des Hautes Études. Il sera tenu à l'écart de Sciences Po et ne participera que sporadiquement aux travaux du CNRS. Une candidature au Collège de France en 1961 tourne court, faute d'appuis ; Aron n'y sera élu qu'en 1970, à l'âge où d'autres prennent leur retraite (Michel Foucault, élu en même temps que lui, n'a alors que quarante-trois ans). Il ne deviendra jamais membre de l'Académie française. Il essaie de se résigner à ces échecs partiels : « J'échappais à la norme et toutes les corporations se méfient du marginal » (*M*, p. 466).

L'Université a de bonnes raisons de se méfier d'Aron : il ne cesse de la critiquer dans ses articles de journaux. Ce qu'il lui reproche n'est pas l'emprise idéologique de la gauche, mais la nature formelle et scolastique des examens, telle l'agrégation ; la souveraineté intangible des professeurs qui n'ont des comptes à rendre à personne, loin de leurs étudiants comme de leurs collègues ; l'absence d'intérêt pour la recherche. Pour quelqu'un qui a connu de près la guerre, entre 1939 et 1945, qui a pratiqué le combat politique dans la presse, entre 1945 et 1955, l'Université n'est pas un lieu tout à fait idéal : « La majorité des universitaires ne sortent de leurs études que pour entrer dans l'enseignement. Univers de coton, peuplé d'enfants ou de jeunes gens, qui risque d'entretenir une sorte de puérilité » (*M*, p. 303). Nombre de ses critiques seront reprises par les étudiants en révolte, en mai 1968. Pourtant, Aron ne se reconnaît pas plus en eux qu'il ne le faisait dans les mandarins et les représentants des agrégés. Les discours qu'il entend autour de lui, refusant de reconnaître les mérites du savoir, lui semblent frôler souvent la démagogie ; le pathos révolutionnaire lui est étranger. Au lieu de le rapprocher des étudiants, Mai 68 le renvoie un peu plus dans la solitude.

On peut critiquer telle ou telle position d'Aron ; on ne peut l'accuser de s'être comporté en conformiste ou de s'être plié aux modes intellectuelles qui submergent Paris les unes après les autres, à intervalles réguliers ; il réagit toujours et seulement en accord avec son âme et conscience. Il échappe même au conformisme du non-conformiste : il ne cherche pas à provoquer l'opinion publique, à s'opposer systématiquement au consensus, à se distinguer par des choix extravagants. Il joue la comédie sociale, mais sans trop y croire, et n'hésite jamais quand il faut prendre des risques.

Aron en Sisyphe

Aron renonce à bâtir un système philosophique global, à chercher une clé explicative ouvrant toutes les serrures. Les réponses qu'il apporte à chaque problème se savent partielles et provisoires, ses interprétations ne se prétendent pas définitives ni exclusives. Son activité est animée néanmoins par un même esprit et dirigée vers le même horizon. Il pose en préalable la nécessité de s'informer aussi bien que possible. Accepter de s'aveugler sur les réalités du monde devient une faute morale lorsqu'on a l'ambition de guider les hommes. « L'aveuglement est une expression bien plutôt de lâcheté que de courage[13] », écrit-il en réponse à un critique en 1957. On doit ensuite s'imposer de ne recourir qu'à des arguments rationnels, seul moyen de faire avancer le dialogue tant entre individus de convictions différentes qu'entre civilisations aux valeurs en apparence contradictoires. L'idée de raison est l'horizon ultime d'une humanité qui voudrait se réconcilier avec elle-même, car cette idée participe, au même titre que la vérité, d'une vocation universelle.

Aron a formulé son idéal d'universalité, fondement commun de l'éthique et de la science, dans un commentaire aux critiques adressées par Leo Strauss à la pensée de Max Weber. « Même si l'on admet, écrit Aron, que logiquement la vérité de "2 × 2 = 4" n'est pas de même sorte que celle du "tu ne tueras point", il reste que le sens dernier de l'égalité arithmétique s'adresse à tous les hommes, universalité que l'interdiction de tuer retrouve d'une autre manière. Les règles formelles de la morale rationaliste [...] sont le développement logique de l'idée d'humanité, de société universelle des hommes, idée inséparable du sens profond de la vérité scientifique[14]. » L'universalité morale et scientifique ne se laisse pas observer empiriquement, mais elle rend le débat possible, voire fécond : c'est un pari justifié.

Ce constat, pour ne pas être entièrement tragique, n'est cependant pas porteur d'un grand espoir. Tout être ayant choisi de se conformer à la raison se condamne à un travail de Sisyphe : on peut certes analyser par la raison jusqu'aux comportements les plus déraisonnables, mais on a peu de chances de transformer ces derniers. Bonne pour le diagnostic, la raison se révèle insuffisante en tant que remède. Si l'on a fait le pari de la raison, le travail est à recommencer perpétuellement, sans trop escompter de succès : le combattant lucide est un combattant sans espoir. « Je n'ai pas d'illusions sur l'efficacité de la parole raisonnable », dit Aron en 1961[15]. Pourquoi ce scepticisme ? Parce que, dans le meilleur des cas, les discours agissent sur les discours ; or les êtres ne s'incarnent pas parfaitement dans les discours qu'ils tiennent. « Il n'y a guère de véritable dialogue entre des expériences vécues », constate mélancoliquement Aron à propos des événements de Mai 68 (*M*, p. 692) : des individus animés pourtant du souci de communiquer ne parviennent nullement à ébranler les convictions les uns des autres. On peut démonter les arguments des autres, cela ne préjuge rien quant au changement de leurs conduites. « Les sentiments résistent longtemps à la réfutation des idéologies par lesquelles ils s'expriment et se rationalisent » (*M*, p. 809).

Conclure au caractère déraisonnable des conduites humaines produit une vision, sinon tragique, du moins peu enthousiasmante de l'histoire de l'humanité. On peut s'attendre à ce que la violence soit jugulée à tel endroit, pendant une certaine période – non à ce qu'elle soit déracinée. À l'intérieur des États, elle est contrôlée mais non éliminée ; dans les relations internationales, elle reste toujours présente, ne serait-ce qu'à l'arrière-plan. Et pour combattre la violence, il faut l'exercer à son tour. Romain Gary, camarade de combat d'Aron à Londres, disait à propos de ses missions d'aviateur au-dessus de l'Allemagne : « Hitler nous avait *condamnés* à tuer. Même les causes les plus justes ne sont pas innocentes[16]. » Pour se protéger des attaques des autres, il faut produire des armes meurtrières ; et même en temps de paix, tout progrès technique se paie par la destruction d'anciennes formes de vie. C'est pourquoi Aron, qui sait si bien montrer l'inanité des promesses agitées par les marchands de rêves, ne convient pas au rôle de pourvoyeur d'espoirs. La démocratie libérale qu'il défend n'a rien d'un paradis terrestre ; c'est simplement un compromis moins mauvais que les autres.

Ce n'est pas seulement le devenir de l'humanité qui n'obéit pas à la raison ; c'est aussi l'être individuel, aussi fidèle soit-il à son culte. Aron a toujours su et admis qu'il ne fait pas lui-même exception à la règle, que dans la vie de chaque personne arrive un moment, comme il l'écrit en 1933, où « l'effort d'objectivité doit laisser place à l'indignation nécessaire[17] » et que donc ses propres jugements ne peuvent aspirer à une totale objectivité. Dans son autoportrait de 1965, il dit même de lui qu'il « dissimule ses passions sous des arguments[18] », ce qui est probablement excessif : la plupart du temps, ses arguments ne sont pas le camouflage rationalisé de sentiments. Mais cela peut arriver ; l'exemple le plus frappant en est la réaction d'Aron à la guerre des Six Jours, qui met aux prises Israël et les États arabes voisins. En particulier, dans un article de juin 1967, il évoque à propos de ses positions pro-israéliennes un « mouvement irrésistible de solidarité. Peu importe d'où il vient » (*M*, p. 700).

Commentant ce texte seize ans plus tard, Aron se reproche « l'oubli ou la méconnaissance du rapport des forces ». Il a donc négligé sa toute première règle de conduite : commencer par s'informer aussi bien que possible. « J'aurais dû, même à cet instant, garder la tête froide » (*M*, p. 701). Pour un observateur impartial, la situation était claire : la force militaire israélienne était bien supérieure à celle de ses voisins, et l'existence de l'État d'Israël n'avait pas été mise en danger.

Si l'on a pu croire le contraire en France, c'est en grande partie sous l'influence d'une presse où des auteurs d'origine juive ont défendu avec passion les intérêts d'Israël. Ce constat donne l'occasion d'un échange de lettres entre Aron et Claude Lévi-Strauss, qu'Aron, scrupuleux comme d'habitude, reproduit dans ses *Mémoires*. Le grand ethnologue y assume, face à l'historien Aron, une position universaliste. Ceux qui ont répandu des contre-vérités dans la presse ne sont pas excusables au motif, suggéré par Aron, qu'« il n'y a pas de vérité objective au-delà des manières différentes dont les individus ou les groupes perçoivent situations et événements ». Ils ont manqué au nécessaire « respect des faits », premier article du credo intellectuel. De sa familiarité avec des sociétés différentes de la sienne, Lévi-Strauss a tiré une leçon qui s'applique aux deux : « Je ne puis évidemment pas ressentir comme une blessure fraîche à mon flanc la destruction des Peaux-Rouges, et réagir à l'inverse quand les Arabes palestiniens sont en cause. » Ce n'est pas pour la première fois dans l'histoire de l'humanité, en effet, que des « persécutés et [des] opprimés vinrent s'établir dans des terres occupées depuis des millénaires par des peuples plus faibles encore, et qu'ils s'empressèrent d'évincer » (*M*, p. 729-730).

C'est exactement ce que pense aussi Aron – en toutes circonstances sauf celles-ci. Il est assez frappant de voir, par exemple, avec quelle sévérité il juge l'attitude de Camus pendant la guerre d'Algérie – parce que celui-ci ne parvient pas à oublier ses déterminations particulières : « En dépit de sa volonté de justice, de sa générosité, M. Albert Camus n'arrive pas à s'élever au-dessus de l'attitude du colonisateur de bonne volonté » (*M*, p. 525). Le fameux refus de Camus de choisir entre sa mère et la justice lui paraît alors (en 1957) un mot d'auteur dénué de sens. Or, en 1967, il explique ainsi la position des intellectuels juifs français qui ont choisi de défendre inconditionnellement Israël : « Ils ont fait la même expérience que Camus. En certaines circonstances, l'intellectuel tenterait vainement d'aboutir à une prise de position à force de réflexion, en pesant le pour et le contre, en confrontant les dossiers des uns et des autres, en se référant aux règles abstraites de la justice. Il se tait ou il obéit à son démon » (*M*, p. 726). Critiqué là, pris ici en exemple, Camus face à l'Algérie a choisi de se taire ; d'autres ont préféré suivre leur démon.

Introduire un peu plus de raison dans le cours du monde ou même dans celui de ses propres pensées n'est pas une tâche aisée. Aron n'a jamais voulu le cacher : « À force de me considérer comme une mécanique intellectuelle, chacun finit par oublier à quel point je ressemble à tout le monde » (*M*, p. 773). Pour autant, il ne renonce pas à pousser son rocher de Sisyphe.

Aron en Job

L'histoire de Job est celle d'un homme juste et heureux, à qui Dieu pour cette raison même décide d'envoyer les pires épreuves.

La vie d'Aron commence sous les meilleurs auspices. Ayant grandi dans une famille aimante, pourvu de capacités intellectuelles exceptionnelles, il suit la voie royale des jeunes gens dans la République française : il entre à l'École normale supérieure en 1924, il sort le premier du concours d'agrégation de philosophie en 1928. Les premiers coups lui sont portés par l'Histoire. D'abord la crise économique de 1929 ruine sa famille et condamne son père, qui avait déjà renoncé à briguer une brillante carrière, à chercher de petits travaux alimentaires. Il meurt peu après. Aron se promet alors d'accomplir dans la vie tout ce à quoi son père avait rêvé sans pouvoir le réaliser.

Le second coup, Aron le reçoit en Allemagne : c'est l'avènement du nazisme. Jusque-là, il se sent transporté tantôt par Kant et tantôt par Proust. Mais surtout pas par la politique : « Le goût de la politique représentait pour moi l'équivalent de la faiblesse » (*M*, p. 93). Hitler se chargera de bouleverser l'ordre de ses valeurs. Désormais, il met résolument de côté ses velléités littéraires (il avait fait une communication sur Proust en 1928), et, s'il soutient une thèse sur la philosophie de l'histoire, il y introduit sa conscience du présent dramatique, au point de heurter ses professeurs, surpris de voir les événements politiques perturber les salles poussiéreuses de l'Université. Les événements lui donnent raison, mais c'est une maigre consolation : mobilisé, choqué par l'armistice, il doit abandonner ses proches pour continuer le combat à partir de Londres. C'est là, sous les bombes, qu'il vivra le *Blitzkrieg* lancé par Hitler contre la Grande-Bretagne.

La fin de la guerre aurait pu lui apporter l'apaisement ; ce ne sera pas le cas. À son retour à Paris, se souvient-il dans les *Mémoires*,

« j'oscillais entre la bonne et la mauvaise conscience » (*M*, p. 266). Pourquoi aurait-il mauvaise conscience, lui qui, à la différence de tant d'autres, s'est engagé dès le premier jour ? Parce que les exigences qu'on s'adresse à soi-même sont plus sévères que celles des autres. Au cours de son service militaire, avant la guerre, Aron a été attaché à une unité météorologique. Pendant la « drôle de guerre », mobilisé, il se retrouve dans le même corps d'armée. Il demande à être transféré dans les chars, cette incarnation de l'armée moderne correspond mieux à ses aspirations belliqueuses. La rapidité de l'armistice laisse sa requête sans suite. Une fois à Londres, il croit pouvoir réaliser son rêve : les exilés peuvent choisir le corps dans lequel ils vont servir. Aron n'hésite pas : ce seront les chars ! Sa demande est agréée, mais une mauvaise surprise l'attend : âgé maintenant de trente-cinq ans, il est parmi les aînés des recrues ; on l'assigne donc à l'administration des comptes de la compagnie... Se retrouver comptable à Londres n'a rien d'héroïque ; aussi n'hésite-t-il pas très longtemps lorsqu'on lui propose de devenir le rédacteur en chef de la revue des Français à Londres, *La France libre*.

À raisonner dans l'abstrait, on ne peut avoir aucun doute : Aron est plus utile à la cause de la France en journaliste brillant et modéré qu'en comptable. Mais face au tribunal de sa propre conscience, il n'est pas tranquille : n'a-t-il pas fui l'action ? Et s'il ne s'était donné toutes les bonnes raisons pour choisir le travail de journaliste que parce qu'il avait peur des balles ? « Ce n'était pas déshonorant, ce n'était pas non plus glorieux » (*M*, p. 232). Comparé aux aviateurs qui risquent leur vie à chaque mission, tel Romain Gary, Aron se sent un « embusqué ». À la Libération, il se reproche aussi d'avoir trop cherché à rester au-dessus de la mêlée, de ne pas avoir plaidé la cause gaulliste avec plus d'ardeur.

Aron est animé alors, à un degré qui tend à devenir incompréhensible aujourd'hui, par un sentiment de devoir envers sa patrie, la France. Les besoins du pays, tels qu'il les comprend, l'emportent, et de loin, sur ses désirs. Le résultat de ces remords, de ces regrets, de ces reproches qu'il s'adresse à mi-voix est qu'en 1945 il prend une décision surprenante : il choisit de renoncer, non plus seulement à la littérature et à la philosophie, mais aussi à la réflexion détachée de l'intellectuel. Aron écarte la carrière universitaire qui s'offre à lui et, pendant dix ans, jusqu'en 1955, se consacre essentiellement au journalisme : ce moyen lui semble le plus approprié pour servir son pays. Il s'est puni lui-même pour ce qu'il juge être son inaction dans le passé, en bridant ses aspirations purement intellectuelles. Il écrira donc abondamment, d'abord dans *Combat*, ensuite dans *Le Figaro* ; c'est dans ce même esprit qu'il s'inscrira en 1947 au RPF gaulliste.

Cependant, les doutes l'assaillent aussitôt : il craint la dispersion dont avait déjà pâti son père, redoute de se noyer dans l'éphémère, dans ces urgences que l'on oublie le lendemain. Dès 1948, il supporte mal sa vie de journaliste professionnel et essaie d'entrer à la Sorbonne ; mais les « chers collègues » le rejettent. Par la suite, Aron considérera ces années comme un intermède, sinon comme un gâchis ; la formule par laquelle il voudrait les désigner, dans les *Mémoires*, est : « Dix années perdues » (*M*, p. 303). S'ajoute à cela le malheur personnel : en 1950 lui naît une enfant mongolienne, quelques mois plus tard meurt de maladie sa deuxième fille, née en 1944. Aron en est profondément bouleversé ; pour préserver son équilibre, il se jette avec encore plus d'acharnement dans le travail, dans ce qu'il appelle lui-même « le journalisme obsessif[19] ». Ce double choc lui révèle à jamais combien les hommes sont peu maîtres de leur destin : « Qui a assisté, impuissant, à la mort de son enfant ne sera plus tenté de souscrire à l'orgueil prométhéen[20]. »

Aron sortira de cette période, jugée rétrospectivement stérile, par un double geste : il est de nouveau candidat à un poste de professeur à la Sorbonne, en 1955, cette fois-ci avec succès, ce qui l'amène à renouer avec le milieu voué à la connaissance plutôt qu'à l'action ; et il publie la même année *L'Opium des intellectuels*, ouvrage certes polémique mais qui lui permet de reprendre la réflexion de fond, au-delà des controverses éphémères. Le livre suscite un écho important. L'affection dont l'entourent ses proches l'aide à émerger de l'état de prostration dans lequel l'avait plongé sa tragédie personnelle. « J'étais sorti de la nuit, peut-être parviendrais-je à me réconcilier avec la vie » (*M*, p. 444).

Commence alors une nouvelle période de sa vie qui durera jusqu'en 1977 et au cours de laquelle il rédigera la plupart de ses grands ouvrages. La reconnaissance publique s'accroîtra à son tour. Ces succès ne suffiront cependant pas à apaiser son inquiétude.

Aron poursuivra, tout au long de cette période, sa collaboration au *Figaro*. La quantité comme la qualité sont là : il aura écrit, tout au long de sa carrière, environ 4 000 éditoriaux ; il sait qu'il est devenu le meilleur éditorialiste français. Mais le directeur du *Figaro*, Pierre Brisson, meurt en 1965 ; commence alors, aux yeux d'Aron, une lente dégradation du journal (la rupture sera consommée en 1977). Cependant, c'est l'activité journalistique en elle-même qui a perdu beaucoup de son attrait pour Aron. Les compliments qu'il reçoit n'ont aucune incidence sur les doutes qu'il éprouve : ne se laisse-t-il pas aller à la facilité ? N'admire-t-on pas ses articles parce qu'ils sont signés par Raymond Aron et non parce qu'ils sont bons ? Il admettra plus tard avoir été tenté par l'exemple de Romain Gary de se cacher derrière un pseudonyme – mais ce rapprochement avec un homme désespéré dont l'existence s'achèvera par le suicide n'est-il pas troublant ?

Brisson a laissé un portrait d'Aron journaliste : il dit avoir connu peu d'hommes « d'une fébrilité d'âme aussi vive, d'une véhémence intime si brusquement sillonnée d'inquiétudes[21] ». Et puis Aron a beau être plus lucide que les autres, le commentaire politique au jour le jour a toujours quelque chose de frustrant, dans la mesure où l'histoire est imprévisible et que les certitudes d'un jour deviennent les erreurs du lendemain. Avec le privilège qui est le nôtre – vingt-cinq ans après la mort d'Aron – nous pouvons constater que son jugement était insuffisant sur l'un des principaux objets de sa réflexion, à savoir l'Union soviétique. Ce critique impitoyable du système communiste a été, malgré tout, victime de sa propagande. D'abord Aron a pu croire pendant de longues années que l'idéologie communiste était l'héritière de l'humanisme occidental ; de plus, il a cru que l'État soviétique, plutôt que d'utiliser cette idéologie en vue de l'exercice du pouvoir, voulait se conformer à un projet théorique. Mais surtout Aron a affirmé, jusqu'à la fin de sa vie, la supériorité militaire de l'URSS sur l'Europe et même sur les États-Unis. Il imaginait, dans un proche avenir, le pouvoir soviétique dominant l'Europe occidentale, car « les États-Unis ont perdu la supériorité militaire » (*M*, p. 1048). Les événements des dernières années du XXe siècle montrent combien restent fragiles même les prédictions les mieux argumentées.

L'enseignement régulier apporte l'apaisement à l'individu Aron. Il s'y consacre avec le plus grand sérieux. Toutefois, tout comme il se reproche de ne pas avoir été un véritable combattant pendant la guerre, il s'inquiète maintenant de ne pas être un vrai savant, de ne plus pouvoir conduire des recherches de fond, et il s'invente une nouvelle épreuve : alors que personne ne le lui demande, il publie une deuxième « thèse » en 1962, *Paix et guerre entre les nations* ; puis, en 1976, une troisième, *Penser la guerre, Clausewitz* ! Ces travaux érudits et systématiques confirment sa réputation universitaire mais ne le rassurent pas pour autant ; jusqu'à la fin de sa vie, il ne cesse de se demander : « Mon enseignement eut-il quelque vertu pour les jeunes qui m'écoutèrent ? » (*M*, p. 1038).

Pendant cette même période, Aron publie de nombreux ouvrages ; mais ils ne correspondent pas à ses attentes. « D'aucun de mes livres je ne suis pleinement satisfait, écrit-il dans les *Mémoires*, même par rapport au niveau auquel j'aspire » (*M*, p. 1022). Mis à part ses « thèses » universitaires, ce ne sont pas, à proprement parler, des livres, mais ou bien des recueils d'articles, ou bien des transcriptions de cours, souvent rédigées ou mises au point par un tiers ; ils lui apparaissent comme autant de jalons en vue de livres – qu'il n'écrira pas. L'idée d'œuvre, serait-elle non littéraire, reste étrangère à Aron. Il lui manque pour cela une confiance en soi ou une estime de soi qui justifierait la dépense d'efforts et de temps en vue de chercher la forme la plus adéquate pour une pensée. La phrase d'Aron est précise et forte ; ses livres n'aspirent généralement pas à une construction originale. Aron s'est interdit toute séduction narrative, tout arrière-plan métaphorique, toute référence littéraire, toute intrusion du sujet particulier qu'il est. Ce à quoi il se réfère probablement dans une interview de 1976, en expliquant qu'il n'a pas osé décoller assez de la réalité : « J'ai été paralysé par la peur de me tromper. Je redoute l'imagination, aussi bien en philosophie qu'en politique[22]. » L'« imagination » débridée peut faire beaucoup de mal en politique, assurément, mais n'est-elle pas utile à l'auteur de livres ?

Derrière ce qu'Aron appelle « ma volonté d'avoir toujours raison » (*M*, p. 479), qu'on peut voir à l'œuvre dans ses livres jusqu'y compris les *Mémoires*, se révèle le soupçon qu'éprouve constamment cet homme envers lui-même : il craint de céder à la facilité, de travestir ses passions en arguments, de manquer de courage, et il dissimule ces craintes derrière une boulimie de travail et une débauche d'arguments rationnels. Mais, observe-t-il en conclusion, « je doute que j'aie conduit ma carrière et mes travaux raisonnablement » (*M*, p. 490).

Sérénité

Dans sa jeunesse, Aron décide de soumettre sa personne à sa volonté. Cela veut dire aussi : extraire sa vie personnelle de son champ de réflexion. Dans une lettre de 1928 à son plus proche ami du moment, il s'excuse de n'employer que des expressions fort vagues et générales pour parler de lui-même : « Ce n'est pas le refus de me confier mais tout cela ne mérite que l'oubli, doit être refusé, détruit par la critique et la volonté déjà[23]. » Deux ans plus tard, il écrit au même : « Je me refuse à me regarder, à m'interroger, car je ne veux pas retomber dans des doutes imbéciles, parce qu'ils ont la manie de se retourner toujours vers le passé, inféconds, parce que je reste assez fort tout de même pour ne pas leur laisser voix au chapitre[24]. » Le jeune homme a le surmoi tyrannique. Les événements des années trente se chargeront de contraindre un peu plus son existence ; par la suite, volonté et circonstances extérieures s'allieront pour former son personnage public.

Le changement se produira en 1977, lorsque Aron sera à son tour frôlé par l'aile de la mort : une embolie – caillot de sang qui atteint le cœur – le terrasse, en le privant, dans un premier temps, de mouvement et de parole. Une autre mort, celle de sa fille en 1950, l'avait plongé dans le plus grand désespoir en lui montrant la vanité de toute tentative pour contrôler le destin : rien ne vaut la vie d'un être aimé. L'annonce de sa propre mortalité par l'embolie a paradoxalement sur lui l'effet inverse : il est comme libéré de toute crainte, il renonce à toute maîtrise et accepte sereinement la vie. Il cesse de vouloir prouver au monde ou se prouver à lui-même quoi que ce soit ; dans les dernières années de sa vie, Aron connaîtra la paix.

Les premiers mots qu'il parvient à produire après son accident cardiaque – des mots non dits mais maladroitement griffonnés de sa main gauche, alors qu'il est en salle de réanimation – sont : « mourir pas peur » (*M*, p. 955). Aron n'a jamais manqué de courage, mais il n'en avait pas eu la certitude tant qu'il n'avait pas été confronté à la mort. « Je ne savais pas si je tiendrais face au sifflement des balles et aux explosions des obus » (*M*, p. 232). Maintenant la preuve est faite, et du coup Aron écarte cette préoccupation de son esprit. Il est désormais réconcilié avec lui-même.

Cela modifie d'abord son rapport aux autres. Les combats qu'il a menés inlassablement, pendant près d'un demi-siècle, perdent maintenant de leur importance : « Pour moi, le temps des polémiques est fini. » Il cesse aussi de se préoccuper avec obsession de l'opinion que les autres se font de lui : « Ma susceptibilité, excessive au temps de mes vingt ans, est tombée au-dessous de la normale » (*M*, p. 1023). En revanche, la place des autres proches et aimés est reconnue pour ce qu'elle est : essentielle. Aron ne l'avait jamais ignorée, mais maintenant il l'admet en public et se laisse aller, en quelque sorte, à l'affection pour sa famille, ses petits-enfants, ses amis âgés ou jeunes. Les derniers mots des *Mémoires* leur sont réservés : c'est grâce à eux qu'il a trouvé la sérénité.

La même transformation s'opère dans le rapport d'Aron à soi. Lorsqu'il recouvre ses forces après l'embolie, il se demande à quoi il devrait les employer prioritairement : il sait maintenant que le temps lui est compté. Il évoque trois projets : un livre sur Marx, un livre sur la philosophie de l'histoire – donc deux ouvrages dans la lignée de tous ceux qui ont précédé –, enfin un livre de mémoires. L'hésitation ne dure guère : « À moins d'un extraordinaire effort sur moi-même, ou plutôt contre moi-même, c'est le troisième que je devais choisir. Non par volonté consciente mais spontanément, abandonné à lui-même, *je* aspirait à évoquer mon passé » (*M*, p. 964). La volonté ne décide plus de tout, et l'être individuel, complexe, inachevé, qui s'était jusqu'à ce moment toujours soumis à la raison, peut jouer un rôle de premier plan : Aron se lance dans l'écriture de ses *Mémoires*.

Avant même de les terminer, il en produit une version abrégée et parlée : ce sont les entretiens qu'il accorde à deux jeunes universitaires, et qui seront publiés sous le titre *Le Spectateur engagé*. Signe des temps, les deux interlocuteurs d'Aron n'appartiennent guère à sa famille politique : issus des « événements de Mai », tous deux se situent clairement à gauche. Mais non seulement le temps des polémiques est fini, l'opposition même entre gauche et droite s'est déplacée : la critique de la terreur communiste, la défense de la démocratie et des droits de l'homme sont devenues un passage obligé de presque tous les engagements politiques. Aron n'est plus « de droite », il incarne désormais le consensus démocratique. L'accueil réservé au livre témoigne également de cette mutation dans les esprits : le succès est au rendez-vous, tant avec le grand public qu'avec les représentants des diverses sensibilités politiques.

Les *Mémoires*, parus en 1983, quelques mois avant la mort d'Aron, reviennent beaucoup plus en détail sur les événements et les idées évoqués dans les entretiens. Le personnage d'Aron reste donc central dans les deux derniers livres qu'il a publiés de son vivant. Avec un homme comme lui, qui a passé si longtemps à mettre son individualité entre parenthèses, on ne peut s'attendre, même après une embolie, à un décalque des *Confessions* de Rousseau. Un homme qui a banni l'introspection de sa vie publique pendant cinquante ans ne peut changer du jour au lendemain ; mais il accepte maintenant de se mettre au centre de sa quête, et son portrait se dresse, petit à petit, à partir de ces pages. Les *Mémoires* sont un livre double. D'une part Aron évoque les grands événements de l'histoire de France au XXe siècle, et trace les portraits, nuancés mais en général magnanimes, de nombre de ses acteurs. Il y insère les péripéties constitutives de sa propre existence, essentiellement celles qui ont trait à sa vie publique ; le versant intime et matériel est à peine effleuré. D'autre part, il y condense l'ensemble de ses écrits : l'argument central de chacun se trouve résumé en quelques pages, à quoi Aron ajoute les réactions des critiques, les lettres d'approbation ou de désapprobation qu'il a reçues, ainsi que ses propres commentaires rétrospectifs. D'une certaine manière, les *Mémoires* absorbent l'ensemble d'une vie et d'une œuvre.

Les derniers mots d'Aron, à la sortie d'un procès pour diffamation où il a voulu témoigner, sont : « Je crois que je suis arrivé à dire l'essentiel[25] » ; il meurt d'un arrêt cardiaque quelques minutes plus tard. Cette parole convient mieux encore aux *Mémoires* : ils disent l'essentiel de son parcours à travers le XXe siècle. Plutôt qu'un conseiller du prince, il a choisi d'être un serviteur et un éclaireur du public, un porteur de lumière. Il s'est acquitté de sa tâche en renonçant à jouer au marchand de rêves, en incitant chacun à connaître le monde qui l'entoure et à le juger en équité. Il a montré l'exemple, mais n'a pas voulu conduire au but : à chacun d'exercer sa liberté et d'assumer ses choix. Plutôt que d'enflammer les cœurs il a voulu éclairer les esprits ; et encore, la lumière qu'il apporte ressemble, plutôt qu'à celle de l'éclair, à la flamme vacillante de la bougie qu'on rallume sans cesse. Il n'a pas apporté un système de pensée permettant de tout expliquer, ni une vérité révélée, pour cette raison il n'y a pas d'aronisme possible, même si sont nombreux ceux qui se reconnaissent dans la démarche aronienne. On a souvent vanté la clarté et la lucidité d'Aron ; on pourrait aussi rappeler qu'un homme préférant systématiquement ce qui lui paraît être la vérité aux mensonges consolants n'est jamais animé par le seul désir de connaître le monde. Ce choix témoigne, par-delà tout scepticisme, de la haute idée que se faisait Aron de l'humanité, et de l'amour qu'il lui portait.

Edward Said

Edward Said a été l'un des intellectuels les plus connus et les plus influents du monde, à la fin du XXe et au début du XXIe siècle. Critique littéraire à ses débuts, dans la veine de Georg Lukaćs et d'Erich Auerbach, il devait sa notoriété à des travaux sur les identités culturelles et la rencontre des cultures, sur les nationalismes et les impérialismes. Il était aussi l'une des voix les plus écoutées en faveur de la cause palestinienne, d'autant plus précieuse qu'il veillait à ce que sa défense tienne pleinement compte des souffrances des juifs, depuis les persécutions jusqu'au génocide. Il se passionnait en même temps pour la musique et son interprétation, et se réclamait autant du philosophe allemand Theodor Adorno que du pianiste canadien Glenn Gould. Il était un travailleur infatigable, à la curiosité insatiable, dont la vie semble n'avoir connu aucun moment de répit.

Il m'est difficile de parler de l'œuvre d'Edward Said comme d'un sujet d'étude parmi d'autres, car de son vivant une amitié me liait à lui, qui a duré une trentaine d'années. Je l'ai rencontré dans les années soixante-dix, à l'université Columbia à New York. Je m'y rendais alors une fois tous les trois ans et j'y donnais un cours au département de littérature comparée où enseignait Said. J'ai dû faire sa connaissance en 1974, mais nous ne sommes devenus amis qu'en 1977. Je voudrais restituer l'impression qu'il m'avait faite alors, sans trop y projeter les rencontres qui ont suivi.

Nous avions quelques traits communs qui pouvaient nous rapprocher. Né en 1935, Said était mon aîné de quatre ans, une différence qui ne comptait pas beaucoup à notre âge. Il avait publié son premier livre, une étude de Conrad[1] issue de sa thèse, en 1966 – mon premier, également une thèse transformée, est paru en 1967. Il s'intéressait aux débats « théoriques », comme nous disions alors, engagés par quelques critiques ou philosophes français, il y avait participé par son deuxième livre, intitulé *Commencements*[2], qui date de 1974. Je m'occupais aussi du renouvellement des études littéraires, nous pouvions trouver un langage commun.

Beaucoup plus importante était une autre caractéristique commune de nos biographies : nous étions tous les deux des immigrés, dans nos pays respectifs, lui aux États-Unis et moi en France, des immigrés provenant de pays qui se situent à la marge de l'Occident : lui la Palestine et l'Égypte, moi la Bulgarie. Des pays que beaucoup de traits séparent mais dans lesquels on retrouve le même sentiment à la fois de proximité et d'infériorité par rapport à l'Europe de l'Ouest ou à l'Amérique du Nord – sentiment qui pouvait donner naissance à un mélange d'envie et de ressentiment.

Du reste, nos pays partageaient aussi le fait d'avoir appartenu, dans le passé plus éloigné, au même État, l'Empire ottoman. Les Turcs n'avaient pas pratiqué l'assimilation forcée, mais certaines formes de vie se retrouvaient d'un bout à l'autre de l'empire. Ainsi découvrions-nous avec surprise les recoupements de nos traditions culinaires : le concombre au yaourt, les aubergines, les boulettes de viande… Beaucoup plus tard, en lisant son autobiographie, je me suis aperçu d'un autre croisement des chemins. En 1912, l'État de Bulgarie, émancipé depuis trente-cinq ans de la tutelle ottomane (le terme consacré en bulgare était « joug »), devait engager la Première Guerre balkanique contre les Turcs. Le père de Said, habitant de la Palestine, toujours sous domination turque, était appelé à faire son service militaire et donc à combattre les Bulgares. Perspective peu réjouissante qui lui avait fait quitter le pays, pour le conduire en fin de compte aux États-Unis – pays dont il avait alors acquis la nationalité ; ce qui, à son tour, quarante ans plus tard, allait orienter le destin de son fils. L'Empire ottoman et l'opposition contre lui faisaient donc partie de notre héritage, à l'un comme à l'autre.

Les immigrés ont des personnalités encore plus multiples que les autres habitants d'un pays, car ils connaissent la rupture entre un avant et un après ; mais chacun vit cette pluralité à sa façon. Celle de Said était particulièrement complexe, et il en portait les traces jusque dans son nom, moitié anglais, moitié arabe. Il était originaire d'un pays inexistant, exilé en Égypte, éduqué dans des écoles de langue anglaise destinées à l'élite du pays mais dans un esprit de mépris ou de rejet de la culture indigène, exilé une seconde fois aux États-Unis, pays dont il avait pourtant déjà le passeport ; pays aussi dont les universités lui paraissaient comme une ultime et admirable utopie, mais dont la politique étrangère l'indignait… Said ne savait plus quelle était sa langue maternelle, de l'arabe ou de l'anglais, celle des dominés ou celle des dominateurs ; il avait vite compris qu'« un retour ou un rapatriement intégral est impossible[3] ». Cette expérience, loin d'être l'apanage exclusif de quelques individus, incarne l'un des traits caractéristiques du monde moderne : l'accélération des contacts entre cultures, le caractère changeant de celles-ci, la pluralité intérieure de chaque identité.

L'appartenance parallèle à des pays « de deuxième ordre » et, par rapport à l'Occident, marginaux, était sans doute responsable de la sympathie que j'éprouvais pour mon nouvel ami, mais elle n'était pas la seule. Il n'y avait aucune morgue chez Said, il n'accordait aucune importance aux conventions ni aux coutumes de la vie académique, chères à d'autres collègues (cependant, moins respectées à New York qu'ailleurs). Il aimait plaisanter, et aucun geste amical n'était au-dessous de sa dignité. Ses manières incarnaient la simplicité, il était la personne la plus chaleureuse que j'ai rencontrée dans ce milieu. On débarquait sans aucune gêne chez lui et Mariam, sa femme, y compris quand on était accompagné de nos enfants. Je le vois encore – mais c'était dix ou quinze ans plus tard – courant après notre petite famille dans les rues de New York pour nous remettre le biberon de notre jeune fils, oublié dans son appartement à la fin d'une soirée animée.

En même temps, Said était un homme perpétuellement pressé, ou plutôt vivant à une vitesse supérieure à celle de la plupart des autres êtres humains : il avait des activités innombrables, devait toujours se précipiter pour s'occuper de la suivante, sans s'arrêter. Auteur d'une vingtaine de livres parus de son vivant, il semblait mener plusieurs vies à la fois. L'angoisse de la page blanche lui était inconnue, et il ne prenait jamais de vacances. La vitesse était son élément : il jouait remarquablement du piano, mais j'avais envie qu'il ralentisse un peu ; il était bon joueur de tennis, mais préférait encore le jeu de squash, car la balle revient aussitôt. Dans les relations humaines aussi, il manquait parfois de patience.

Par rapport à la plupart de mes autres collègues de Columbia, Said frappait aussi par sa prestance physique. Non seulement il était bel homme, mais il s'habillait avec goût, portant de seyants gilets en daim ; surtout, il se mouvait avec élégance. À l'observer, on ne pouvait le confondre avec ses collègues, ces hommes pâles et évanescents qui semblaient vivre au milieu des seuls livres et tendaient à devenir de purs esprits ; il avait, lui, les pieds bien sur terre, il était un corps aussi, et ne cherchait pas à l'ignorer. Il était également un homme généreux et passionné, admirateur fervent mais parfois critique acerbe.

À l'université et à la ville

Ce choix avait des répercussions sur son travail – ce qui était déjà, en soi, une exception. Bien que participant de la vague nouvelle de la « théorie » dans les études littéraires, qui s'opposait à un état antérieur d'approche purement biographique, historique ou esthétique des textes, il prenait déjà ses distances avec elle et en parlait avec un peu de dérision. Il s'en expliqua dans des écrits qu'il allait rassembler en 1983, dans son recueil au titre révélateur : *Le Monde, le texte et le critique*[4]. Vingt ans plus tard, dans la préface à son dernier recueil d'articles sur la littérature, *Réflexions sur l'exil*, il évoquait ce moment de l'histoire de notre profession : « Au moment où la "théorie" faisait des conquêtes intellectuelles dans les départements d'anglais, de français et d'allemand aux États-Unis, la notion de "texte" avait été transformée en quelque chose de presque métaphysiquement coupé de toute expérience[5]. » J'avais moi-même participé à la promotion de ces approches en sciences humaines, que nous appelions « structuralisme » ou « sémiotique », et qui nous permettaient, croyions-nous, de mieux analyser les textes ; mais qui, il est vrai, tenaient peu compte de l'autre terme qui apparaît dans le titre de Said : le *monde*. À l'époque dont je parle, autour de 1977, cette situation avait commencé à me déranger, surtout que, depuis plusieurs années, j'avais acquis la conviction qu'une continuité devait être maintenue entre l'être et la pensée, entre mon existence et mon travail. Je me sentais donc à l'aise par rapport aux critiques que Said commençait à adresser à ses compagnons « théoriciens ».

Les expériences qui m'avaient poussé dans cette direction étaient purement personnelles : ma naturalisation en France, en 1973 ; la venue au monde de mon premier enfant, en 1974. Il en allait tout autrement de Said : l'événement qui avait infléchi sa manière de penser était la guerre des Six Jours, en 1967, un affrontement dont Palestiniens et Égyptiens étaient sortis vaincus et, plus grave, humiliés. La famille de Said, de condition aisée, de religion chrétienne, était installée au Caire, lui-même habitait les États-Unis depuis 1951 ; avant 1967, il n'avait pas encore adopté de perspective politique. Après cette date, il se sentit viscéralement concerné par ce qui arrivait à son peuple d'origine, mais il décida que son existence devait se dérouler sur deux plans bien séparés : à l'université, dans le monde de sa profession, il ne faisait pas mention de ses origines palestiniennes et y étudiait des écrivains européens ou américains ; en ville, il s'impliquait de plus en plus fortement dans les affaires de sa patrie perdue. Je m'aperçois que c'est en 1977 qu'il a rejoint le Conseil national palestinien, le parlement en exil de ce pays inexistant. Il ne m'en a pas parlé : je n'appartenais pas à ce monde-là.

Cet engagement politique lui était personnel : non seulement ses parents ne l'y avaient pas encouragé mais ils avaient cherché à l'en dissuader. Il racontait que, sur son lit de mort, en 1971, son père le mettait en garde : Ta profession, c'est la littérature. Pourquoi t'occupes-tu de politique ? Tu risques d'y prendre des coups ! Sa mère, disparue vingt ans plus tard, lui avait elle aussi toujours adressé la même recommandation : Reviens à la littérature, de la politique arabe aucun bien ne peut sortir ! Mais, observait Said en 1998, « pour ma part, je n'ai pas su mener une vie non engagée, retirée : je n'ai pas hésité à déclarer mon affiliation à une cause extrêmement impopulaire[6] ».

Cependant, au moment même de notre rencontre, il avait déjà trouvé un moyen de rapprocher et d'entrelacer les deux fils de son existence. L'analyste des œuvres de la littérature occidentale et l'exilé palestinien avaient découvert un terrain commun : Said allait étudier le discours occidental sur l'Orient, ce qu'il appelait « l'orientalisme ». Tel serait aussi le titre de son livre, publié en 1978, qui devait marquer une nouvelle rupture dans son parcours (après celle de 1967) : désormais son existence et son travail professionnel pouvaient communiquer. Le livre allait être traduit dans non moins de trente-six langues et influencer en profondeur l'étude des relations culturelles entre métropoles et colonies.

La thèse centrale de *L'Orientalisme* n'est pas, comme on l'a cru parfois, qu'il est nécessaire de réhabiliter, en quelque sorte, un Orient malmené par des auteurs européens célèbres, et donc de rectifier une image. Le propos était bien plus radical ; il consistait à dire que « l'Orient » n'existait pas, sinon comme une fabrication, une fiction créée par les Occidentaux. Cette affirmation reposait sur le constat que, d'abord, ce terme, comme du reste ceux qu'on lui substitue parfois, d'« Arabe » ou de « musulman », recouvre une trop grande variété de réalités, dispersées dans le temps et dans l'espace, pour qu'il soit possible d'en faire un usage fécond. De plus, les sociétés qu'on qualifie d'« orientales » n'ont jamais existé isolément, il est donc impossible d'en extraire une essence pure : comme pour toutes les autres sociétés, leur culture est hybride, le produit d'innombrables rencontres, échanges, interactions. Les notions d'« Orient ou d'« oriental » ne proviennent pas d'une généralisation des faits observés dans cette partie du monde, mais d'un besoin éprouvé par les Européens de réifier en dehors d'eux leur « autre », à la fois repoussoir et terre d'attraction exotique. Le discours qui a pour objet « l'Orient » nous renseigne non sur le monde oriental, mais sur ses auteurs, des Occidentaux. C'est ce qu'illustrent les analyses conduites par Said de textes dont les auteurs étaient aussi bien des écrivains et voyageurs comme Chateaubriand, Nerval et Flaubert, des hommes politiques comme Disraeli, Cromer ou Balfour, ou des savants comme Silvestre de Sacy, Renan ou même Karl Marx.

L'Orientalisme allait susciter beaucoup de réactions hostiles, tant de la part des orientalistes occidentaux que des nationalistes orientaux, puisqu'il refusait aux uns et aux autres le droit de se réclamer de l'objet « Orient » et mettait en cause leur identité même. Pour ce qui me concernait, nos conversations sur ce sujet, en 1977, puis la lecture du livre l'année suivante, m'ont convaincu de la justesse de nombreuses analyses : le discours « orientaliste » était effectivement imprégné de clichés qui passaient d'un auteur à l'autre et schématisaient à outrance les populations décrites. Hybride culturel moi-même, j'étais également persuadé que les identités nationales ou ethniques ne restaient pas imperméables aux mélanges. En revanche, j'éprouvais des difficultés devant la première affirmation de Said, concernant l'impossibilité de généraliser à partir des expériences individuelles. Poussé à l'extrême, ce parti pris nominaliste (seuls existent les individus) aurait rendu impossible toute connaissance des cultures.

Or, s'il est vrai qu'au sein d'une culture les individus diffèrent entre eux, il n'est pas moins vrai qu'ils ont de nombreux traits en partage – qui sautent aux yeux, en particulier, des observateurs étrangers (c'est le privilège du « regard éloigné » dont parle Claude Lévi-Strauss). Les cultures n'ont certes pas d'essence (éternelle), cela ne les empêche pas d'avoir une existence (historique). Le regard des voyageurs, savants, hommes politiques était certainement influencé par leurs préjugés et leur besoin de se fabriquer un « autre » ; mais ne pouvait-il pas être déterminé aussi, au moins partiellement, par son objet ? Or, si tel est le cas, leur discours peut-il être réduit au statut de symptôme, ce qui revient à lui dénier toute valeur de vérité ? Ou pour formuler cette interrogation autrement : à partir de quel moment une généralisation devient-elle illégitime ? L'« Orient » n'existe peut-être pas, l'« Arabe » non plus, mais y a-t-il un intérêt de parler d'Égyptiens ? de Cairotes ? de l'esprit d'un quartier ou d'une rue ? Said ne voulait pas se poser ce genre de questions et ne pouvait s'interroger sur ces identités-là, seraient-elles mouvantes et hétérogènes : sinon il aurait risqué d'encourir les reproches que lui-même adressait aux orientalistes. Il se contentait donc d'attribuer leur strabisme à leur appartenance à l'Occident – pourtant, lui aussi une généralisation !

Ces réserves ne m'empêchaient pas de voir combien la lecture de Said était rafraîchissante ; et donc de recommander son livre à mon éditeur de l'époque, le Seuil. L'idée de sa publication a été acceptée, j'ai trouvé en la personne de Catherine Malamoud, que je connaissais bien, une traductrice à la fois compétente, exigeante et passionnée, et c'est ainsi qu'est parue, en 1980, accompagnée de ma préface, la première traduction de *L'Orientalisme* dans une langue étrangère. Au cours de ces mêmes années, je poursuivais un travail parallèle sur le regard que les ressortissants d'une culture portent sur ceux d'une autre, donc sur l'unité et la pluralité intérieure de l'espèce humaine, travail dont sont issus mes livres *La Conquête de l'Amérique* et *Nous et les autres*[7] – ce dernier traduit en anglais dans une collection dirigée par Said… Comme lui, j'avais fait de ma condition d'émigré un sujet de réflexion – non pas directement, sur le mode autobiographique, mais analogiquement, en m'intéressant à d'autres expériences comparables. De son côté, Said allait poursuivre l'exploration de la voie qu'il avait inaugurée, à travers d'autres ouvrages, tels *Couvrir l'islam* et *Culture et Impérialisme*[8].

L'engagement politique

Cette proximité d'occupations n'occultait pas pour moi toute une série de différences entre le cours qu'avaient pris le parcours de Said et le mien. La manière la plus simple, mais pas forcément la plus juste, de les présenter serait de rappeler la disparité de nos expériences antérieures : dans le présent, nous étions tous deux des immigrés, mais, antérieurement, il avait vécu dans un pays d'Afrique du Nord, l'Égypte, qui subissait la tutelle coloniale anglaise, alors que je provenais, moi, d'un pays d'Europe de l'Est, soumis au contrôle soviétique. J'avais le sentiment que, pour Said, les querelles entre Est et Ouest, communisme et démocraties libérales, étaient un conflit entre nantis, entre Blancs, entre Européens, groupes qui méritaient d'être renvoyés dos à dos, et d'être opposés en bloc aux gens du Sud ou du Tiers-monde, protagonistes d'un conflit autrement plus important. Ce qu'écrivait en passant Said sur la confrontation Est-Ouest me paraissait, à l'époque comme aussi plus tard, mal informé et peu éclairant, produit d'un préjugé plutôt que résultat d'une connaissance en profondeur.

À partir de là, d'autres différences se faisaient jour. L'adversaire principal s'appelait, pour lui, l'impérialisme, européen ou américain ; pour moi, le totalitarisme, communiste ou nazi. Les auteurs auxquels il se référait volontiers étaient Lukaćs et Auerbach, Gramsci et Adorno, Fanon et Foucault, alors que je me sentais aidé par Mikhaïl Bakhtine et Louis Dumont, Karl Popper et Raymond Aron, Vassili Grossman et Germaine Tillion. Il semblait toujours tenté de mettre en question l'autorité, quelle qu'elle soit ; alors que je cherchais de préférence les voies du consensus. Face aux textes littéraires, j'avais l'impression qu'il s'intéressait avant tout à l'axe de la communication : qui parlait et à qui, pourquoi et en vue de quoi, quels étaient les enjeux politiques de cette interaction. De mon côté, je délaissais dans un premier temps les causes et les effets des discours pour me concentrer sur leur interprétation – je les lisais avant tout, non comme un moyen d'action, mais comme la production d'un sens. Toutefois, ces divergences, incontestables, ne gênaient en rien nos relations amicales. Je ne sais pas s'il s'en apercevait ; toujours est-il que, lors de ces rencontres que les distances rendaient de toutes les façons rares, nous n'en parlions simplement jamais, préférant nous concentrer sur ce qui nous rapprochait.

Une autre différence capitale dans nos vies publiques était que Said était activement engagé dans un combat politique, celui qui devait mener à la création d'un État palestinien, alors que j'étais étranger à tout engagement de ce genre. Pourtant, mon pays d'origine, la Bulgarie, restait soumis à un régime que je jugeais haïssable – qui, de surcroît, lui était imposé du dehors, par l'Union soviétique, dans la meilleure tradition impériale. Mais toute idée de militer contre ce régime m'était étrangère : en partie, sans doute, parce que j'en redoutais les conséquences pour les membres de ma famille qui y habitaient toujours ; en partie, aussi, parce que ce régime, s'identifiant lui-même à la cause d'un engagement politique (pour la victoire finale du communisme), nous avait rendus, nous autres adolescents de l'Europe de l'Est, rétifs à toute action dans la sphère publique. En même temps, nous nous trompions en ce qui concernait la solidité du gouvernement bulgare : il nous paraissait destiné à durer éternellement, ou en tout cas de longues années encore, d'autant plus qu'il était appuyé sur une force plus lointaine et plus inaccessible encore, celle de l'URSS. Lutter contre le régime nous paraissait aussi inutile que de se révolter contre le climat ou le relief du pays.

La cause palestinienne donnait-elle l'impression d'être plus susceptible de réussite ? L'engagement de Said me semblait trouver sa raison profonde moins dans les espoirs de succès que dans le statut même de la Palestine. La Bulgarie, quel qu'en fût le gouvernement, restait toujours à sa place. Je pouvais m'en séparer, refaire ma vie à Paris – que le pays restât soumis à un régime policier ne me touchait plus personnellement. La Palestine, elle, avait cessé d'exister comme entité. Elle avait été déclarée « terre sans peuple » – les Palestiniens avaient été niés dans leur identité même, et invités à se penser autrement : en Arabes ou en musulmans, en Égyptiens ou en Libanais. Pour une personne comme Said, né à Jérusalem, cette négation équivalait à un refus de reconnaître son existence, une tentative de le nier dans son être même. Pour pouvoir vivre en émigré tranquille – comme moi – Said avait besoin que l'existence de son pays d'origine soit reconnue. On ne peut quitter un pays qui n'existe pas, on ne peut même pas s'en désintéresser. Ce n'est pas la nostalgie du retour au pays qui animait l'engagement de Said – il était devenu un intellectuel cosmopolite qui se sentait à son aise à New York, la ville la plus ouverte du monde –, mais la menace qu'on faisait planer sur son identité – on la déclarait inexistante – et un sentiment d'injustice historique.

La position de Said sur cette question brûlante était simple : il demandait qu'Israéliens et Palestiniens soient traités sur un pied d'égalité. Son appartenance affective à l'un des groupes ne l'aveuglait pas sur les besoins de l'autre. Historiquement, il fallait reconnaître et méditer la gravité du génocide qui s'était abattu sur les juifs : jamais la moindre tentation négationniste chez Said. Juridiquement, il fallait admettre la légitimité de l'État d'Israël et cesser d'ignorer la réalité des faits : Said trouvait ridicule l'obstination de tant de militants arabes de bannir le nom même d'Israël de leur discours. Politiquement, il fallait condamner la lutte armée contre Israël et en particulier les attentats terroristes contre la population civile : non parce qu'ils étaient inefficaces, voire nuisibles à la cause palestinienne, ce qu'ils étaient aussi, mais parce qu'ils étaient moralement, et même métaphysiquement inadmissibles.

Mais le même type d'exigences devait être adressé aux Israéliens pour ce qui concernait le destin des Palestiniens, et c'est ce combat qui mobilisait l'essentiel de l'énergie de Said. Il fallait d'abord, sur le plan de l'action politique, arrêter la terreur d'État exercée au quotidien sur la population civile palestinienne, mettre fin à l'occupation militaire des terres palestiniennes et démanteler les colonies qui y étaient installées. Il fallait de plus, sur le plan historique, reconnaître officiellement la violence qu'avaient subie ces derniers au moment de la création d'Israël – violence qui ne devenait pas bénigne du fait de n'être pas un génocide. Il fallait enfin admettre juridiquement le droit des Palestiniens à l'autodétermination et assurer les conditions de vie de leur État indépendant. Les sympathies personnelles de Said allaient à un État non religieux et non ethnique sur l'ensemble des territoires israéliens et palestiniens ; mais, conscient de l'impopularité de cette solution auprès des populations concernées, il admettait la nécessité de créer d'abord un État palestinien souverain. Ces exigences n'étaient guère satisfaites, à ses yeux, par les accords d'Oslo.

Ce choix de parler des deux peuples à partir des mêmes critères de justice rendait Said sensible à tout ce que leur histoire avait de commun. Il relevait volontiers qu'un certain antisémitisme du XIXe siècle englobait dans le même mépris juifs et Arabes ; ou que les deux populations avaient été semblablement condamnées à vivre longtemps en diaspora. Il voyait aussi un paradoxe tragique de l'histoire en ce que l'injustice subie par les juifs avait entraîné celle dont souffraient les Palestiniens, « victimes des victimes » – aucune des deux injustices n'étant imaginaire. Hélas, ce n'était pas la première fois que, pour reprendre les termes de Lévi-Strauss, des « persécutés et [des] opprimés vinrent s'établir dans des terres occupées depuis des millénaires par des peuples plus faibles encore, et qu'ils s'empressèrent d'évincer[9] ». Du reste, Said lui-même était une incarnation vivante de cette proximité entre les deux peuples : grand nombre de ses amis étaient juifs et lui-même incarnait la figure de l'intellectuel éloquent, cosmopolite et polyglotte, comme l'avaient fait tant de membres de la diaspora juive avant lui. Dans un entretien accordé au journal israélien *Haaretz* en 2000, il disait : « Je suis le dernier intellectuel juif. Vous n'en connaissez aucun autre. Tous vos autres intellectuels juifs sont maintenant des bourgeois respectables [*suburban squires*]. Depuis Amos Oz jusqu'à ces gens aux États-Unis. Je suis donc le dernier. Le seul véritable disciple d'Adorno. Pour le dire autrement : Je suis un Palestinien juif[10]. »

Said a écrit de très nombreux commentaires sur la situation au Moyen-Orient et plus particulièrement en Palestine, publiés tant sous forme de livres que dans la grande presse (celle éditée au Caire ou à Londres, mais non aux États-Unis). Il ne se lassait pas de décrire la situation lamentable de la population palestinienne. En parallèle, il dénonçait la cruauté de la politique israélienne à son égard, stigmatisait l'opinion publique américaine, systématiquement alignée sur les choix des gouvernements d'Israël, et déplorait la passivité ou l'indifférence des pays européens. Il n'était pas plus tendre avec les dirigeants des pays arabes ou avec ceux des organisations palestiniennes. Le ton de ces commentaires était, de façon dominante, celui de la colère et de l'indignation, ce qui l'amenait à chercher constamment les expressions les plus fortes, les invectives superlatives (les actes du président américain étaient décrits tantôt comme un « soutien incroyablement ignorant et grotesque », et tantôt comme un « exécrable mélange de pensée confuse »). La situation de guerre et de désastre ne favorise pas la pensée nuancée et elle ne donnait pas à Said l'occasion d'expliquer pourquoi, en même temps, il préférait malgré tout vivre à New York que dans un pays arabe.

Pourtant, même si le ton de ses interventions politiques était virulent et tranchant, l'esprit de son engagement était celui de la modération : il savait que l'action politique consiste à réconcilier des intérêts divergents, et exige donc des compromis. Il ne défendait jamais les actions violentes, contrairement à l'image que voulaient donner de lui ses adversaires idéologiques. La seule action concrète dans laquelle il s'était engagé depuis sa démission du « parlement » palestinien avait été la fondation en 1999, avec son ami Daniel Barenboim, d'un orchestre symphonique appelé « Le divan occidental-oriental » (nom emprunté à l'œuvre de Goethe). Cet orchestre était (et demeure) composé de jeunes musiciens provenant aussi bien d'Israël que des pays arabes voisins, Égypte, Jordanie, Liban, Syrie ou des territoires palestiniens ; il a donné des concerts dans plusieurs de ces pays, y compris à Ramallah. Ses animateurs contribuaient ainsi, à leur modeste échelle, à la meilleure connaissance des peuples entre eux.

Les intellectuels et l'exil

La position originale de Said dans ce conflit lui créait des ennemis intransigeants des deux bords. Les nationalistes ou les anti-impérialistes militants du côté palestinien voyaient parfois en lui un traître à la cause, un ennemi à abattre, puisqu'il ne voulait pas mettre son prestige intellectuel à leur service. Les inconditionnels de la politique israélienne le calomniaient pour mieux discréditer sa parole : il devait apparaître comme un « professeur de terreur ». Ce que Said avait de plus gênant, pour eux, n'était pas telle ou telle de ses affirmations : nous vivons dans des sociétés libérales où presque toutes les opinions ont droit de cité. Ce qui irritait chez lui était son existence même, celle d'un Palestinien ni misérable ni terroriste, irréductible à aucune catégorie commode. Par sa façon d'être, Said réfutait, plus efficacement que par de longs discours, les clichés si répandus sur les Palestiniens menaçants. Le tribut qu'il payait pour sa liberté de jugement était les menaces de mort reçues par lui et sa famille, l'incendie de son bureau à Columbia, les calomnies régulièrement répandues, ou, plus subtilement, la censure ou le boycott diffus dont il était la victime, aux États-Unis comme en Europe, et donc aussi en France, où l'on renonçait à publier ou à republier ses livres, comme à diffuser les émissions qui lui étaient consacrées.

La situation n'était pas vraiment meilleure dans le monde arabe ou musulman ; c'est que Said mettait ce qui lui paraissait vrai et juste au-dessus des obligations qui découlaient de la solidarité et de la loyauté. Au moment où, en 1989, une *fatwa* condamna à mort Salman Rushdie pour son roman prétendument blasphématoire *Les Versets sataniques,* Said n'a pas hésité à intervenir publiquement devant des assemblées de musulmans en colère, pour défendre le droit de l'artiste de chercher en toute liberté sens et vérité. Ses relations avec les hommes politiques palestiniens se sont dégradées après 1993, lorsqu'il avait manifesté sa réprobation des accords d'Oslo. Elles sont devenues franchement mauvaises à partir du moment où il a commencé à dénoncer la corruption et l'autoritarisme qui régnaient dans l'entourage de l'Autorité palestinienne – au point que ses écrits étaient interdits de vente en Palestine après 1996. Said n'était pas un militant docile ; il aurait pu, comme Aron, faire sienne la formule de Jean-Jacques Rousseau évoquant « tout homme de parti, par cela seul ennemi de la vérité ».

C'est ainsi qu'il comprenait la fonction de l'intellectuel, ce personnage de la vie publique auquel il devait consacrer un petit livre en 1994, traduit en français sous le titre *Des intellectuels et du pouvoir*[11]. L'intellectuel est d'abord celui qui ne se contente pas d'être le spécialiste de tel ou tel domaine, mais intervient dans la sphère publique ; qui parle du monde et s'adresse au monde. C'est, en outre, celui qui, loin de se mettre au service inconditionnel de tel pouvoir ou de telle cause, préserve son indépendance et se réclame de la libre recherche de la vérité et des valeurs qu'il serait prêt à assumer personnellement. Il se tient idéalement à l'écart des autorités mais aussi de toutes les appartenances imposées – ethniques, nationales, religieuses – car elles risquent d'empêcher que son action soit guidée par les seuls idéaux de justice et de vérité. Said était un défenseur farouche de la laïcité, adversaire de tout nationalisme ; cela lui permettait de critiquer avec la même acuité le gouvernement américain et la direction palestinienne. Je partageais ce point de vue, alors que je ne suivais plus Said lorsqu'il exigeait des intellectuels d'être obligatoirement les adversaires du consensus et de l'orthodoxie, de rechercher la marginalité pour elle-même, de toujours privilégier l'attitude de révolte, car cette exigence me semblait contredire la précédente : et si l'opinion commune ou les autorités en place avaient, de temps en temps, raison ?

C'est à partir de cette marginalité revendiquée que s'établissait pour Said le lien entre intellectuels et exilés. En lui-même un fait administratif, l'exil peut conduire aussi à un état d'esprit que j'avais pour ma part décrit dans un livre paru en 1996 comme celui de « l'homme dépaysé[12] ». Pour que cette expérience soit féconde, il faut que se trouvent réunies certaines conditions favorables, à savoir : le fait d'être parti de son pays de son propre gré plutôt que sous la contrainte, d'avoir réussi – forcément plus ou moins bien – son intégration dans le pays d'accueil, d'en parler la langue, d'y travailler et d'y participer à la vie sociale.

L'« homme dépaysé » qui émerge de cette expérience n'est toutefois pas un autochtone de plus : il ne renonce pas entièrement à son identité antérieure mais participe simultanément de deux cadres de référence, sans s'identifier pleinement à aucun. Cet individu voit chacune de ses cultures à la fois du dedans et du dehors, ce qui lui permet d'échapper à leurs automatismes et de les examiner d'un regard critique. Il n'est pas dupe des mots ni des habitudes. Pour autant, les deux pays ne se situent pas sur le même plan : il se forme entre eux des hiérarchies complexes, certains gestes sont possibles dans l'une des cultures mais non dans l'autre, certains mots sont traduisibles, d'autres non. L'exilé vit toujours dans un hors-lieu, à contre-voie, il est marginalisé – mais il tient à cette insuffisance comme à un privilège. Le dépaysement subi par lui peut à son tour avoir un effet dépaysant sur ceux qui le côtoient et leur permettre de voir leurs propres habitudes d'un œil neuf, de découvrir une culture là où ils croyaient obéir à la nature. Le passage d'un pays à l'autre, aujourd'hui une expérience fort répandue, n'est du reste pas la seule forme de dépaysement : porteurs d'identités multiples, nous pouvons le vivre en changeant de province, ou de milieu, ou de profession, ou de système de valeurs ; simplement, l'exil est la forme emblématique de toutes ces « transculturations ». Si l'on peut définir l'intellectuel comme celui qui est prêt à interroger les catégories de sa propre existence, alors tout intellectuel est, d'une manière ou d'une autre, un exilé de sa condition natale.

Dans quelques-uns de ses derniers textes, Said accordait une importance encore plus grande à cette expérience des frontières que par force connaît tout exilé. Il en faisait l'un des ingrédients constitutifs de l'humanisme. En effet, pour Said, l'humanisme ne se définissait pas seulement par le fait que l'on est capable de s'ouvrir à l'universalité, donc à toutes les cultures du monde, plutôt que de privilégier la sienne propre, dans un aveuglement ethnocentrique ; ni seulement par une attention pour la voix de tous les groupes dans la société, y compris les groupes marginaux, habituellement soumis à la discrimination, et non seulement pour les voix dominantes. « La tâche de l'humaniste ne consiste pas seulement à occuper un poste ou une place, ni simplement à appartenir à un pays, mais plutôt à être à la fois dedans et dehors par rapport aux idées et valeurs qui circulent dans notre société ou dans la société de quelqu'un d'autre[13]. »

L'appréciation que portait Said sur la condition d'exilé était ambivalente : il pouvait dire en même temps que « l'exil est l'un des plus tristes destins » et qu'il favorise la réflexion, car « l'exil est pour l'intellectuel un état d'inquiétude, un mouvement où, constamment déstabilisé, il déstabilise les autres »[14]. J'ai le sentiment que, plus le temps passait, plus Said appréciait les avantages de la position de l'exilé, de « l'homme dépaysé » ; l'idée d'enfermement à l'intérieur d'une identité ethnique ou nationale lui était insupportable. De ce qui aurait pu être une malédiction, il avait fait sa vocation. En 2000, il disait à son ami Daniel Barenboim : « Avec le temps, j'en suis venu à considérer que cette idée de "chez soi" est largement surévaluée [...]. Cette notion de "patrie" ne m'intéresse guère. L'errance est vraiment ce que je préfère. » En 2002, il ajoutait : « Comment peut-on vraiment "aimer" quelque chose d'aussi abstrait et impondérable qu'un pays ? » Son tout dernier travail, inachevé au moment de sa mort, portait sur une autre forme d'exil, ce qu'il appelle le « style tardif »[15] des artistes, et dont il se sentait particulièrement proche. Il avait été frappé de voir, en effet, que nombre de grands créateurs – Bach et Beethoven, Rembrandt et Matisse, Thomas Mann et Lampedusa, parmi d'autres – avaient, au crépuscule de leur vie, développé dans leurs œuvres une nouvelle orientation, marquée non par la synthèse de tout ce qui avait précédé, par l'apaisement et la sérénité, comme on aurait pu s'y attendre, mais plutôt par la mise en évidence de pulsions irréconciliables, de contradictions non résolues, de tensions insurmontables.

Said était aussi, par choix, locataire et non propriétaire de son logement. Se reconnaissait-il dans la figure du juif errant ?

Les effets de la maladie

L'existence de Said a pris un cours nouveau en 1991, lorsqu'il a découvert qu'il était atteint d'une maladie incurable, une leucémie lymphoïde chronique. Cette révélation bouleversante, à partir de laquelle il est devenu un mort en sursis, a entraîné plusieurs changements significatifs. Tout d'abord, il a abandonné toutes ses responsabilités politiques : le temps lui était désormais compté, il lui fallait se concentrer sur l'essentiel, sur les gestes qui lui étaient les plus indispensables. Parmi ceux-ci figurait un voyage avec sa famille à Jérusalem, où il ne s'était plus rendu depuis 1947 – comme si, face à la maladie, il avait besoin de raffermir son être en en rétablissant la continuité, non seulement pour lui-même mais aussi pour ses proches. Ce voyage a donné lieu, cette même année, à un récit publié dans la presse anglaise, dont la pénétration et le ton personnel m'ont tant frappé que, quelque temps plus tard, j'ai pu aider à le faire paraître en français dans une plaquette qui n'existait pas comme telle en anglais, *Entre guerre et paix*[16].

En même temps qu'il recentrait sa vie sur l'essentiel, Said faisait en effet la découverte d'un registre qu'il n'avait pas pratiqué jusqu'alors, celui de l'écriture autobiographique. Ce travail, auquel il s'est consacré en particulier entre 1994 et 1998, a abouti à ce que je considère comme son livre le plus remarquable, le récit des premières années de sa vie, intitulé en français *À contre-voie*[17]. L'évocation s'arrête à la fin de ses études, en 1963, avant l'entrée de Said dans la vie professionnelle, bien avant le réveil de son intérêt politique pour la cause palestinienne. C'est pourtant l'adulte qui écrit, que la menace de mort oblige à écarter toute pose et à aller aussi loin que possible dans la recherche de la vérité ; et c'est dans ce livre que Said parvient à donner l'image la plus fouillée et la plus intelligible de son être : il réussit à tenir ensemble, non plus seulement sa condition historique de Palestinien exilé et ses intérêts professionnels pour l'analyse des textes, comme dans *L'Orientalisme*, mais aussi sa personnalité publique et sa personne privée. Cela fait de ce livre l'une des autobiographies contemporaines les plus réussies que je connaisse.

À côté de mille autres observations et analyses, un trait de l'existence de Said me frappe à la lecture du livre : c'est la place qu'occupait sa mère dans son esprit. Tout le projet, en réalité, est né du besoin qu'a éprouvé l'auteur de s'adresser à sa mère, au lendemain de la révélation de sa maladie : alors qu'elle est décédée depuis un an et demi, il se découvre en train de lui écrire une longue lettre. À la lecture d'*À contre-voie*, j'ai compris qu'une blessure inguérissable entachait cette relation essentielle pour Said, un amour qu'il vivait comme non entièrement réciproque. Je me disais que ce manque, conçu dans les premières années de la vie, devait être en partie responsable, tout au long de sa vie d'adulte, de sa constante inquiétude, de son activité débordante, de son incapacité à trouver le repos ; et je mesurais, par contraste, la protection dont m'avaient pourvu mes propres parents en me donnant la certitude inébranlable de leur amour.

Apprendre qu'on est atteint d'une maladie pour laquelle il n'existe pas de remède, réaliser que la mortalité n'est plus seulement la loi générale du monde vivant mais qu'elle annonce votre destin dans un avenir relativement proche, peut provoquer des réactions très différentes, depuis la panique fébrile jusqu'à l'enfermement solitaire. Said a suivi une autre voie encore : il a découvert la « nécessité de penser aux choses ultimes ». Cette pensée a pris la forme d'un voyage vers les lieux d'origine et, surtout, d'un projet d'écriture, activité certes familière pour lui, mais cette fois-ci une écriture aussi éloignée que possible de sa vie professionnelle et politique : une exploration de son être. Il cherchait, à ce moment, non plus à analyser les auteurs du passé ni à promouvoir les thèses qui lui paraissent justes, mais à découvrir sa propre identité, à se rapprocher de lui-même ; c'est ce qu'il appelait « une tentative tardive d'imposer la forme d'un récit à une vie que j'avais plus ou moins laissée livrée à elle-même, désorganisée, éparpillée, décentrée »[18]. Il y est parvenu au prix de sa santé.

La maladie était toujours présente, les effets secondaires douloureux se multipliaient, et Said passait des mois entiers en traitement intensif. « Ces trois derniers mois, j'ai été hospitalisé plusieurs fois, et j'ai eu des journées marquées par de longs et pénibles traitements, des transfusions sanguines, des analyses interminables, des heures et des heures improductives passées à regarder le plafond, à drainer la fatigue et la maladie, incapable de travailler normalement, et à penser, penser, penser[19]. » Aussitôt sorti, il reprenait ses innombrables activités à un rythme plus accéléré encore – même lui n'avait jamais connu une telle boulimie d'action. Il enchaînait les conférences aux quatre coins du monde, les articles de presse dans lesquels il commentait l'actualité politique, au Proche-Orient ou ailleurs, les entretiens approfondis sur les thèmes qui lui étaient chers (ainsi sur la musique avec Barenboim), les études savantes sur les thèmes les plus variés. Said savait que le temps lui était compté ; chaque jour vécu devait compenser les jours, mois, années et décennies dont il allait être privé. Résultat, après sa mort, il n'a pas fallu moins de quatre volumes pour réunir les écrits de ces dernières années[20].

Le plus significatif de ces développements tardifs me semble être sa revendication de l'héritage humaniste, terme qu'il reprenait à son compte « malgré son rejet méprisant par les critiques postmodernes sophistiqués[21] ». En effet, s'il fallait chercher la famille idéologique dont Said se sentait le plus proche, ce ne serait, nonobstant quelques affinités, ni le marxisme ni le nietzschéisme à la mode dans les universités américaines pendant quelques décennies (la *French Theory*), mais l'humanisme – à condition que celui-ci soit vraiment universel et cesse de se confondre avec l'eurocentrisme. Said croyait possible d'aller dans ce sens, en confrontant la tradition européenne avec celles d'autres grandes cultures ; et il voyait les signes d'un esprit vraiment universel dans la diffusion du savoir scientifique, dans le souci commun pour la préservation de la planète, dans le consensus touchant aux droits humains. Au nom de l'idéal humaniste, on peut, et même on doit, critiquer les pratiques qui s'en sont réclamées dans le passé. Dans cet esprit, Said assumait volontiers ce que d'autres auraient qualifié de naïveté philosophique, en se réclamant de notions aussi désuètes que « libération » ou « émancipation » ou « progrès », car il savait que les peuples de la terre, loin de nourrir un soupçon épistémologique à leur égard, se réclament des « grands récits » des Lumières et de leurs idéaux de justice et d'égalité ; il savait aussi que les droits humains, tout comme leurs transgressions, étaient autre chose qu'un « effet du discours ».

L'humanisme était aussi pour Said un moyen de surmonter une autre frontière, celle entre les mots et le monde. Le spécialiste en humanités ou en sciences humaines qui se réclame d'une posture humaniste doit être, d'une part, un bon connaisseur des textes ; mais, d'autre part, il n'oublie jamais le cadre dans lequel ces textes sont produits et reçus. Il ne se lasse jamais d'aller des mots aux choses, et des choses aux mots ; il n'ignore aucun des termes de la relation. On ne sera pas surpris de voir que Said ne voulait pas en rester à une analyse purement formelle des textes littéraires, qui les coupe de leur rapport à l'expérience humaine : là encore, il fallait ouvrir les horizons et ne pas confondre l'humanité avec l'idée que s'en font quelques critiques occidentaux fatigués. « Seuls peuvent formuler des théories pareilles les esprits jamais touchés par l'expérience immédiate du tumulte de la guerre, de la purification ethnique, de la migration forcée et des déchirements malheureux. » Pour sa part, il n'oubliait jamais que « la principale question posée à l'intellectuel aujourd'hui » vient, non des débats scolastiques, mais de « la souffrance humaine »[22]. Pour la même raison, l'intellectuel humaniste transgresse une autre frontière, celle entre savoir spécialisé et savoir accessible à tous, et ne cesse d'aller de l'un à l'autre ; c'est pourquoi Said était hostile à tout jargon abscons, permettant habituellement au spécialiste de repousser les profanes hors de son terrain de chasse gardée.

Chez Said, la menace de mort était bafouée par un surcroît de vie. Cette intense activité s'est interrompue le 25 septembre 2003.

Les causes perdues

Dans un essai datant de ses dernières années, Said méditait sur ce qu'il appelait « les causes perdues ». Il savait d'avance qu'il allait perdre le combat qui le concernait le plus directement, celui contre la mort – comme nous tous, mais un peu plus vite. La cause palestinienne avait reculé, à ses yeux, son aboutissement lui paraissait plus éloigné que dix ans plus tôt. Les passions ethniques, nationales et religieuses qu'il s'était donné pour tâche de combattre ne faisaient que s'exacerber. De ce point de vue, les événements enclenchés par les attentats du 11 septembre 2001 avaient encore porté de rudes coups à ses espoirs d'amélioration du monde. Ce que Said essayait d'obtenir à travers ses écrits, dans *L'Orientalisme* ou ailleurs, était une destruction des clichés et des généralisations abusives, celles de l'Oriental, du musulman, de l'Arabe. Or l'esprit de guerre qui s'est installé, semble-t-il durablement, à la suite des attentats, tant dans la partie du monde dont Said était originaire que dans sa patrie d'adoption, favorise au contraire le manichéisme primaire, la stigmatisation sans nuance de l'ennemi, l'enfermement de chaque individu dans la catégorie à laquelle il est désormais condamné d'appartenir. Aux « méchants Arabes » des uns correspondent les « méchants Américains » des autres. Des experts auto-désignés dissertent à longueur de pages dans les journaux, de journées à la télévision, sur le caractère prétendument inchangeable des uns ou des autres. Les tares dénoncées par *L'Orientalisme* se sont bien aggravées depuis l'époque de sa parution.

À quoi s'accrocher quand on se découvre le défenseur de tant de causes perdues ? Said citait en passant une formule de Romain Rolland dans laquelle il se reconnaissait, évoquant « le pessimisme de l'intelligence, l'optimisme de la volonté[23] ». Persister à agir, envers et contre tout, malgré les mises en garde de la raison ? Il évoquait aussi une formule d'Adorno qui parie en dernière analyse sur l'universalité humaine : l'idée qui a été pensée une fois avec justesse, même si elle ne conduit pas à la victoire, ne saurait être vaincue ; forcément, elle sera retrouvée et reprise par d'autres hommes, en d'autres temps et lieux. Si cela est juste, concluait Said, aucune cause n'est définitivement perdue puisqu'elle passe, telle une torche, d'un individu à l'autre.

J'ajouterai qu'il a fait quelque chose de plus que de léguer ses causes à ceux qui voudraient en reprendre le flambeau. Par la manière dont Said a vécu les dernières années de sa vie, il en a fait une œuvre. Ce n'est pas qu'il refusait d'admettre la donne initiale que le hasard distribue à chacun de nous. Bien au contraire, son cheminement précédent l'avait déjà amené à rejeter la vulgate existentialiste selon laquelle l'homme n'est que le produit de sa volonté et de ses choix, et à s'assumer comme ce qu'il était, pour des raisons qui dépendaient peu de lui : un Palestinien exilé, un New-Yorkais jovial, un professeur de littérature, un commentateur politique, un homme éprouvant amour et colères. Il avait également accepté sa maladie, avec les transformations qu'elle lui imposait et même les inflexions qu'elle donnait à son travail autobiographique : souvent, ce n'était pas lui mais elle qui décidait quand et comment il pouvait écrire. Et pourtant, tout en accueillant dans sa conscience ce qui ne dépendait pas de sa volonté, Said était parvenu à aller au-delà de son moi précédent, à atteindre et dire la vérité de son être, à sculpter son existence comme une œuvre. Il est donc devenu un individu universel, un être particulier dont le destin, par lui-même interprété, interpelle tout autre individu. Nous ne savons pas si, quand sonne le glas pour chacun de nous, nous saurons trouver les forces nécessaires pour en faire autant. Mais nous pouvons penser à lui, à l'effort qu'il a accompli sur lui-même et qui a eu pour effet de rendre le monde un peu plus beau et plus riche de sens.

Pour tout cela, Edward Said mérite notre gratitude.

Jakobson et Bakhtine

La confrontation entre Roman Jakobson et Mikhaïl Bakhtine semble s'imposer d'elle-même à quiconque réfléchit sur l'histoire intellectuelle du XXe siècle. Stricts contemporains (Bakhtine est né en 1895, un an avant Jakobson ; il est mort en 1975, sept ans avant son cadet), ils ont épousé grâce à leur longévité l'histoire du siècle. Nés tous deux en Russie, ils suivent leurs études pendant la Première Guerre mondiale dans le cadre d'une faculté « historico-philologique », Bakhtine à Saint-Pétersbourg, Jakobson à Moscou. Tous deux laissent une œuvre importante, consacrée au langage et à la littérature ; leurs écrits sont aujourd'hui publiés dans des dizaines de langues, commentés et débattus dans le monde entier. Dans le domaine des sciences humaines, ce sont, sans conteste, deux des auteurs les plus influents du siècle.

À cette proximité objective s'ajoute pour moi le rôle décisif joué par ces deux individus dans ma propre formation. J'ai vu Jakobson pour la première fois en 1960, à Sofia, lorsqu'il est venu présenter, dans un auditorium de l'université bondé, son analyse d'un poème de Khristo Botev, la gloire nationale bulgare. Quelques années plus tard, ayant terminé mes études, je me suis trouvé à Paris, préparant la traduction en français d'une anthologie des formalistes russes ; et c'est tout naturellement que j'ai cherché à contacter Jakobson, qui avait fait partie du groupe, par l'intermédiaire de notre ami commun Nicolas Ruwet[1]. J'ai dû rencontrer Jakobson en 1964. Des années plus tard, je me suis occupé de l'édition en français de trois de ses livres : *Questions de poétique, Une vie dans le langage* et *Russie Folie Poésie*. Quant à Mikhaïl Bakhtine, je ne l'ai jamais rencontré, mais j'ai pris connaissance de ses écrits à ce même moment, lorsque je préparais mon anthologie formaliste. Au fur et à mesure que se poursuivait la publication (tardive) de ses livres, sa pensée m'apparaissait comme de plus en plus importante ; aussi lui ai-je consacré en 1981 un ouvrage[2], et j'ai présenté aux lecteurs français le dernier livre publié sous son nom, *Esthétique de la création verbale*. Jakobson et Bakhtine sont donc, d'une certaine façon, mes deux premiers maîtres.

Voilà pour la ressemblance qui justifie la comparaison. Mais il y a aussi une proximité. Les deux hommes, on le verra, ont eu plusieurs amis en commun, mais ils ne se sont jamais rencontrés – ni avant 1920, année où Jakobson a quitté la Russie, ni après 1956, lorsqu'il a commencé à y retourner. Cette non-rencontre, on l'a appris récemment, n'était pas due uniquement au hasard. En 1992 était publiée une longue interview d'un proche de Bakhtine, Vadim Kozhinov, qui a eu le grand mérite d'aider à la résurrection publique de Bakhtine en Russie et aussi de déchiffrer les brouillons presque illisibles, griffonnés au crayon par Bakhtine au cours des décennies précédentes. Dans cette interview, Kozhinov rapporte un épisode bien significatif pour mon propos et que, pour cette raison, je voudrais relater ici en détail.

La scène, non datée par Kozhinov, doit se situer vers 1965. Bakhtine vit alors à Saransk, à environ 600 kilomètres au sud-est de Moscou, mais il se rend de temps en temps dans la capitale, où il séjourne chez ses amis les Zaleski. C'est là que Kozhinov, qui est déjà son admirateur et ami, lui rend visite. Je cite maintenant son récit. « Tout d'un coup le téléphone sonne. Or, il faut dire que Mikhaïl Mikhaïlovitch refusait catégoriquement de jamais s'approcher du téléphone. C'était une de ses bizarreries : il avait perdu l'habitude du téléphone, il n'en avait pas eu depuis fort longtemps, depuis l'époque de Saint-Pétersbourg. Je décroche donc, et il s'avère que c'est M. V. Youdina, une pianiste magnifique, qui était une amie de M. M. depuis plusieurs décennies. "Oui, c'est moi, dit-elle… Vous comprenez, dit-elle, à côté de moi se trouve Roman Ossipovitch Jakobson, il est arrivé dans notre pays, a apporté ses travaux, rêve de rencontrer M. M., etc. Je sais, dit-elle, que M. M. ne touche pas au téléphone, alors demandez-lui, s'il vous plaît, voudrait-il recevoir Roman Ossipovitch ?" Or Bakhtine appréciait très peu tous ces formalistes, il les traitait assez ironiquement. C'est pourquoi il a immédiatement agité la main avec désespoir : "En aucun cas ! Dites que je suis malade !" (Alors qu'en général proférer des non-vérités n'était pas caractéristique de lui.) Je réponds à Maria Veniaminovna : "Malheureusement, M. M. se sent très mal, il vous demande de l'excuser, mais il lui est tout à fait impossible de recevoir Roman Ossipovitch, etc."

« Quelques jours plus tard, Bakhtine se préparait déjà à repartir chez lui à Saransk, nous l'accompagnions, je suis de nouveau arrivé chez les Zaleski. De nouveau le téléphone sonne, et de nouveau M. V. Youdina demande avec espoir si M. M. recevra Jakobson ("Peut-être est-il guéri, Roman Ossipovitch rêve tellement de le rencontrer..."). Je dis : "C'est très dommage, Maria Veniaminovna, mais nous partons déjà à la gare..." J'entends qu'ils échangent des paroles avec Jakobson, et elle me répond : "Eh bien, ce n'est pas grave, Roman Ossipovitch y ira, il rendra visite à M. M. à Saransk." J'ai raccroché le combiné et je me suis permis de remarquer à M. M. : "Il semble que vous ayez tout gâché, parce que Roman Ossipovitch est un homme très énergique, il viendra bien sûr vous voir à Saransk. Ici, vous auriez bavardé avec lui quelques heures, et ce serait fini. Alors que là-bas, il va vous torturer..." [...] En réponse à cela, Bakhtine a soudain souri méchamment (*ekhidno-ekhidno*) (c'était une grande rareté ! La méchanceté ne le caractérisait pas du tout) et a proclamé joyeusement : "Alors là, non ! On ne laisse pas entrer les étrangers à Saransk !" En effet, à côté de Saransk se trouvaient, d'une part, les camps de concentration politiques, et d'autre part, toutes sortes d'objectifs militaires[3]... »

Ainsi se termine cet étonnant épisode. Non seulement Jakobson et Bakhtine ne se sont jamais rencontrés mais, de plus, cette absence de rencontre serait le résultat d'un acte délibéré de la part de Bakhtine. Que se cache derrière ce refus proféré par le grand théoricien du dialogue ? Faut-il se satisfaire des explications suggérées par Kozhinov ? Qu'est-ce qui rapprochait et opposait ces deux représentants de la culture russe ? Il faut, pour essayer de répondre à ces questions, revenir longtemps en arrière et suivre quelques-uns des fils d'une longue histoire.

Premiers écrits

Par le jeu d'un singulier hasard, Jakobson et Bakhtine publient leur premier texte exactement au même moment : c'est, pour celui-là, l'article « Futurisme », paru le 2 août 1919 dans le journal *Iskusstvo* (L'Art) de Moscou ; et, pour celui-ci, l'article « Art et responsabilité », qui paraît le 13 septembre 1919 dans le journal de Nevel *Den' iskusstva* (Le Jour de l'art). À vrai dire, Jakobson a déjà publié, pendant la guerre, deux poèmes et un compte rendu ; mais c'est ici que, pour la première fois, il expose ses vues de manière systématique, même s'il ne s'agit que d'un article de journal. Le jeune homme de vingt-trois ans adopte un ton péremptoire, sans beaucoup se soucier de la cohérence de ses thèses. Il présente un plaidoyer vibrant en faveur de ses amis futuristes, peintres et poètes, en s'appuyant pour ce faire sur le mouvement artistique déjà mieux établi du cubisme. Chemin faisant, il formule plusieurs thèses, significatives aussi bien de son temps que de son propre parcours ultérieur.

La première chose qui frappe dans ce bref texte est le rôle qu'y joue l'idéologie de l'avant-garde artistique contemporaine, cubisme et abstraction en peinture, futurisme en poésie ; Jakobson y adhère sans aucune réserve, son texte se présente comme une justification rationnelle et bien informée des formules à l'emporte-pièce lancées par les peintres et les poètes. En l'occurrence, ce programme artistique consiste à renoncer à la représentation du monde, et à mettre à sa place une présentation de l'activité poétique ou picturale elle-même. Les peintres modernes, dit Jakobson, n'emploient plus une couleur parce qu'elle est propre à l'objet représenté, mais par la force d'une « détermination mutuelle entre forme et couleur ». Plutôt que de se porter à la figuration de l'objet, « l'attention du peintre se concentre sur la ligne et la surface » ; la « visée de la nature » est remplacée par la « visée de l'expression picturale », l'objet de la perception, par la perception elle-même, une « perception à valeur autonome » (*samocennoe*)[4].

La deuxième caractéristique de notre texte, dont il n'est pas certain qu'elle s'accorde facilement avec la première, réside dans l'affirmation d'une proximité entre art et science. Les comparaisons, les analogies abondent, entre peinture et poésie, d'une part, psychologie ou physique, de l'autre. L'unité des deux domaines semble provenir de ce qu'ils sont tous deux des formes de connaissance – et, qui plus est, de connaissance de structures ou d'essences invisibles plutôt que des apparences dont se contente la pratique quotidienne (et l'art conventionnel). Les cubistes sont plus près des savants que ne le sont les peintres réalistes : ils nous montrent les objets en trois dimensions, ce qui correspond à leur véritable identité. De même pour les romanciers qui juxtaposent plusieurs points de vue, au lieu de s'en tenir à la perspective d'un seul héros. L'interdépendance entre forme et couleur est également un acquis commun de la science et de l'art moderne. Le futurisme, comme la physique contemporaine, saisit les objets en mouvement.

Enfin, troisième thème de ce bref texte : Jakobson affirme l'unité, non seulement de l'art et de la science, mais de toutes les manifestations de la modernité, y compris en philosophie et en politique. Cette unité se fait dans l'idée de relativité et dans l'esprit utopiste général. Il faut citer ici les paroles enflammées du jeune homme : « L'élimination du statisme, l'expulsion de l'absolu : voici la principale tendance des temps nouveaux, la question d'actualité brûlante. La philosophie négative et les tanks, les expériences scientifiques et les députés des soviets, le principe de relativité et le cri “À bas !” des futuristes détruisent les cloisons de la vieille culture. L'unité des fronts est étonnante[5]. » Le collectivisme contemporain est consonant à cet esprit : il remplace les valeurs abstraites par celles qui résultent du choix d'un groupe, la tradition par la décision prise dans le présent.

Le texte de Bakhtine, plus court encore que celui de Jakobson, prône également l'unité, en particulier celle de l'art et de la vie ; mais la perspective est tout autre. D'abord, Bakhtine formule non un constat de ce qui est mais un idéal de ce qui devrait être ; ensuite, il confronte moins les mobiles qui animent l'artiste (l'aspiration au règne du relatif, selon Jakobson) que l'attitude du sujet, personne vivante, créateur en art. Bakhtine constate : d'habitude, la vie de l'artiste et son œuvre n'ont rien de commun, ou alors seulement une unité purement mécanique de juxtaposition. Cet état des choses lui paraît profondément insatisfaisant, car il nuit aussi bien à la vie qu'à la poésie. Où les deux domaines pourraient-ils trouver leur unité ? Dans l'idée de responsabilité – ce qui peut vouloir dire, aussi, de culpabilité. Il doit assumer tout ce qu'il produit en tant qu'artiste, tout autant que les autres actes qu'il accomplit dans son existence. Plus même, il doit rendre sa vie aussi belle que l'exige son art, et son art, aussi sérieux que sa vie. Il répond de l'un par l'autre. « L'art et la vie ne sont pas une seule et même chose, mais ils doivent s'unir en moi, dans l'unité de ma responsabilité[6]. »

Les différences de détail entre ces deux textes sont nombreuses ; mais l'opposition la plus importante, à la lumière de l'œuvre que produiront les deux auteurs dans le demi-siècle qui suivra, est peut-être celle-ci : Jakobson décrit le monde de la création et de la pensée comme un objet impersonnel ; Bakhtine choisit une perspective dans laquelle la dimension personnelle est irréductible. Pour Jakobson, l'unité se fait dans la connaissance du monde physique ou dans l'esprit du temps qui imprègne toutes ses manifestations ; pour Bakhtine, elle pourrait se faire (ou ne pas se faire) par un acte de volonté du sujet, qui décide d'assumer, simultanément et solidairement, son art et sa vie quotidienne. Si l'on voulait employer la terminologie de Bakhtine, qu'il emprunte à son tour au philosophe allemand Hermann Cohen, on dirait que la différence est entre *dannoe* et *zadannoe*, entre *das Gegebene* et *das Aufgegebene* (on pourrait peut-être traduire, en essayant de préserver la parenté des termes : entre *le donné* et *l'ordonné*). Jakobson s'est déjà engagé, peut-être sans le savoir, sur la voie de la science, alors que Bakhtine s'oriente vers celle de la morale, dont la volonté, la liberté, la responsabilité sont les catégories fondamentales.

Jakobson et le monologue

Examinons maintenant les grandes lignes de la doctrine de Jakobson, telle qu'elle sera développée postérieurement à cet article de jeunesse. En revenant sur son parcours, dans une série d'entretiens accordés à divers interlocuteurs dans les dernières années de sa vie, Jakobson identifie toujours deux influences décisives, dont la coexistence peut surprendre à première vue : celle de l'art d'avant-garde et celle de la phénoménologie.

L'art d'avant-garde le fascine dès 1912 et s'incarne pour lui dans deux figures exemplaires, le poète Khlebnikov et le peintre Malevitch, qu'il rencontre tous deux en 1913, et pour qui il éprouve une véritable vénération. De Khlebnikov il dira jusqu'à la fin de sa vie qu'il le croit le plus grand poète du XXe siècle ; de Malevitch, qu'il en était devenu aussitôt un « adepte fanatique[7] ». Ce qu'il retient chez ces deux créateurs est un peu la même chose, à savoir le renoncement à la dimension référentielle, c'est-à-dire à l'évocation du monde – par des mots, chez l'un, par des images, chez l'autre – sans que pour autant disparaisse tout sens et qu'on ait affaire, là, à une pure musique, ici, à une simple décoration. Non, ce qui l'intéresse, c'est la tentative d'accéder à une signification qui serait inhérente aux « atomes » du langage ou de l'image plutôt qu'à leurs « molécules », c'est-à-dire aux sons linguistiques, aux couleurs et aux formes picturales, plutôt qu'aux mots ou aux figures. En cela, les tableaux abstraits de Malevitch et les poèmes transmentaux (*zaumnye*) de Khlebnikov se rejoignent : le monde, que ce soit en tant qu'objet de connaissance ou en tant que contexte de production et de réception, se trouve écarté, le poème ou le tableau sont perçus en eux-mêmes, comme objets à valeur autonome, et non comme l'élément d'une relation avec ce qui n'est pas eux ; toutefois, ils gardent en eux le souvenir ou la promesse du sens.

Jakobson a toujours insisté pour dire que cette influence-là, celle des artistes d'avant-garde, a été plus forte que celle de ses professeurs à l'université. Néanmoins, il ne manque jamais non plus de signaler l'impact sur sa pensée de Husserl, « un philosophe qui a eu peut-être la plus grande influence sur mes travaux théoriques », en particulier à travers le second tome de ses *Recherches logiques*. Tout au long de sa vie, Jakobson garde auprès de lui cet ouvrage, acquis vers 1915, en pleine guerre avec l'Allemagne (son exemplaire transite alors par les Pays-Bas). Il fréquente, de plus, le grand phénoménologue russe Gustav Spet, un disciple direct de Husserl. Que retient-il de la phénoménologie husserlienne ? Tout d'abord, la possibilité (négative) de se libérer de la perspective psychologique : la phénoménologie permet de s'occuper de la chose elle-même plutôt que du processus de sa production ou de sa perception. Spet nous demandait, se souvient Jakobson, « de ne pas nous laisser entraîner dans un psychologisme naïf et vulgaire, et de ne pas tâcher d'expliquer par la psychologie les faits de la langue [...]. Ce qu'il voulait, c'était faire de la phénoménologie du langage et non de la psychologie du langage ». Spet disait encore, d'après les souvenirs de Jakobson : « Les psychologues connaissent la langue beaucoup moins que les linguistes eux-mêmes. Étudiez la langue comme une chose (*veshch'*). N'interrogez pas les psychologues, étudiez-la comme une chose parmi les choses, parmi les autres structures sociales. [...] En premier, la langue en elle-même. » Jakobson lui-même trouve dans l'ouvrage de Husserl « la possibilité d'une analyse structurale du langage sur la base des données linguistiques elles-mêmes »[8].

À cela s'ajoutent deux exigences positives : l'attention pour les structures logiques d'ensemble, pour les relations des parties et du tout et, au-delà, pour la grammaire universelle ; et, d'un autre côté, ce que Jakobson appelle l'approche téléologique du langage, c'est-à-dire celle qui pose la question de la fonction de chaque élément ou forme linguistique. Ce sont, en quelque sorte, les intentions de chaque ingrédient du langage, inscrites en lui-même, qui constituent ensemble un modèle téléologique. C'est donc la fonction qui, de préférence au sens, retient l'attention de Jakobson.

Cette double filiation, avant-gardiste et phénoménologique, pointe vers une même caractéristique de la pensée de Jakobson : son intérêt porte sur le langage comme chose, comme objet, même si c'est un objet intentionnel et fait lui-même de parties pourvues d'intentions (de fonctions). On ne s'étonnera donc pas de voir le langage devenir, sans aucune difficulté de principe, objet d'une connaissance scientifique ; ni la linguistique, communiquer avec les autres sciences – non seulement humaines, mais aussi naturelles. Dans les dernières années de sa vie, Jakobson se passionnera pour les analogies entre code génétique et code linguistique ; mais c'est tout au long de sa carrière qu'il affectionnera les exemples tirés des sciences naturelles et refusera de chercher en quoi pourrait consister la spécificité des sciences humaines (« l'opposition entre la linguistique, discipline moins précise, et les sciences dites exactes, notamment la physique, est injuste », écrit-il en 1970[9]). Pour lui, l'essentiel réside dans le progrès de la connaissance : c'est à la fois un devoir et un titre de gloire du genre humain que de connaître le monde ; les différences entre les objets étudiés sont secondaires.

Le modèle du langage qu'élaborera Jakobson se ressentira de cette proximité désirée avec les sciences exactes. Une fois arrivé au Massachusetts Institute of Technology, le prestigieux institut de technologie à Cambridge, aux États-Unis, il entrera en contact avec les théoriciens de l'information, tels Norbert Wiener ou D.M. McKay, et se servira volontiers de leur vocabulaire. Son célèbre modèle des fonctions linguistiques, exposé en 1960 dans sa conférence « Linguistique et poétique », reprise et complication du modèle conçu quelques années auparavant par le psychologue allemand Karl Bühler, se situe également dans le cadre d'une théorie générale des codes et de l'information ; l'objet de connaissance est l'énoncé linguistique (le « message »), même si celui-ci porte en lui-même les traces ou les possibilités de relations avec les autres éléments du contexte : émetteur, récepteur, code ou référent.

À l'origine de sa passion pour le langage, Jakobson l'a souvent rappelé, se trouvait son amour de la poésie – d'abord symboliste, ensuite futuriste. Et l'on sait que, lorsqu'il a voulu analyser des textes littéraires, il s'est tourné, non pas exclusivement mais de préférence, vers les textes poétiques. La poésie occupe pour lui le sommet de la hiérarchie littéraire. « La poésie, dit-il dans un entretien, est le seul genre de l'art verbal qui soit universel. Pourquoi ? Parce que la prose artistique, c'est la poésie atténuée, la poésie qui marche vers le langage de tous les jours[10]. » En quel sens la prose – le roman par exemple – est-il de la poésie atténuée, un compromis entre poésie et langage quotidien ? D'abord en ceci que le poème obéit à des contraintes formelles plus strictes (son rythme, son organisation phonique et sémantique), qu'il a une forme facile à identifier, faite de répétitions, de symétries, de gradations et d'oppositions ; c'est un objet ciselé dont chaque mot est surdéterminé et inamovible. La conversation quotidienne est, par comparaison, frappée d'arbitraire. Le roman est à mi-chemin entre les deux (la marquise, se désolait Valéry, pourrait sortir à cinq heures – ou à six : quelle désinvolture !).

De plus, le langage quotidien est avant tout une interaction des locuteurs, dans laquelle l'énoncé linguistique n'est que moyen (et, pour cette raison même, il est modifiable), tandis que le texte poétique est dépouillé de son rôle interactif : il s'adresse à tous, donc à personne, et n'attend aucune réponse ; la réaction qu'il suscite n'est pas une réplique verbale mais l'admiration et la méditation. C'est bien pourquoi il faut que le poème soit mieux travaillé. Le roman est aussi œuvre d'art, donc soustrait au dialogue quotidien, mais qui met en scène ce dialogue : entre les personnages, entre le héros et l'auteur. Si cette pluralité n'existait pas, il n'y aurait plus fiction mais, justement, poésie.

En d'autres termes, la poésie est monologue, l'usage quotidien du langage, dialogue ; le roman, lui, est un monologue qui met en scène des dialogues. En pratique, les genres peuvent se mélanger, ils ne se rencontrent pas toujours à l'état pur. Mais c'est justement cet état extrême qui attire Jakobson vers les poèmes de folie de Hölderlin. Sur le plan linguistique, la folie du poète allemand consiste en ce que les moindres traces du dialogue doivent être éliminées de son texte : pure poésie, pur monologue. Les visiteurs de Hölderlin, pendant les années de son enfermement, sont unanimes : le poète ne sait plus parler aux gens, alors que sa puissance poétique reste intacte. « Toute présence humaine l'effarouche et l'oppresse, écrit Bettina von Arnim. La muse seule sait encore lui parler, et en quelques heures il écrit des vers, de petits poèmes où se reflètent la profondeur et la grâce passées de son esprit[11]. » Tous les éléments qui pointent vers le contexte d'énonciation – les questions et les réponses, les déictiques (des mots comme *je, tu, ici, maintenant*), la présence personnelle – sont éliminés de son discours, ou alors profondément altérés.

Dans une conférence sur Hölderlin et l'essence de la poésie, Heidegger affirme que le dialogue, loin d'être une simple modalité du langage, en constitue le fondement même. Rien ne pourrait être plus opposé à la conception hölderlinienne du langage, rétorque Jakobson. « Si le langage et son imposant système de mots et de règles contraignantes de construction sont essentiels pour lui, c'est non pas comme dialogue, mais uniquement comme poème [...]. Ce qui est transmis exclut du message proprement poétique toute référence à l'acte de parole[12]. » La poésie à l'état pur, pôle d'attraction de Jakobson tout au long de sa vie, est monologue.

Couper l'énoncé de son contexte d'énonciation revient aussi à le séparer de son « ici » et « maintenant », autrement dit du temps présent. Cette exigence reste vive dans l'esprit du jeune Jakobson qui, sous l'influence des futuristes, préfère au présent le futur. Il aime rappeler la formule de Khlebnikov, selon laquelle la patrie de la création est le futur, ou de Maïakovski, pour qui le réalisme du poète consiste à anticiper l'avenir ; jusqu'à la fin de sa vie, Jakobson pense que, « par sa force créatrice, le signe se ménage des chemins vers le futur indéfini », et il y voit l'essence secrète du langage poétique. À l'époque de la Révolution, on l'a noté, ce mot d'ordre futuriste est en consonance avec l'esprit révolutionnaire et volontariste, qui veut bâtir un monde parfait et neuf, cet esprit qui permet de faire accepter, au nom de l'avenir radieux, un présent terne, voire violent. Mais plus tard, au moment de la mort de Maïakovski, dans l'un de ses textes les plus personnels, Jakobson constate : « Nous avons trop vécu par le futur, trop pensé à lui, cru en lui, nous n'avons plus la sensation d'une actualité qui se suffise à elle-même, nous avons perdu le sentiment du présent[13]. »

Le dialogue de Bakhtine

Lorsqu'il se souvient de ses contacts avec le monde de l'art à l'époque de la Révolution, Mikhaïl Bakhtine évoque – on peut en être surpris – les mêmes noms de Khlebnikov et de Malevitch. Mais, plutôt que de faire sien l'idéal de ces artistes et de lui chercher une justification conceptuelle, à la manière de Jakobson, Bakhtine dit son admiration quelque peu étonnée pour eux et cerne de l'extérieur ces deux figures de l'avant-garde. Khlebnikov est pour lui un poète remarquable, un homme profondément carnavalesque (beau compliment dans la bouche de Bakhtine), à qui toute pose est étrangère ; qui, de plus, ne rejette pas le monde réel environnant mais établit avec lui un rapport inédit. « Il savait s'abstraire de tout ce qui est particulier et saisir une sorte de totalité infinie et illimitée du Globe terrestre. » C'est pourquoi les mots dont se sert Khlebnikov ne ressemblent pas à ceux qu'utilisent les autres hommes : si l'on continue de les appliquer aux réalités particulières et quotidiennes, on est condamné au malentendu, mais si l'on parvient à « entrer dans le courant de sa pensée cosmique, universelle, tout alors devient compréhensible et intéressant au plus haut point »[14].

Quant à Malevitch, il frappe Bakhtine d'abord par son absolue intégrité morale (« il ne cherchait ni le succès, ni la carrière, ni l'argent… C'était un ascète amoureux de ses idées »), ensuite par son besoin de dépasser le monde concret qui l'entoure. « Il disait que notre art opère dans un tout petit coin, dans l'espace tridimensionnel… Le grand univers n'entre pas là-dedans, il ne peut y trouver sa place[15]. » Lui, Malevitch, essaie précisément de pénétrer dans cet univers au-delà de notre monde familier, un univers dont le nombre de dimensions est infini. L'attitude de Bakhtine est donc faite à la fois d'une admiration sans réserve pour l'authenticité des deux créateurs dans l'engagement artistique – donc pour leur position morale ; et d'une compréhension du dehors de leur projet intellectuel, qui consiste à quitter le monde proche et conventionnellement humain afin de rechercher une perspective universelle.

Bakhtine est, plus encore que Jakobson, plongé dès sa jeunesse dans la philosophie allemande : sa première langue étrangère, acquise dès l'enfance et pratiquée comme une seconde langue maternelle, n'est pas le français, comme chez Jakobson, mais l'allemand ; il lit *La Critique de la raison pure* dans l'original vers l'âge de treize ans… Plus tard, il se familiarisera avec la phénoménologie husserlienne, mais n'y trouvera jamais qu'un instrument d'analyse, non une philosophie qui réponde à ses propres préoccupations. Celles-ci ont toujours un caractère moral, ce qui fait que, parmi les disciples de Husserl, il sera surtout intéressé par Max Scheler et son personnalisme. Mais plus encore l'attirent les philosophes dont la perspective est directement éthique, en premier lieu le néo-kantien Hermann Cohen, « un philosophe absolument remarquable qui a eu sur moi une immense influence », ainsi que le courant qui part de ce dernier, au sein duquel il distingue en particulier Martin Buber. Celui-ci est, selon lui, « le plus grand philosophe du vingtième siècle, et peut-être même le seul… Je lui dois beaucoup. En particulier, l'idée du dialogue »[16]. Ce qui attire Bakhtine vers la philosophie allemande contemporaine n'est pas, comme chez Jakobson, la possibilité de mettre entre parenthèses l'intervention humaine concrète mais au contraire l'affirmation du caractère irréductible de cette intervention. À la place du modèle téléologique, cher à Jakobson, il cherche à instaurer un modèle intersubjectif ; autrement, suggère-t-il, on risque d'ignorer la spécificité humaine.

On dispose depuis 1986 du plus ancien travail de Bakhtine : le début d'un ouvrage philosophique rédigé vers 1920 et désigné par ses éditeurs sous le titre *Philosophie de l'acte*. Ce texte, qui trouve de nombreux échos dans les écrits issus de la toute dernière période de sa vie (1960-1975), permet de saisir enfin la totalité de son parcours et de rétablir la hiérarchie interne de ses thèses. Bakhtine s'appuie volontiers sur des oppositions binaires. Au point de départ comme au point d'arrivée de ce parcours se trouve une dualité dont les termes les plus généraux pourraient être : l'humain et le non-humain, le subjectif et l'objectif, le temps et l'espace. Le monde des objets existe, il obéit à des lois physiques intemporelles qui relèvent d'une connaissance « théorétique ». Mais l'être humain est irréductible à ce monde-là, car avec lui s'introduit une dimension temporelle d'irréversibilité : chaque être humain, en même temps qu'il obéit aux lois générales de son espèce, est un individu absolument singulier, enfermé entre le moment où il entre dans la vie et celui où il en sort, suivant un mouvement à sens unique. Entre ces deux mondes, il y a solution de continuité. La pratique n'est pas une simple concrétisation de la théorie, c'est un monde à part, obéissant à ses propres règles.

Toute réduction de cette dualité à une quelconque unité est néfaste. Bakhtine est donc contre le monisme subjectiviste, celui qui nierait la possibilité d'une connaissance objective du monde. Mais son combat est encore plus intense contre l'autre monisme, celui qui ignore la singularité et l'irréversibilité de l'existence humaine : le monisme théorétique ou positiviste de la science contemporaine. La science est légitime, mais il faut se défendre contre son impérialisme ; reste notamment hors de son emprise tout le domaine de la morale. L'acte moral n'existe qu'assumé par un individu ; même le raisonnement le plus vrai ne saurait le produire. La raison et la connaissance peuvent conduire indifféremment au bien ou au mal. Mais cela veut dire aussi que, dans la connaissance même de l'homme, on doit tenir compte de ce qui est spécifiquement humain, et non seulement de ce qui permet d'assimiler l'homme au reste de l'univers. Il est impossible de réduire les personnes aux choses, et donc aussi les sciences humaines aux sciences de la nature. La reconnaissance de cette spécificité ne signifie pas un quelconque choix obscurantiste, ni une plaidoirie pour l'irrationnel : le langage peut être connu mais il ne faudrait pas que le prix à payer pour cette connaissance soit l'oblitération de son identité.

La conception du langage qui sous-tend les recherches contemporaines des formalistes souffre aux yeux de Bakhtine d'un oubli de cette dualité. Le langage et les œuvres de langage possèdent un caractère objectif, matériel, qu'on peut et qu'on doit connaître. Mais le langage n'est pas seulement un produit achevé, il est aussi acte ; pas seulement chose, mais événement. On ne peut se permettre d'ignorer cet aspect interactif de la parole, son côté événement unique qui est responsable de l'existence même des interlocuteurs ; on ne peut davantage réduire cet aspect à la seule présence, à l'intérieur de l'énoncé, de quelques « fonctions » pouvant se référer aux éléments du contexte. Rien ne pourrait marquer plus clairement l'opposition entre les deux penseurs que la présence, chez Jakobson, d'un élément « contact » et de la fonction qui lui correspond, appelée « phatique », et illustrée à l'aide d'exemples empruntés aux utilisateurs du téléphone : « Allô, vous m'entendez ? Dites, vous m'écoutez ? »[17]. Le « contact », pourrait rétorquer Bakhtine, n'est pas une fonction parmi d'autres, mais ce qui transforme le langage en autre chose qu'un code.

On trouve une illustration de ces idées dans le livre de Pavel Medvedev, un disciple et ami de Bakhtine, *La Méthode formelle en études littéraires*, paru en 1928. Cet ouvrage n'est sans doute pas écrit par Bakhtine, comme on a pu le croire, mais les idées qui s'y trouvent exprimées sont probablement inspirées par ce dernier. Or on lit dans ce livre une critique du modèle jakobsonien du langage, tel qu'il va se présenter en 1960 (il est vrai que ce texte cite le Jakobson de 1919). « Dans leur interprétation, les formalistes présupposent tacitement une communication entièrement prédéterminée et immuable, et une transmission tout aussi immuable. » Ils postulent, suggère Medvedev, deux individus déjà constitués, A et B, et un message X qui est remis tel un objet de l'un à l'autre. En réalité, « il n'y a pas de message tout fait X. Il se forme dans le processus de communication entre A et B ». En 1970, Bakhtine reprend cette critique en son propre nom : « La sémiotique s'occupe de préférence de la transmission d'un message tout fait à l'aide d'un code tout fait. Or, dans la parole vivante, les messages sont, à strictement parler, créés pour la première fois dans le processus de transmission, et au fond il n'existe pas de code »[18]. Ce que les formalistes ignorent, c'est le langage comme surgissement de ce qui n'a jamais existé auparavant et qui établit une nouvelle configuration entre les interlocuteurs.

L'attitude de Bakhtine envers les formalistes n'est donc pas entièrement négative. Pour tout ce qui concerne l'étude des formes linguistiques, leurs travaux (ceux d'Eichenbaum, de Tynianov, de Jakoubinski) lui servent de point de départ. Mais il leur reproche d'ignorer un autre aspect du langage, non moins essentiel : l'interaction des individus humains. Le dialogue, dira Bakhtine avec Heidegger mais surtout avec Buber, est la condition même du langage. C'est pourquoi, lorsque Bakhtine se tournera vers l'analyse stylistique et l'histoire littéraire, il étudiera de préférence des romans et non des poèmes. En poésie, le caractère dialogique du langage est gommé : le poète parle du monde (qui l'inclut lui-même) sans mettre en scène l'interaction qui se joue dans le langage. Le romancier, au contraire, représente le dialogue : celui qui s'engage entre ses personnages, celui entre lui-même et son héros. « Gommé » ne veut pas dire éradiqué, du reste ; et, dans une analyse textuelle que l'on trouve dans *La Philosophie de l'acte*, Bakhtine montre comment, dans un poème de Pouchkine, on peut distinguer la voix du héros, celle de l'héroïne et celle du poète.

L'emploi ici de ces deux termes, monologue et dialogue, demande quelques précautions. Bien entendu, au sens large du mot, tout langage est dialogue, c'est-à-dire dépassement de l'individu. Toute production linguistique est adressée à quelqu'un, celui-ci serait-il multiple, anonyme, absent ou encore le produit d'un dédoublement de celui qui parle. À chacun de nous, la langue elle-même vient des autres hommes qui nous ont précédés ; de plus, chaque énoncé porte en lui les traces d'énoncés antérieurs et l'attente d'énoncés à venir (c'est ce que l'on désigne parfois aujourd'hui par le terme « intertextualité »). Il est néanmoins possible d'opposer monologue et dialogue, entendus dans un sens plus étroit, comme, d'une part, une parole qui n'attend pas et ne suscite pas de réplique, et, d'autre part, une parole qui appelle et, normalement, provoque une réponse. Une théorie monologique du langage, par conséquent, sera celle qui prend pour objet l'énoncé linguistique comme tel ; elle n'ignore pas la fonction communicative du langage, mais ne la problématise pas non plus. Une théorie dialogique du langage choisit comme objet l'interaction des individus, donc aussi leur transformation au cours de ce processus ; le langage n'y est plus une chose à disséquer mais l'ingrédient d'un événement unique. C'est en ce sens que l'attention portée par Jakobson à la poésie, par Bakhtine au roman, est révélatrice.

Bakhtine lui-même voit l'origine de sa conception dialogique de l'humain dans la doctrine chrétienne. En effet, la dimension intersubjective, avec la nécessaire asymétrie entre *je* et *tu*, est introduite dans la tradition occidentale par la pensée chrétienne beaucoup plus que par la philosophie grecque : l'homme individuel ne s'identifie pas au Christ, or il a besoin de lui. Comme le dit Bakhtine, cette pensée illustre « l'abîme entre soi et autrui » : « la croix pour moi et le bonheur pour les autres »[19]. Pour Bakhtine, il faut qu'il y ait un au-delà de l'individu, mais cet au-delà peut être un autre homme, non un être surnaturel (c'est peut-être la raison pour laquelle il préfère au terme de « transcendance », trop marqué par ses associations avec le divin, celui de « transgrédience »). Dieu n'est pour Bakhtine que l'une des réalisations possibles de celui qu'il appelle le « surdestinataire » (Adam Smith, deux cents ans plus tôt, désignait cette même entité comme « le spectateur impartial et bien informé »), une instance imaginaire de compréhension totale, mais qui peut aussi bien s'incarner dans la voix du peuple, ou dans le jugement de l'histoire, ou dans la science. Dans l'univers de Bakhtine, les hommes ne connaissent pas la certitude des croyants mais se débattent avec difficulté à la recherche de confiance mutuelle, d'autonomie participante, d'accords fragiles ; à la place de la béatitude, ils ne connaissent que le frêle bonheur purement humain. Ce n'est pas un hasard si Bakhtine s'est longuement penché sur le roman d'apprentissage : l'homme peut se former lui-même, il n'est pas seulement ce qui est donné mais aussi ce qui est voulu et choisi.

L'ancrage du langage dans le présent, où le code abstrait et la matérialité des sons se transforment en événement unique et irréversible, comptent tant aux yeux de Bakhtine qu'il ne pourrait jamais échanger cette passion pour le présent contre un culte du futur. Il est vrai que, resté en Russie, Bakhtine verra bien ce que signifie la promesse du futur, constamment rappelée par le régime : une manière de faire accepter l'esclavage. Les illusions utopistes ne sont plus de mise. Dans le monde réel qu'habite Bakhtine, le futur a été asservi à l'oppression présente. Il écrit en 1943 : « Le jour d'aujourd'hui se présente toujours (quand il exerce la violence) comme un serviteur du futur. Mais ce futur continue et perpétue l'oppression, au lieu de libérer et de transformer[20]. » La peur comme l'espoir habitent le futur, ils permettent de manipuler à loisir le présent, c'est pourquoi ce sont les moyens favoris de la propagande qui enveloppe Bakhtine et ses contemporains. L'art véritable, en revanche, nous libère de ces sentiments et permet de vivre dans le présent.

Il n'est pas toujours facile de réconcilier l'idée de dialogue, qui joue un rôle si central pour Bakhtine, avec la glorification du carnaval, également présente dans son œuvre. Bien sûr, les deux partagent certains traits, et notamment (ce qui permet de comprendre l'hostilité qu'ils provoquent chez les détenteurs du pouvoir) leur opposition au discours officiel dogmatique. La culture carnavalesque, authentiquement populaire, renverse la culture officielle. Mais la ressemblance s'arrête là. Sinon, tout oppose les deux concepts. Le dialogue favorise la formation de la personne, du *tu* comme du *je* ; le carnaval la dissout dans l'action collective de la foule. Le dialogue est choix et liberté, le carnaval exige la soumission au groupe. Le dialogue est ordre et sens, le carnaval chaos et orgie ; le dialogue est Apollon, le carnaval Dionysos. Le dialogue est verbe, le carnaval est corps, ivresse, excréments. Le dialogue se joue en tête-à-tête, le carnaval sur la place publique ; l'un privilégie le chuchotement, l'autre le hurlement. Dans les Évangiles, le Christ ouvre le dialogue ; la foule qui le crucifie participe du carnaval. Le dialogue est sérieux, le carnaval du côté du rire – mais, contrairement à ce que dit Bakhtine, la violence s'accommode bien du rire. Pourtant, son goût pour ces deux entités si contrastées le conduit à inclure un long chapitre sur le carnaval dans la seconde édition du livre sur le dialogue, le *Dostoïevski*.

On peut se demander si Bakhtine ne suggère pas que le *je* a besoin d'établir plusieurs types de relations intersubjectives : avec les *tu* qui l'entourent, mais aussi avec le *nous* de la communauté à laquelle il appartient. Il est clair que la communion avec ce dernier se situe aux antipodes de l'embrigadement collectiviste auquel se trouve soumis le citoyen soviétique. L'être humain a besoin d'appartenir au *nous*, certes, mais la forme joyeuse de cette intégration est tout autre que celle que les citoyens soviétiques peuvent avoir sous les yeux ; elle ne peut exister que dans la société pré-moderne (médiévale, de la Renaissance). Quel serait alors le *nous* qui convient aux hommes modernes ? Là-dessus Bakhtine ne souffle pas mot, et pour cause : le sujet est tabou en Union soviétique, où la société idéale ne relève pas de la discussion. Ce qui manque chez Bakhtine (mais on ne saurait le lui reprocher), ce qui manque en général dans la tradition intellectuelle russe, c'est une réflexion politique moderne, celle qui évoquerait non la communauté patriarcale, avec son carnaval et ses fêtes, ni la passionnelle relation entre *je* et *tu*, mais la démocratie avec ses lois – organisant la vie publique, connues de tous, égales pour tous. Cette vie-là repose sur de tout autres exigences que le dialogue personnel ;

mais, à la différence de la vie collective imposée par l'ordre soviétique comme de la vie carnavalesque de la société archaïque (largement imaginaire, du reste), elle rend ce dialogue possible.

Le poids de l'histoire

Jakobson et Bakhtine réfléchissent sur le langage et la littérature plutôt que sur les événements politiques ; pour autant, on ne saurait ignorer le contexte historique dans lequel vivent ces deux penseurs russes du XXe siècle et qui a pour nom le régime communiste. Comment réagissent-ils aux réalités historiques qui encadrent leur vie ? Jakobson se trouve à Moscou au moment de la révolution d'Octobre, mais l'intensité des événements publics ne semble avoir sur lui qu'un seul effet : le pousser à travailler encore plus dans le domaine qui lui tient à cœur. En 1972, il décrit ainsi ses réactions de l'époque : « Nous nous disions alors : nous vivons dans une époque de grands changements, de renversements, de tumultes ; nous devons nous dépêcher pour terminer nos études, notre recherche, pendant que c'est encore possible, pour être intellectuellement armés[21]. » C'est tout ce que dira Jakobson, dans ses dernières années, de la révolution d'Octobre. Si l'on se transporte cependant au moment des événements, on s'aperçoit que, vers 1918, il commence à participer à la ferveur ambiante ; sa position est proche de celle des artistes d'avant-garde, qui croient à l'unité de la révolution dans tous les domaines (en témoigne justement le texte sur le « futurisme »).

En 1920, Jakobson quitte la Russie pour la Tchécoslovaquie : il est engagé comme interprète pour la mission de la Croix-Rouge soviétique à Prague, qui s'occupe du rapatriement des prisonniers de guerre russes ; plus tard, jusqu'à la fin des années vingt, il accomplit diverses autres missions pour l'ambassade soviétique. Il est souvent perçu par les Tchèques comme un promoteur de l'esprit communiste ; la police le soupçonne d'être un agent de la Tcheka, chargé de surveiller les nombreux émigrés russes du pays et de transmettre des messages officieux entre le gouvernement soviétique et le gouvernement tchèque[22].

Il est probablement déchiré entre sa fidélité aux idées révolutionnaires et sa sympathie pour son nouveau pays ; mais il ne dira jamais dans ses écrits publiés postérieurement comment ni pourquoi il a décidé de rester en Tchécoslovaquie et donc de rompre avec sa patrie devenue l'Union soviétique. Il observe la même remarquable discrétion en ce qui concerne la crise politique suivante qu'il lui est donné de vivre, à la fin des années trente. Dans les divers entretiens accordés pendant la dernière décennie de sa vie, Jakobson rapporte qu'il a dû abandonner son poste à Brno, brûler ses archives qui remplissaient seize grands seaux, se cacher pendant un mois à Prague, partir en avril 1939 à Copenhague, s'installer de septembre 1939 à mai 1940 à Oslo, rester en 1940-1941 en Suède, avant de monter sur un bateau qui le conduira aux États-Unis en mai 1941. Une période, on le voit, bien mouvementée, mais dont rétrospectivement Jakobson se contente de dire : « La succession des milieux scientifiques, des intérêts et mots d'ordre locaux m'ont permis de formuler différemment mes propres questions et d'élargir leur sphère[23]. » Tout ce qui compte, en somme, c'est l'impact de cette tempête politique sur l'évolution de ses conceptions scientifiques.

À aucun moment, à ma connaissance tout au moins, Jakobson ne dit la vraie raison de ces persécutions, à savoir qu'il est juif. Jakobson provient d'une famille juive laïcisée et cosmopolite, et il ne semble pas que la spécificité juive ait beaucoup compté pour lui (parrainé par un de ses amis « eurasiens », il se fera du reste baptiser dans la religion orthodoxe en 1936) : ses origines, suggère-t-il toujours, sont celles d'un Russe, non d'un juif. Dans les années trente cependant, la montée du nazisme a fait que, même s'il le voulait, un juif ne pouvait plus ignorer ses origines. Voilà ce qui explique cette phrase autrement énigmatique des *Dialogues* de Jakobson : « Alors commencèrent ces années où j'ai dû errer, sans feu ni lieu, d'un pays à l'autre[24]. » Que Jakobson ne fasse jamais allusion à son identité juive, dans le récit de ces années tumultueuses, ne peut donc s'expliquer par son seul milieu familial ; il y a là une tentative délibérée de mettre les contingences de la vie entre parenthèses. Jakobson dirige toujours son regard résolument vers la science, sans permettre la moindre interférence avec « l'avènement des événements » autour de lui.

Son attitude envers l'idéologie et le régime communiste en Russie frappe, elle aussi, par son extrême discrétion. À plusieurs reprises, Jakobson parvient à débattre de la poésie de son ami Maïakovski, futuriste mais aussi chantre du pouvoir soviétique, sans trop prendre parti dans le débat idéologique : l'idéal communiste n'est ni glorifié ni dénigré. Dans les années trente, l'escalade dans la répression en URSS refroidit sa ferveur révolutionnaire, mais il ne critiquera jamais publiquement les pouvoirs soviétiques. Les purges et les déportations qui frappent son ancienne patrie dans ces années suscitent en lui, en 1972, cette stupéfiante litote : « Il y avait là-bas [à l'université de Moscou] toute une série de gens très doués, beaucoup d'entre eux ont disparu par la suite, l'époque était agitée (*burnoe*). » L'une de ces « personnes douées » mérite qu'on s'y arrête un peu. Il s'agit du philosophe Gustav Spet, le disciple russe de Husserl, dont Jakobson nous a dit combien il l'estimait et dont il affirme, dans le même entretien : « Il m'était très proche. » Mais quand un autre interlocuteur lui demande si Spet n'a pas plus tard disparu dans les purges, Jakobson répond : « C'est ça, mais il n'était pas en camp de concentration. Il reste des œuvres qui ne sont pas encore publiées »[25]. Une fois de plus, le destin historique est écarté aussitôt reconnu ; seules les œuvres suscitent un intérêt durable. Cette réaction est d'autant plus frappante que Spet a connu un destin particulièrement tragique : arrêté une première fois en mars 1935, il est condamné à cinq ans de déportation. En octobre 1937, il est de nouveau arrêté, cette fois sur les lieux de sa déportation ; il est fusillé par les organes du NKVD le 16 novembre 1937.

Les amis formalistes restés en Union soviétique seront également persécutés, même si aucun ne connaîtra un destin aussi tragique que celui de Spet. Ils seront contraints de cesser d'écrire sur la littérature et de se convertir au travail d'édition des classiques (Eichenbaum, Tomachevski) ou au roman historique (Chklovski, Tynianov). La fin du mouvement formaliste est provoquée par une répression purement administrative. Or, lorsqu'il évoque cette époque, Jakobson présente les formalistes comme responsables de leur propre destin, parce qu'ils auraient fait la guerre, d'égal à égal, aux littérateurs marxistes. « Je n'aimais pas cette idée d'une discussion entre ce qu'on appelait le formalisme et ce qu'on appelait le marxisme. Je ne voyais pas d'antithèse entre les deux et je croyais que faire de cela une polémique était tout à fait inutile, voire nuisible[26]. » De nouveau, Jakobson tient à ignorer le contexte particulier dans lequel se déroule ce conflit et à faire comme s'il s'agissait d'un pur combat d'idées, d'une confrontation de positions abstraites, plutôt que d'une répression bien réelle de l'un par l'autre.

Une forte affection lie le jeune Jakobson aux deux filles de la famille Kogan, une famille juive amie et semblable à celle des Jakobson ; deux sœurs qui deviendront ensuite célèbres sous les noms d'Elsa Triolet et Lily Brik. Lily est l'amie de son camarade Maïakovski, l'épouse d'Ossip Brik, critique littéraire formaliste mais aussi tchékiste notoire. Elsa est son amie ; plus tard, elle l'introduira auprès de son mari Aragon, dont il restera également proche toute sa vie. Or on peut rappeler aussi qu'Elsa Triolet et Louis Aragon ont incarné, sans doute avec talent, la ligne stalinienne dure au milieu de l'intelligentsia française pendant les années de l'après-guerre. Un exemple parmi mille, ils n'hésitent pas à relayer la campagne soviétique contre Pasternak, déclenchée au lendemain de la publication de *Docteur Jivago* et de l'attribution du prix Nobel à l'auteur. À aucun moment Jakobson n'exprimera des réserves sur ces positions politiques, pas plus qu'il ne les approuvera ; il se contente de mentionner régulièrement l'amitié qu'il porte au couple célèbre. En 1958, il ne cherchera pas à défendre Pasternak, avec qui il a pourtant renoué des relations personnelles. Je ne rappelle pas ces faits pour lui en faire reproche : un tel geste serait anachronique, et de plus j'ignore bien des éléments du contexte de chaque acte. Toutefois, à partir de ces attitudes existentielles, on peut dégager un modèle de comportement, une « figure dans le tapis » qui contient son propre message. Pour Jakobson, il y a une noblesse de la science que ne doivent pas perturber les contingences biographiques. La connaissance et les idées se situent dans un monde à part, sans lien avec les motivations personnelles ou politiques. Une fois de plus, l'acte est chose plutôt qu'événement.

En 1917, Bakhtine est à l'université – celle de Saint-Pétersbourg et non, comme Jakobson, celle de Moscou. Sa première réaction aux événements révolutionnaires n'est pas très différente de celle de son cadet : il pense davantage à ses études qu'à la tempête politique qui se déchaîne autour de lui. Dans un entretien qu'il accorde cinquante ans plus tard, lorsque son interlocuteur lui demande : « Donc vous ne fréquentiez pas les meetings ? », il répond : « Non, je ne les fréquentais pas, non-non. Je restais à la maison, je lisais quand c'était chauffé, je restais en bibliothèque »[27]. La politique ne l'intéressait pas, il n'avait pas envie de réfléchir à ces problèmes. De plus, privé de la passion de Jakobson pour le futur, il n'attendait rien de bon de la révolution en cours. Il désapprouvait, se souvient-il, la révolution de Février : il considérait que la monarchie était morte, mais ne faisait aucune confiance aux intellectuels rassemblés autour de Kerenski et pensait que la victoire irait inéluctablement aux éléments les plus extrémistes, représentés par les bolcheviks.

Une fois la révolution accomplie, Bakhtine, à la différence de Jakobson, ne s'engage pas au service du nouveau régime mais fuit la famine pétersbourgeoise à Nevel, puis à Vitebsk, petites villes de province, où il gagne tant bien que mal sa vie en donnant des leçons et des conférences ; dans l'une de ses rares interventions publiques dont on garde la trace, on le voit, en 1918, s'inquiéter de l'oubli du passé et de la religion. Mais, surtout, il évite de trop s'immiscer dans le monde des conflits quotidiens ; son passe-temps favori, ce sont les promenades dans les environs de Nevel, au milieu des lacs et des forêts, en compagnie de ses amis Youdina et Poumpianski, avec qui il débat d'art et de théologie, à qui il expose la philosophie de Kant, de Cohen, de Rickert, de Cassirer – ou la sienne propre ; ils finissent par baptiser leur lac favori « Le Lac de la réalité morale »[28]. Plus tard, Bakhtine retourne à l'ancienne capitale, appelée maintenant Leningrad, où il continue de mener une existence marginale, sans emploi ni adresse fixe, logeant chez des amis, gagnant misérablement sa vie grâce à sa pension d'invalidité et à des leçons privées ; sa femme fabrique et vend des jouets empaillés.

Bakhtine essaie donc, en ces temps d'élan collectiviste et d'agitation sociale, de mener une vie retirée, entièrement privée, « désengagée », est-on tenté de dire. On pourrait aussi lui appliquer les mots dont il se sert pour parler d'un de ses amis de l'époque, l'écrivain Constantine Vaguinov : « C'était un homme solitaire, un homme profondément neutre, mais la vie alors n'était pas neutre. Il ne restait, à proprement parler, plus le moindre recoin neutre[29]. » Qui n'est pas avec nous est contre nous : le pouvoir soviétique n'a retenu des Évangiles que cette formule militante. Bakhtine fréquente un groupe de personnes religieuses qui, en dehors de tout cadre officiel, débattent de questions théologiques ; cette fréquentation deviendra le prétexte de son arrestation, à la date du 24 décembre 1928.

Lors de sa première déposition devant la police, Bakhtine, dans un mélange caractéristique d'humilité et de sincérité orgueilleuse, décrit ainsi ses convictions politiques : « Sans-parti. Marxiste-révisionniste, loyal envers le pouvoir soviétique. Croyant ». Il ne renie pas les faits qui lui sont reprochés. « Cette activité, la mienne et celle de mes amis, déclare-t-il au cours de l'interrogatoire suivant, était l'expression de certaines recherches intellectuelles et d'une inquiétude intellectuelle, nées de la nécessité d'élaborer une vision du monde nouvelle pour nous, et qui serait adéquate à la réalité sociale »[30]. En juillet 1929, il sera condamné à cinq ans de camp de concentration. Toutefois, arguant de sa maladie (depuis l'enfance Bakhtine est atteint d'ostéomyélite) et donc de ce que les cinq ans dans le camp de Solovki, loin au nord, eussent équivalu à une condamnation à mort, ses amis Youdina et Kagan obtiennent, en février 1930, une commutation de peine : Bakhtine peut servir sa sentence en relégation, et non dans un camp. Peu après, il part avec sa femme pour le Kazakhstan.

Contrairement à Spet, cependant, et à de nombreux autres condamnés, Bakhtine ne sera plus jamais inquiété. L'explication de ce destin relativement clément est double (sans parler de la maladie, qui l'a déjà servi : une punition naturelle qui dispense de celle des hommes). D'une part, Bakhtine n'a rien d'un rebelle, il fait tout ce qu'on lui demande, tout ce qu'il convient de faire – dans la vie courante mais aussi à l'intérieur de ses écrits. En prison, de préférence à

Kant, il lit Hegel, dans l'optique officielle précurseur du marxisme, et établit des rapports courtois avec son juge d'instruction. Après avoir servi sa sentence au Kazakhstan, où il travaille comme comptable, il obtient un poste d'enseignant à l'Institut pédagogique d'une petite ville, Saransk. Là-bas, il n'hésite pas à donner des conférences sur des sujets aussi peu controversés que « Lénine et Staline sur l'esprit de parti en littérature et en art », pas plus qu'il ne s'abstient d'ajouter à sa dissertation sur Rabelais, à la fin des années trente, puis de nouveau vers 1950, les références de rigueur. Comme il le dira lui-même plus tard dans une lettre : « J'ai introduit dans le manuscrit beaucoup de vulgarités insupportables, dans l'esprit de ce temps… Hélas ! il y avait aussi des traces directes du culte de la personnalité… »[31]. Son livre sur le roman d'éducation, en partie disparu, se terminait par l'éloge du réalisme socialiste.

D'autre part, Bakhtine renonce systématiquement à toute reconnaissance publique ; plus même, il la fuit : cette stratégie, qui neutralise les jalousies personnelles, s'avère salutaire pour la survie en Union soviétique. Saransk, obscure capitale de la république autonome de Mordovie, ne lui paraît pas encore un lieu assez perdu, il abandonne donc son poste en 1937 et se réfugie dans la maison de campagne d'un ami, à Savelovo, où il vit grâce à l'aide de ses proches. Pendant la guerre, il enseigne l'allemand au lycée local. La paix revenue, il retourne à Saransk où il reprend son enseignement, sans jamais demander une promotion ou même en refusant d'en avoir une. Il ne devient membre d'aucune union, d'aucune académie. Comme il l'expliquera plus tard à l'un de ses admirateurs, c'est un choix : « Vous comprenez, le philosophe ne doit être personne, parce que s'il devient quelqu'un, il commence à adapter sa philosophie à son poste[32] » ; mais c'est aussi une sage précaution. Bakhtine n'éprouve pas de rancune envers ceux de ses compatriotes qui ont dû faire semblant d'être de bons staliniens ; en revanche, il rompt les relations avec son frère qui, émigré en Angleterre, se convertit tardivement au bolchevisme.

Dans ses écrits, même destinés à rester inédits, Bakhtine n'attaque jamais directement le régime. Il est probable, toutefois, que son éloge de la culture populaire (et carnavalesque), par opposition à la culture officielle monolithique, ait été conçu comme une protestation contre le dogmatisme ambiant ; c'est en tous les cas la manière dont son livre sur Rabelais sera interprété en Union soviétique. Ce qui frappe aujourd'hui le lecteur de Bakhtine, c'est que cet homme, dont toute la vie adulte s'est déroulée sous le régime soviétique, n'est pas animé par un esprit anti-soviétique, plus ou moins bien dissimulé, mais se caractérise par la simple absence de cette problématique, du *pro* comme du *contra*. Bakhtine écrit comme si la révolution d'Octobre n'avait pas eu lieu. Le citoyen Bakhtine est parfaitement « loyal » ; le penseur est un homme libre. Telle est la « figure dans le tapis » de l'existence bakhtinienne, incarnation extrême d'une des voies offertes à l'individu dans l'État communiste.

La conception dialogique de l'homme et de la culture s'oppose à la soumission à un pouvoir politique qui prétendrait détenir la vérité ; elle s'oppose donc à tout dogmatisme. Mais il ne faudrait pas s'imaginer, par une facilité de pensée, qu'il signifie l'affirmation du subjectivisme et du relativisme radical, d'un monde sans vérité possible, puisque seuls y existeraient les discours des différents interlocuteurs – un monde où toutes les opinions se vaudraient. En réalité, Bakhtine renvoie dos à dos dogmatisme et relativisme ; le but d'une communauté humaine ne doit être ni la soumission silencieuse ni la cacophonie chaotique, mais la recherche de cet état infiniment plus difficile, l'accord, qui se dit en russe *soglasie*, étymologiquement « sym-phonie ». L'intersubjectif ne se réduit pas plus au subjectif qu'au pseudo-objectif.

Vie et œuvre

Quelle que soit la force des circonstances historiques, on choisit sa destinée individuelle. Est-ce à dire que, comme semblait le recommander le premier texte publié de Bakhtine, comme veulent aussi le penser beaucoup d'admirateurs de Jakobson, le parcours personnel et l'œuvre délivrent le même message ? L'œuvre est-elle toujours un reflet de la vie, la vie est-elle nécessairement une réalisation du programme contenu dans l'œuvre ? Ou l'une ne joue-t-elle pas, de préférence, un rôle complémentaire par rapport à l'autre : celui de compensation, celui de remède indispensable ? La question prend tout son sens dans les cas de Bakhtine et Jakobson du fait qu'ils étaient, l'un comme l'autre, théoriciens du langage, c'est-à-dire d'une activité pratiquée par tout un chacun ; or la théorie de l'un a culminé dans l'étude du dialogue, et de l'autre, dans celle des monologues.

Dans une nouvelle intitulée *La Vie privée* (1892), Henry James met face à face deux personnages d'hommes de lettres. L'un, Clare Vawdrey, est un écrivain de grande qualité, dont les œuvres révèlent des mondes inconnus ; mais, en société, c'est un compagnon superficiel et plat – au point qu'on peut se demander si c'est la même personne qui écrit et qui vit ! L'autre, Lord Mellifont, est un interlocuteur profond et passionnant, mais son éloquence n'aboutit jamais à aucune œuvre ; par ailleurs, il est impossible de l'observer quand il est seul, comme s'il n'existait qu'en compagnie des autres. Clare Vawdrey est double, Lord Mellifont n'est même pas un ; mais chez aucun des deux la vie n'illustre l'œuvre, pas plus que l'œuvre ne reflète la vie. Qu'en est-il de nos deux personnages ?

Au début de leur vie publique, Bakhtine comme Jakobson vivent intensément l'expérience des « cercles ». Le premier cercle dont fait partie Bakhtine se réunit à Saint-Pétersbourg en 1911-1912, il est animé par son frère ; ce cercle s'appelle « Omphalos », c'est-à-dire le nombril, et il rassemble une poignée de jeunes gens qui se proposent d'énoncer une absurdité sur le ton le plus sérieux, en l'étayant d'arguments scientifiques ou philosophiques. Plus tard, on l'a vu, un nouveau cercle se constitue autour de Bakhtine à Nevel, ensuite à Vitebsk ; la même ambiance se retrouve à Leningrad, où, tout en menant une vie intellectuelle intense avec ses complices Medvedev, Volochinov, Poumpianski, Vaguinov et d'autres, Bakhtine fait partie de plusieurs « salons ». Pourtant, dans la suite de sa vie, Bakhtine nous apparaît plutôt comme un grand solitaire.

Le dialogue, dans le meilleur des cas, implique que les interlocuteurs possèdent un statut semblable et convertible : je parle et tu écoutes, mais ensuite j'écoute à mon tour pendant que tu parles. Or les conditions ne semblent jamais réunies pour que Bakhtine puisse pratiquer ce dialogue-là – pas, en tous les cas, après la rupture avec son frère et la séparation avec son ami Kagan (en 1920) : c'est plutôt Bakhtine qui parle, et les autres qui écoutent. Sa supériorité philosophique est trop écrasante pour qu'il y ait vraiment dialogue : il conduit ses amis mais n'est jamais conduit par eux. Il leur inspire des livres, des articles ou simplement des réflexions, lui-même n'est que faiblement inspiré par eux. Même lorsqu'il s'adresse à un tout petit groupe d'auditeurs, Bakhtine parle comme dans un amphithéâtre ; il ne s'intéresse pas à l'identité de ses élèves. À plus forte raison, lorsqu'il enseigne devant des milliers d'étudiants à Saransk, ou qu'il s'adresse, dans des conférences de vulgarisation, aux ouvriers dans les usines : il ne se trouve engagé dans aucun dialogue véritable.

Les livres inspirés par Bakhtine et publiés par ses amis Volochinov et Medvedev n'illustrent pas davantage l'idée de dialogue, mais plutôt celle de la dialectique (peu estimée par Bakhtine), avec ses moments de thèse, antithèse et synthèse. Ces livres, au nombre de trois, sont tous construits sur le même modèle rhétorique : on oppose (plutôt qu'on ne fait dialoguer) deux écoles de pensée très différentes, et on montre les insuffisances de l'une comme de l'autre. *Le Freudisme* (1927) situe le matérialisme « à la Pavlov » face à l'« idéalisme » des freudiens ; *La Méthode formelle en études littéraires* (1928) renvoie dos à dos sociologisme et formalisme ; *Marxisme et philosophie du langage* (1929) arbitre le conflit entre subjectivistes (Vossler) et objectivistes (Saussure). À chaque fois, le discours de l'auteur se situe à un niveau supérieur par rapport à ce débat (qui, au demeurant, est plutôt un combat) : ses deux protagonistes sont dans l'erreur, l'auteur, lui, détient la vérité, et personne d'autre ne le rejoint sur le même plan. Les écrits publiés par Bakhtine en son nom propre ne se caractérisent pas non plus par une atmosphère dialogique, dans le sens fort du terme : après avoir interprété les travaux de ses prédécesseurs comme autant de degrés conduisant vers sa propre position, Bakhtine expose avec beaucoup de certitude son interprétation de l'œuvre de Dostoïevski ou de Rabelais.

La constance des vues professées par Bakhtine entre 1925 et 1975 est un autre indice de ce que les opinions des autres n'influencent pas beaucoup sa pensée. Dans son travail même, il s'intéresse très peu aux effets que peuvent avoir ses idées, et donc à leur publication ; l'essentiel se joue entre lui-même et la page blanche posée devant lui. C'est pour la même raison que la plupart de ses brouillons restent inachevés : pourquoi développer les idées si elles ne doivent jamais être communiquées ? Leur simple notation suffit. Lorsqu'il apprend que sa dissertation sur Rabelais ne sera pas publiée, il se contente de hausser les épaules : ce n'est pas lui qui ira se battre contre les rédacteurs de Moscou, ces piliers de l'orthodoxie. Kozhinov obtient la publication de cet ouvrage presque contre la volonté de son auteur ; c'est encore lui qui est responsable du déchiffrement et de la publication de divers autres manuscrits de Bakhtine, que celui-ci abandonne passivement aussitôt après les avoir rédigés.

Bakhtine ne recherche pas davantage le dialogue dans la vie courante que dans ses livres. Lui et sa femme Elena forment un couple très uni (ils se marient en 1921, elle décède en 1971 ; tout au long de ces années, ils ne se séparent que pendant son séjour en prison ; quand l'un des deux est hospitalisé, l'autre s'installe à ses côtés) ; mais, du coup, Bakhtine peut se passer de tous les autres. Il ne répond pas au téléphone, n'aime pas écrire des lettres ; dans ses relations personnelles il reste toujours, d'après les témoignages, formel et distant. Après 1961, il accepte de rencontrer ses admirateurs de la nouvelle génération, emmenés par Kozhinov ; mais au moment où ils se manifestent pour la première fois, il est profondément perturbé : il s'est habitué à la vie calme et anonyme ; faut-il vraiment changer de nouveau et accepter de jouer un rôle public ? Il ne boit pas d'alcool (il consomme en revanche du thé fort et des cigarettes en quantité), et n'aime pas l'ambiance de fausse familiarité et de bavardage incontrôlable qui s'installe au cours des beuveries ; s'il ne veut pas entrer à l'Union des écrivains, c'est qu'il craint de voir les autres écrivains débarquer régulièrement chez lui pour se soûler. Le chantre du dialogue est un homme qui répugne aux contacts humains.

Le même contraste (ou complémentarité) entre vie et œuvre se laisse observer à propos de l'autre grand thème bakhtinien, celui du carnaval. Alors qu'on trouve dans ses livres un éloge du « bas » corporel, de la nourriture, de la boisson et de la sexualité, on a du mal à ne pas se souvenir que Bakhtine lui-même est un invalide qui n'a probablement jamais eu de vie sexuelle, qui se nourrit à peine et ne boit jamais d'alcool ; le gros rire ne traverse pas davantage ses lèvres. Peu « homme de dialogue », Bakhtine n'est vraiment pas du tout « homme carnavalesque ».

Le choix de cette vie ne découle pas d'une prise de position doctrinale ; il est conditionné, semble-t-il, par deux facteurs extérieurs : la maladie physique (l'ostéomyélite) et la maladie sociale (le stalinisme). La première lui sauve peut-être la vie, mais le condamne à l'immobilité et à la dépendance ; la seconde détruit un tissu social qui ne se reconstruira jamais. Jusqu'au moment de son arrestation, Bakhtine a des amitiés fortes ; les trente années suivantes, pendant lesquelles il doit se faire, selon le proverbe russe, « plus silencieux que l'eau, plus bas que l'herbe », ne sont guère propices à la confiance ni à l'échange créateur. Ensuite, il est trop tard : Bakhtine n'accepte qu'à contrecœur de quitter sa condition d'ermite.

Jakobson, lui aussi, commence sa vie publique dans les cercles, et notamment dans celui dont il sera l'initiateur, en 1915 : le Cercle linguistique de Moscou. Cette forme de contact et de travail en commun lui convient si bien qu'il contribue à recréer un cercle à Prague, lorsqu'il s'y rend en 1920. Même quand les cercles n'existent plus, il continue de favoriser la collaboration ; de nombreux textes sont signés par Jakobson et un autre auteur, ainsi Tynianov, Bogatyrev, Halle, Lévi-Strauss et bien d'autres moins célèbres. Sa collaboration avec Troubetzkoy est à l'origine de la phonologie moderne.

Quelles sont les circonstances propices à ces collaborations ? Revenons aux réminiscences de Jakobson. Sa première idole, on s'en souvient, était Khlebnikov. Il vient de faire sa connaissance, mais les rapports sont encore formels. C'est alors que les deux décident de passer ensemble la nuit de Saint-Sylvestre dans la célèbre taverne littéraire Le Chien errant, à Saint-Pétersbourg. « C'est là que j'ai connu vraiment Khlebnikov : en buvant un verre après l'autre, il commençait à être beaucoup plus ouvert. » Cette méthode n'est cependant pas réservée aux seuls poètes admirés :

Jakobson n'a pas une grande estime pour Marinetti, le chef de file des futuristes italiens, « mais on allait quand même boire ensemble ». Il assiste également à la naissance de l'Opoyaz, le noyau pétersbourgeois du formalisme : « C'était chez Brik, un dîner avec des blinis et de la vodka, et on a discuté de ce qu'on pouvait faire pour se voir et pour intensifier la recherche »[33].

Le Cercle linguistique de Prague, à en croire les souvenirs de Jakobson, ne doit son véritable épanouissement qu'au fait que les discussions étaient sorties des salles de l'université pour se prolonger dans les tavernes. « Nous avons décidé alors, et j'y ai insisté particulièrement, de nous transporter au café, dans une des arrière-salles. Là on s'installait, les uns prenaient un verre d'eau-de-vie ou du café, les autres de la bière ou une carafe de vin… C'était très important ! » Arrivé à New York, Jakobson enseigne à l'École libre des Hautes Études où il rencontre Lévi-Strauss. « Après les conférences, les siennes auxquelles j'assistais ou les miennes auxquelles Claude venait, on allait dans un bistrot et on continuait à discuter. On avait plus de temps qu'on n'a maintenant, et plus d'énergie aussi… Je pourrais même nommer ces bistrots de New York où l'on a discuté ces problèmes-là »[34]. Tous ceux qui ont connu Jakobson pourraient continuer cette énumération. Il n'avait pourtant rien d'un alcoolique ; simplement, la boisson ajoutait à la convivialité qui lui était chère.

Est-ce bien de dialogue qu'il s'agissait ? Jakobson lui-même dit, à la fin d'une de ses interviews : « Je préfère le dialogue au monologue, même dans la science », puis ajoute : « Je suis toujours pour la coopération, je considère le travail collectif la meilleure forme de travail. » D'un autre côté, le livre qu'il a publié sous le titre *Dialogues*, en collaboration avec sa femme Krystyna Pomorska, ressemble à ces dialogues platoniciens tardifs où le disciple admiratif se contente de lancer de temps en temps : « Comme tu le dis bien, Socrate ! » La forme d'échange qui caractérisait Jakobson était, je dirais, celle de la contagion. Il avait un don particulier, celui de vous faire partager son enthousiasme ; tant qu'il était présent, l'objet de son intérêt – fût-ce les structures métriques de la poésie tchèque du XIVe siècle – ne pouvait manquer de vous apparaître comme le plus passionnant au monde. Plutôt qu'à une critique réciproque, il appelait irrésistiblement à la collaboration. Cet appel exerçait une action flatteuse sur nous, qui étions plus jeunes et moins célèbres que Jakobson ; il nous traitait toujours comme ses égaux, capables de la même passion de connaissance – ainsi nous hissait-il à ses côtés. C'est bien le sentiment que j'ai éprouvé en 1964, lorsque, étudiant bulgare fraîchement débarqué à Paris, je me suis approché de lui pour la première fois. Isaiah Berlin, qui n'était pourtant pas une nullité lui-même, disait de Jakobson : « Étant en sa compagnie, on se sentait sur une courbe ascendante, plus intelligent, plus sensible, plus intéressant qu'on n'était ou qu'on ne pouvait être en réalité. » Le mot qui semble s'imposer à tous, quand ils tentent de décrire leurs contacts personnels avec Jakobson dans le domaine de l'esprit, c'est celui de générosité. Comme l'a remarqué aussi Victor Weisskopf, l'un de ses collègues au MIT : « Son âme rayonnait l'amitié et l'amour avec une telle force que nous tous vivions en sa compagnie de manière plus intense »[35].

Jakobson ne se contentait pas de provoquer l'enthousiasme des autres pour ce qui le passionnait ; il était lui-même, et jusqu'à la fin de sa vie, capable de se découvrir des enthousiasmes nouveaux. Il évoquait souvent l'envoûtement qu'avaient exercé sur lui deux personnalités hors du commun, Nicolas Troubetzkoy et Claude Lévi-Strauss ; mais son admiration et sa générosité ne se limitaient pas à ceux qu'il considérait comme des génies, ni à ceux qui l'avaient gratifié de leur amitié. Le cas de Bakhtine, justement, est parlant. Les deux hommes, on l'a vu, ne se sont jamais rencontrés, mais le livre de Medvedev, inspiré par Bakhtine, est très critique envers Jakobson. C'est pourtant essentiellement à celui-ci qu'est due la résurrection spirituelle de Bakhtine en Russie. En effet, dès 1956, au cours de son premier retour à Moscou, Jakobson parle aux jeunes savants russes qui l'entourent des meilleurs travaux des années passées, alors oubliés ; le livre de Bakhtine sur Dostoïevski est l'un d'eux. Dans son auditoire se trouve justement Kozhinov, qui deviendra par la suite l'artisan efficace de cette résurrection russe. Plus tard (mais toujours avant la nouvelle gloire de Bakhtine), Jakobson ne manquera pas de se référer élogieusement à son œuvre, alors même que l'image qu'il en donne ressemble plus à lui-même qu'à celui dont il parle : « Selon Bakhtine, écrit-il en 1976, dans la structure du langage, toutes les notions substantielles forment un système inébranlable, constitué de paires indissolubles et solidaires[36]. »

Quand on parle de Jakobson aujourd'hui, on est contraint de s'en tenir au contenu de ses publications, aux thèses qu'il a défendues ici ou là. Je me demande pourtant si, ce faisant, nous ne perdons pas une part essentielle de son message. Quand on lui demandait de caractériser le travail de ses amis de jeunesse, les formalistes, il ne se contentait jamais d'identifier telle ou telle thèse particulière, mais disait : il n'y avait pas de doctrine ni de méthode, mais une grande liberté d'esprit, une capacité d'accueillir le nouveau ; l'idée centrale, c'était « la prohibition du dogme[37] ». De même, ce qui caractérise la contribution de Jakobson c'est, me semble-t-il, moins telle ou telle affirmation que son refus radical du pédantisme (c'est pourquoi les représentants officiels de la science académique avaient du mal à se reconnaître en cette espèce de bohème enthousiaste) et son mépris pour les frontières conventionnelles des disciplines (il lui était indifférent de savoir s'il travaillait dans le cadre de la linguistique ou de la poétique, de l'anthropologie ou de la psychologie). Jakobson était un grand « connecteur » : entre les êtres, entre les concepts, entre les domaines.

Ce qu'il ne faut pas oublier en même temps, c'est que Jakobson ne s'intéressait pas seulement aux personnes (sinon il n'aurait été qu'un animateur, et non un savant), il se passionnait également pour ce segment du monde objectif, le langage, dans sa plus grande extension, depuis les traits distinctifs des phonèmes (*sourd/sonore*) jusqu'aux épopées longues de milliers de vers ; le langage, foyer par lequel on accède à tout ce qui est spécifiquement humain. Jakobson ne se contentait pas d'étudier : il étudiait avec passion. C'est cette passion qu'il savait partager avec ceux qui l'entouraient, et qui pouvait les marquer à vie.

« Les amoureux fervents et les savants austères… » Ces deux expressions forment, dans *Les Chats* de Baudelaire, une antithèse : deux groupes humains, aussi éloignés que possible l'un de l'autre, que réunit la seule passion commune pour les chats. Que tel fut le premier vers du poème qui devait servir d'objet à la plus célèbre analyse « grammaticale » de Jakobson, la première à être publiée en Occident, m'a toujours paru frappant, à cause de la singulière application qu'on peut faire des deux expressions à Jakobson lui-même : il devait apparaître aux yeux de ceux qui ne connaissaient que son œuvre comme un « savant austère » ; nous tous qui l'avions approché savions bien qu'il était, autant sinon plus, un « amoureux fervent ». Il y a là paradoxe, parfois même conflit souterrain. Si l'on est passionné, pourquoi se plier aux contraintes de la science ? Puisqu'on est savant, à quoi bon les angoisses de l'amour ? Était-il indispensable de camoufler l'admiration par tant d'érudition, de convertir l'élan vers le monde en tant d'analyses minutieuses de détail ? Était-ce le seul moyen de surmonter l'antithèse baudelairienne ? C'était, en tous les cas, celui de Jakobson.

Tout se passait comme s'il y avait tant de présence humaine dans son existence qu'il n'éprouvait pas le besoin d'en introduire dans sa théorie ; mais le lecteur d'aujourd'hui et de demain pourrait ignorer la part non codée de son message. Il faudrait transmettre aux lecteurs à venir cette part essentielle de l'héritage de Jakobson, qui n'apparaît qu'en marge de ses textes, mais qui était centrale dans sa vie.

L'aveugle et le paralytique

La vie de Jakobson – dialogique, interactive, toute tournée vers les autres – complète heureusement sa conception monologique et chosifiante du langage et de la littérature. La théorie dialogique de Bakhtine compense et éclaire sa vie isolée, dépourvue, à partir d'un moment, de communication féconde avec autrui. Nous pouvons revenir maintenant à l'anecdote qui nous a servi de point de départ, celle de la rencontre manquée entre Bakhtine et Jakobson. Si Bakhtine avait réellement agi pour les motifs que lui prête Kozhinov – son manque d'estime pour les formalistes –, il aurait gravement contrevenu à ses propres préceptes : l'individu vit dans le temps ; chacun de ses actes est unique et irréversible ; il ne peut être réduit à une quelconque idéologie professée dans un moment du passé. C'eût été affirmer l'achèvement de l'homme de son vivant, sa réduction à ce qu'il y a en lui de réitérable. Il faut souligner, toutefois, que ce n'est pas Bakhtine qui met en avant ce motif, mais Kozhinov – qui n'aime pas se rappeler ce qu'il doit à Jakobson, et dont certaines remarques permettent de penser que son hostilité s'est nourrie à plus d'une source. Quant à Bakhtine, ce n'est pas la seule rencontre avec Jakobson qu'il fuit, mais celles avec tous les étrangers, tous les inconnus : traumatisé et déformé par sa vie sous la dictature communiste, il est effrayé par toute rencontre, toute intrusion dans son existence d'ermite. Voilà pourquoi il transgresse ses propres principes – ne pas mentir, ne pas faire preuve de méchanceté – et qu'il manque finalement de satisfaire à sa propre exigence, celle d'une unité responsable entre œuvre et vie.

Mikhaïl Bakhtine était un infirme qui avait du mal à se déplacer. Roman Jakobson, atteint d'un strabisme, avait des problèmes de vue. Pourtant, on peut imaginer aussi que l'aveugle et le paralytique rassemblent leurs forces, le valide portant le voyant, le praticien du dialogue complétant son théoricien. Mais il faut pour cela admettre que le destin vécu fait, lui aussi, sens.

HISTOIRES

Le sauvetage des juifs bulgares

Notre siècle restera dans l'Histoire comme celui où la violence de masse aura atteint des sommets rarement atteints. La persécution et la destruction des juifs d'Europe en est, assurément, l'un des épisodes les plus tragiques. Pourtant, c'est aussi l'occasion, certes beaucoup plus rare, de voir éclore le bien : ainsi, lorsqu'on aide les persécutés et qu'on sauve ceux que la mort menace. De tels actes individuels se produisent sporadiquement un peu partout ; mais de plus, deux pays peuvent se rappeler avec fierté leur histoire, puisque la protection collective des juifs y aura été assurée, alors qu'ils se trouvaient sous contrôle allemand : ce sont le Danemark et la Bulgarie. Au moment où l'Armée rouge approchait de ses frontières, écrivait Hannah Arendt dans *Eichmann à Jérusalem* à propos de la Bulgarie, « pas un seul juif n'avait été déporté, aucun n'était mort de cause autre que naturelle ». Et elle ajoutait : « Personne, que je sache, n'a tenté d'expliquer le comportement du peuple bulgare, qui est unique dans cette ceinture de populations mixtes »[1].

Comment s'expliquer, en effet, ce miraculeux accomplissement du bien ? Est-ce par les qualités morales et politiques exceptionnelles de ce peuple ? Pourtant les Bulgares, j'en suis témoin, n'ont pas une très haute opinion d'eux-mêmes. Ils aiment leur terre et leurs souvenirs, bien sûr, mais, quand il s'agit de porter des jugements de valeur, ils affirment volontiers que les autres peuples, proches ou lointains, leur sont supérieurs. Mis à part quelques rares moments d'exaltation patriotique, ils n'ont pas l'habitude de se penser en héros. C'est donc avec un certain étonnement qu'eux-mêmes découvrent cette page héroïque de leur passé.

Que s'est-il exactement passé en Bulgarie au cours de ces années de guerre ? Est-il vrai que tous les juifs bulgares ont été sauvés ?

Quels ont été les principaux acteurs de ce sauvetage ? Qu'est-ce qui les a motivés ? Comment s'y sont-ils pris ? Rappelons d'abord quelques pages d'histoire.

Le film des événements

L'histoire de la persécution et de la protection des juifs de Bulgarie est assez bien connue depuis la publication, en 1972, de *The Bulgarian Jews and the Final Solution* par Frederick Chary[2] ; des précisions de détail ont été apportées par diverses études parues depuis. Je me contenterai d'en rappeler ici les principaux événements.

Trois éléments du contexte historique et démographique doivent d'abord être pris en considération. Le premier est que la Bulgarie, à la suite de la Deuxième Guerre balkanique (1913) et, plus encore, de la Première Guerre mondiale (1914-1918), perd plusieurs provinces habitées en partie par des Bulgares : la Dobroudja, au profit de la Roumanie ; la Thrace, de la Grèce ; la Macédoine, de la Serbie, future Yougoslavie. L'espoir d'un retour de ces provinces sous contrôle bulgare reste vivant dans l'opinion publique.

Le deuxième concerne la situation politique interne. Le coup d'État paramilitaire du 19 mai 1934 a affaibli, voire anéanti, le rôle des partis politiques traditionnels comme du parlement ; un pouvoir exécutif fort est concentré entre les mains du gouvernement, nommé et contrôlé par le roi Boris III (1894-1943). Néanmoins, même si elle n'est pas nombreuse, l'opposition parlementaire existe. Après les élections de décembre 1939, elle est constituée par 19 députés (sur 160), dont 2 d'extrême droite, 9 communistes ou apparentés et 8 représentants des anciens partis démocratiques. On peut qualifier ce régime d'autoritaire, mais non de fasciste.

Enfin troisièmement, les juifs bulgares sont, selon un recensement de 1934, au nombre de 48 400, représentant 0,80 % de la population. 97 % d'entre eux habitent en ville, dont plus de la moitié à Sofia ; ils sont, dans leur grande majorité, ouvriers ou artisans. Les traditions antisémites existent en Bulgarie, mais elles ne sont pas fortes.

Dès le début de la Deuxième Guerre mondiale, la Bulgarie choisit son orientation stratégique globale : elle ne s'engagera pas dans le conflit et restera neutre (aucun soldat bulgare n'ira au front), tout en se plaçant du côté de son allié traditionnel, l'Allemagne. Cette attitude s'avère payante en 1940 : à la faveur du Pacte germano-soviétique, pendant que l'URSS s'empare des provinces nord de la Roumanie, la Bulgarie reçoit, le 7 septembre 1940, la Dobroudja du Sud (elle la gardera au lendemain de la guerre).

C'est à ce moment que l'on peut situer les débuts de la politique antijuive, l'introduction d'une Loi pour la défense de la Nation. La loi vise à réprimer toute action contre l'État, mais un ensemble d'articles est spécifiquement consacré aux juifs. En Europe, l'heure en est alors aux lois raciales : après celles de Nuremberg de 1935, mais aussi, comme le dit un jour le roi Boris à son conseiller, après celles de la Roumanie, de la Hongrie « et même de la France[3] », il est temps d'introduire quelques restrictions et quelques règles. Ayant d'abord précisé qui doit être tenu pour juif, la loi impose des restrictions au droit de cette population de se choisir un lieu d'habitation, de posséder des biens immobiliers ou d'exercer certaines professions. Son texte est préparé par Alexandre Belev, juriste au ministère de l'Intérieur et membre des Combattants (*Ratnik*), organisation pro-fasciste et antisémite.

L'annonce de la loi par le ministre de l'Intérieur, Petar Gabrovski, en octobre 1940, provoque de vives réactions. De nombreuses protestations sont envoyées au Parlement, de la part d'organisations professionnelles comme de personnalités politiques, des autorités religieuses chrétiennes (orthodoxes) comme juives. D'autres organisations, toutefois, expriment leur satisfaction, notamment celles des milieux d'affaires ou des groupuscules fascisants[4]. La loi sera débattue au Parlement en novembre-décembre 1940 et adoptée en janvier 1941.

En mars 1941, la Bulgarie rejoint l'Axe, l'alliance militaire réunissant l'Allemagne, l'Italie et le Japon ; cette adhésion permet à Hitler d'occuper plus facilement la Yougoslavie et la Grèce. En décembre de la même année, lorsque, après Pearl Harbor, l'Allemagne déclare la guerre aux États-Unis, la Bulgarie en fait autant, pour les États-Unis et la Grande-Bretagne. Sur le moment, cette décision est purement symbolique. La Bulgarie prend alors le contrôle des régions de Thrace et de Macédoine : d'abord militaire, dès avril 1941, puis administratif ; ce n'est, pour la propagande officielle, qu'une restitution des terres bulgares ancestrales. Plus exactement, ces territoires ne sont pas annexés à la Bulgarie mais seulement placés sous sa tutelle ; la décision sur leur sort définitif est repoussée au lendemain de la guerre. Néanmoins, la présence de l'armée bulgare dans ces territoires occupés aide indirectement l'armée allemande. Les juifs y seront encore distingués. Un décret du gouvernement, daté du 5 juin 1942, réglemente la citoyenneté dans les « terres libérées en 1941 » : tous les anciens sujets yougoslaves ou grecs deviennent bulgares, à moins qu'ils ne demandent expressément le contraire. Mais l'article 4 spécifie : « Cette disposition ne s'applique pas aux personnes d'origine juive ; les femmes d'origine juive gardent la citoyenneté de leur mari[5]. » Cette exclusion sera fatale aux juifs de Thrace et de Macédoine.

Les années 1941 et 1942 voient une progression constante mais lente des mesures antijuives et, parallèlement, une dégradation des conditions de vie des juifs. La communauté tente d'organiser quelques départs en Palestine, mais les conséquences sont catastrophiques : un premier bateau, appelé *Salvador*, coule avec 180 personnes à bord dans la mer de Marmara le 12 décembre 1940 ; un second, *Strouma*, parti de Roumanie, coule avec ses 400 occupants : les navires sont vieux et en mauvais état. Les divers pourparlers en vue d'autoriser le départ légal d'un certain nombre de juifs pour la Palestine échouent. On ne peut pas dire, du reste, que les autorités britanniques, qui exercent leur tutelle sur la Palestine, soient pressées d'accueillir de nombreux réfugiés. Quelques mois plus tard, évoquant la demande des juifs bulgares, Anthony Eden, secrétaire du Foreign Office, réplique qu'« il faut agir avec circonspection ». En effet, explique-t-il à Roosevelt, « si nous entreprenons pareille démarche, les juifs du monde entier nous demanderont de la renouveler en Pologne et en Allemagne. Hitler pourrait fort bien nous prendre au mot »[6]. Entretemps, le gouvernement bulgare impose aux juifs le couvre-feu, restreint leurs libertés, les expulse parfois de leur logement ou les inclut de force dans des brigades de travail ; il introduit aussi le port de l'étoile jaune. Cependant, l'administration prend beaucoup de libertés dans l'application de ces ordres, le roi comme ses ministres maintiennent des rapports courtois avec des personnalités juives, les consulats bulgares à l'étranger continuent de délivrer des visas aux juifs qui les demandent. La section chargée des questions juives, au ministère des Affaires étrangères à Berlin, commence à s'impatienter.

Le cours des événements se précipite à l'automne 1942. À la fin août, un nouveau décret annonce une série de mesures supplémentaires, réglementant la vie publique des juifs, et crée un Commissariat pour les questions juives, dépendant du ministère de l'Intérieur, à la tête duquel est nommé le même Belev. L'ambassadeur allemand à Sofia, Adolf Beckerle, et son attaché pour les affaires de police, Karl Hoffmann, reçoivent toutes les assurances, de la part du Premier ministre Bogdan Filov ou du ministre de l'Intérieur Gabrovski, que la déportation des juifs pourra se faire le moment venu. Pour l'instant toutefois, affirment les dirigeants bulgares, les juifs sont employés à diverses tâches en Bulgarie même, notamment à l'entretien des routes.

C'est avec l'arrivée à Sofia, le 21 janvier 1943, de Theodor Dannecker, Hauptsturmführer SS et envoyé d'Eichmann, que la déportation des juifs bulgares doit entrer dans sa phase décisive. Dannecker fixe d'abord un nombre de personnes à déporter – 20 000 – et présente la demande à son interlocuteur Belev. Ensemble, ils décident de leur répartition : ils estiment pouvoir en déporter 14 000 des territoires occupés (8 000 de Macédoine et 6 000 de Thrace) ; les 6 000 manquants devront être pris dans l'« ancienne Bulgarie » (celle d'avant 1940). Dannecker suggère qu'ils soient choisis parmi les « juifs indésirables ». Dès les premiers jours de février, Belev envoie des instructions aux délégués de son Commissariat dans les territoires pour les préparer à l'action à venir. Il faut éviter d'éveiller les soupçons ou de révéler la véritable destination des convois : on arrêtera d'abord les hommes seuls, ensuite on demandera aux familles de les rejoindre. « On expliquera aux femmes qu'on les conduit auprès de leurs maris, pour être installées avec eux à l'intérieur des anciennes frontières du pays[7]. » Le 12 février, le Conseil des ministres, apparemment après de longs débats, approuve les propositions de Belev et le nombre retenu. Le 16 février, Dannecker rapporte avec satisfaction au Service de sécurité du Reich que la déportation est mise en marche, et qu'elle doit commencer début mars.

Le 22 février, Dannecker et Belev signent un accord concernant la déportation à venir. Le nombre est confirmé, 20 000, sans distinction d'âge ou de sexe, ainsi que la répartition de ce nombre par gares et par trains. L'accord fixe aussi le partage des frais (les chemins de fer bulgares payent jusqu'à la frontière, mais pas au-delà) et précise que le gouvernement bulgare renonce à toute responsabilité envers ses anciens sujets : « Au cas où certains juifs déportés n'ont pas encore été privés de leur citoyenneté, ils doivent l'être au moment où ils quittent le territoire bulgare. » Le même jour, le Commissariat envoie une circulaire à ses délégués régionaux pour leur demander d'établir, dans les vingt-quatre heures qui suivent, des listes de juifs « riches, en vue et socialement distingués »[8], ainsi que des meneurs de la communauté et des opposants. Une nouvelle décision du Conseil des ministres, du 2 mars 1943, légalise les instructions précédentes, et la machine peut se mettre en marche.

Le destin des juifs habitant les territoires occupés suivra le plan ainsi établi. Dès le 4 mars, les juifs de Thrace sont arrêtés et transférés dans l'« ancienne Bulgarie » ; le 11 mars, l'enfermement des juifs de Macédoine et de Pirot, une ville à la frontière serbe, est à son tour achevé. L'ambassadeur Beckerle peut noter dans son *Journal*, le 3 mars : « Dannecker m'a informé que depuis hier on a commencé à rassembler les juifs de Thrace dans des centres de regroupement et qu'en Macédoine ils ont déjà été relogés dans le ghetto ; seules les jeunes filles de moins de quatorze ans peuvent sortir pour les courses[9]. » Le 18 et le 19 mars, les trains conduisent les juifs de Thrace à Lom, un port sur le Danube, où ils sont chargés sur des barges qui les mènent à Vienne ; de là, ils sont transférés par train à Katowice et à Auschwitz. Les juifs de Macédoine seront envoyés directement par train, les 22, 25 et 29 mars (les deux premiers pour Auschwitz, le troisième pour Treblinka). En tout, 11 363 personnes sont déportées. 12 reviendront vivantes.

Les internements et la déportation des juifs ne passent pas inaperçus en « ancienne Bulgarie », où ces juifs restent plusieurs jours ; les réactions des témoins sont marquées par la compassion et l'indignation. On en possède plusieurs traces : dans le récit du député Dimitar Ikonomov à son collègue Pechev, et qui sera le point de départ de l'action de ce dernier ; dans les déclarations du métropolite (équivalent orthodoxe de l'archevêque) de Sofia, Stéphane ; dans la demande du député de l'opposition Petko Staïnov, adressée au Premier ministre[10]. Stéphane, en particulier, n'hésite pas à alerter le roi Boris par télégramme, en le suppliant d'épargner ces juifs de Thrace, qu'il a croisés en Bulgarie ; mais, comme il le dit sur le moment même, ces démarches se heurtent à un mur.

Il n'en ira pas de même des juifs habitant l'« ancienne Bulgarie ». Eux aussi seront arrêtés dès le 3 mars, dans différentes villes de province, selon les listes établies par le Commissariat. Ils pourront cependant compter sur la solidarité et les relations de leurs amis bulgares. L'exemple le plus clair nous vient de la petite ville de Kustendil, non loin de Sofia. Les arrestations, qui visent une population juive locale d'environ 1 000 personnes, ont commencé le 7 mars. Le 8, une délégation de quarante-quatre personnes, pour la plupart juives, décide de se rendre à Sofia pour plaider la cause de leurs concitoyens. Ils sont finalement quatre à partir, un avocat, un professeur à la retraite, un commerçant (Assen Souitchmezov) et le député local, Petar Mikhalev ; aucun d'entre eux n'est juif. Arrivés le soir à Sofia, ils rencontrent le lendemain matin les trois frères Barouch, Yako, Fidel et José, avocats et hommes publics, qui cherchent au même moment à faciliter le départ des juifs pour la Palestine ; cette rencontre renforce encore la détermination des délégués. Ils se précipitent alors chez un autre député de Kustendil, Dimitar Pechev, qui est de surcroît vice-président de l'Assemblée nationale. Comme on le voit par ses souvenirs, Pechev était déjà informé de ce qui se passait ; il invite ses visiteurs à venir l'après-midi même au parlement. Il demande à parler au Premier ministre Filov ; cela est impossible, mais il sera reçu, à la tête d'une délégation qui comprend sept autres députés, par le ministre de l'Intérieur Gabrovski. Au début, celui-ci nie les arrestations ; devant l'insistance de ses visiteurs, il décroche le téléphone et ordonne de les interrompre et de libérer les juifs retenus[11].

Le même scénario se répète dans d'autres villes de province (sans que leurs citoyens soient aussi efficaces que les habitants de Kustendil). On en trouve un récit dans le témoignage de Cyrille, métropolite de Plovdiv et futur patriarche de Bulgarie[12] : il envoie à son tour un télégramme au roi, intervient auprès des autorités administratives et invite les juifs à venir se réfugier dans sa maison ; on dit aussi qu'il s'engage à se coucher sur les rails, devant le premier train conduisant les juifs de son district en déportation. À Sofia, de nombreuses personnalités interviennent auprès de leurs parents ou amis appartenant aux cercles gouvernementaux.

Pechev, qui a déjà joué un rôle décisif dans ce revirement, décide de pousser plus loin son avantage. Il rédige rapidement une déclaration qu'il fait signer à 42 autres députés de la majorité, et la communique au président de l'Assemblée[13]. En termes mesurés, cette déclaration condamne la politique antijuive du gouvernement et demande sa modification. Filov en est informé et sera fort irrité par cette mise en question de son autorité. Pour infliger à Pechev une humiliation personnelle, au cours d'une réunion de son groupe parlementaire, il demande à chacun des signataires de se dédire. À sa déception, 30 députés maintiennent leur signature. Filov fait aussi voter un blâme à Pechev et impose sa destitution en tant que vice-président. À aucun moment, Pechev n'a l'occasion de se défendre en public. Toutefois, l'idée de déporter les juifs de Bulgarie est abandonnée pour le moment.

Ainsi se termine l'épisode culminant de la déportation : réussite complète du projet en Thrace et en Macédoine, échec total en Bulgarie même. Les fonctionnaires de l'ambassade d'Allemagne ne se montrent pas trop déçus pour autant ; ils écrivent le 5 avril 1943 : « En tenant compte de toutes ces circonstances, le résultat actuel de la déportation, 11 343 juifs, doit être considéré comme satisfaisant. Par rapport au nombre convenu de 20 000, on a atteint 56 %[14]. »

Dannecker et Belev ne renoncent pas pour autant à l'idée de déporter la totalité des juifs bulgares ; les services d'Eichmann ne cessent de leur rappeler cet impératif. Les deux complices interviennent auprès de Filov et de Gabrovski, qui les assurent de leurs bonnes intentions. D'un autre côté, les organisations juives, les autorités religieuses et diverses personnalités politiques cherchent à convaincre les détenteurs du pouvoir, et avant tout le roi, d'abandonner toute idée de déportation. Profitant de quelques actions de résistance auxquelles participent des militants juifs, Belev prépare, au début du mois de mai 1943, un nouveau plan comportant une alternative : « a) déportation de tous les juifs de Bulgarie vers les régions allemandes orientales pour des raisons de sécurité interne de l'État ; b) évacuation des 25 000 juifs de Sofia en province, au cas où le plan précédent ne pourrait être réalisé. » Gabrovski accepte le plan a et le soumet au roi au cours d'une audience le 20 mai 1943. « Cependant, le roi décida qu'il fallait commencer aussitôt l'évacuation des juifs en province, ce pourquoi le plan *a* fut abandonné », écrit Hoffmann dans son rapport du 7 juin[15]. Le 21 mai, le Conseil des ministres prend une décision en ce sens. La situation internationale, après Stalingrad et les victoires des Alliés en Afrique du Nord, comme l'état d'esprit à l'intérieur du pays sont en train de changer, et le roi s'oppose désormais catégoriquement à la déportation proprement dite.

La population juive de Sofia, saisie d'inquiétude, apprend les mesures d'évacuation et d'internement qui la menacent. Les protestations se multiplient, notamment celles de l'Église orthodoxe et de quelques personnalités en vue. Le métropolite Stéphane, très actif pendant cette période, envoie au roi un télégramme ainsi rédigé : « Ne persécute pas, pour ne pas être persécuté. On te jugera avec le jugement dont tu juges ; on te mesurera avec la mesure dont tu mesures. Sache, Boris, que Dieu veille sur tes actes depuis le ciel[16]. » Il accueille aussi le grand rabbin dans sa maison. Le défilé traditionnel du 24 mai (jour de « Cyrille et Méthode » en Bulgarie, fête nationale de la culture et de l'éducation) se transforme en manifestation contre la politique juive du gouvernement ; environ 400 personnes sont arrêtées. Néanmoins, l'évacuation des juifs de Sofia en province se poursuit, tout au long du mois de juin ; près de 20 000 juifs quittent la capitale. Mais il n'y a toujours aucune déportation vers les camps de Pologne.

Est-ce seulement partie remise ? Dannecker et Belev l'espèrent, mais ils semblent être les seuls. Dans son rapport du 7 juin, l'ambassadeur Beckerle prend déjà une position différente. D'abord, il recommande de se méfier de Belev, qu'il présente comme un opposant à la politique du gouvernement. De plus, il fait sienne la position du pouvoir en Bulgarie, qui consiste à dire, en gros : bien sûr, pour le principe, on serait d'accord pour résoudre la « question juive » ; mais en pratique et pour l'instant, nous avons besoin de nos juifs (ils construisent des routes !) et, de plus, leur déportation aurait un prix politique trop élevé, tant à l'intérieur que sur le plan international. Les Alliés ont débarqué en Sicile, la Bulgarie voudrait plus que jamais rester neutre (la propagande anti-bolchevique est interdite dans le pays, tout particulièrement en ce qui concerne la personne de Staline). Dans un nouveau rapport, daté du 18 août 1943, Beckerle conclut lucidement : « Je sais, par les conversations que j'ai eues avec les ministres en question et par l'entretien que j'ai eu hier avec le Premier ministre, qu'exiger la déportation serait pour l'instant entièrement dépourvu de sens. » Il ne renonce pas à tout espoir, mais y met maintenant une importante condition : « Aussitôt que les succès [militaires] allemands viendront au premier plan et que reculera l'offensive politique hostile qui nous envahit pour l'instant, viendra le moment propice d'une intervention de notre part[17]. » Seul le triomphe militaire allemand aurait permis la reprise des déportations.

Le 28 août, quelques jours après une dernière visite à Hitler, le roi Boris meurt soudainement. L'héritier du trône, Simeon, étant mineur, trois régents sont nommés, dont Filov ; un nouveau gouvernement est formé. Début octobre, Belev est remplacé par un autre commissaire, qui ne se distingue plus par son antisémitisme. Dans le courant du mois, on autorise les juifs de Sofia à revenir chez eux. Les différentes mesures antijuives seront abolies progressivement, au cours de l'année qui suit ; la Loi pour la défense de la Nation sera abrogée à la veille de l'occupation de la Bulgarie par l'armée soviétique. Le 9 septembre 1944, l'ancien régime s'effondre.

La concurrence des mémoires

Le sauvetage, même partiel (puisque les juifs de Thrace et de Macédoine ont bien été déportés), des juifs bulgares est incontestablement un acte méritoire. Mais à qui revient ce mérite ?

Le pouvoir communiste qui s'installe progressivement en Bulgarie, au lendemain du 9 septembre, apporte à cette question une double réponse, un peu comme dans la fameuse histoire du chaudron percé : premièrement, il ne s'est rien passé d'important, et deuxièmement, tout le mérite de l'action revient au Parti communiste.

Il ne s'est rien passé d'important : c'est la conclusion qu'on pouvait tirer au moment du Tribunal populaire, juridiction d'exception chargée de l'épuration en 1944. En effet, ayant décidé de juger tous les députés de la majorité pour avoir soutenu la politique du gouvernement, ce tribunal choisit de ne pas tenir grand compte de leur action au moment de la déportation des juifs. Sur les 43 députés qui ont signé la pétition de Pechev, 20 seront condamnés à mort, 6 à la prison à perpétuité, 8 (dont Pechev lui-même) à quinze ans de prison, 4 à cinq ans, 1 à un an ; 3 seront acquittés, 1 décédera avant le jugement[18]. Seront notamment exécutés Ikonomov qui, parmi les premiers, avait tiré le signal d'alarme ; Petrov, qui avait combattu au Parlement la Loi pour la défense de la Nation. Mikhalev, qui avait accompagné Pechev dans toutes ses démarches, est condamné à la perpétuité. Il est vrai que les peines de prison seront abrégées par la suite. Le métropolite Stéphane sera destitué en 1948.

La justice, qui est entre les mains des communistes, n'est pas la seule à tenir l'action de Pechev et de ses collègues pour quantité négligeable. Des personnalités de l'opposition libérale, comme le député Petko Staïnov ou le journaliste Dimo Kazassov, qui se sont eux-mêmes opposés courageusement à la déportation, accèdent maintenant au pouvoir : Staïnov devient ministre des Affaires étrangères, Kazassov, de l'Information. Leur souci premier n'est pas alors de reconnaître les mérites de leurs adversaires politiques. Staïnov témoigne au procès de Pechev, mais ne le défend pas.

Tous les membres de la communauté juive ne tiennent pas non plus à exprimer leur reconnaissance à ces personnages maintenant déconsidérés. Quand il s'agit de trouver à Pechev un avocat, sa famille se tourne vers une personnalité en vue, l'avocat communiste et juif Nissim Mevorah ; celui-ci refuse de défendre Pechev « pour raisons politiques ». L'avocat nommé d'office par la Cour, David Ligi, produit un certificat médical pour justifier son absence le jour de la première audience. Les victimes de l'ancienne persécution, une fois hors de danger, ne luttent pas forcément contre la persécution nouvelle. Mais tous ne font pas le même choix. Un autre avocat d'origine juive, Yossif Yacharov, accepte de défendre Pechev et lui sauve la vie, en lui trouvant des circonstances atténuantes (en tant que vice-président de l'Assemblée, Pechev est particulièrement visé par l'accusation) : non parce qu'il a aidé à sauver les juifs mais parce que, plusieurs années auparavant, en tant que ministre de la Justice dans un gouvernement précédent, il s'est opposé à l'exécution d'un condamné, Damian Veltchev, un opposant devenu ministre de la Défense au lendemain du 9 septembre. Pechev devait même à ce geste ancien de ne pas avoir été maintenu en poste au cours du remaniement ministériel suivant. Yacharov le sauve donc, mais lui-même paye cher son engagement : en 1948, il sera définitivement radié du barreau des avocats de Sofia, pour « sentiments réactionnaires »[19].

Dans les années qui suivent le Tribunal populaire, la place spécifique du génocide des juifs ne sera pas toujours reconnue. Un manuel scolaire de 1954 consacre à la question une seule phrase : « Imitant les hitlériens, le gouvernement fit passer à l'Assemblée nationale une Loi pour la défense de la Nation, dirigée contre les juifs de Bulgarie » ; ni la déportation ni la non-déportation ne sont mentionnées. Selon l'Encyclopédie officielle, on ne trouve dans les camps de concentration que des prisonniers politiques ; à Auschwitz, on tue des « prisonniers de toutes nationalités »[20].

Telle est la première vision communiste de la persécution des juifs pendant la guerre. Il en existe cependant aussi une autre, toute différente, d'après laquelle cette persécution serait bien l'un des grands crimes du pouvoir précédent, mais la raison principale de son échec résiderait dans l'action du Parti communiste lui-même. Cette nouvelle version sera en particulier formulée et propagée par un certain nombre de juifs communistes, qui seront les premiers à rassembler et publier une documentation concernant ces événements. Après le départ massif des juifs bulgares en Israël, en 1948 et 1949, toutes les publications liées à la communauté juive se trouveront entre les mains de communistes dévoués. Les *Annales* (*Godishnik*) de l'Organisation sociale culturelle et éducative des juifs en Bulgarie, qui paraissent depuis 1966 et qui poursuivent la publication des documents de l'époque, défendent sans ambiguïté cette ligne.

Le Parti communiste met alors l'accent plus particulièrement, non sur les événements de mars 1943, au cours desquels son rôle est nul, mais sur ceux de mai de la même année, surtout la manifestation du 24 mai, pendant laquelle s'exprime le rejet des mesures d'évacuation et d'internement. Cette démonstration aurait été organisée et menée par des représentants du Parti ouvrier (c'est-à-dire communiste). Après 1954, alors que le pouvoir en Bulgarie passe entre les mains de Todor Jivkov (il ne l'abandonnera, forcé, qu'en 1989), on s'aperçoit que c'est justement ce Jivkov qui se serait trouvé à la tête de cette glorieuse action. Les éloges le concernant deviennent de plus en plus dithyrambiques. À la fin des années soixante-dix, des pressions sont exercées sur l'Organisation pour qu'elle propose Jivkov pour le prix Nobel de la paix, en raison de son rôle dans le sauvetage des juifs bulgares ; finalement, la proposition n'aboutit pas[21].

Dans quelle mesure ces revendications sont-elles légitimes ?

Il faut d'abord dire que, pendant la guerre, les communistes s'opposent effectivement à la persécution des juifs sous toutes ses formes. Il est vrai qu'ils cherchent à instrumentaliser cette cause et à la mettre au service de leurs objectifs politiques globaux, qui sont de renverser le pouvoir en place et d'apparaître comme les combattants les plus actifs contre le « fascisme » ; mais c'est de bonne guerre. En témoignent les discours de leurs députés à l'Assemblée, du temps où ils peuvent encore s'exprimer (après l'invasion de l'Union soviétique, ces députés seront suspendus et internés), tout comme les tracts et journaux clandestins que diffuse le Parti, ou les émissions de radio depuis le territoire soviétique[22]. Mais il reste à savoir si ces interventions ont joué un rôle aussi important que le voulaient les historiens communistes.

À vrai dire, rien ne témoigne en ce sens. La protestation des députés communistes, au moment de la Loi pour la défense de la Nation, est perçue comme un morceau de propagande, ce qu'elle est en même temps ; et, de toutes les façons, les protestations des uns et des autres sont sans aucun effet sur cette loi, qu'une majorité docile vote en janvier 1941. Au moment de la déportation, en mars 1943, les communistes ne disposent d'aucun moyen pour empêcher les actions en cours. L'influence du Parti, qui est alors interdit et réprimé, est faible ; si les juifs avaient été perçus comme proches des communistes, ils auraient été persécutés encore davantage. Enfin, le défilé du 24 mai 1943 est organisé avant tout par les dirigeants de la communauté juive, notamment le rabbin Daniel Tzion. Quant à Jivkov, il ne semble même pas y avoir pris part ; comme le dit sobrement le recueil *Oceljavaneto*, publié à Sofia en 1995 mais toujours apologétique à l'égard des communistes, « la version de T. Jivkov, selon laquelle le Comité central l'avait chargé de l'organisation et de la conduite de la démonstration, n'est pas confirmée par les études scientifiques[23] ».

Si ce ne sont pas les communistes qui ont sauvé les juifs bulgares, alors qui ? Dès le début des années cinquante se fait jour une seconde thèse, vigoureusement opposée à la première, selon laquelle le véritable sauveur des juifs aurait été le roi Boris III. Elle est formulée, bien sûr, dans des publications bulgares de l'émigration, notamment, en 1952, par Benjamin Arditi, un juif bulgare émigré en Israël. Elle a été reprise de nombreuses fois depuis, dans des publications en dehors du pays, mais aussi, après 1990, en Bulgarie même. Elle a l'avantage évident de priver les communistes de tout mérite et d'attribuer le rôle noble à leur ennemi historique, le roi. Il y a de plus quelque chose de rassurant de se dire que, comme dans les contes de fées, le roi apparaît à la fin de l'histoire comme bon et sage.

Si l'on se tourne vers les documents historiques, on s'aperçoit d'abord qu'il est impossible de prendre les paroles du roi (il n'écrit pas) pour argent comptant. Pour le roi, la parole ne doit pas servir avant tout à révéler sa pensée intime ou à décrire le monde avec exactitude, mais à agir sur ses interlocuteurs dans la direction souhaitée. À chacun d'entre eux, le roi adresse une parole différente, adaptée au but qu'il se propose d'atteindre. Aux juifs qui sollicitent sa protection, il promet que rien ne leur arrivera ; aux Allemands qui lui réclament leur déportation, il répond qu'il ne demande pas mieux. À ses divers confidents, ministres ou conseillers, il ne donne jamais deux fois la même réponse. Le seul moyen de juger de l'attitude du roi envers les juifs consiste à interroger ses actes, non ses paroles.

Le roi assume la non-déportation des juifs bulgares, du 10 mars jusqu'à sa mort le 28 août 1943. L'action de Pechev et des députés qui le soutiennent n'aurait pas suffi pour empêcher la déportation, si le roi, détenteur du pouvoir suprême, avait voulu la poursuivre. Les documents contemporains le confirment. Le rapport de Hoffmann, du 5 avril 1943, dit : « Il faut admettre de plus que le ministre de l'Intérieur a reçu des plus hautes instances [*von höchster Stelle*] une consigne pour arrêter le transfert programmé des juifs depuis l'ancienne Bulgarie[24]. » La formulation est révélatrice : les fonctionnaires allemands présentent cette affirmation comme une déduction, non un fait, et ils évitent de nommer le roi. Néanmoins, « la plus haute instance », dans la Bulgarie de 1943, ne peut désigner qu'une seule personne. Le 9 mars, Gabrovski a accepté de suspendre ses ordres, croyant qu'il pourrait recommencer le lendemain ; c'est une intervention postérieure du roi – dont il ne reste aucune autre trace – qui a dû l'en empêcher. Au cours de la tentative suivante de déportation, en mai 1943, le roi intervient de nouveau : comme on l'a vu, recevant son ministre de l'Intérieur le 20, il écarte, contre son avis, la déportation et opte pour l'évacuation. Face aux pressions allemandes, il louvoie et prend des mesures dilatoires : oui, il aimerait bien que les Allemands règlent aussi sa « question juive », mais pour l'instant il a grand besoin de « ses » juifs, pour l'entretien des routes… Ce n'est pas un hasard si Goebbels le décrit dans son Journal comme « aussi malin qu'un renard ».

En même temps, le roi est responsable de la déportation vers la mort de 11 363 personnes prises dans les territoires occupés de Thrace et de Macédoine. Ce ne sont certes pas des citoyens bulgares ; mais c'est son gouvernement qui, par le décret du 5 juin 1942, les a exclus du statut de citoyen. Le roi ne prend pas l'initiative de la déportation (ce sont Dannecker et Belev), mais il ne fait rien pour s'y opposer, alors qu'il en a les moyens. Le roi n'ignore évidemment pas ce qui est en train de se passer, ni le sort final des juifs déportés. Du reste, s'il l'ignorait, il lui aurait suffi d'écouter les témoins. Le chargé d'affaires suisse, Charles Rédard, intervient le 11 mars 1943 auprès de Filov pour empêcher la déportation, en affirmant qu'en Pologne les juifs risquent la mort immédiate[25] ; il est peu probable que Filov ait gardé cette information pour lui, au lieu de la partager avec le roi. Le témoignage de Stéphane, le métropolite de Sofia, qui a un accès direct au roi, est ici particulièrement accablant. Ayant vu de ses yeux la souffrance des juifs arrêtés, il envoie à Boris un télégramme lui demandant de suspendre les déportations ; « il fut répondu à notre télégramme que l'on ferait tout le possible et le légal[26] ». Autrement dit, l'expulsion doit se poursuivre, puisqu'elle correspond à la lettre de la loi.

De retour à Sofia, Stéphane s'adresse de nouveau au Palais ; « mon intervention s'est heurtée à un mur, et peu après les déportés ont été acheminés vers les ports du Danube », écrit-il dès le 2 avril 1943. Inlassable, il envoie au roi un rapport ; le fonctionnaire du palais chargé de le recevoir lui fait savoir qu'« il [le roi] avait réagi favorablement à notre premier appel, en ordonnant que les juifs exilés de Thrace égéenne soient bien traités, en traversant la Bulgarie, bien qu'ils fussent les prisonniers du haut commandement militaire hitlérien ». Les policiers bulgares qui accompagnent ces convois ont-ils reçu ces instructions de bonne conduite ? Quoi qu'il en soit, cela ne change rien au sort des déportés, mais permet seulement de se donner bonne conscience à peu de frais. Ce refus du roi d'écouter les autorités religieuses est suffisamment rare pour que Stéphane écrive dans ses *Mémoires* : « Ce fut le seul cas, tout au long de nos fréquentes relations professionnelles avec le roi, où nous nous heurtâmes au silence et au dédain »[27].

Stéphane n'est pas le seul, on l'a vu ; des députés de la majorité (Ikonomov) comme de l'opposition (Staïnov) expriment publiquement leurs protestations. D'autres métropolites témoignent, ainsi Sofroni : « À Skopje [en Macédoine], où j'étais à cette époque, on a arrêté tous les juifs, hommes, femmes, enfants, malades. Tous étaient réunis dans un grand entrepôt de tabac. On les a enfermés là quelque temps sous garde sévère, après quoi on les a conduits en Pologne[28]. » Ni le gouvernement ni le roi ne peuvent ignorer ces appels. Ils restent pourtant lettre morte.

Le 31 mars 1943, le roi se rend à la résidence de Hitler à Berchtesgaden et, le lendemain, il discute longuement avec son hôte et Ribbentrop. Les récentes déportations ne sont pas absentes de son esprit.

Voici comment il formule ses impressions de la rencontre devant Filov : « [Le roi] aurait discuté longuement avec Ribbentrop sur la question juive, en essayant de lui expliquer que chez nous les juifs sont des Espagnols [des séfarades] et qu'ils n'avaient aucunement le rôle qu'ils jouaient dans d'autres pays. Il semble cependant que Ribbentrop n'ait pas accepté ces objections, et qu'il ait rétorqué que les juifs demeuraient toujours des juifs[29]. » Ribbentrop rend compte de la même conversation de son côté, en termes un peu différents, dans un télégramme adressé à Beckerle : « En ce qui concerne la question juive en Bulgarie, le roi dit qu'il a pour l'instant donné son accord uniquement pour le transfert des juifs de Macédoine et de Thrace en Europe de l'Est [en Pologne]. En ce qui concerne les juifs de Bulgarie, il ne veut se libérer que d'un nombre insignifiant d'éléments bolchevico-communistes, alors qu'il veut retenir les 25 000 juifs restants dans des camps de concentration, car il veut les utiliser pour la construction des routes. Je ne me suis pas arrêté longuement sur ce message du roi, mais je me suis contenté uniquement de souligner que, selon notre conception, dans la question juive la solution radicale est la seule juste[30]. »

La confrontation des deux versions est significative. Devant Filov, qui pourtant soutient la politique de déportation (mais on ne sait jamais !), le roi se présente comme un grand défenseur des juifs bulgares. Devant Ribbentrop, il admet, d'abord, avoir autorisé la déportation des juifs de Thrace et de Macédoine ; il promet, de plus, d'envoyer aussi quelques juifs de Bulgarie, pourvu qu'ils soient procommunistes. Combien ? Si l'on soustrait les 25 000 du total de 48 000, cela laisse 23 000 candidats au voyage. Mais le roi a-t-il jamais eu l'intention de tenir sa parole, ou a-t-il cherché à amadouer son interlocuteur par de vagues promesses ? Enfin, il se propose de mettre les juifs restants dans des camps de concentration. Une autre manœuvre ? Probablement. Il ne peut manquer cependant de saisir la différence entre ces mesures et la « solution radicale ».

À la lumière de ces documents et de ces témoignages, le rôle du roi apparaît comme moins héroïque que ne le disent ses admirateurs. Sa conduite est guidée par l'intérêt : non le sien propre, bien sûr, mais celui du pays, la Bulgarie, auquel il s'identifie. Ce qui le motive est l'intérêt national, tel qu'il le comprend, non les principes d'humanité. Or un petit pays doit composer avec les grands. Hitler a la puissance, il faut donc accepter certaines de ses demandes. Le roi réussira à empêcher qu'aucun soldat bulgare ne soit engagé dans les combats (même si l'armée occupe les territoires promis de Thrace et de Macédoine). Quant aux juifs, autre demande pressante de Hitler, Himmler et Ribbentrop, il faut céder en partie pour gagner ailleurs : faire déporter les juifs des territoires occupés, mais non ceux de l'« ancienne Bulgarie » ; évacuer et interner les juifs en dehors de Sofia, mais non de Bulgarie. Telle est aussi l'interprétation que donne de ces événements Beckerle, au cours de son propre procès, en 1968 : le roi, dit-il, lui avait donné son accord pour la déportation des juifs de Thrace et de Macédoine, mais il lui avait demandé, en secret, sa coopération pour que les juifs de l'ancienne Bulgarie ne soient pas déportés[31]. La politique du roi est un calcul, qui veut ménager les forts de ce monde. Son résultat est la préservation de la vie des quatre cinquièmes de la population juive ; et le sacrifice de la cinquième part restante.

Est-ce par humanité que le roi choisit de défendre fermement les juifs bulgares ? Tout indique plutôt qu'il s'agit, là encore, d'un choix politique. En ce printemps 1943, la victoire de Hitler n'est plus aussi évidente que précédemment. Le roi ne veut pas que la Bulgarie compromette ses relations avec les Alliés, notamment les États-Unis et la Grande-Bretagne, qui lui font en même temps savoir qu'ils sont opposés à la politique juive des nazis. À l'intérieur du pays aussi il doit tenir compte de l'évolution des esprits. Les protestations publiques n'ont pas manqué, ni au moment du vote de la Loi pour la défense de la Nation, ni plus tard, en mai 1943, lors de l'évacuation ; le roi a montré qu'il savait passer outre. Pourquoi agit-il différemment en mars 1943, et postérieurement à cette date, concernant les juifs bulgares ? Parce qu'il y a eu l'action de Pechev, une première : une véritable fronde au sein même de la majorité, qui montre qu'un tiers de ses députés est prêt à désavouer le gouvernement sur cette question. Prenant en compte ce nouvel équilibre des forces en présence, le roi décide de s'opposer dorénavant à la déportation des juifs bulgares.

Sans cette décision du roi, les juifs auraient pu être déportés ; mais sans l'action de Pechev et de ceux qui pensaient comme lui, le roi n'aurait probablement pas pris cette décision. Il faut donc en venir maintenant à une troisième réponse à la question initiale sur le mérite du sauvetage. Elle consiste à mettre en valeur l'acte de Pechev ; elle a été formulée, à la suite de quelques témoins du drame, par le journaliste et historien italien Gabriele Nissim, dans un livre récent, qui se présente comme une biographie de Pechev. Nissim insiste sur ce qu'a d'exceptionnel le geste de Pechev dans le contexte européen de 1943 : il n'est pas le seul à aider les juifs menacés, mais il est le seul à avoir mené une action parlementaire et légale ; il se bat, non pour un ou deux individus, mais pour le groupe tout entier.

À vrai dire, Pechev n'est pas tout à fait seul en Bulgarie. Les lettres de protestation, les appels téléphoniques, les démarches personnelles au moment du débat parlementaire ou des rafles ne suffisent pas, chacun pris isolément, à arrêter la machine répressive. Mais la quantité se mue en qualité, leur nombre transforme l'atmosphère d'ensemble, la persécution ne peut plus afficher un visage triomphant. Les interventions auprès du roi, même quand elles ne sont suivies d'aucun effet, comptent. Les appels au bon sens des députés de l'opposition, ignorés sur le moment, agissent souterrainement sur les esprits.

Le rôle de l'Église orthodoxe est particulièrement important. Sa position est de plus en plus ferme. Au moment de la Loi pour la défense de la Nation, les métropolites insistent sur la différence entre les juifs convertis et les autres, en demandant avant tout la protection des premiers ; mais, même en ce qui concerne les seconds, ils veulent qu'on les juge pour ce qu'ils font, non pour ce qu'ils sont[32]. Au cours d'une autre réunion, le 2 avril 1943, même ceux qui avaient défendu la loi s'opposent aux formes que prend son application. Yossif dit, par exemple : « Envers les juifs non chrétiens, notre rapport doit être le rapport moral général, d'homme à homme[33]. » Un autre, Kliment, ajoute : en agissant ainsi, les organes de l'État se comportent comme les communistes, à l'opposé des sentiments chrétiens. Cyrille de Plovdiv et surtout Stéphane, le métropolite de Sofia, sont particulièrement actifs. Stéphane envoie rapport sur rapport ; le roi reste sourd, le Premier ministre le menace de le traîner en justice pour activités contre l'État[34]. Stéphane annonce alors qu'il ouvrira aux juifs les portes de toutes les églises bulgares et de tous les monastères.

C'est au milieu de ces divers acteurs qu'il faut situer Pechev, que distingue surtout l'efficacité de son action. Cet avocat, né en 1894, est devenu ministre de la Justice en 1935-1936, puis, en 1939, député de la majorité conservatrice et vice-président de l'Assemblée. Il ne s'oppose pas à la Loi pour la défense de la Nation au moment du débat parlementaire et on peut voir que, même au moment de la rédaction de ses Mémoires, soit près de trente ans plus tard, il reste sensible aux arguments qui avaient conduit à son adoption. Il perd son poste à la suite de son action de mars 1943, mais reste député ; arrêté à la fin de 1944 par le nouveau pouvoir communiste, il sera condamné mais sortira de prison dès la fin 1945. Il passera le reste de sa vie, jusqu'à sa mort en 1973, dans une sorte d'exil intérieur, ne quittant que rarement sa chambre. En 1969-1970, il rédige de précieux Mémoires, où il détaille ses opinions et ses souvenirs sur toutes les questions de vie publique auxquelles il a été confronté, dont la persécution des juifs[35]. Ce texte contient, entre autres, une vibrante défense des formes démocratiques de vie politique, du parlementarisme et des libertés individuelles, ce qui ne manque pas de piquant dans le contexte de la Bulgarie communiste, au moment où il est rédigé. Pechev figure parmi les treize « Justes » bulgares, distingués par les instances officielles en Israël.

Les mémoires se combattent entre elles parce que le rôle glorieux dans le passé, celui du héros ou, dans d'autres contextes, celui de la victime, constitue un précieux capital symbolique dans le présent, il accorde à ceux qui s'en emparent prestige, légitimité et, finalement, un surcroît de pouvoir. Mais la mémoire n'est pas seulement un lieu où se confrontent des volontés qui aspirent, chacune, à l'emporter sur les autres. Elle est aussi ouverte à l'établissement de la vérité. Il est vrai ou faux que les communistes sont responsables du sauvetage des juifs ; il est vrai ou faux que le roi a fait de son mieux pour les préserver tous de la déportation. Dans la mesure où la mémoire se fait histoire, le conflit des volontés de puissance devrait reculer à l'arrière-plan et laisser la place à la recherche de vérité, toujours inachevée mais non moins exigeante pour autant.

Pourquoi et comment

Le passé ne demande pas seulement d'être connu avec précision, il comporte aussi une leçon pour le présent – car le mal n'est jamais uniquement derrière nous. Le sauvetage des juifs bulgares est l'une des rares pages lumineuses de l'histoire des juifs en cette sombre époque ; c'est aussi un acte politique indiscutablement positif. La chose est suffisamment exceptionnelle pour mériter toute notre attention : mieux comprendre ses conditions et les motivations de ses protagonistes pourrait nous aider à mieux agir demain.

En Bulgarie, en mars 1943, le Premier ministre Filov semble être la seule personne qui pense que la déportation des juifs en Pologne n'aggrave pas sensiblement leur situation. Tout le monde en dehors de lui croit le contraire, que ce soit pour s'en réjouir ou pour le déplorer. L'information n'est pas précise, les détails de l'extermination ne sont pas connus, des nouvelles circulent que nous pouvons aujourd'hui qualifier de racontars (comme les exécutions par électrochoc) ; néanmoins, il suffit de voir la manière dont sont arrêtées, traitées et transportées les familles juives, enfants et vieillards compris, il suffit d'entendre ce que disent les porte-parole des Alliés ou les représentants de pays neutres comme la Suisse, pour se rendre compte que les évocations de besoin de main-d'œuvre sont de pauvres fictions auxquelles personne ne croit. « Ils vont à la mort », déclare le chargé d'affaires suisse Charles Rédard, tous ont de sombres pressentiments concernant leur sort, dit à Pechev le député Ikonomov ; dans la protestation collective que Pechev introduit au Parlement, il est question de « mesures cruelles qui peuvent conduire à l'accusation d'assassinat de masse »[36]. Voici ce que pouvait savoir un homme de bonne volonté, dans un pays d'Europe, en mars 1943. Mais, quand on sait que le malheur frappe le voisin, réagit-on ? pourquoi ? comment ?

Comme on l'a vu, le roi, détenteur du pouvoir suprême, réagit en fonction de l'intérêt national. À partir du moment où il juge que la déportation des juifs nuirait à la réputation, et donc au destin de son pays, il s'y oppose résolument et efficacement. Il est sans doute réconforté dans sa décision par les appels à la compassion, formulés par diverses instances morales et religieuses. Cette conjonction de l'intérêt et de la vertu est particulièrement solide. Malheureusement, elle ne se produit pas toujours. Dans un premier temps en effet, le roi ne juge apparemment pas que le sauvetage de tous les juifs est dans l'intérêt vital de son pays ; il autorise donc la déportation des onze mille premiers. Pris tout seul en tant que fondement ultime, l'intérêt national n'est pas un terrain sûr ; il met l'idée d'un « bien pour nous » à la place du bien comme tel.

Les individus qui ne disposent pas du pouvoir de décision mais participent néanmoins à la vie publique, agissent, quand ils le font, au nom d'une loi. Il peut s'agir d'une loi écrite ; ainsi, l'Union des avocats comme les députés de l'opposition mettent en avant un article de la Constitution, selon lequel tous les individus sont égaux devant la loi. Les métropolites rappellent, dans leur rapport, « le commandement de notre Sauveur, pour qui nous sommes tous fils d'un même père céleste ». D'autres ne savent pas nommer la loi, mais évoquent la souffrance de ceux qui ont été frappés : ils agissent parce qu'ils sont mus par la compassion. On ne peut rester indifférent et passif devant une souffrance initiée par les hommes. Relisons le récit de Stéphane, transcrit au moment des faits : « On m'a raconté des scènes terrifiantes et poignantes sur les conditions dans lesquelles ils [les juifs] se trouvaient […]. Les juifs étaient traités avec une cruauté inhumaine. » Rappelons que la scène se déroule en plein territoire bulgare, et que ceux qui « traitent » ainsi les juifs sont des policiers et des employés bulgares, qui les accompagneront ensuite dans les trains. Ikonomov décrit, dans son intervention auprès de Pechev, les mêmes réactions : « Tous [les témoins étaient] irrités, indignés, incapables de rester indifférents au sort tragique de ce grand nombre de gens, envoyés on ne savait où, qu'ils soient femmes, enfants ou vieillards »[37].

Ce sont les souvenirs de Pechev qui nous permettent d'aller le plus loin dans l'analyse des motivations de celui qui, à un moment donné, ose dire « non ». Il faut d'abord rappeler que, à l'automne 1940, Pechev ne voit pas d'inconvénient à ce que soit adoptée la Loi pour la défense de la Nation : il votera pour. Il raisonne alors en termes d'intérêt national : il faut faire quelques concessions aux Allemands, puisque la Bulgarie en dépend et que mettre à l'écart les juifs semble faire tant plaisir aux nazis au pouvoir ; cette loi restera sûrement lettre morte, et ne gênera concrètement personne. S'il commence à changer d'avis dans les premiers mois de 1943, c'est parce que, à la place des abstractions – la loi, le règlement, les juifs –, viennent se placer des visages d'individus, et que ces visages expriment la douleur. Il y a d'abord le récit que lui fait Ikonomov qui – comme Pechev le souligne à juste titre – est un peu un adversaire politique. Ce qui les rapproche n'est donc pas une quelconque stratégie, mais le fait qu'ils sont, tous deux, des « hommes honnêtes », prêts à agir au nom de leurs convictions plutôt que de leur intérêt immédiat. Qu'Ikonomov ait décidé de s'adresser à lui, l'ancien adversaire, est pour Pechev le signe de l'authenticité de sa réaction. Le récit d'Ikonomov n'évoque pas des abstractions, ne réitère pas des principes, mais décrit des individus, « les juifs de Thrace, vieillards, femmes, enfants, hommes chargés de bagages, abattus, désespérés, implorant de l'aide et impuissants, qui traversaient la ville à pied, traînant tous vers une direction inconnue[38] ». Le sacrifice imposé aux juifs de Thrace servira donc à sauver leurs frères, puisque c'est sa perception qui réveillera la conscience des députés et des métropolites bulgares.

Quelques jours plus tard, Pechev apprend qu'une rafle semblable se prépare dans la ville dont il est le député, Kustendil. C'est à ce moment que sa décision sera prise. Il y a une grande dignité dans les mots qui l'annoncent : « Ma conscience humaine et mon interprétation [...] ne me permettaient pas de rester inactif. » Pechev décrit ce moment comme si une force supérieure s'était emparée de sa volonté. Il n'a plus vraiment le choix, il ne lui est plus permis d'hésiter. L'action de déportation a été décidée par le gouvernement, mais elle transgresse la loi écrite comme la loi non écrite. « Cet accord [...], en contradiction avec la Constitution, les lois ordinaires, la morale ordinaire et tout sentiment d'humanité, ne pouvait entrer en vigueur et était sans effet sur le plan du droit. » À partir de là, l'action devient nécessaire, le silence insupportable, l'insoumission civique s'impose comme un devoir. « Le silence aurait été contraire à ma conscience, il aurait été contraire à mon sens des responsabilités en tant que député et en tant qu'homme. [...] L'inaction de la majorité sur cette question ne l'aurait pas seulement rendu complice d'un crime d'État, [...] mais bien plus : d'un crime ordinaire, l'assassinat de masse de milliers d'hommes »[39]. Combien d'hommes d'État peuvent s'enorgueillir d'avoir parlé et agi ainsi en 1943 ?

À côté des détenteurs du pouvoir, à côté des hommes publics, il y a aussi la grande masse de la population, qui ne participe pas directement à la vie politique du pays et dont les réactions, pourtant, comptent. Ce serait une exagération, bien sûr, que de s'imaginer la population bulgare libre de tout antisémitisme. Des organisations militantes comme les Combattants (*Ratnik*), les Défenseurs (*Brannik*) ou les Légionnaires sont là pour nous rappeler le contraire, de même que les activistes de haut niveau, comme Belev, ou de base, comme ceux dont Souitchmezov, protecteur des juifs, subit les affronts : « Le serveur, Popov, était très hostile aux juifs. En me voyant, il a saisi une chaise et voulait la fracasser sur moi[40]. » Les défenseurs mêmes des juifs nous révèlent, dans leurs discours, que ceux-ci avaient quand même souffert d'une certaine discrimination : depuis la création de l'État bulgare moderne, il n'y a de juifs ni députés, ni ministres, ni directeurs de journaux, ni hauts fonctionnaires[41]... Malgré cela, on ne peut pas dire que la majorité de la population bulgare soit animée de sentiments antisémites, et ce manque d'animosité contribue incontestablement au sauvetage des juifs pendant la guerre.

Comment s'expliquer cette absence d'hostilité ? L'une des raisons en est que les familles juives vivent dispersées au milieu du reste de la population, au lieu d'être tenues en isolement, que ce soit sur le plan territorial ou linguistique. Les juifs bulgares n'habitent pas dans des ghettos ; certains connaissent le ladino, mais tous parlent le bulgare. Il est difficile aux Bulgares de percevoir les juifs comme l'incarnation d'un mal puissant ; leur visage familier est tout autre : « petits vendeurs de graines, marchands ambulants, acheteurs et vendeurs au détail, ouvriers et domestiques, tous des travailleurs salariés desséchés par la faim[42] ». Le mythe hitlérien des juifs-moteurs de l'exploitation mondiale a beaucoup de mal à s'imposer en Bulgarie.

Il y a de plus une seconde raison à ce manque d'hostilité, qui provient des caractéristiques des Bulgares, non des juifs. L'ambassadeur allemand Beckerle s'y réfère à plusieurs reprises, pour expliquer à ses supérieurs le manque de flamme antisémite en Bulgarie. Dans un rapport du 7 juin 1943, il écrit : « Je suis fermement convaincu que le Premier ministre et le gouvernement souhaitent, et aspirent à la solution définitive et irréversible de la question juive. Cependant, ils sont entravés par la mentalité du peuple bulgare à qui manque la clarté idéologique que nous possédons. Ayant grandi en commun avec des Arméniens, des Grecs et des Tsiganes, le Bulgare ne trouve aux juifs aucun défaut qui pourrait justifier des mesures particulières contre eux[43]. » La pétition adressée au Parlement par l'Union des écrivains, au moment du vote de la Loi pour la défense de la Nation, s'approche du même trait caractéristique du peuple bulgare à partir d'une perspective différente : nos pères conservaient le souvenir vif du joug, dit-elle, comment pouvons-nous admettre qu'une loi assujettisse, voire réduise en esclavage ceux qui vivent parmi nous[44] ?

Le terme de « joug » comme celui d'« esclavage » désignent automatiquement en Bulgarie les cinq siècles de domination turque (1396-1878), un événement qui n'a pas pu ne pas laisser des traces dans la mémoire commune et sur le caractère national. Au cours de cette période, les Bulgares ont partagé le sort d'autres minorités au sein de l'Empire ottoman : Grecs, Arméniens, Valaques, Serbes, Arnaoutes, juifs, Tsiganes et ainsi de suite. Tous, pour survivre, ont dû apprendre à se plier, à ne pas faire étalage constant de leur orgueil et à accepter de vivre avec leurs compagnons d'infortune. Puis est venue la Libération – du reste apportée par un intervenant tiers, les Russes, à la faveur d'une guerre, et non obtenue par les Bulgares eux-mêmes ; dans leur nouvel État, ils ont retrouvé leurs confrères d'infortune d'hier, auxquels s'est ajoutée une forte minorité turque – tous ceux qui ne pouvaient ou ne voulaient pas s'expatrier en Turquie. L'orgueil national fort n'est pas le trait distinctif des Bulgares, je l'ai dit en commençant, et on peut le regretter parfois ; mais en l'occurrence il semble bien que c'est cette faiblesse qui est responsable de leur relative tolérance envers leurs propres minorités, de leur refus de trouver des boucs émissaires parmi elles, de l'absence d'un sentiment de supériorité sur les autres, premier pas dans la voie de leur soumission ou de leur exclusion. Il ne suffit certes pas d'avoir été victime dans le passé pour ne pas passer du côté des oppresseurs aujourd'hui, parfois même on a l'impression que les peuples cherchent surtout dans le présent une compensation à ce qu'ils ont subi autrefois. Mais l'absence d'orgueil national, au sens d'une conviction d'être supérieur aux autres, le maintien du sens critique envers soi-même agissent apparemment comme un vaccin immunitaire contre la tentation de traiter les autres en boucs émissaires.

L'histoire plus récente semble confirmer ce trait national. Dans les années quatre-vingt, le pouvoir communiste avait engagé la persécution de la minorité turque ; loin d'être suivies avec empressement par la population, ces mesures ont provoqué l'apparition des premiers mouvements de dissidence. Aucune autre cause n'avait pu les susciter : ni la suppression des libertés publiques, ni la misère économique ; il a fallu que l'on maltraite une minorité pour qu'un groupe de leurs concitoyens bulgares, qui n'étaient pas eux-mêmes persécutés, ose dire « non ».

Il faut enfin mentionner l'action de la communauté juive elle-même, visant à empêcher toutes mesures de discrimination et de persécution. On en voit différentes manifestations, que ce soit l'intervention de certains dignitaires auprès du roi, l'organisation de délégations destinées à rencontrer les membres du Parlement, l'insistance avec laquelle les trois frères Barouch plaident leur cause ou la courageuse organisation d'un défilé sur la voie publique par le rabbin Tzion. Bien sûr, se défendre soi-même est une réaction à laquelle on peut s'attendre, mais en ces années-là elle n'est pas universelle. Or, ici, aucun de ces personnages ne se résigne au sort qui menace les juifs, ils font tout ce qui est en leur pouvoir pour l'éviter.

Voici quel serait le terrain sur lequel le bien politique, cette espèce rare et précieuse, a pu s'implanter. Observons maintenant de plus près les modalités de ces actions : qu'est-ce qui a pu assurer leur succès ?

Tout dépend du niveau auquel on se situe. Pour prendre d'abord l'un des extrêmes, à partir du moment où le roi a décidé de s'opposer fermement à la déportation des juifs, il emploie les moyens les plus appropriés. Plutôt que de s'engager dans un affrontement ouvert avec les autorités allemandes, qui aurait pu provoquer sa destitution, il les rassure par de vagues promesses, tout en multipliant les obstacles.

L'ambassadeur allemand à Sofia finit par devenir un avocat de sa politique auprès de son propre gouvernement, au lieu que ce soit l'inverse. À l'égard de ses conseillers ou subordonnés, ministres ou députés, le roi reste prudent ; aucun ne peut se vanter de connaître exactement ses desseins secrets. Avec les représentants des organisations juives, il est poli mais distant ; il les rassure, tout en se contentant de formules générales. Il contrôle tout, mais ne parade pas en première ligne ; il laisse ces satisfactions faciles à ses ministres. Il préfère l'ombre au grand jour : de manière caractéristique, après avoir mué l'ordre de déportation en ordre d'évacuation, le 20 mai 1943, il part à la chasse ; pendant toutes les journées suivantes, alors que les chancelleries s'affolent, le roi reste inaccessible. Et il faut bien le constater : les choses se passent exactement comme il l'a voulu.

Les hommes publics ordinaires ne disposent pas des mêmes possibilités ; ils doivent se contenter d'exercer des pressions, en essayant de mettre toutes les chances de leur côté. Le résultat est souvent décevant. Le projet de Loi pour la défense de la Nation réveille de nombreuses consciences. Les organisations professionnelles – celles des avocats, des médecins, des écrivains, des peintres, des artisans de telle ou telle branche – emploient, dans leurs protestations, des termes mesurés et n'oublient pas de souligner leur patriotisme ; néanmoins, ces voix ne suscitent aucun écho. Les juristes, les députés, les hommes politiques rappellent à juste titre que la nouvelle loi contredit non seulement les diktats de la conscience, mais aussi la lettre de la Constitution ; rien n'y fait. Les métropolites, en tant que personnages publics, s'efforcent de montrer le conflit entre l'esprit de cette loi et celui de la religion chrétienne ; on leur suggère poliment en réponse de s'occuper de leurs affaires. Kazassov, dans sa lettre ouverte au Premier ministre Filov, fait preuve de beaucoup de courage et d'esprit ; la loi n'en est pas moins votée et appliquée. Les belles âmes se révèlent impuissantes, ce qui ne veut pas dire que leurs actes soient restés sans aucun effet ; mais à ce moment-là cet effet est souterrain.

Il en va de même de la crise suivante, lors de la déportation. Les protestations des personnalités publiques, des dignitaires orthodoxes, des députés de l'opposition sont sans résultat. Il n'y a qu'une exception, mais de taille ; de ce fait, elle mérite qu'on s'y attarde : c'est l'action de Pechev. Ce qu'elle a d'exceptionnel n'est donc pas que son protagoniste obéisse à sa conscience plutôt qu'aux ordres du gouvernement, ou qu'il soit prêt à assumer les risques qu'implique son insoumission ; ce qui la rend unique est qu'elle est couronnée de succès.

L'action de Pechev comporte plusieurs étapes. La première, c'est son intervention le 9 mars 1943, auprès du ministre de l'Intérieur Gabrovski. C'est son opiniâtreté et sa fermeté qui paient ici. En effet, dans un premier temps, Gabrovski prétend qu'aucun ordre de rafle n'a été donné (c'est en somme la technique du roi : dire à chaque interlocuteur ce qu'il veut entendre). La déportation s'arrête seulement parce que Pechev, Mikhalev, Ikonomov et les autres députés ne quittent pas le bureau de Gabrovski tant que, devant eux, celui-ci ne donne l'ordre de relâcher tous les juifs arrêtés. Cette scène produit peut-être une impression de naïveté (Gabrovski ne pouvait-il donner un nouvel ordre, une fois ses visiteurs sortis de son bureau ?), pourtant cette interaction directe, physique, entre personnes est essentielle ; l'insistance de Pechev et de ses amis est payante.

Cependant, rien n'est encore définitivement joué. Gabrovski a cédé sur le moment, mais il peut se raviser ; et derrière lui il y a Filov, un homme obsédé par le pouvoir, qui déteste céder. Pechev est conscient, on le voit dans ses souvenirs, de l'importance cruciale de ce moment, postérieur à la première intervention. « Je décidais alors d'agir, mais comment[45] ? » C'est alors que s'engage une sorte de partie d'échecs politique entre deux adversaires redoutables, Pechev et Filov.

Pechev analyse lucidement la situation. Il faut agir vite : il a aidé à suspendre une action, mais la raison de cette action, la décision du gouvernement, est restée intacte. Les protestations publiques sont inefficaces, on pourra toujours les écarter au nom de la raison d'État. Il faut donc infléchir l'attitude du gouvernement. Qui pourrait le faire ? Mis à part le roi, à qui Pechev n'a pas accès, il ne reste qu'une instance : l'Assemblée nationale, d'autant plus indiquée que Pechev en est le vice-président et qu'il y compte des amis. Le légalisme de Pechev, son attachement aux formes mêmes de la démocratie, tel le Parlement, le poussent dans cette voie. Il faut d'autre part qu'on ne puisse pas discréditer cette action : Pechev opère ici un deuxième choix stratégique décisif, en déclinant l'offre de collaboration que lui font certains députés de l'opposition. L'action contre le choix du gouvernement doit être conduite par les seuls membres de la majorité dont est issu le gouvernement lui-même. Il faut montrer que c'est bien au nom des mêmes buts, de la même politique globale qu'agissent les députés opposés à la déportation, qu'ils ne cherchent pas à changer la ligne politique mais à montrer que les décisions gouvernementales la servent mal. Ce n'est qu'ainsi, pense Pechev, que leur action a des chances de succès.

Il écrit donc aussitôt une pétition adressée au Premier ministre et, dès la réunion suivante du Parlement, le 15 mars, il commence à la faire signer par d'autres députés de la majorité. Le 17, il a déjà réuni 42 signatures en plus de la sienne, et il décide que le moment est venu de se montrer au grand jour, une semaine donc après l'intervention devant Gabrovski. Pechev s'ouvre maintenant au président de l'Assemblée, qui écoute en silence et s'en va voir le Premier ministre.

C'est seulement à ce moment que Filov entre en jeu ; Pechev a pris une longueur d'avance qu'il saura mettre à son profit. Apprenant donc, le 18 mars, l'existence de la pétition signée par 43 députés, Filov propose d'abord une mesure dilatoire, qui lui laissera le temps de s'organiser : que Pechev ne rende pas public son texte, qu'il se contente de le soumettre à la prochaine réunion de la majorité. Pechev reçoit le message, mais son contenu le met sur ses gardes : pourquoi ce délai supplémentaire ? Filov doit avoir peur de la publicité, il faut donc exploiter sa faiblesse. Dès le lendemain matin, le 19 mars 1943, Pechev envoie la pétition par la voie réglementaire et la rend ainsi publique, même si cette précipitation le prive de quelques signatures supplémentaires de députés.

Maintenant, c'est au tour de Filov de contre-attaquer. Il consulte le conseiller du roi et élabore sa propre stratégie. Plutôt que de permettre un débat sur la question juive, où les conflits de la majorité risquent d'apparaître au grand jour, il demandera un vote de confiance sur l'ensemble de la politique gouvernementale, là où il est sûr de gagner. « J'avais précisé que la confiance votée au gouvernement devait être pleine et entière, c'est-à-dire qu'il était inconcevable de voter la confiance sur certains points et de la récuser sur d'autres[46]. » Entre-temps, pour isoler Pechev, il exige de chacun des signataires de la pétition qu'il retire sa signature. Enfin, il suggère à un député docile d'introduire une proposition de blâme pour Pechev et de lui demander sa démission de son poste de vice-président. Le roi, qui pourtant a adopté lui-même la position de Pechev sur la question juive, n'en montre rien, à son habitude : « Le roi est d'accord pour que la majorité inflige un blâme à Pechev, pour qu'il soit mis hors d'état de nuire une fois pour toutes », note Filov dans son *Journal*[47].

Filov a donc repris l'initiative, et tout semble se dérouler comme prévu. Pourtant, premier accroc, les 42 signataires ne renoncent pas tous à leur adhésion, 30 maintiennent leur décision antérieure. À la réunion de la majorité, le 24 mars, tous votent la confiance au gouvernement, y compris Pechev (il n'a pas été dans ses intentions de provoquer la chute du gouvernement, mais seulement d'infléchir sa politique, ce en quoi il a réussi). Cependant, lorsqu'il s'agit de voter le blâme, les députés se divisent de nouveau : 66 votent pour, 33 contre, et 11 s'abstiennent (« ses amis, qui avaient signé la lettre, ne pouvaient pas l'abandonner[48] », explique Filov).

Pechev joue alors une nouvelle carte : il refuse de démissionner. Pourtant Filov lui a envoyé, le même soir, un de leurs amis communs, qui est aussi ministre de la Justice, pour le convaincre de faire ce geste et de s'épargner de nouvelles humiliations. Mais Pechev refuse catégoriquement. Démissionner de son propre gré serait admettre qu'il a commis une faute. Or sa conviction est exactement à l'opposé : il pense n'avoir jamais été autant dans son droit. « J'avais la conviction inébranlable d'avoir accompli mon devoir. » Le lendemain, le 25 mars, les hommes de Filov s'imposent à l'Assemblée par la force : le blâme est voté, Pechev est destitué, sans qu'on lui donne la parole. Filov gagne le petit combat d'amour-propre, il l'emporte sur son adversaire, qui de toutes les façons ne cherchait pas une victoire totale et n'en avait pas les moyens. Mais, sur le fond, c'est, bien sûr, Pechev qui est victorieux : les déportations de juifs sont interrompues et elles ne reprendront plus. Il subit quelques humiliations personnelles, mais sait qu'elles étaient le prix à payer, et il y trouve une consolation. « J'étais donc pleinement satisfait. En comparaison, mes déceptions et mes ennuis personnels dans cette histoire étaient insignifiants »[49].

Pechev a de quoi être fier, d'une fierté toute différente de l'orgueil dont on ne trouvait pas de quantités suffisantes chez le peuple bulgare. L'orgueil consiste en effet à se donner des droits plus grands qu'aux autres ; la fierté, à s'imposer des devoirs plus lourds qu'aux autres. Lui et ses proches, combattants de la justice, montrent qu'il n'existe pas de situation sans issue, où l'on doive se résigner à son sort. Dans l'Europe de 1943, soumise au pouvoir nazi, il est probablement le seul homme d'État qui ait su tenir tête à l'infamie, qui soit parvenu à arrêter la persécution des juifs. Que plus personne ne dise désormais : je ne savais pas, je ne devais pas, je ne pouvais pas…

Ce qui distingue Pechev d'autres hommes courageux et généreux n'est donc pas sa conscience, mais sa stratégie. Il fait ce qu'il faut faire, dans ces circonstances précises, pour atteindre son but. La protestation ouverte, la fronde au sein même de la majorité, qu'il parvient à monter, étaient ce qui convenait à la Bulgarie de 1943. Le même moyen, dans d'autres circonstances, aurait été vain, voire suicidaire. Au lendemain du 9 septembre 1944, l'expression des désaccords devient un acte de plus en plus périlleux. En voici l'illustration : pendant la guerre, Nikola Petkov est l'un des chefs de file de l'opposition extra-parlementaire, il est membre du Front patriotique, une organisation illégale antifasciste, mais il n'est pas communiste (il appartient au parti des agrariens). À ce titre, il signe une lettre de protestation adressée au roi, concernant l'évacuation des juifs de Sofia en province[50] ; il ne sera jamais inquiété pour son geste. Après le 9 septembre, il se retrouve encore dans l'opposition, cette fois-ci celle des démocrates contre le pouvoir communiste. Mais ce dernier n'aura pas la clémence du régime « fasciste » antérieur : Petkov sera arrêté, jugé et exécuté, son groupe politique dissout et interdit. Il n'avait pourtant pas fait plus que Pechev, il s'était contenté de critiquer certains actes du gouvernement ; mais la Bulgarie a basculé entre-temps dans le régime totalitaire, ce que le règne précédent, celui du roi et de Filov, n'était de toute évidence pas. En régime totalitaire, l'action parlementaire n'est plus indiquée ; la dissidence devra trouver d'autres voies d'action.

Si l'on réfléchit à cette action incontestablement méritoire, le sauvetage des juifs bulgares, on s'aperçoit qu'aucun agent, aucun facteur n'aurait été à lui seul suffisant pour que s'accomplisse le bien ; seule leur action conjointe l'a rendu possible. Nous aurions aimé pouvoir nommer un individu, et le déclarer héros suprême, vaillant combattant du mal ; en réalité, la responsabilité est partagée. Le roi, sans l'incitation de l'opinion publique, sans l'intervention de nombreux individus dans son entourage, n'aurait pas interrompu les déportations. Les hommes de conscience et de courage, Staïnov et Kazassov, Stéphane et Cyrille, Ikonomov et Pechev, se seraient dépensés en vain si le roi n'avait pas décidé de se mettre de leur côté ; et ils n'auraient pas agi comme ils l'ont fait s'ils n'avaient pas senti que la population du pays, à peu d'exceptions près, les soutenait dans leur choix. Le peuple refusait les mesures antisémites ; mais un peuple sans meneurs, sans ces individus qui exercent des responsabilités en son sein, métropolites, députés, hommes publics prêts à assumer les risques de leur action, reste impuissant. Les responsables de la communauté juive qui ont refusé de se résigner n'auraient pas vu aboutir leurs efforts sans la complicité de ces autres intervenants. Il faut tout cela pour que le bien puisse advenir, en un lieu, pendant un moment ; la moindre défaillance dans la chaîne aurait pu faire échouer tous les efforts. Il semble qu'une fois introduit dans la vie publique, le mal se perpétue avec une grande facilité, alors que le bien reste difficile, rare, fragile.

Et pourtant possible[51].

Staline vu de près

Gueorgui Dimitrov (1882-1949) était le dirigeant le plus en vue du Parti communiste bulgare pendant la première moitié du XXe siècle. Au lendemain de l'écrasement de l'insurrection déclenchée par les communistes, en septembre 1923, il quitte le pays et devient fonctionnaire du Komintern, l'organisme communiste international. Il circule, de manière plus ou moins légale, entre Moscou, Vienne et Berlin. C'est dans cette dernière ville qu'il sera arrêté en mars 1933, quelques semaines après la prise du pouvoir par Hitler. On l'accuse, aux côtés d'autres communistes, d'avoir provoqué l'incendie du Reichstag – moyen pour Hitler de déconsidérer et réprimer le mouvement communiste. Mais, contre toute attente, Dimitrov se défend brillamment ; les réseaux internationaux de sympathisants, animés par Willi Münzenberg, assurent le retentissement mondial du procès qui se tient à Leipzig et suscitent la bienveillance universelle pour le principal accusé. Malgré la présence de Goering et de Goebbels sur le banc des témoins, Dimitrov sera acquitté et libéré.

Déchu de sa nationalité bulgare, il se rend en URSS où il est reçu en héros. Auréolé par sa nouvelle gloire, il gravit immédiatement les marches du pouvoir et devient secrétaire général du Komintern, ainsi que député au Soviet suprême, équivalent du parlement en URSS ; dans la minutieuse hiérarchie des dirigeants du pays, il occupe à l'époque la sixième place. Il la garde jusqu'au déclenchement de la guerre en 1941, lorsque le mouvement communiste international se verra obligé de se transformer. Après la victoire sur l'Allemagne, en 1945, il rentre en Bulgarie ; un an plus tard, il en devient Premier ministre. C'est lui qui organise la répression impitoyable de l'opposition démocratique, en 1947, et notamment l'assassinat légal de son dirigeant Nikola Petkov. Souvent malade, Dimitrov est soigné en URSS ; il y décède en juillet 1949.

Dimitrov ne serait qu'une des figures, pathétiques ou sinistres, du communisme international de ce temps, s'il ne se distinguait par une activité supplémentaire : il tient un journal. Plus exactement, il en commence un alors qu'il est en prison à Berlin, le 9 mars 1933, et il le poursuit, avec peu d'interruptions, jusqu'au 6 février 1949. Pendant ces seize années décisives pour l'histoire de l'Europe, il note tous les jours les principaux événements de sa vie, très largement consacrée à l'activité publique. L'existence du journal n'est ignorée ni des tchékistes russes, ni des communistes bulgares. Au lendemain de la mort de Dimitrov, le journal est entreposé dans les archives du Parti communiste bulgare ; mis à part quelques extraits concernant le procès de Leipzig, son contenu sera gardé rigoureusement secret. Mais, après la crise du régime en 1989, aggravée en 1991, la question de sa publication devient d'actualité. La tâche n'est pas aisée : Dimitrov écrit indifféremment en bulgare, russe et allemand, avec de nombreuses abréviations, et en se servant, souvent, des pseudonymes de l'époque. Elle sera néanmoins menée à bien et le journal sera publié dans son intégralité, en bulgare, en 1997[1]. En 2003 est parue sa première traduction – en anglais, chez Yale University Press[2].

Le journal de Dimitrov est un document inestimable pour l'histoire du mouvement communiste, de l'Europe de l'Est, voire de la politique mondiale de la première moitié du XXe siècle. Il offre en même temps une riche matière à la réflexion des politologues, des sociologues, des psychologues. Aucun autre dirigeant communiste de ce niveau n'a produit un document semblable ; les mémoires ou les entretiens laissés par quelques-uns d'entre eux ont été rédigés rétrospectivement, non au jour le jour. On y trouve d'innombrables détails, notamment sur l'activité du Komintern avant la guerre, comme sur l'instauration des « démocraties populaires » en Europe de l'Est, après la guerre. On y observe en même temps de près la vie des milieux dirigeants de l'Union soviétique.

L'une des contributions les plus éclairantes du journal consiste dans les propos de Staline rapportés par Dimitrov. Tout au long de cette période, Dimitrov fait partie du cercle le plus rapproché du chef soviétique ; il le rencontre, non tous les jours, mais très souvent. Ce que Staline dit est jugé si précieux par Dimitrov qu'il le transcrit aussitôt dans son journal. On y trouve donc aussi bien des discours plus ou moins officiels que des confidences adressées aux plus proches. Le portrait de Staline qui se dégage de ces pages est saisissant. Est-ce à dire que nous avons affaire là au « vrai » Staline ? Certainement pas. D'abord, certains éléments de son action vont trop de soi pour que Dimitrov les note ; de plus, seules les affaires internationales reçoivent une attention soutenue ; enfin, même devant Dimitrov, Staline ne dit pas tout. Du reste, les interventions publiques de Staline ne sont pas moins importantes que cette face intime, révélée par le journal. Il n'empêche, la contribution de Dimitrov est essentielle, et elle mérite d'être connue de tous ceux qu'intéressent l'activité du dirigeant soviétique ou la nature des pratiques communistes.

La terreur en dansant

Quelles sont les premières impressions de Dimitrov ? Arrivé à Moscou le 27 février 1934, il est reçu par Staline, en compagnie d'autres membres du Bureau politique, le 3 mars suivant. La première réplique de Staline qui figure dans le journal concerne le politicien bulgare Alexandre Tsankov, responsable de la répression des communistes en 1923 ; elle est laconique : « Tsankov – qu'il soit massacré ! »

La hargne de Staline, à cette époque, concerne tout particulièrement ceux qu'il appelle les « trotskistes », étiquette commode servant à désigner tous les communistes qui ne seraient pas d'accord avec lui. Les procès contre ses anciens compagnons vont se succéder rapidement ; ceux-ci ne suscitent en lui aucune pitié. « Il ne faut pas croire aux paroles d'un ancien oppositionnel », dit-il en réponse aux justifications de Boukharine et Rykov ; et le suicide de Tomski est une « dernière tentative désespérée pour lutter contre le Parti » (le 4 décembre 1936). À une réunion pour fêter le vingtième anniversaire de la révolution d'Octobre, il porte le toast suivant : « Nous anéantirons tous ces ennemis, même s'ils sont de vieux bolcheviks, nous anéantirons tous leurs parents, toute leur famille. Nous anéantirons tous ceux qui, par leurs actions et pensées (oui, pensées), atteignent à l'unité de l'État socialiste. Pour que soient anéantis jusqu'au bout tous les ennemis, eux-mêmes et leur clan ! » (le 7 novembre 1937). Les « trotskistes » doivent être liquidés non seulement en URSS mais partout où ils se trouvent : « Il faut poursuivre, fusiller et anéantir les trotskistes. Ce sont des provocateurs mondiaux, les pires agents du fascisme ! [...] Münzenberg[3] est un trotskiste. S'il vient ici, il faut absolument l'arrêter. Efforcez-vous de l'attirer ici » (le 11 novembre 1937).

Envers ses collaborateurs, Staline est brutal et se fait facilement menaçant. Il les trouve trop mous et du coup pas assez efficaces. Le général Merkoulov, futur chef du NKVD (ministère des Affaires intérieures), en fait partie. « Vous devez avoir un plan et l'appliquer strictement, sans tenir compte de ce que quelqu'un sera offensé » (le 21 janvier 1941). Le ton monte pendant la guerre. Devant le Bureau politique caché dans l'abri anti-aérien, il menace Khrouchtchev, tenu pour responsable des revers subis en Ukraine : « Agissez comme il est nécessaire. Sinon – je vous le dis clairement – je vous réglerai votre compte » (le 16 août 1941). Le maréchal Koulik a dû se retirer d'une ville ; il est immédiatement rétrogradé, privé de ses médailles et considéré comme responsable d'« actions criminelles », formule bien dangereuse. Vorochilov, incapable de gagner, sera envoyé à l'arrière (le 19 février 1942). Une fois la guerre terminée, Staline ne deviendra pas moins injurieux envers ceux qui ne le satisfont pas : Dimitrov lui-même se fera gronder et humilier comme un petit garçon, en février 1948, pour n'avoir pas su déchiffrer exactement les instructions du maître.

Impitoyable avec les individus, Staline n'est pas plus tendre avec les groupes qu'il juge condamnés par l'histoire. La collectivisation des terres est déjà derrière lui, mais il se souvient comme d'un exploit des moments où « il fallait couper à vif le corps du koulak » (le 11 novembre 1937). En 1940, il attaque la Finlande, qui lui oppose une résistance surprenante. Il donne des directives : l'armée adverse serait de 150 000 hommes, « nous [en] avons tué 60 000, il faut tuer les autres aussi, et l'affaire sera terminée. Il ne faut laisser que les enfants et les vieillards » (le 21 janvier 1940). Le déplacement des populations, à la faveur de la guerre, ne l'impressionne pas davantage : « Si nous vainquons, on rendra la Prusse orientale aux Slaves, auxquels elle appartient. On la peuplera de Slaves » (le 8 septembre 1941). On remarquera qu'à cette date – la scène se déroule encore dans un abri – l'usage du conditionnel est de rigueur.

Tel est le premier registre de Staline, constaté par Dimitrov : la pratique de terreur et de menace de terreur. Le deuxième est plus difficile à qualifier mais non moins présent. Staline laisse toujours planer un certain vague sur ses intentions, il parle avec fermeté mais en laissant la porte ouverte à plusieurs interprétations ; ou alors il change rapidement d'avis. Ses interlocuteurs, qui tremblent devant lui, font de leur mieux pour deviner le sens dernier de ses propos, mais ils n'ont jamais la certitude d'avoir réussi. De cette manière, personne ne peut s'abriter derrière une légitimité tirée de la théorie ; celle-ci est en constante reformulation, et la seule légitimité réside en Staline lui-même. Le 7 novembre 1940, par exemple, il s'adresse aux plus hauts dignitaires du Parti, réunis autour de lui, en commençant par les gronder parce que les avions soviétiques sont moins bons que ceux des ennemis (« or pour nous tous les États capitalistes sont des ennemis »). « Aucun de vous ne pense à cela. Je suis seul. [...] Vous n'aimez pas étudier, vivez dans l'auto-contentement. [...] On m'écoute, mais tout reste à l'ancienne. Mais je vous montrerai si je perds patience. (Vous savez comme je peux le faire.) Je frapperai les gros lards, de sorte que tout va craquer. » Évidemment, en matière d'aviation comme en tant d'autres, aucune décision ne peut être prise sans Staline, pourquoi les accable-t-il de ses propres manquements ? Peu importe, ses interlocuteurs se taisent tous et tremblent, ils savent vers quoi peut conduire ce langage. Dimitrov observe : « Dans les yeux de Vorochilov ont apparu des larmes. Pendant qu'il parlait, Iossif Vissarionovitch se tournait particulièrement vers Kaganovitch et Beria » (le 7 novembre 1940).

Les subordonnés essaient d'exécuter les ordres du maître – mais celui-ci annule ses directives, les reformule sans cesse, de sorte qu'ils ne savent jamais exactement à quoi s'en tenir. De ce fait, ils se sentent doublement coupables : manquant d'intelligence comme d'efficacité. Mais c'est qu'aujourd'hui Staline dit : « Ne vous dépêchez pas dans ce travail » (le 13 mai 1943) ; une semaine plus tard : « Il faut se dépêcher avec la publication [le concernant] » (le 20 mai 1943). Alors, comment le satisfaire ? Faut-il tolérer l'opposition (après la guerre, dans les pays d'Europe de l'Est) ou bien l'écraser ? Les exécutants croient avoir compris et se précipitent pour agir – pour découvrir qu'une fois de plus ils se sont trompés. Cette mobilité de la stratégie les prive de toute certitude et accroît leur dépendance par rapport au chef.

Enfin le troisième registre de Staline est celui de la plaisanterie. À vrai dire, Dimitrov ne rapporte aucune formule qui puisse nous faire rire aujourd'hui ; mais il affirme que ce trait caractérise bien Staline. Par exemple, ses propos sur le déplacement de populations en Prusse orientale sont introduits par la formule suivante : « Pendant tout le temps [passé dans l'abri anti-aérien], le Patron plaisantait spirituellement » (le 8 septembre 1941). En quoi le futur départ des Allemands constitue-t-il une blague ? Une autre fois, au Kremlin, Dimitrov demande à Staline un rendez-vous pour l'entretenir des affaires du Komintern. Staline répond : « Pas le temps. Quand j'ai un moment de libre, ou bien je dors, ou bien je m'occupe de choses drôles, non de questions sérieuses. » Dimitrov ajoute : « Staline plaisantait beaucoup. Taquinait Chvernik et Kholmine, obligeait Manouilski à raconter de nouvelles anecdotes, etc. » (le 21 janvier 1943). On voit que ces membres de la direction du pays doivent faire preuve de capacités particulières : bien rire des taquineries du patron, ou alors savoir le faire rire à leur tour.

Une autre scène étonnante se déroule le 6 décembre 1948, lorsque Staline désigne Kostov, dirigeant communiste bulgare présent sur place, comme la prochaine victime des purges : Kostov s'est rendu coupable de velléités d'indépendance par rapport au Parti soviétique, travers particulièrement mal vu en ces jours où éclate le conflit avec la Yougoslavie de Tito. Cependant, après avoir rapporté ce qui équivaut à une condamnation à mort sans appel possible, Dimitrov note : « On est restés jusqu'au matin. Staline était très vif et gai. Régalait ses invités. Mis l'électrophone avec des disques. Lui-même plaisantant beaucoup et dansant. » Le roi s'amuse – Staline danse pendant que claquent les dents de ses compagnons.

Staline est tout à fait conscient de la position exceptionnelle qu'il occupe au milieu des millions de personnes formant la population du pays : « Les masses innombrables ont une psychologie de troupeau. Elles n'agissent qu'à travers leurs élus, leurs chefs » (le 7 avril 1934). Dimitrov absorbe vite la leçon.

Le national-communisme

Tels sont les traits caractéristiques du personnage que côtoiera Dimitrov pendant ces seize années. Mais quel est le dessein au nom duquel il agit ainsi ? Qu'est devenue entre ses mains la doctrine communiste ?

En général, Staline ne parle pas de doctrine à ses plus proches collaborateurs. Mais, à l'occasion de certains événements majeurs, il leur livre sa vision de la vie politique de la planète. En août 1939, il vient de signer un pacte d'amitié avec Hitler, celui-ci en profite pour envahir la Pologne ; la Grande-Bretagne et la France s'engagent : la Deuxième Guerre mondiale commence. Le lendemain, Staline expose son analyse à Molotov, Jdanov et Dimitrov, invités par lui au Kremlin. « La guerre est conduite entre deux groupes de pays capitalistes (riches et pauvres en colonies, matières premières, etc.). En vue d'une redistribution du monde, de domination sur le monde ! Nous ne sommes pas contre le fait qu'ils se battent bien les uns contre les autres et s'épuisent mutuellement. Ce n'est pas une mauvaise chose si par les mains de l'Allemagne s'affaiblit la position des pays capitalistes les plus riches (en particulier de l'Angleterre). Hitler, sans le comprendre et sans le vouloir, ébranle, sape le système capitaliste. [...] Nous pouvons manœuvrer, soutenant un pays contre un autre, pour qu'ils s'entre-déchirent. Le pacte de non-agression aide dans une certaine mesure l'Allemagne. Le moment suivant sera d'encourager l'autre côté. [...] En temps de guerre, la division des pays capitalistes en fascistes et démocratiques perd son sens antérieur » (le 7 septembre 1939).

On peut constater que Staline n'a rien compris à la nouveauté incarnée par Hitler. Il applique à la Deuxième Guerre mondiale l'interprétation marxiste adaptée à la Première : les raisons du conflit sont pour lui économiques, non politiques. On voit en même temps le cynisme intégral de ses alliances : il soutiendra tantôt l'un, tantôt l'autre des belligérants, jusqu'à ce qu'ils soient tous deux épuisés et qu'il puisse, lui, ramasser la mise. Hitler ne lui laissera pas le temps de mettre en œuvre ses projets machiavéliques.

L'aveuglement de Staline se poursuit assez longtemps : le 25 novembre 1940, il demande à Dimitrov de transmettre à la Bulgarie une proposition de signer un accord mutuel de non-agression. Jusqu'alors neutre, la Bulgarie est l'objet de sollicitations de toutes parts. « Pour ce qui concerne la signature d'un pacte d'aide mutuelle, non seulement nous n'objectons pas que la Bulgarie rejoigne le Pacte tripartite, mais nous-mêmes nous joindrons à ce Pacte. » On tremble à l'idée que Hitler aurait pu accepter la proposition et que le Pacte tripartite – Allemagne, Italie, Japon – aurait pu devenir quadripartite ! L'Europe d'aujourd'hui aurait une tout autre carte. Heureusement pour nous, Hitler décline l'offre.

Une fois les alliances renversées, Staline ne se sent pas plus proche des États-Unis et de la Grande-Bretagne que de l'Allemagne nazie. « Entre nous et la fraction démocratique des capitalistes est née une alliance, parce que celle-ci avait intérêt à ne pas laisser la domination de Hitler, car cette domination brutale aurait amené la classe ouvrière aux extrémités et au renversement du capitalisme lui-même. Nous sommes maintenant avec l'une des fractions contre l'autre, mais dans l'avenir nous serons aussi contre cette fraction des capitalistes » (le 28 janvier 1945). Staline reste fidèle à la grille d'interprétation orthodoxe, inscrite dans la doctrine marxiste traditionnelle, ce qui lui fait ignorer la nature agressive du nazisme ; celui-ci lui apparaît sous les traits surprenants d'un fossoyeur involontaire du capitalisme. On comprend, dans ces conditions, pourquoi Staline a choisi de l'appuyer en premier.

En même temps, à écouter les raisonnements concrets de Staline concernant tel ou tel pays, on a l'impression d'être en face du représentant d'une grande puissance plutôt que d'un théoricien communiste. Il pense les relations entre pays en termes d'équilibre géopolitique, non de victoires doctrinales. Assez tôt dans la guerre, il commence à s'inquiéter d'un affaiblissement excessif de l'Allemagne, dans l'Europe d'après guerre, qui ne lui permettrait plus de contrebalancer l'influence anglaise : « Il est nécessaire d'indiquer aux Allemands le danger du partage et de l'anéantissement de l'Allemagne » (le 12 juin 1943). À la veille de la victoire, il a toujours le même souci : « Les Anglais veulent partager l'Allemagne (la Bavière et l'Autriche, la région rhénane, etc.). Par tous les moyens aspirent à anéantir leur concurrent. Bombardent méchamment les usines et les fabriques allemandes. Nous n'admettons pas leur aviation dans notre zone de l'Allemagne. Mais ils essayent par tous les moyens de bombarder là aussi. [...] Il faut que se trouvent des Allemands qui agissent pour sauver ce qui peut encore être sauvé dans la vie du peuple allemand » (le 17 mars 1945).

Les relations avec un autre voisin, la Turquie, semblent également envisagées en termes ethniques plutôt qu'idéologiques. « Nous chasserons les Turcs en Asie. Qu'est-ce que c'est que cette Turquie ? Il y a là 2 millions de Géorgiens, 1,5 million d'Arméniens, 1 million de Kurdes, etc. Les Turcs ne sont que 6-7 millions » (le 25 novembre 1940). La guerre terminée, Staline ne renonce pas à son projet, même s'il le repousse à plus tard : les Bulgares devraient hériter de la Thrace, la partie européenne de la Turquie. « La demande de la Thrace par la Bulgarie lui donnera des positions pour l'avenir. Encore une guerre est nécessaire pour que les questions de ce genre soient définitivement réglées » (le 2 septembre 1946). Ne croit-on pas entendre, plutôt que celle du chef communiste, la voix du tsar décidant du sort d'un voisin récalcitrant ?

Justement, dans les années précédant la guerre, Staline s'est livré à une singulière réévaluation de l'héritage des tsars russes : à l'en croire, leur politique à l'intérieur du pays était critiquable, mais leur attitude envers les pays voisins méritait éloge. « Les tsars russes ont accompli beaucoup de mauvaises choses. Ils ont pillé le peuple, ils l'ont réduit en esclavage. [...] Mais ils ont fait une bonne chose : ils ont créé un État immense – jusqu'à la Kamtchatka. Nous avons reçu cet État en héritage. Et c'est nous, les bolcheviks, qui avons pour la première fois consolidé et renforcé cet État en tant qu'entité une et indivisible. […] C'est pourquoi tous ceux qui essaient de rompre l'unité de l'État socialiste, tous ceux qui aspirent à en détacher des parties et des nationalités, sont des ennemis, des ennemis jurés de l'État et des peuples de l'URSS » (le 7 novembre 1937). Géorgien d'origine, Staline a adopté sans restrictions le projet grand-russe d'extension et de consolidation de l'empire.

À la fin de la guerre, dans le même esprit, Staline salue le projet d'une fédération des Slaves du Sud, entre la Bulgarie et la Yougoslavie, premier pas vers l'unification de tous les Slaves. « Ainsi on pose les bases de l'union de tous les peuples slaves. Ces peuples sont obligés de s'entraider et de se défendre mutuellement » (le 27 janvier 1945). Là encore, l'unité ethnique semble plus importante que l'orthodoxie idéologique, même si celle-ci n'est pas abandonnée. Staline pense le monde en termes de « choc des civilisations » – et les Slaves en sont une.

De ce fait, dans les discours de Staline se produit un recouvrement, puis une confusion entre l'ethnique et l'idéologique, qui donne naissance au national-communisme russe. Toute victoire pour l'un des éléments en fait profiter l'autre. Par exemple, à la suite du Pacte germano-soviétique, la Pologne a été partagée et occupée par les deux alliés. Accroissement du territoire national en même temps que victoire du communisme : « L'anéantissement de cet État dans les conditions actuelles signifierait un pays fasciste bourgeois de moins ! Quel mal y aurait-il si comme effet de la défaite polonaise nous étendions le système socialiste sur des nouveaux territoires et populations ? » (le 7 septembre 1939). Ce sont là deux versants d'une même action, qu'il devient de plus en plus difficile de distinguer ; comme le dit Staline à propos de la guerre contre la Finlande, « les actions de l'Armée rouge sont aussi une œuvre de la révolution mondiale » (le 21 janvier 1940).

La mise en valeur du projet national russe n'entre-t-elle pas en contradiction avec le traditionnel internationalisme prôné par la doctrine marxiste ? Staline évite la difficulté par un tour de passe-passe lexical : le nouveau nationalisme s'oppose, non à l'internationalisme prolétarien, mais au cosmopolitisme bourgeois. « Entre le nationalisme bien compris et l'internationalisme prolétarien il n'y a pas et il ne peut y avoir de contradiction. Le cosmopolitisme déraciné, qui nie les sentiments nationaux, l'idée de la patrie, n'a rien de commun avec l'internationalisme prolétarien » (le 12 mai 1941). Ce dernier se définit apparemment, par défaut, comme une fidélité à l'Union soviétique – puisque celle-ci est l'incarnation d'un projet universel.

L'équilibre des forces

Staline ne passe pas beaucoup de temps à élaborer des points doctrinaux devant Dimitrov. Il s'attarde en revanche volontiers sur les moyens qu'il faut déployer pour atteindre son but – un but qui n'est pas défini par rapport aux dogmes mais consiste dans la conquête, la consolidation et l'extension du pouvoir. En voici la règle générale : il ne faut entreprendre une action que si l'on a de bonnes chances de gagner ; toute autre considération est à écarter. Staline développe en particulier ces idées à propos de la situation en Grèce dans l'immédiat après-guerre.

La Grèce a été laissée, par les accords entre les Alliés, en dehors de la zone d'influence soviétique. Frustrés, les communistes grecs essaient de s'emparer du pouvoir par la violence et déclenchent une insurrection. Staline évalue le rapport des forces et désapprouve : « Ils ont engagé un travail pour lequel leurs forces ne suffisent pas. Apparemment, ils comptaient que l'Armée rouge descendrait jusqu'à la Mer égéenne. Nous ne pouvons pas le faire. Nous ne pouvons envoyer nos armées en Grèce. Les Grecs ont fait une bêtise » (le 10 janvier 1945). Ils ont eu tort aussi de boycotter les élections législatives. « On peut boycotter les élections quand ce boycott conduit à leur annulation. Autrement le boycott n'est pas une chose raisonnable » (le 2 septembre 1946).

Les dirigeants communistes bulgares et yougoslaves, dont les pays servent de base arrière aux partisans grecs, croient devoir tout faire pour soutenir leur combat – puisqu'ils se battent pour une juste cause. Staline n'est pas d'accord – puisqu'ils risquent de perdre. L'action politique doit être orientée par son résultat probable, non par la motivation de ses acteurs. « Quand on va à la guerre, on doit bâtir le front comme cela vous arrange, alors qu'ici on tend simplement l'échine pour que les Américains la frappent. [...] Je pars de l'analyse des forces en présence, des partisans et de leurs adversaires. Dernièrement, je commence à douter de la victoire des partisans. Si vous n'êtes pas convaincus que les partisans vaincront, il faut replier le mouvement des partisans. [...] Si la perspective dans le mouvement des partisans, dans un pays, est en baisse, mieux vaut repousser le combat jusqu'à des jours meilleurs. Ce qui manque dans le rapport des forces ne peut être compensé par des exclamations et des gémissements » (le 10 février 1948).

C'est alors que Staline élève le débat au niveau des principes. S'adressant toujours aux dirigeants bulgares et yougoslaves, il dit : « Vous avez peur de poser la question crûment. Vous êtes impressionnés par le "devoir moral". Si vous ne pouvez pas soulever le poids dont vous vous êtes chargés, il faut l'admettre. Vous ne devez pas avoir peur d'un "impératif catégorique" concernant la question du devoir moral. Pour nous, il n'existe pas d'"impératifs catégoriques". Toute la question est dans l'équilibre des forces. Si tu es fort, frappe. Sinon, n'accepte pas le combat. Nous acceptons le combat non quand le veut l'adversaire, mais quand c'est dans notre intérêt » (le 10 février 1948). Toute l'attention de Staline est concentrée sur l'issue du combat. En disciple paroxystique de Machiavel, il élimine toute relation entre vertus morales et qualités politiques. Est un bon politicien celui qui réussit, non celui qui défend une juste cause. La cause elle-même finit par se confondre avec la victoire : il faut gagner la bataille pour gagner la bataille, le pouvoir est une fin en soi.

Cette attitude dicte les réactions de Staline en toutes circonstances. Par exemple, au début de la guerre contre l'Allemagne, on voit dans l'abri Kalinine, membre du Bureau politique, vanter devant Staline la bravoure des soldats soviétiques – il croit faire ainsi plaisir au chef. Celui-ci le coupe brutalement : « N'importe quel imbécile peut être courageux. Il faut savoir se battre » (le 8 septembre 1941). Kalinine a eu le tort de confondre vertu et *virtu*. Quelques années plus tard, c'est à Dimitrov de subir les foudres du maître. Le dirigeant bulgare cherche à se justifier : il avait cru bien faire, aucune pensée hostile à l'URSS n'a jamais traversé son esprit. Staline, qui semble avoir relu les pages de Weber sur la différence entre éthique de la conviction et éthique de la responsabilité, lui rétorque : « Vous êtes un homme politique, et vous devez penser non seulement à vos intentions, mais aussi à ce qui résulte de vos interventions » (le 10 février 1948).

Staline n'aime pas voir ses collaborateurs se réclamer d'une légitimité autre que ses ordres, c'est pourquoi il préfère que l'idéologie soit laissée de côté, ou alors réduite à de telles abstractions qu'une interprétation nouvelle soit à tout moment nécessaire. Les références au passé ne l'impressionnent guère, elles ne fournissent pas de justification aux actions présentes. « Vous parlez d'histoire. Mais il faut parfois corriger l'histoire » (le 7 avril 1934). « Ne vous attachez pas à ce qui a été hier. Tenez rigoureusement compte des conditions nouvelles » (le 20 avril 1941). L'improvisation doit l'emporter sur la tradition : là encore, Staline s'inscrit fortement dans le grand courant de la modernité. Ne pas coller au dogme, prendre immédiatement en considération chaque donnée nouvelle – telle est la règle qu'il se fixe dès le commencement de la guerre : « Les débuts de la grande sagesse : 1. Reconnaissance de ses erreurs et défauts. 2. Correction de ces erreurs et défauts » (le 28 juillet 1941).

Pour cette raison aussi, Staline préfère changer régulièrement les hommes qui l'entourent et, plus spécifiquement, mettre des jeunes à la place des vieux. « Les personnes âgées tiennent à l'ancien. Les jeunes vont de l'avant. Remplacer les personnes âgées par des jeunes est très important » (le 6 février 1941). Ce principe explique non seulement les purges des années trente, mais aussi, cinquante ans plus tard, la stratégie de Pol Pot : le dirigeant cambodgien s'entourera à bon escient d'enfants-soldats.

Au moment du Pacte germano-soviétique, Staline ne manifeste plus aucune hostilité à l'égard de Hitler. Néanmoins, il voit une véritable faille dans son système : c'est son idéologie raciste. Ce n'est pas du tout qu'elle indigne Staline sur le plan moral ; mais adhérer à une telle idéologie inégalitaire, et de plus le crier sur les toits, lui paraît être un handicap dans l'action proprement politique.

« L'Allemagne poursuit maintenant la guerre sous la bannière de l'assujettissement et de la soumission des autres peuples, sous la bannière de l'hégémonie. C'est un grand moins pour l'armée allemande. Non seulement elle n'a plus la sympathie d'une série de pays et de peuples, mais, au contraire, elle a rendu hostiles à son égard de nombreux pays qu'elle occupe » (le 5 mai 1941).

À cet égard, l'idéologie communiste est, selon Staline, une bien meilleure arme. « Lénine a créé la nouvelle idéologie de l'humanité, l'idéologie d'amitié et d'amour entre les peuples, d'égalité entre les races. Une idéologie qui place une race au-dessus des autres et exige que les autres races lui soient soumises est une idéologie morte, elle ne peut subsister longtemps » (le 22 avril 1941). On pourrait remplacer dans cette phrase « idéologie » par « propagande » sans aucun dommage. L'idéologie est réduite ici à un rôle purement instrumental, elle facilite la conquête du pouvoir. Elle est servante, non maîtresse. L'Union soviétique est une pseudo-idéocratie, un État qui prétend se soumettre à l'idéologie mais qui en réalité la met au service de la marche vers le pouvoir absolu. Les services de propagande sont aussi nécessaires – et aussi soumis – que l'Armée rouge ou le KGB.

Un masque commode

Pour être subordonné, l'habillage idéologique n'en est pas moins indispensable. On a même l'impression que, précisément parce que son rôle tend à disparaître en tant que moteur de l'action, les apparences doivent être sauvées à tout prix. Mais quelles apparences conviennent le mieux ? Au lendemain de la guerre, Staline juge qu'il vaut mieux avancer caché : ne pas proclamer son désir d'instaurer partout le communisme ou exiger la soumission à l'Union soviétique, mais, au contraire, présenter ses actions comme un combat de libération nationale, de front populaire, de coalition de toutes les forces progressistes. Il est impératif, martèle Staline, de dissimuler le projet soviétique derrière une façade qui n'intimide personne. Sans jamais céder sur l'essentiel, bien sûr, qui est le contrôle du pouvoir.

Comme il le dit à Togliatti (qui le répète immédiatement à Dimitrov) : « Pour les marxistes, la forme n'a jamais une signification décisive. Ce qui décide est le fond des choses » (le 5 mars 1944). L'essentiel, ici, n'est pas de savoir si l'Italie sera une monarchie ou une république, c'est que les communistes s'assurent une part du pouvoir.

De même pour l'Europe de l'Est : il faut savoir s'adapter, comme l'explique patiemment Staline à Dimitrov. « En Bulgarie, vous devez créer un Labour Party, parti travailliste. [...] Il n'est pas avantageux d'avoir un parti ouvrier, et de surcroît l'appeler communiste [ce qui est le cas en Bulgarie]. [...] Je vous conseille fortement de le faire. [...] Ce sera un parti populaire. Je vous assure que vous ne perdrez rien, au contraire, vous ne ferez que gagner. Et du point de vue de la situation internationale du pays, cela vous facilitera considérablement la tâche. Dans le fond, le parti sera communiste, mais il aura une base plus large et un masque commode pour la période actuelle. Cela vous aidera à atteindre le socialisme par une voie particulière – sans la dictature du prolétariat. [...] Ne craignez pas qu'on vous accuse d'opportunisme. Ce n'est pas du tout de l'opportunisme, c'est une application du marxisme à la situation actuelle » (le 2 septembre 1946).

L'erreur de ses collaborateurs est-européens n'est pas d'avoir tel ou tel objectif, mais de les révéler publiquement sans se soucier des effets produits. Dimitrov a proclamé la nécessité d'une union douanière entre pays socialistes, Staline est énervé : les Occidentaux risquent d'en faire autant. « Si vous voulez vous unifier, pourquoi faire autant de bruit ? » (le 10 février 1948). Les Yougoslaves envoient leur armée en Albanie : pourquoi le crier sur les toits ? « Les Yougoslaves ont visiblement peur qu'on leur prenne l'Albanie. Vous devez prendre l'Albanie, mais intelligemment » (le 10 février 1948). Dimitrov a parlé de « destruction de tous les foyers d'agression » comme but actuel du camp socialiste. La direction soviétique est scandalisée. Molotov s'exclame : qu'est-ce que ces hurlements ? « Vous mènerez une guerre préventive ? » Staline ajoute : « Ce sont des déviations gauchistes » (le 10 février 1948). La parole n'est jamais jugée à l'aune du vrai et du faux, seulement à celle de l'utile et du nuisible ; le tort de Dimitrov est d'avoir dit la vérité.

Staline lui-même ne dit jamais que ce qu'il faut dire. Après avoir fait l'éloge de la nouvelle slavophilie, il ajoute : « L'ancienne slavophilie exprimait l'aspiration de la Russie tsariste de soumettre les autres peuples slaves. Notre slavophilie est entièrement différente – réunification des peuples slaves comme égaux, en vue de la défense commune de leur existence et avenir. Nous ne voulons rien imposer aux autres peuples slaves. Nous ne nous mêlons pas de leurs affaires intérieures. Qu'ils fassent ce qu'ils peuvent » (le 28 janvier 1945). Au même moment il envoie dans ces pays les conseillers du KGB ou surveille minutieusement les nominations au gouvernement. Il illustre par là son recours systématique à un usage du langage dans lequel il est passé maître : les mots ne sont pas là pour désigner les choses mais pour les cacher. En disant le contraire de ce qu'on fait, on gagne sur les deux tableaux : on agit en toute liberté, tout en se protégeant des effets négatifs de ses actes.

Il n'a jamais été dans les intentions de Staline de laisser la moindre liberté à ses alliés, mais, pour cette raison même, il doit toujours dire le contraire. S'il intervient dans la conduite de leurs affaires, c'est parce que, plus encore qu'eux-mêmes, il veille à leurs intérêts ! « On ne peut plus admettre cette situation car elle nuit aux intérêts de la Bulgarie » (le 15 mars 1946 ; cette formule est due à Molotov). Il faut donc savoir que quand Staline dit « coordination » il entend « subordination ». S'adressant à Kostov, coupable de déviation autonomiste, il indique : « Entre communistes est nécessaire une amitié, une collaboration "sans mensonge, sans arrogance" » (le 6 décembre 1948). Ou encore : nous ne voulons que paix et amour entre les peuples (il faut donc renforcer l'armement pour que les prochaines conquêtes se passent sans incidents). Enfin, particulièrement savoureux, on doit éviter d'insister sur le rôle premier de Staline lui-même : il n'aime pas les flatteries ! À bon entendeur, salut.

Staline n'oublie pourtant jamais que ces concessions verbales doivent toucher, pour employer son vocabulaire, la forme et non le fond. Ainsi, au moment de l'annexion des pays Baltes : « Nous pensons que dans les pactes d'aide mutuelle (avec l'Estonie, la Lituanie, la Lettonie) nous avons trouvé la forme qui nous permettra de placer une série de pays dans la sphère d'influence de l'Union soviétique. Mais pour y réussir, nous devons respecter strictement leur régime intérieur et leur autonomie. Nous n'aspirerons pas à leur soviétisation. Viendra le temps où ils l'accompliront eux-mêmes » (le 25 octobre 1939). Staline n'est pas pressé : inutile de se compliquer la vie en intervenant aussitôt. À la fin de la guerre, il instruit les Roumains : « Ne pas toucher aux terres du Palais et des monastères pour l'instant. [...] Ne pas poser maintenant la question de la nationalisation » (le 4 janvier 1945).

Dimitrov aura à subir les conséquences immédiates de ce choix du masque le plus commode, car elles concernent les activités du Komintern au moment même où il en prend la direction, au milieu des années trente. Staline pense que le temps est révolu où il était utile de se réclamer du communisme et d'affirmer l'unité internationale ; maintenant il convient de mettre l'accent sur l'antifascisme et la démocratie, et d'insister sur l'autonomie nationale. Cela est vrai pour des pays en guerre civile, comme la Chine ou l'Espagne, mais aussi pour la France et l'Italie, la Grande-Bretagne et l'Allemagne, la Yougoslavie et la Bulgarie. Autrement dit, l'Internationale communiste est destinée à disparaître – et Dimitrov, qui est pourtant tout fier d'en être le chef, doit devenir son fossoyeur.

Pendant le Pacte germano-soviétique, la stratégie nouvelle est définitivement arrêtée. « Il faudrait que les partis communistes deviennent entièrement autonomes au lieu d'être des sections du Komintern. Ils doivent se transformer en partis communistes nationaux sous des appellations différentes – parti ouvrier, parti marxiste, etc. Le nom importe peu. L'important est qu'ils pénètrent au milieu de leur peuple et qu'ils se concentrent sur leurs tâches spécifiques. Il faut qu'ils aient un programme communiste, qu'ils s'appuient sur une analyse marxiste, et non qu'ils regardent vers Moscou [...]. Maintenant viennent au premier plan les tâches nationales de chaque pays » (le 20 avril 1941). Le programme communiste reste immuable ; le nom du parti doit en revanche changer.

Dès le premier jour de la guerre, Staline – qui, à en juger par le journal de Dimitrov, n'a pas perdu son sang-froid – annonce que le

Komintern doit s'effacer. « Pour l'instant, le Komintern ne doit pas agir à découvert. [...] Ne plus poser la question de la révolution socialiste. Le peuple soviétique mène une guerre patriotique contre l'Allemagne fasciste » (le 22 juin 1941). À usage interne, mieux vaut parler patriotisme que communisme ; par rapport au monde extérieur aussi, la défense nationale doit prendre le pas sur le projet international. Dimitrov croit encore à son jouet, essaie de coordonner les actions à l'étranger ; mais ses demandes de rendez-vous avec Staline sont écartées. Le 11 mai 1943, la décision tombe : « L'expérience montre qu'il ne faut pas qu'il y ait un centre directeur international pour tous les pays. » Staline explique à Dimitrov, chagriné : « On accuse de manière mensongère les partis communistes d'être les agents d'un État étranger, et cela nuit à leur travail auprès des larges masses. Avec la dissolution du Komintern, on enlève cet atout des mains des ennemis » (le 21 mai 1943).

Le tour est donc venu des mouvements antifascistes. Mais qu'on ne s'y trompe pas : aucun changement de fond n'est survenu. Le Komintern était un organe de la politique soviétique ; après sa disparition, la même politique se poursuit de plus belle. Et du reste, un organe de remplacement jaillit aussitôt : le 12 juin 1943, Staline crée un bureau qui reprend les fonctions du Komintern. « Créer une Section d'information internationale, auprès du Comité central, qui sera chargée de la direction des comités antifascistes, de la radiodiffusion nationale illégale, des liaisons avec l'étranger. » Cette fois-ci, le bureau est présidé par un camarade soviétique, Dimitrov n'en est plus que le vice-président.

Au lendemain de la guerre, une série de pays d'Europe de l'Est entrent dans l'orbite de l'Union soviétique. Comment présenter cette mutation ? Les communistes locaux (toujours tentés par les « déviations gauchistes ») parlent soviets, dictature, communisme. Staline est contre : pourquoi chercher à effrayer les gens et scandaliser les Alliés ? Il développe donc l'idée de deux voies vers le socialisme. Voici comment il l'explique aux dirigeants bulgares et yougoslaves, qu'il a conviés chez lui. « Dans l'histoire de la pensée marxiste se sont révélées deux possibilités ou deux formes de dictature du prolétariat. [...] L'une des formes est la république démocratique avec prédominance du prolétariat [...], non une république démocratique comme en Amérique ou en Suisse, mais une république dans laquelle la classe ouvrière a un grand poids. Plus tard Lénine découvrit la forme soviétique de la dictature du prolétariat comme plus appropriée et convenable à nos conditions. [...] Nous avons éliminé le droit de vote des koulaks et de la bourgeoisie. Chez nous, seuls les travailleurs avaient le droit de vote. Il a fallu déporter deux millions de koulaks dans le Nord, et après avoir liquidé les koulaks comme classe, nous avons donné le droit de vote à tous. [...] Mais vous pouvez vaincre les ennemis sur une base légale. [...] La forme soviétique est bonne parce qu'elle résout tout rapidement – avec du sang mais rapidement – mais vous pouvez vous en passer, parce que vos capitalistes se sont rendus aussitôt » (le 6 décembre 1948).

On voit que Staline ne cache nullement l'étendue des massacres dont il est responsable, justifiés au nom de l'efficacité (« avec du sang mais rapidement ») ; de plus, il prend soin de distinguer entre deux formes de démocratie, bourgeoise et populaire. Il opère une distinction parallèle entre deux formes d'opposition. Au secrétaire d'État américain, qui déplore l'absence de pluralisme en Bulgarie et donc la persécution de l'opposition, Staline réplique : « En ce qui concerne l'opposition, elle peut être, comme on sait, loyale ou non loyale » (le 23 décembre 1945). La première est acceptable : c'est celle qui veut bien collaborer avec les communistes au pouvoir. Quant à la seconde, il donne à Dimitrov des instructions précises : « Prendre une série de mesures réfléchies et habilement organisées pour étouffer l'opposition » (le 28 mars 1946).

À lire le journal de Dimitrov, le personnage de Staline, redoutable homme d'État, nous apparaît dans toute sa force. On pourrait dire qu'il ne cherche pas le pouvoir pour son propre bénéfice : tout comme communisme et État soviétique sont devenus pour lui indiscernables, lui-même s'est confondu avec sa fonction, celle du dirigeant suprême de l'URSS. Ce qui est bon pour la puissance du pays est bon pour le communisme et en même temps bon pour lui ; l'Union soviétique doit acquérir le pouvoir dans le monde comme Staline a conquis le pouvoir absolu en Union soviétique. L'efficacité des méthodes staliniennes – « avec du sang mais rapidement » – est incontestable, tout comme leur radicale amoralité – « pour nous, il n'existe pas d'impératifs catégoriques ».

Ses résultats sur la scène internationale sont plus mitigés, même s'ils sont loin d'être négligeables. On peut dire qu'il commet au sujet de Hitler une erreur grave : prisonnier de ses schémas marxistes, il ne reconnaît pas la nouveauté de son projet. En un autre sens pourtant, Staline a raison : Hitler est, à son tour, prisonnier de son idéologie, il n'obéit pas assez au principe de Staline : « Si tu es fort, frappe ; sinon, n'accepte pas le combat. » Hitler s'est cru plus fort qu'il n'était, déclarant la guerre simultanément à la Grande-Bretagne, à l'Union soviétique et aux États-Unis ; il a agi en raison de ses convictions, non en calculant les effets de ses actes. Lui, Staline, n'en fait jamais autant. Si Hitler s'était comporté aussi intelligemment que Staline, ils auraient tous deux gagné. Staline a en somme trop cru à la ressemblance entre eux deux, et n'a pas imaginé la folie de Hitler. Staline avait raison, mais à long terme seulement : quatre années de guerre épuisante et vingt-cinq millions de victimes soviétiques seront nécessaires pour qu'il remporte la victoire.

L'autre déboire de Staline concerne Tito, dont l'affaire est présente dans les dernières pages du journal de Dimitrov. Tito parvient à tenir en échec le grand chef parce que – à la différence de Hitler ! – il a bien appris la leçon. Il prend Staline au mot : puisque celui-ci prétend respecter les autonomies nationales, Tito s'émancipera de la tutelle soviétique. Il choisit son moment : Staline craint alors la réaction américaine, il renonce donc à une intervention armée. Tito a perçu tous les avantages de la doctrine national-communiste et l'a adoptée pour son usage. De ce point de vue, Milosevic est un lointain disciple de Staline – seulement il a oublié que pour réussir un projet il faut disposer des forces nécessaires ; sinon, on risque de juste « tendre l'échine pour que les Américains la frappent… ».

Staline est mort en 1953 ; les leçons de ses actes restent vivantes parmi nous.

Artistes et dictateurs

« Ce qui est qualité dans l'écrivain est parfois vice dans l'homme d'État, et les mêmes choses qui ont souvent fait faire de beaux livres peuvent mener à de grandes révolutions. »

Alexis de Tocqueville[1]

L'œuvre d'art totale

Depuis l'époque romantique, on accorde à l'art un rôle bien plus important qu'auparavant : il permet un mode de connaissance supérieur à celui de la science, il incarne aussi, à la place de la religion, l'activité la plus haute à laquelle puissent se livrer les êtres humains. Cette promotion nouvelle des créateurs a été désignée naguère par Paul Bénichou comme le « sacre de l'écrivain » ou, plus généralement, de l'artiste. « Le Beau dans son essence absolue, c'est Dieu », déclare l'un des porte-parole du romantisme ; les artistes, spécialistes du Beau, en seront les meilleurs serviteurs et le poète devrait occuper la place du prophète. Ce rôle réservé à l'art et à la poésie, manifestations exemplaires du beau, ne signifie pas du tout que l'on tourne le dos aux autres activités humaines. Chez Schiller, auteur des *Lettres sur l'éducation esthétique de l'homme*, dans les dernières années du XVIIIe siècle, comme chez ceux qui le suivront, l'éducation esthétique débouche sur un projet politique : c'est la fusion des deux activités qui améliorera la condition humaine.

L'une des formulations les plus influentes de cette aspiration se trouve dans les écrits de Richard Wagner. Influencé par les idées révolutionnaires de Bakounine, celui-ci participe à l'agitation politique à Dresde, en 1848-1849. Contraint à l'exil à la suite de la répression, il se réfugie en Suisse, où il entreprend d'écrire quelques textes dans lesquels il expose ses idées sur l'art et la relation que celui-ci entretient avec la société : ce sont *L'Art et la Révolution* et *L'Œuvre d'art de l'avenir*, tous deux datés de 1849. Wagner aspire à l'absolu, mais ne le cherche pas dans les religions établies ; c'est l'art qui lui apparaît comme sa meilleure incarnation : il est « la religion vivante représentée[2] ». À partir de là, suggère-t-il, une relation double s'établit entre activité artistique et vie sociale. D'un côté, pour que l'art s'épanouisse, la société doit lui offrir les conditions les plus favorables. Or le monde dans lequel vit Wagner, à savoir les États germaniques du XIXe siècle, est loin de réunir ces conditions ; il faut le transformer, donc soutenir la révolution. Wagner ne s'intéresse à la politique que dans la mesure où celle-ci contribue à l'épanouissement de l'art. La révolution sociale n'est pas pour lui un but en elle-même mais le moyen de faciliter la révolution artistique, la fondation qui permettra de construire le nouveau bâtiment.

Pourquoi accorder cet honneur aux artistes ? C'est là qu'intervient la seconde relation entre art et société : c'est que « le but suprême de l'homme est le but artistique » et que « l'art est la plus haute activité de l'homme », celle qui couronne son existence sur terre. « L'art véritable est la liberté la plus haute. » Wagner partage le rêve des saint-simoniens selon lequel, dans un avenir proche, les machines se chargeront des travaux pénibles des hommes ; débarrassés de leurs corvées épuisantes, ceux-ci tourneront leur attention vers la création artistique, dans la liberté et la joie. L'art ne s'oppose pas à la vie, comme le veut une autre version de la doctrine romantique, il en est le couronnement. « L'humanité artistique » est synonyme de « la libre dignité humaine ». Le métier devient art, le prolétaire se fait artiste, l'esclave de l'industrie se mue en producteur de beauté. La société future ne sera plus au service de l'art, comme Wagner le demandait pour l'immédiat, car toute vie sera devenue artistique : l'art, ici, devient le modèle idéal de la société. On n'aura plus à célébrer les artistes car tout un chacun sera devenu artiste. Plus exactement, c'est la communauté dans son ensemble, décidant librement de son existence, qui adoptera l'attitude du créateur. « Mais qui sera l'artiste de l'avenir ? Le poète ? L'acteur ? Le musicien ? Le sculpteur ? – Disons-le d'un mot : le *peuple* »[3]. C'est parce que seul un effort *commun* est susceptible de réaliser ce projet que Wagner opte pour le contraire de l'égoïsme, le *communisme* – dont, un an plus tôt, Marx et Engels ont publié le *Manifeste*.

Cependant, l'échec des révolutions de 1848 en Europe sonne le glas de ces rêves. S'engage alors une deuxième grande période dans l'histoire de l'absolu terrestre, qui va de 1848 au début du XXe siècle, au cours de laquelle les deux voies, collective et individuelle, politique et esthétique, se trouvent dissociées. Pour Baudelaire, pourtant commentateur enthousiaste de Wagner, l'espoir de voir l'art influencer le monde relève de l'illusion ; Marx, de son côté, ne se préoccupe pas de l'éducation esthétique des individus. Les deux s'ignorent superbement ; pour autant, aucun d'entre eux ne songe à renoncer à sa supériorité. Les choses changeront de nouveau au XXe siècle, et c'est ce moment de l'histoire que je voudrais examiner de plus près ici. Le mouvement qui s'esquisse alors est double, mais on peut le décrire chaque fois comme une actualisation du projet wagnérien de créer une œuvre d'art totale, coïncidant dans son extension avec toute la vie et avec le monde entier.

Il provient d'une part de quelques mouvements artistiques particulièrement radicaux, qui se perçoivent eux-mêmes comme l'incarnation d'une avant-garde : métaphore militaire qui s'est déjà répandue à cette époque dans le vocabulaire politique. Plusieurs traits distinguent les avant-gardes des mouvements artistiques précédents, tels le naturalisme, l'impressionnisme ou le symbolisme, qui ont pourtant déjà rendu l'innovation obligatoire. Tout d'abord, les avant-gardes ne se contentent pas de revendiquer leur nouveauté, elles prônent aussi le refus radical du passé : renvoyant aux oubliettes de l'histoire tous ceux qui les ont précédées, elles affirment que leur art ne se contente pas d'être neuf, mais qu'il rend caduques tous les autres. De plus, s'étant donné une fin aussi sublime, elles considèrent que tous les moyens pour l'atteindre sont bons, et notamment les plus radicaux, c'est donc un appel à la révolution. Enfin, elles aspirent à élargir le champ de l'intervention artistique pour qu'elle couvre l'ensemble de la vie sociale et politique.

D'un autre côté, quelques années plus tard, et de manière apparemment indépendante, des mouvements politiques extrémistes élaborent un projet de transformation de la société et des êtres humains, calqué sur l'activité créatrice de l'artiste ; ce sera le cas du communisme, du fascisme et du nazisme. Ici aussi l'idée d'avant-garde est présente, mais elle s'incarne, plutôt que dans l'œuvre de quelques génies, dans un parti – communiste, fasciste, national-socialiste – qui a pour tâche de conduire les masses passives.

Dans les deux cas donc, la violence – la révolution – est considérée comme l'instrument approprié pour hâter l'accomplissement du projet. Ses animateurs savent qu'ils promeuvent un bouleversement qui risque de rencontrer des résistances ; il faut éliminer celles-ci, au besoin par la force. La relation entre ces deux mouvements ne consiste pas seulement dans le rapprochement, somme toute banal, entre art et pouvoir, où l'un se sert de l'autre comme d'un moyen, en utilisant les œuvres pour renforcer la propagande, en embellissant les manifestations politiques pour frapper l'imagination, d'un côté ; ou, de l'autre, en chargeant les œuvres de thèmes politiques pour les rendre plus intéressantes pour leur public. Ici, les deux pratiques ne sont plus en contiguïté mais se découvrent des parentés profondes et tendent à s'imiter mutuellement. Ce double mouvement de rapprochement entre les deux grandes formes d'absolu terrestre, la politique et l'artistique, se poursuivra dans les mêmes pays : Russie, Italie, Allemagne. Son histoire recèle plus d'une leçon.

Le futurisme italien

En Europe, on assiste au début du XXe siècle à un changement dans les modes de vie que nous avons du mal à appréhender aujourd'hui, tant d'autres transformations s'étant précipitées depuis. Mais imaginons-nous pour un instant dans la peau d'un habitant d'une grande métropole de l'époque : il assiste à un véritable bouleversement de ses habitudes. L'électricité vient d'être domptée et entre dans la vie quotidienne de millions de gens ; de nouvelles sources d'énergie, plus malléables que les précédentes – le gaz, l'essence –, lui deviennent familières. Avec les premiers avions, le rêve millénaire de quitter la surface de la terre pour s'envoler devient réalité. La voiture particulière se lance sur les routes de tous les pays. La révolution industrielle bouleverse la vie de la population et, surtout, semble ouvrir une série d'inventions qui n'est pas près de s'arrêter. Pour la première fois de son histoire, la partie de l'humanité qui peuple le monde occidental (Europe de l'Ouest et Amérique du Nord) a l'impression que l'innovation l'emporte sur la tradition, que les œuvres d'origine humaine comptent davantage que les phénomènes naturels : le programme cartésien, de voir l'homme devenir comme le maître et le possesseur de la nature, semble en voie de réalisation.

Dans toutes les sociétés où ils existent, les artistes-créateurs, en particulier poètes et peintres, ne se contentent pas de produire des œuvres qui satisfont aux exigences de beauté ; il semble que c'est parmi eux que se recrutent les esprits les plus sensibles à l'air du temps, ceux qui perçoivent des tendances dont le reste de la population est encore inconsciente, même si elle les illustre déjà dans son comportement. Ce seront donc, de nouveau, les artistes qui capteront les premiers les mutations sociales et psychiques induites par les progrès extraordinaires de la technique. Le premier mouvement d'avant-garde qui s'engage dans cette voie, et qui créera un modèle pour ceux qui le suivront, est celui du futurisme italien.

Son fondateur et animateur est Filippo Tommaso Marinetti (1876-1944), qui représente une figure d'artiste inconnue de la tradition. Auteur de romans, de pièces de théâtre et de poésies, Marinetti ne fait pas preuve d'un grand talent d'écriture dans ses œuvres, pas plus qu'il n'est un penseur original ; en revanche, il se révèle comme un activiste remarquablement doué. Les circonstances mêmes du lancement de son premier manifeste sont révélatrices. Marinetti a truffé son texte de formules provocatrices aptes à « choquer le bourgeois » et l'a envoyé à la presse italienne. Pour son malheur, au même moment, en décembre 1908, survient le tremblement de terre meurtrier de Messine ; le manifeste signé par un auteur inconnu est relégué aux pages intérieures des journaux et passe inaperçu. Or l'œuvre de Marinetti ne peut exister sans écho auprès du public ; il décide donc de s'adresser non plus à la presse italienne, mais à celle de la France : l'internationalisation croissante de la vie culturelle est l'un des effets de la rapide transformation technologique de la planète. Le premier « Manifeste du futurisme » sera publié dans *Le Figaro* le 20 février 1909 et aura un grand retentissement.

Il comporte un éloge de la vie moderne, de la grande ville, des machines, de la vitesse – autant de thèmes qui sont certes présents chez d'autres auteurs, mais dont Marinetti opère la synthèse et qu'il monte en épingle, les réduisant à des slogans. Il les situe toutefois, et de ce point de vue il est plus original, dans un cadre plus vaste, celui d'un appel à éliminer toute référence au passé et à célébrer le culte du nouveau. Les lieux qui préservent la mémoire du passé ne méritent pas d'exister. « Boutez donc le feu aux rayons des bibliothèques ! Détournez le cours des canaux pour inonder les caveaux des musées ! […] Sapez les fondements des villes vénérables[4] ! » Ce n'est qu'après avoir détruit intégralement tout ce qui existe qu'on pourra se lancer dans une nouvelle construction. Marinetti révèle aussi un autre choix destiné à jouer chez lui un rôle central, celui du surhomme nietzschéen, qui l'amène à faire l'éloge de la force, de l'agressivité, du combat, de la guerre (« seule hygiène du monde »), de la virilité (entraînant « le mépris pour la femme »), de l'injustice : autant de formulations paradoxales, aptes à attirer l'attention sur lui.

Le premier manifeste ne parle pas directement d'une action « futuriste » en dehors du domaine de l'art. Mais, on le voit, les choix de Marinetti ont un sens qui concerne l'ensemble de la vie sociale. Lui-même ne tarde pas à s'engager dans cette voie – où pourtant il ne sera pas suivi par tous les artistes et poètes qui viennent d'adhérer à son mouvement. La même année 1909 il lance, à l'occasion des élections générales, un « Manifeste politique aux électeurs futuristes », dans lequel il formule des directives : il faut combattre le passéisme et le cléricalisme, promouvoir le patriotisme et engager l'Italie dans des guerres de conquête. D'autres tracts et proclamations de la même époque, inspirés par le syndicalisme révolutionnaire qu'a théorisé Georges Sorel, appellent au combat commun les prolétaires et les artistes, « les ailes extrémistes de la politique et de la littérature ». Marinetti s'engage aussi dans la guerre menée par l'Italie en Libye en 1912 et signe de nombreux articles. Son patriotisme joue un rôle de plus en plus important : « Le mot *Italie* doit resplendir bien au-dessus du mot *liberté* »[5]. Par ailleurs, le futurisme s'étend à de nouveaux domaines : peinture, musique, théâtre, music-hall, mais aussi architecture, objets de la vie quotidienne, décoration, habits.

En 1911, Marinetti publie (toujours en français) un recueil de ses interventions orales et écrites, sous le titre *Le Futurisme* ; il sera vite traduit en plusieurs autres langues. On y retrouve son attachement à ce qu'il appelle le « principe absolu du futurisme », à savoir « le devenir continu et le progrès indéfini, physiologique et intellectuel, de l'homme » : il s'agit bien d'un projet de transformation de l'être humain, et non seulement des arts, et il concerne tant le corps de celui-ci que son esprit. La guerre est toujours « la seule hygiène du monde » et la lutte contre l'ennemi reste nécessaire, « l'éternel ennemi que l'on devrait inventer s'il n'existait pas ». Le mépris de la femme, thème d'un autre chapitre, est davantage argumenté : Marinetti en veut essentiellement aux valeurs incarnées par les femmes, amour, tendresse, volupté, et il voit les femmes comme trop proches de la nature, assurant par l'enfantement la simple reproduction de l'espèce, alors que lui aspire à son amélioration. Il rêve en effet « de créer un jour notre fils mécanique, fruit de pure volonté, synthèse de toutes les lois dont la science va précipiter la découverte ». L'homme nouveau est désigné par lui comme « l'homme multiplié », dont il décrit ainsi la transformation psychique : « Nous aspirons à la création d'un type inhumain, en qui seront abolis la douleur morale, la bonté, la tendresse et l'amour »[6], un véritable homme d'acier qui se nourrit d'électricité. Marinetti imagine aussi, de manière assez prophétique, l'envahissement du monde par de nouvelles technologies, une énergie d'origine chimique, un livre métallique comportant cent mille pages, une guerre entre machines.

Tout au long de la Première Guerre mondiale, Marinetti défend des positions nationalistes et militaristes. En 1918, il s'engage plus encore dans l'action politique en lançant un « Manifeste du parti politique futuriste » qui reprend ses thèmes habituels : antiparlementarisme, anti-cléricalisme, hostilité aux valeurs féminines, égalité de tous devant la loi, protection sociale des plus démunis, rajeunissement de tous les cadres du pays. L'année suivante, il rejoint Mussolini qui vient de créer les Faisceaux de combat. Les deux hommes se connaissent bien depuis 1915, année au cours de laquelle ils ont participé à des actions communes ; Mussolini vient des rangs socialistes et son mouvement n'a pas encore rompu tous les ponts avec les révolutionnaires de gauche. Ce tournant se produira en 1920, et à cette occasion Marinetti s'éloignera provisoirement du fascisme. Dans ses écrits, il explicitera ses divergences avec les mouvements politiques. Pour ce qui est du communisme, auquel il consacre une brochure, *Au-delà du communisme*, il lui reproche le projet d'une société pacifiée, sans classes, ce qui contredit l'attachement futuriste à la guerre permanente. Quant au fascisme, le désaccord porte sur le rapport au passé : en bon politicien, Mussolini s'est allié aux forces conservatrices et cléricales, ce qui l'a éloigné du projet des futuristes. Néanmoins, peu après, Marinetti s'associe de nouveau au parti fasciste et, dans sa brochure *Futurisme et Fascisme* (1924), il réaffirme la proximité idéologique des deux mouvements : « L'avènement au pouvoir du fascisme constitue la réalisation du programme minimum futuriste[7] » et glorifie « le tempérament futuriste du président du Conseil », c'est-à-dire de Mussolini. Malgré quelques désaccords ponctuels, le poète et le politicien resteront proches jusqu'au bout.

Les avant-gardes en Allemagne

Les différents mouvements d'avant-garde communiquent entre eux. Marinetti déploie beaucoup d'énergie pour faire connaître ses idées dans d'autres pays européens. En Allemagne, les mouvements modernistes antérieurs à la Première Guerre, comme *Die Brücke* ou *Der Blaue Reiter*, et plus généralement le mouvement expressionniste, s'ils prônent une rupture radicale avec les traditions antérieures dans le domaine de l'art, n'ont pas l'ambition de transformer le monde. Néanmoins, le futurisme reçoit un accueil favorable, son impact se confondant souvent avec celui des autres groupes nouveaux, ce qui lui vaudra plus tard les sympathies de Goebbels. C'est la Première Guerre mondiale qui provoquera un changement radical d'attitude, en Allemagne comme du reste en Russie et en Italie. Elle joue à cet égard un rôle non moins décisif pour l'orientation des avant-gardes que, dans les décennies précédentes, les progrès fulgurants de la technologie. La guerre totale que se livrent les peuples européens s'avère être tout autre chose que cette « hygiène du monde », glorifiée par Marinetti. Par le degré de destruction infligée à l'ennemi, par la transgression systématique de toutes les normes qui avaient jusque-là régi les conflits entre pays « civilisés », par l'ébranlement de l'idée même que l'on pouvait se faire de l'identité humaine, cette guerre rend plausible ce qui avait été jusqu'alors inconcevable : l'abolition intégrale de la société ancienne et son remplacement par un ordre nouveau. Opération analogue à celle induite par les nouvelles technologies mais beaucoup plus brutale, puisque, au lieu de s'introduire progressivement, elle est concentrée en quelques petites années, et qu'elle concerne l'organisation de toute la vie sociale, et non seulement ses aspects matériels.

L'effet de la guerre sera particulièrement traumatisant dans les pays où elle se présente comme une défaite et une frustration. C'est en premier lieu l'Allemagne, le grand vaincu, ainsi que l'Autriche, petit pays issu du vaste empire antérieur. Mais c'est aussi la Russie, bien qu'elle participe à l'alliance qui sortira victorieuse de la guerre, car elle a dû signer auparavant une paix séparée, désastreuse pour elle. Et même, malgré les apparences, l'Italie qui a subi des défaites sur les champs de bataille et à laquelle les Alliés n'ont pas accordé les territoires promis au moment de son entrée en guerre. Ce sont justement ces trois pays qui verront, d'une part, l'épanouissement des avant-gardes artistiques, et, de l'autre, la montée en puissance des mouvements révolutionnaires qui aboutiront aux régimes totalitaires ; la France et la Grande-Bretagne, pays victorieux, y échapperont. Sans le désastre de la Grande Guerre, Lénine serait resté un exilé impuissant, Mussolini un tribun parmi d'autres, Hitler un agitateur sans audience.

En Allemagne, au lendemain de l'armistice, un mouvement révolutionnaire fait tomber la monarchie. Le groupe artistique Novembre est fondé à la fin 1918, qui réunit quelques-uns des artistes allemands les plus en vue, particulièrement parmi les expressionnistes : les peintres Max Pechstein et Emil Nolde, les architectes Mies van der Rohe et Walter Gropius, les écrivains Bertolt Brecht et Ernst Toller, les musiciens Alban Berg et Paul Hindemith. Ils saluent avec joie la révolution russe et espèrent voir son équivalent en Allemagne.

Mais l'histoire suivra là-bas un autre chemin : la révolution sera écrasée dans le sang. L'émeute montée par les spartakistes (communistes) dans les premiers jours de 1919 échoue, ses dirigeants Karl Liebknecht et Rosa Luxemburg sont exécutés, et c'est la république libérale de Weimar qui s'installe. En même temps que la révolution politique se prépare une mutation dans les arts : un « Conseil [c'est aussi le sens du mot *soviet*] du travail pour l'art » est fondé, codirigé par Gropius. Le Conseil déclare que « l'art et le peuple doivent former une unité » et que « l'art ne sera plus le plaisir de quelques-uns mais le bonheur et la vie des masses »[8]. Ce projet rappelle à plusieurs égards celui de Wagner, soixante-dix ans plus tôt : comme ce dernier, Gropius semble compenser l'échec de la révolution politique par un projet artistique (alors qu'en Russie la victoire de l'une avait, un temps, facilité la progression de l'autre) ; comme lui aussi, Gropius rêve à l'unification des arts : non plus dans l'opéra, mais dans l'architecture, destinée à absorber peinture et sculpture.

Un mois après l'inauguration de la République de Weimar, en 1919, sera fondé le Bauhaus, groupement d'architectes et d'artistes dirigé par Gropius, qui s'appuiera sur les mêmes principes. L'art ne se confond pas avec la vie, il vise à la création d'une œuvre totale, dit le manifeste du Bauhaus, un édifice qui « s'élèvera un jour vers le ciel, symbole de cristal d'une foi nouvelle qui s'annonce ». Plus qu'à toute autre forme, annonce ce programme, l'édifice ressemblera à une cathédrale : comme la religion ancienne, la foi nouvelle aura besoin d'un temple ; l'une comme l'autre incarneront l'absolu. Mais ce projet à consonance religieuse ne sera pas maintenu longtemps. Les théoriciens du Bauhaus ne peuvent ignorer que l'absolu religieux est désormais descendu sur terre ; le temple de l'homme moderne n'est plus une cathédrale. « L'homme est devenu Dieu – sa maison est son église »[9].

L'œuvre projetée par les auteurs du Bauhaus se rapproche donc progressivement de la vie courante : il faut construire des maisons pour les hommes, mais s'occuper aussi de tout ce qui les entoure, depuis les meubles et les ustensiles jusqu'aux villes et aux paysages. Pour cela, il faut bien connaître le « peuple » pour lequel on travaille : Gropius introduit au Bauhaus l'enseignement de la sociologie et même de la biologie. Le cadre créé transforme et perfectionne à son tour les hommes : en produisant des objets de la vie quotidienne, les artistes influencent les manières de vivre, individuelles ou collectives. En même temps, Gropius maintient dans son organisation une certaine neutralité politique. Après son départ de la direction, en 1926, les tendances pro-communistes se renforceront, ainsi que le mouvement visant à englober toute vie sociale dans les compétences du groupe.

Tout au long des années vingt, les contacts entre Russes et Allemands restent constants. Kandinsky enseigne au Bauhaus depuis 1922. À Berlin, les visites des Russes sont très fréquentes, ils donnent des conférences, organisent des expositions, publient revues et livres. Ed Lissitzky et Ilya Ehrenbourg y font paraître la revue *Veshch'* (*L'Objet*), qui devient la grande tribune des constructivistes. Malevitch y organise une exposition et ses textes sont publiés par le Bauhaus. En 1923, l'arrivée de László Moholy-Nagy, artiste hongrois, exerce une influence plus forte encore, or ses idées sont imprégnées par le constructivisme. Le but, déclare-t-il en 1925, ne doit pas être l'œuvre d'art totale wagnérienne, mais « la synthèse de tous les moments de la vie, elle-même œuvre totale embrassant toutes choses, annulant toute séparation »[10]. Il ne s'agit plus de produire de l'art mais de façonner la vie. Construire des maisons ou des villes, c'est organiser des processus vitaux ; les artistes-architectes seront donc les formateurs de l'humanité. Là encore, cependant, l'ambition constructiviste se heurte au pouvoir politique : tout comme les futuristes italiens devaient se contenter d'être les inspirateurs du fascisme sans pouvoir jouer le rôle d'un art officiel, les créateurs du Bauhaus, qui ne seraient pas malheureux de servir les projets architecturaux des nazis, arrivés au pouvoir en 1933, doivent se résigner : ceux-ci décident de réaliser eux-mêmes « l'œuvre d'art totale ». La révolution politique n'a pas besoin d'un art révolutionnaire à ses côtés.

Le Bauhaus n'est pas le seul mouvement qui associe innovation artistique et transformation sociale. Les dadaïstes berlinois se réfèrent volontiers à la révolution russe : « Le dadaïsme est le bolchevisme allemand », déclare l'un de leurs porte-parole[11]. Le groupe de la Nouvelle Objectivité, issu de la rencontre entre dadaïstes et expressionnistes, cultive l'extrémisme dans les deux domaines, politique et artistique ; s'y côtoient les peintres Georg Grosz, Otto Dix, Max Beckmann. Cependant, au fur et à mesure que se renforce l'influence de l'idéologie nazie, les avant-gardistes doivent céder du terrain, malgré la bienveillance dont leur témoignent certains dignitaires nazis, tel Goebbels, qui aime proclamer son goût pour l'expressionnisme, style spécifiquement allemand. Après 1933, ils seront tout à fait marginalisés, voire interdits de toute activité publique, même quand ils se disent fidèles à l'idéologie nazie.

Futuristes et constructivistes russes

Le premier manifeste de Marinetti est aussitôt traduit en russe, et son auteur se rend en janvier-février 1914 à Moscou et à Saint-Pétersbourg, où son livre *Le Futurisme* vient de paraître. Les futuristes russes lui réservent un accueil mitigé : ils s'en sont inspirés, mais leur culte du nouveau rend difficile l'aveu d'une dépendance du passé, serait-il récent. De plus, les Russes refusent de glorifier la guerre et, à cette époque, n'aspirent pas à une extension de leur mouvement dans la sphère sociale, ils se contentent de leur révolution artistique (« il faut jeter Pouchkine, Dostoïevski et Tolstoï du bateau vapeur de la modernité », proclame leur manifeste *Gifle au goût public* en 1912). Néanmoins, la tournée de conférences de Marinetti est un succès, des contacts durables sont établis. Malevitch le place à égalité avec Picasso pour son rôle dans l'évolution de l'art moderne et se référera favorablement à ses idées jusqu'à la fin des années vingt. Maïakovski, qui participe à une rencontre avec Marinetti à Moscou, n'en garde pas non plus un mauvais souvenir : les deux hommes se retrouveront à Paris pour un déjeuner le 20 juin 1925. Leur interprète Elsa Triolet est inquiète : de quoi pourraient se parler « un bolchevik et un fasciste » ? La rencontre semble pourtant s'être déroulée de manière parfaitement amicale. L'un des proches de Maïakovski l'avait pressenti, et écrivait en 1923 dans le journal dirigé par celui-ci : « En Italie, Maïakovski aurait été Marinetti, et en Russie Marinetti aurait été Maïakovski »[12].

Les mouvements d'avant-garde se manifestent en Russie pour la première fois autour de 1910 : ce sont les débuts de l'abstraction en peinture, des inventions futuristes en poésie. Pourtant, au commencement, il ne s'agit nullement d'un rapprochement entre art et société, bien au contraire. On demande plutôt à la peinture d'oublier le monde matériel et de n'obéir qu'à ses propres lois, et elle le fait. Le peintre Mikhaïl Larionov, créateur du « rayonnisme », écrit dans un manifeste de 1913 : « Les objets que nous voyons dans la vie ne jouent aucun rôle dans le tableau rayonniste. Par contre l'attention est attirée par ce qui est l'essence même de la peinture : les combinaisons de couleurs, leur concentration [...]. Nous assistons ici au commencement de la véritable libération de la peinture, de sa vie uniquement d'après ses propres lois, de la peinture but en soi, ayant ses propres formes, couleurs et timbres. » Kasimir Malevitch, fondateur du « suprématisme », déclare de son côté en 1916 qu'il faut considérer « la peinture comme une action qui a son propre but ». Les tableaux abstraits de Kandinsky, il est vrai, gardent un rapport avec le monde réel, puisque les formes dans le tableau désignent les catégories de l'esprit ; de même, les carrés, ronds et croix de Malevitch visent, une fois écartées les apparences trompeuses qui s'offrent au regard, à révéler l'ordre cosmique sous-jacent. Il n'en reste pas moins que le monde phénoménal, celui qui s'offre aux yeux de tous, n'est plus pris en considération. Au même moment, les ready-made de Duchamp rendent vaine toute recherche de sens et de vérité. De même, les futuristes souhaitent émanciper le langage de son rapport au réel et donc au sens, ils créent un langage « transmental ». Velimir Khlebnikov défend « le verbe autonome », « le mot comme tel », voire « la lettre comme telle ». Benedikt Livchits écrit dans son article « La Libération du mot » (1913) : « Notre poésie [...] ne se met dans absolument aucun rapport avec le monde »[13].

Cependant, cette séparation entre l'art et le monde visible des objets ou le monde intelligible du sens, et par voie de conséquence entre la recherche de l'absolu dans l'œuvre et dans la société, sera à son tour mise en question, parfois par ceux-là même qui l'avaient promue. Dans un premier temps, cette contestation ne comportera aucune indication d'intérêt pour l'ordre social ou le monde politique, mais concernera les moyens mis en œuvre par les artistes. Le nouveau courant s'appellera « constructivisme » car ses représentants opposent à la création artistique la construction d'objets et d'artefacts destinés à faire partie du monde environnant. Leur première manifestation collective est une exposition en 1921, mais les prémisses du mouvement sont jetées dès 1915 par Vladimir Tatline, qui expose ses « Contre-reliefs » en même temps que Malevitch dévoile son « Carré noir ». Les « Contre-reliefs » sont des assemblages de divers matériaux dont le but n'est nullement de révéler l'être du monde, mais bien plutôt de mettre en valeur la qualité intrinsèque des matériaux – et elle seulement.

L'opposition entre le constructivisme et les mouvements modernistes précédents n'est pas de nature politique : les tenants de l'un et des autres salueront avec enthousiasme la révolution en cours. Elle est dans le rapport établi entre l'œuvre d'art et son contexte social. Selon l'un des théoriciens un peu plus tardifs du constructivisme, Boris Arvatov, le mouvement précédent, même lorsqu'il ne retient de la vie que son contenu spirituel ou ses éléments essentiels, comme le font Kandinsky et Malevitch, « place l'art plus haut que la vie et veut rendre la vie sous forme d'art ». Le constructivisme, lui, « place la vie plus haut que l'art » et privilégie la fonction au détriment de la forme. « Non la création de formes d'une grande valeur "esthétique" mais la construction utilitaire de matériaux. Non l'autonomie de la chose en tant que telle, mais la richesse du contenu », écrit-il aussi[14].

La grande impulsion transformatrice viendra, ici aussi, de la guerre et du sentiment d'ébranlement généralisé qu'elle provoque. Au lendemain de la révolution d'Octobre, les artistes appartenant aux diverses avant-gardes seront immédiatement associés au nouveau pouvoir instauré en Russie. Dès novembre 1917, les bolcheviks convoquent à Petrograd plusieurs de leurs représentants – les futuristes Maïakovski et Altman, le metteur en scène Meyerhold – pour discuter du rôle des artistes dans le nouveau régime. Les avant-gardistes se reconnaissent dans la révolution en cours ; même ceux qui, comme les futuristes ou les suprématistes, ne mettaient aucun contenu politique dans leurs proclamations sont convaincus maintenant de l'unité des deux mouvements. « Le cubisme et le futurisme ont été des mouvements artistiques révolutionnaires ; ils ont présagé la révolution de 1917 dans la vie économique et politique », écrit Malevitch en 1919[15]. Tous les futuristes, et non seulement Maïakovski, saluent la révolution avec joie, et l'un d'entre eux écrit en 1923 : « Les futuristes ont déferlé sur la révolution d'Octobre aussi nécessairement que la Volga se jette dans la mer Caspienne[16]. » C'est parmi les sympathisants des futuristes et des constructivistes que seront recrutés les premiers hauts fonctionnaires culturels, ce sont eux aussi qui occuperont les postes de dirigeants dans les nouveaux instituts d'enseignement. Les projets échafaudés dans les petites revues d'avant-garde peuvent soudain être réalisés à l'échelle du pays tout entier.

Le constructivisme se propose maintenant de transformer l'usage de toutes les formes d'expression. Plutôt que de produire des œuvres littéraires, le poète doit magnifier le matériau langagier quand il sert des buts utilitaires ; Maïakovski fabriquera des slogans politiques ou des publicités commerciales. Dans son autobiographie, il définit ainsi le programme de son groupe : « contre la fiction et l'esthétisme, pour la propagande, pour un journalisme qualifié et pour la chronique ». En effet, le matériau en question n'est pas seulement le langage, ce sont aussi les événements réels évoqués par ce langage : à la littérature d'imagination, les constructivistes préfèrent la « littérature factuelle », tirée du monde qui entoure l'auteur. Ainsi conçu, l'art ne constitue plus une sphère séparée : tous peuvent participer à sa création. « Dans la Commune, tout le monde crée », écrit Ossip Brik, autre théoricien du constructivisme[17], reprenant à son compte, peut-être sans le savoir, les conclusions de Novalis, penseur du romantisme et précurseur de Wagner : « Chaque homme devrait être artiste. Tout peut devenir bel art[18]. »

De même pour les arts visuels : leur but n'est plus de produire des tableaux ou des sculptures, mais de transformer le monde environnant par des gestes d'artistes. Alexandre Rodchenko, chef de file des constructivistes plastiques, est contre la peinture de chevalet tout comme Maïakovski était contre la fiction. « La peinture non figurative a quitté les musées », déclare le premier au cours de son exposition en 1920, « la peinture non figurative est *la rue* elle-même, *les places, la ville* et *le monde entier*[19] ». Il veut fabriquer des affiches, des dessins pour papiers peints ou pour tissus. Là encore, la réalité existante est préférable à l'imagination : Rodchenko se consacre donc progressivement à la photographie. Tatline, de son côté, passe des « Contre-reliefs » aux constructions architecturales, ainsi la tour (restée à l'état de projet) destinée à devenir un *Monument à la IIIe Internationale*. L'architecture constitue l'aboutissement logique des recherches constructivistes plastiques : inspiré par des principes artistiques, l'architecte modèle le monde en construisant de vraies maisons, des villes grandeur nature, des éléments de paysage.

Les arts du spectacle suivent le même chemin. Arvatov parle comme d'une évidence de la « fusion entre le théâtre et la vie dans la société socialiste » ; mais quelle sera la forme de cette fusion ? Selon lui, il ne s'agit plus de produire des spectacles de théâtre classiques, serait-ce pour les montrer ensuite au plus grand nombre. Il faut, écrit-il, mettre en forme la vie même, « construire rationnellement le mode de vie »[20]. C'est ainsi que le théâtre remplira au mieux ses fonctions de propagande. Au cinéma, les théories de montage de Dziga Vertov s'inscrivent également dans le projet constructiviste ; Vertov crée de belles œuvres sans rien inventer, en filmant l'existant et en se livrant ensuite à un montage audacieux : il réorganise le monde visible. Pourvu qu'on sache le mettre en valeur, le matériau agit sur le spectateur ; or tout, dans le monde, est un matériau potentiel.

Le projet théorique constructiviste se trouve poussé à son extrême par l'un de ses théoriciens, Nikolaï Tchoujak, qui lui donne tout bonnement pour objectif « la construction de la vie ». Dans quelques articles publiés dans la revue *LEF*, dirigée par Maïakovski, en 1923 puis en 1929, il tire les conséquences du choix initial, celui de faire bénéficier de l'expérience artistique la vie entière. Selon lui, deux conceptions de l'art s'affrontent. L'une, bourgeoise, consiste à voir « l'art comme méthode de *connaissance* de la vie » ; l'autre, prolétarienne, perçoit « l'art comme méthode de *construction* de la vie »[21]. La première s'enferme dans la représentation et incite à contempler le monde ; la seconde veut maîtriser le matériau et le transformer.

On peut entendre ici un écho de la célèbre formule de Marx, qui concernait le statut de la connaissance : « Les philosophes n'ont fait jusqu'ici que donner du monde différentes interprétations ; ce qui importe, c'est de le transformer. » Maintenant, c'est la frontière entre l'artiste et l'activiste politique qui se trouve franchie. L'art à l'ancienne peut avoir, à la rigueur, une utilité préparatoire, celle d'un « timide apprentissage auprès du formidable développement de la vie en voie de création ». Mais, pour l'essentiel, Tchoujak juge que le moment est venu de « déclarer la guerre à la littérature artistique », ou belles-lettres, celle qui part de l'opposition même entre littérature et vie, alors que l'une devrait se fondre dans l'autre. À présent, suggère-t-il, on doit envoyer « croupir les belles-lettres à la décharge des arts qui ont fait leur temps »[22]. L'art nouveau devient, simplement, l'une des méthodes pour construire la vie. En cela les constructivistes rendent explicite l'une des caractéristiques de toutes les avant-gardes : l'ambition totalisante, le désir d'apporter une réponse valable pour tous les domaines de l'existence, et d'exclure par là même toute autre approche du monde.

L'ancienne pratique esthétisante cherchait à introduire dans la vie une beauté venue du dehors ; le constructiviste-producteur, lui, se propose de changer la réalité, en partant des matériaux que celle-ci nous offre. « Les belles-lettres sont l'opium du peuple. La littérature factuelle en est l'antidote. » La littérature factuelle, c'est la reprise et redistribution des paroles que l'on peut entendre dans la vie quotidienne : pour commencer, il faut tendre l'oreille et les capter. « La danse de la vie réelle, de la vie authentique, est incomparablement plus riche de surprenantes merveilles que les plus diaboliques ficelles de l'art ! » L'écrivain part à la recherche du monde, il se fera dans un premier temps observateur et journaliste pour ensuite, grâce à un habile montage, présenter un monde reconstruit qui servira mieux la cause du prolétariat. La richesse des matériaux est infinie : « Est-ce que les sténogrammes de nos réunions du parti, munis du seing de la décision de la majorité, ne se lisent pas d'un trait comme jamais on n'a lu un seul roman, est-ce que leur efficacité pratique n'a pas la valeur d'une œuvre d'art ? »[23].

L'attitude du reconstructeur ne doit pas être réservée à une caste particulière d'artistes. « L'emprise sur le matériau n'est pas seulement l'apanage de l'artiste. La masse est entraînée joyeusement et librement dans le processus de création. [...] L'art est l'affaire de tous ; l'art est dans les "terriers" mêmes de la vie ; l'art pénètre la vie comme un rythme musical envahissant. » En même temps qu'il se trouve multiplié à l'infini, l'artiste voit son importance croître, puisque, au lieu d'être un simple pourvoyeur de distractions et d'enjolivures, il devient un maître de vie, un « metteur en scène de la vie nouvelle »[24]. Le rêve de Wagner connaît une renaissance.

À première vue, l'art sort perdant du conflit qui l'avait opposé à la vie. Au lieu de puiser dans son imagination, l'artiste emprunte au monde ses matériaux tout faits ; au lieu de destiner ses œuvres à la contemplation désintéressée, il les met au service de la société, de la « commande sociale ». Au lieu de créer des artefacts originaux, il se contente de mettre en valeur la qualité intrinsèque des matériaux existants et de les agencer selon les règles préétablies. Mais cette soumission est en même temps une victoire, et l'humilité provient d'une ambition plus haute : l'artiste se confond maintenant avec l'acteur politique qui modèle la société, le peuple, les individus, selon un dessein préétabli. Dans le projet constructiviste, l'art est à la fois mis à mort et porté à son apogée, puisque l'artiste ne manipule plus seulement des mots ou des couleurs, mais les êtres humains : il est devenu artiste-ingénieur-démiurge. « L'artiste-ouvrier doit se tenir à côté du scientifique comme un psycho-ingénieur, un psycho-constructeur », écrit Tretiakov dans la revue des constructivistes en 1923[25]. Dans cette perspective, l'individu n'a plus aucune pertinence, ce qui compte est le destin du collectif.

L'euphorie ne dure pas longtemps. En 1923 se tient la dernière exposition de l'avant-garde, telle qu'elle avait été conçue avant et pendant la guerre. Dorénavant, Maïakovski et Malevitch, Rodchenko et Tatline seront en butte aux attaques des nouveaux bureaucrates culturels, qui n'auront pas l'ambition d'indiquer les voies futures de la société mais celle de suivre docilement les instructions du Parti. Dans cette surenchère de fidélité à l'esprit de la révolution, les avant-gardistes seront perdants. Il est néanmoins significatif qu'aucun d'entre eux ne choisit l'émigration ; en revanche, quand ils ne sont pas transformés en simples propagandistes obéissants, plusieurs d'entre eux seront réprimés, victimes de la révolution qu'ils avaient appelée de leurs vœux.

Mussolini, artiste et œuvre

Le refus de laisser aux artistes le rôle de démiurge a en effet une raison profonde : c'est que ce rôle doit être réservé aux chefs politiques eux-mêmes. L'assimilation entre artiste et homme politique, chacun travaillant sur un matériau différent mais adoptant la même attitude, a une longue tradition, mais n'avait encore jamais été transformée en programme d'action. Platon compare l'homme d'État au peintre, dont le geste mime à son tour celui du dieu créateur. « Jamais il ne peut y avoir de bonheur pour un État, si ce n'est à condition que ceux qui en auront dessiné l'image soient des peintres se servant du modèle divin. [...] États, mœurs des hommes, ils les ont pris comme la planche qu'il s'agit pour eux de peindre. » Ailleurs, il compare le législateur au poète : « Nous composons un poème tragique, à la fois le plus beau et le plus excellent possible, autrement dit notre organisation politique tout entière consiste en une imitation de la vie la plus belle et la plus excellente. [...] Nous sommes les auteurs de la tragédie la plus authentique, le drame le plus magnifique »[26]. Les romantiques allemands, inspirés par les conceptions platoniciennes de la beauté, retrouveront cette comparaison entre chef d'État et artiste – un artiste dont la matière première est le pays tout entier.

Toutefois, que ce soit chez Platon, dans le discours révolutionnaire en France ou chez les romantiques, l'idée de la création artistique appliquée à la vie sociale reste une image plutôt que de devenir un projet concret. Les choses ne changent vraiment qu'avec les États totalitaires modernes, dans lesquels le chef suprême dispose des moyens nécessaires pour ramener les métaphores à leur sens littéral. Or ces États eux-mêmes naissent dans le contexte nouveau d'une transformation accélérée de la société sous l'impact de la technique, permettant de réaliser le rêve millénaire de maîtriser et transformer la nature, comme de la révélation apportée par la Grande Guerre, à savoir que toutes les normes sont révocables et qu'aucune violence n'est plus inadmissible. Les religions politiques viennent à la place des croyances traditionnelles. C'est alors que l'idéologie développée par les avant-gardes artistiques depuis quelques décennies commence à exercer une action plus ou moins directe, en donnant un contenu aux projets en cours. Désormais, la transformation de l'individu et celle de l'État peuvent être promues de manière parallèle ; l'homme nouveau et la société nouvelle sont tous deux des œuvres, à façonner par le guide du pays.

La comparaison entre action politique et activité créatrice apparaît très tôt chez Mussolini : ce n'est pas pour rien qu'il fréquente Marinetti depuis plusieurs années. En novembre 1917, Mussolini affirme dans le *Popolo d'Italia* : « Le peuple italien est en ce moment une masse de minerai précieux. Une œuvre d'art est encore possible. Il faut un gouvernement. Un homme. Un homme qui aura le toucher délicat de l'artiste et le poing de fer du guerrier. » En 1922, il se décrit comme le « sculpteur de la nation italienne » et déclare : « La politique travaille surtout le plus difficile et le plus dur des matériaux, l'homme. » Le politicien comme l'artiste doivent, d'un matériau résistant – ici le marbre, là les êtres humains –, produire des œuvres parfaites. Son projet, explique-t-il à qui veut l'entendre, consiste à créer des Italiens nouveaux, à refaire leur âme, à façonner les masses, à modeler le peuple tout entier. « Toute la question, dira-t-il quelques années plus tard à Emil Ludwig, consiste à maîtriser la masse comme un artiste »[27], à l'utiliser donc comme une matière brute pour en tirer un chef-d'œuvre. Les moyens pour y parvenir sont aussi bien physiques – Mussolini n'est pas rétif aux projets eugénistes contemporains – que spirituels : la Grande Guerre a été une formidable éducatrice, sans laquelle la fabrication du nouvel homme fasciste eût été inconcevable. En temps de paix, les organisations de masse, en particulier celles destinées à la jeunesse, auront à jouer un rôle essentiel et contribueront à transformer le pays tout entier en vaste champ d'expérience sur les hommes.

Le projet de Mussolini a une spécificité personnelle : le *duce* ne se contente pas d'être l'artisan de ce renouveau, il se présente en même temps comme son produit le plus achevé. Il est à la fois l'artiste et l'œuvre d'art. Pour l'homme nouveau qu'il cherche à façonner, il s'inspire de sa propre image. Car dans un premier temps, il s'est lui-même modelé telle une statue : l'enfant issu d'un milieu modeste s'est transformé par un effort conscient de la volonté, afin d'apparaître à ses compatriotes comme un homme parfait, un exemple à suivre. Mussolini ne manque aucune occasion pour montrer qu'il sait faire le travail du paysan et celui de l'ouvrier, mais aussi maîtriser différents sports, course, natation ou ski, et écrire, de plus, des textes philosophiques ou littéraires. Un éditorial de *Critica fascista* déclare sans ambages : « Le seul grand artiste du régime est pour l'heure son fondateur, Mussolini. Tous les discours qu'il a prononcés, tous les articles et essais politiques qu'il a écrits suffisent à faire de lui notre plus grand prosateur contemporain[28]. » Il ne s'agit pas d'une simple flatterie ; le rapprochement entre art et politique, une fois de plus, n'est pas fortuit. Quelques années plus tard, Ezra Pound confirme : « Une appréciation de Mussolini ne peut être valide sans qu'elle parte de sa passion pour la construction. Traitez-le comme *artifex* et tous les détails s'assemblent. Prenez-le comme autre chose qu'un artiste, et vous vous embourbez dans les contradictions[29]. »

Au-delà de la proximité idéologique des deux mouvements, futurisme et fascisme, ce dernier compte sur l'action artistique pour parvenir à transformer la société et en faire un spectacle digne d'admiration. Les observateurs étrangers relèvent ces qualités esthétiques de son action politique. Le fascisme, dira Robert Brasillach, est « une poésie, et la poésie même du XXe siècle (avec le communisme, sans doute)[30] ». Une attention particulière sera accordée à ce qui peut devenir un spectacle de masse : fêtes, défilés, ou, d'autre part, l'architecture, art suprême, puisqu'elle englobe tous les individus et s'offre à l'admiration de tous. Mais cette forme d'esthétisation de l'action ne devient jamais une fin en soi, elle reste subordonnée à l'objectif politique : ce n'est pas le beau qui est sacré dans le fascisme, c'est l'État.

Il faut dire qu'aux yeux du *duce* lui-même, son projet se solde par un échec : il n'aura pas réussi à transformer les Italiens en hommes nouveaux, en vaillants fascistes, et c'est pour cette raison, pense-t-il, que l'Italie perdra la guerre. Cet échec, il le formule encore en termes artistiques : la faute en est au matériau qui, en fin de compte, ne s'est pas révélé suffisamment dur. « C'est la matière qui me manque, dit-il à Ciano quelques mois avant de mourir. Michel-Ange lui-même avait besoin de marbre pour faire ses statues. S'il n'avait eu que de l'argile, il n'eût été qu'un céramiste[31]. »

L'esprit artistique de Hitler

Chez Hitler, la relation entre action politique et activité artistique est non moins forte, mais prend une forme quelque peu différente. On sait que le *Führer* accorde une place toute particulière à Wagner, dont le nom, en pays germanophones, incarne la conception de l'artiste non comme une figure dans la société parmi d'autres, mais comme son modèle même. Dans son livre *Hitler m'a dit*, Hermann Rauschning rapporte : « Hitler refusait d'admettre qu'il eût des précurseurs. Il ne faisait exception que pour Richard Wagner. » Cette reconnaissance n'est pas un acte isolé. Le 5 mai 1924, alors qu'il est emprisonné à la suite de sa tentative infructueuse de prendre le pouvoir, Hitler écrit au fils de Wagner, Siegfried, pour lui dire qu'il a trouvé chez son père « l'épée spirituelle avec laquelle nous combattons aujourd'hui[32] ». Par la suite, il établira des relations privilégiées avec les habitants de Bayreuth.

Comment expliquer ce privilège redoutable ? Hitler est envoûté par la musique de Wagner depuis sa jeunesse en Autriche. *Rienzi*, en particulier, le plonge dans un état de stupeur et d'extase. Mais son adoration va bien au-delà. Son meilleur ami de cette époque, August Kubizek, raconte : « Il arrivait parfois qu'Adolf me récitât par cœur [...] le texte d'une lettre ou d'une annotation de Richard Wagner ou qu'il me lût à haute voix l'un de ses écrits, par exemple *L'Œuvre d'art de l'avenir* ou bien *L'Art et la Révolution*[33]. » Hitler lui-même affirmait avoir assisté à trente ou quarante représentations de *Tristan et Isolde*.

La place particulière de *Rienzi*, cet opéra de jeunesse, peut suggérer une explication à ce choix de Wagner comme unique précurseur – d'autant plus que l'attachement de Hitler pour cette œuvre ne se démentira jamais. Des années plus tard, son ouverture sera régulièrement jouée aux congrès du parti nazi. Lorsqu'il rend visite en 1939 à Winifred Wagner, la belle-fille du compositeur, Hitler lui parle encore de l'impact qu'a eu sur lui cet opéra, comme le rapporte le même Kubizek, témoin de la scène : « C'est en cette heure que tout a commencé », déclare-t-il en se référant à sa première audition. Hitler en dit autant à son autre ami (et architecte favori), Albert Speer : « Tout jeune homme, écoutant cette musique géniale au théâtre de Linz, j'eus la vision d'un Reich allemand dont je réussirais la grandeur et l'unité »[34].

On pourrait donc penser que l'attirance de Hitler est avant tout conditionnée par les questions soulevées par l'opéra : comment un tribun peut entraîner son peuple, contre quels dangers aussi il doit se prémunir. Mais cette explication ne suffit pas : la familiarité de Hitler avec les autres œuvres de Wagner, ainsi qu'avec ses textes, est là pour en témoigner. Hitler – qui, dans sa jeunesse, se rêvait en artiste – ne peut rester insensible aux conceptions générales de Wagner concernant la relation entre art et société. Ce qui l'attire est précisément la continuité entre les deux, la possibilité de voir l'un prendre le relais de l'autre. Wagner a renoncé à la révolution dans la rue pour se consacrer à la création d'une œuvre d'art totale, son opéra ; mais son but est resté le même : agir sur son peuple pour lui apporter grandeur et bonheur. Hitler à son tour, sous l'effet de la guerre et non plus de la révolution, renonce à pratiquer son art de peintre et plus généralement à sa vocation d'artiste-créateur. Si l'Allemagne n'avait pas perdu la guerre, déclare-t-il, « je serais devenu non pas un politicien mais un architecte – un architecte aussi génial que Michel-Ange[35] ». Les circonstances l'ont donc conduit à la production d'une œuvre bien plus « totale » encore : le nouveau peuple allemand. Toutefois, à la différence de Mussolini, il ne se propose pas lui-même en exemple d'« œuvre » réussie : la rupture entre le guide et les masses est ici plus nette ; Hitler est un artiste, non une œuvre d'art.

La ressemblance entre les deux postures, celle de l'artiste et celle de l'homme d'État, se retrouve chez les autres théoriciens du nazisme. Dans son roman *Michael* (1929), Goebbels – qui lui-même se pense en écrivain, donc en artiste – reprend la métaphore de Mussolini et décrit le peuple comme occupant la place de la pierre pour le sculpteur : un matériau à travailler. Deux ans plus tard, il insiste : « La masse n'est pour nous qu'un matériau informe. C'est seulement par la main de l'artiste que de la masse naît un peuple, et du peuple une nation. » Parvenu au pouvoir, il écrit en avril 1933 dans sa lettre ouverte au chef d'orchestre Wilhelm Furtwängler : « Nous qui donnons forme à la politique allemande moderne, nous nous sentons comme des artistes auxquels a été confiée la haute responsabilité de former, à partir de la masse brute, l'image solide et pleine du peuple. » C'est là l'art le plus total et en même temps le plus ambitieux qui soit. Et la meilleure préparation pour exercer le rôle d'un homme d'État est précisément d'avoir pratiqué un art. En avril 1936, l'organe du parti nazi, le *Völkischer Beobachter*, publie en première page un article intitulé « L'art comme fondement de la puissance créatrice politique », dans lequel on peut lire : « Il existe un lien interne et indissoluble entre les travaux artistiques du *Führer* et son grand œuvre politique. [...] Son activité artistique [...] est la condition première de son idée créatrice de la totalité »[36]. C'est parce qu'il a été artiste que Hitler sait conduire son peuple. On remarque du reste que, dans le premier gouvernement de Hitler, une bonne moitié des membres a eu dans le passé une quelconque activité artistique. Goebbels conclut en 1937 : « Tout le travail de Hitler est la preuve d'un esprit artistique : son État est un bâtiment de facture véritablement classique. La création artistique de son œuvre politique le met à la tête de tous les artistes allemands, comme il le mérite par son caractère et par sa nature »[37]. Cette fois-ci, le rêve de Wagner est en train de se réaliser.

En quoi consiste l'attrait du modèle artistique pour les hommes politiques ? J'ai rappelé que, depuis la crise romantique, les artistes, et plus particulièrement les poètes, ont voulu occuper la place de prêtres : ils se rêvent guides et éducateurs du peuple. Aux yeux des dirigeants nazis, ils jouissent en outre d'un privilège par rapport aux serviteurs des anciennes religions : c'est qu'ils n'obéissent pas à un Livre, à une loi indépendante d'eux, mais définissent librement leur but et la voie qui doit les y conduire. Tel est le privilège du génie, modèle de tout artiste : il s'affranchit des règles pour créer en toute liberté. La libération du poids des traditions est devenue le mot d'ordre des mouvements artistiques d'avant-garde depuis la fin du XIXe siècle. Cubistes, futuristes, dadaïstes, peintres abstraits affirment haut et fort leur droit de modeler le monde selon leur volonté.

Tout autant que par la liberté des créateurs, le modèle artistique séduit à cause de l'action que l'art exerce sur son public : par-delà la froide raison et les arguments logiques, il emporte l'adhésion en agissant sur les sens, les sentiments, l'inconscient (thème bien répertorié chez les romantiques, qui pour cette raison précise préfèrent l'art à la science). Le grand avantage de l'art est qu'il ne se contente pas de communiquer un message, mais transforme à leur insu ceux qui le reçoivent. Émanation inconsciente de l'esprit du peuple, l'art sait trouver le chemin de retour et agir sur cet esprit. On comprend dans ce contexte pourquoi Hitler parle de l'art avec une telle emphase. « L'art est une mission sublime qui oblige au fanatisme », est une de ses formules célèbres ; « l'art est le seul résultat immortel du travail humain » en est une autre. Il touche tous les individus et permet ainsi au *Führer* de leur donner la forme souhaitée. En effet, ce n'est pas à chacun de chercher à rendre sa vie belle, selon un idéal qui lui serait propre : l'intérêt particulier s'efface devant l'intérêt général, l'individu se soumet au collectif – lui-même obéissant à son dirigeant. Le modèle artistique transposé à la vie politique est nécessairement inégalitaire, puisque quelques élus jouent le rôle de l'artiste que ne limite aucune contrainte, alors que les masses doivent se contenter de remplir celui de matériau inerte. On ne s'étonnera pas de voir le rôle central réservé une fois de plus à l'architecture, l'art total qui transforme directement la vie de tous. Le seul véritable artiste dans cette société, c'est le *Führer* lui-même – qui n'a aucune intention de laisser libre cours à l'initiative des artistes, au sens étroit du mot.

Il ne suffit donc plus à Hitler d'esthétiser sa politique, d'organiser des marches et des processions triomphales ou funèbres, de joindre les éclairages sidérants aux musiques retentissantes ; il doit faire fusionner le politique et l'esthétique en subordonnant toutes les institutions et toutes les actions à cet objectif ultime : la production d'un *Volk*, d'un peuple nouveau, tant physiquement que spirituellement. L'artiste s'est fait démiurge. « Qui ne voit dans le national-socialisme qu'une religion ne sait rien de lui, dit Hitler à Rauschning. Il est plus qu'une religion : il est la volonté de créer un homme nouveau[38]. » Il s'agit d'une action délibérée, d'un atelier d'artiste ou d'un laboratoire aux dimensions du pays tout entier.

Les deux principaux moyens pour mener à bien cette grande création sont la propagande et l'eugénisme. La première peut bien profiter de l'expérience des artistes ; le second est le résultat des progrès scientifiques : art et science se rejoignent pour servir le projet nazi. La logique de l'eugénisme recommande la sélection des meilleurs spécimens et le contrôle de leurs croisements ; à partir de là, les nazis considèrent comme légitime l'élimination des individus déficients et, conséquence ultime, l'extermination des races inférieures. La science ne se contente plus, ici, de connaître le monde, elle veut, en accord avec le précepte de Marx, le transformer afin de s'approcher de l'idéal voulu – un idéal qu'elle affirme déduire rigoureusement de l'observation des faits. En cela, elle se rapproche de l'art ; le sculpteur ne doit-il pas dégrossir la masse informe de la pierre ou du bois, modeler l'argile ou le plâtre pour produire une forme parfaite ? Cette double transformation de l'homme, physique et mentale, reste à son tour conforme au projet formulé naguère par Marinetti.

Ce qui importe n'est donc pas tant l'art en lui-même, encore que Hitler mettra toujours en valeur son rôle exemplaire ; c'est l'art au service de la vie. Comme le dit le titre d'un discours rédigé en 1936 par l'un des « compagnons de route » du nazisme, Hermann von Keyserling, *La vie est un art*. Les mythes et légendes germaniques, ceux-là mêmes qu'avait exploités Wagner, sont précieux, mais c'est surtout l'existence quotidienne du peuple allemand qui doit s'enrichir d'une dimension mythique et légendaire. Chacun, à son niveau, se comportera en artiste. Le travail doit devenir créateur, les activités utilitaires se conformer aux exigences de beauté. Les arts se trouvent dotés d'un rôle supplémentaire, en dehors de leur utilisation dans la propagande : renforcer la légitimité de l'image que l'on propose de l'homme et du peuple nouveaux.

L'art moderne, dont l'idée avait influencé la conception nazie du politique (liberté illimitée pour l'artiste face à son matériau, la masse humaine), ne convient plus à ce nouvel objectif ; il est devenu maintenant un art inutile (« dégénéré ») et, après quelques hésitations, les nazis optent contre les inventions d'avant-garde. Plutôt que de refléter les formes de vie changeantes ou de chercher à se distinguer de leurs prédécesseurs immédiats, les artistes doivent montrer la persistance du même et la conformité de l'idéal présent à la tradition du passé. En pratique, cela consiste à encourager, en sculpture, en peinture ou en architecture, non l'abstraction ou le Bauhaus, mais un style néo-classique et allégorique : c'est ce qui, dans l'esprit de Hitler et des autres dirigeants nazis, se rapproche le plus d'un canon éternel. La présence de ces formes dans le passé – le corps humain idéal, tel que figuré dans la sculpture grecque et romaine – justifie les efforts déployés par ailleurs pour transformer physiquement les Allemands contemporains, par la sélection et les croisements contrôlés. La vie imitera l'art.

Tout comme Mussolini, à la fin de sa vie Hitler considérera qu'il a échoué dans son effort de forger un peuple nouveau à la hauteur de ses exigences : les Allemands ont perdu la guerre, or pour Hitler seule la victoire prouve la qualité d'un peuple. Il aurait donc aimé l'entraîner dans son suicide et le faire disparaître de la surface de la terre ; toutefois, ses fidèles choisissent de désobéir à ses ultimes ordres. Le projet « artistique » de l'un et l'autre dictateurs n'aboutit pas. La seule œuvre réalisée par eux est d'une tout autre nature : ce qu'ils parviennent à créer est une version moderne de l'enfer. La terre du continent européen est labourée en tous sens par les batailles incessantes, les villes s'effondrent sous les bombardements, le réseau des camps emprisonne des millions de personnes condamnées à l'épuisement par le travail, les maladies, le froid, la faim ; d'autres millions sont tués immédiatement, par fusillade ou par gaz. Le programme de vie nouvelle s'est avéré porteur de mort.

Staline, ingénieur des âmes humaines

Hitler s'est emparé du pouvoir en Allemagne à la faveur des élections de 1932. C'est au même moment à peu près que Staline, l'ayant emporté sur ses rivaux dans le Parti, consolide son pouvoir absolu et accorde quelque attention à la situation des arts en URSS. Jusque-là, différentes chapelles se disputaient le droit de figurer comme meilleur représentant de la révolution communiste ; Staline met fin à ces querelles en remplaçant les multiples organisations par une seule union par profession, commune et centralisée : Union des écrivains, Union des peintres, et ainsi de suite.

C'est à ce moment aussi que sera adoptée la formule de « réalisme socialiste », censée définir la voie imposée à l'art soviétique. On pourrait imaginer que les deux mots qui la composent risquent ne pas toujours se trouver en accord, puisque « réalisme » semble se référer à la relation entre représentations et réalité, donc relève de la catégorie du vrai ; alors que « socialiste » désigne un idéal, par conséquent qualifie la capacité de l'œuvre de promouvoir le bien. Et si le vrai et le bien, l'être et le devoir-être ne se combinaient pas harmonieusement ? Si rester réaliste ne conduisait pas à défendre le socialisme ? Staline lui-même, qui aime discuter de ces questions avec les écrivains, ne peut concevoir une telle séparation. « Si un écrivain reflète honnêtement la vérité de la vie, il parvient immanquablement au marxisme[39] », déclare-t-il.

L'explication de cette solidarité indéfectible est donnée par l'idéologue du Parti Andrei Jdanov dans son discours au Premier Congrès des écrivains soviétiques, en 1934. C'est que le socialisme représente l'avenir soviétique, or cet avenir est contenu en germe dans le présent. Les écrivains rapportant avec réalisme ce qu'ils voient autour d'eux doivent donc y inclure l'avenir socialiste. « La littérature soviétique doit savoir montrer nos héros, savoir se projeter dans notre avenir. Ce ne sera pas de l'utopie, car cet avenir est dès aujourd'hui préparé par un travail conscient et planifié[40]. » Mais cet avenir est-il certain au point qu'on puisse le décrire comme présent ? Oui, car le déroulement du temps ne connaît pas de hasard : il obéit aux lois de l'histoire mais aussi à la volonté du Parti (aux plans) ; il est par conséquent parfaitement prévisible.

Jdanov rappelle aussi au Congrès qu'au cours d'une rencontre, en 1932, Staline a gratifié les écrivains d'une nouvelle définition : ils sont destinés à être les « ingénieurs de l'âme humaine ». Dans la tradition russe, le grand écrivain se voit facilement attribuer le rôle de maître à penser. L'ingénieur qui désormais le remplace dirige à son tour les esprits, mais sa pratique n'a plus rien d'artisanal : il part de la connaissance scientifique de la réalité comme des masses qu'il doit former. À la différence des constructivistes toutefois, qui jouaient avec la même image (on l'a vue apparaître chez Tretiakov), Staline ne laisse aucune initiative à ces spécialistes. Le maître d'œuvre de la construction est le Parti ; l'écrivain-ingénieur n'est qu'un exécutant, un technicien de la manipulation psychique. La nécessité d'observer et de décrire fidèlement la réalité n'est même pas mentionnée ; comme le philosophe marxiste, son rôle n'est plus tant d'interpréter le monde que de le transformer. Les ouvrages qui, dans les années trente, apparaîtront comme les plus conformes à ce programme sont des récits d'éducation, individuelle ou collective : en décrivant le réel prometteur, l'écrivain contribue à l'avènement du futur ; comme le voulaient les écrivains romantiques, la vie imite l'art. Ainsi de *Et l'acier fut trempé*, de Nikolaï Ostrovski, l'histoire d'un homme dont la foi bolchevique triomphe de la paralysie et de la cécité ; ou du *Poème pédagogique* d'Anton Makarenko, qui raconte la métamorphose d'un groupe d'enfants-vagabonds. De cette manière, la littérature n'est plus à la poursuite d'un absolu qui lui serait propre, elle est entièrement soumise à la propagande du Parti, seul détenteur d'un absolu terrestre. On remarquera en passant la persistance de la métaphore inorganique, mise en valeur en son temps par Marinetti : l'homme est rehaussé par le métal et la machine, il est assimilé à l'acier – qui avait déjà fourni son pseudonyme à Staline (*stal'* = acier).

Les autres arts subissent une évolution analogue : on leur dénie tout objectif autonome, quant aux moyens, ils seront, comme dans l'Allemagne nazie, empruntés à l'art pompier du XIXe siècle plutôt qu'à l'art révolutionnaire du XXe : on juge celui-ci moins efficace que celui-là. Même les propagandistes les plus zélés, Maïakovski, Meyerhold, Eisenstein, seront critiqués pour soumission insuffisante aux directives du Parti. Le résultat en est que le premier se suicide, le deuxième est fusillé, le troisième se soumet.

En qualifiant les écrivains soviétiques d'« ingénieurs de l'âme humaine », Staline les flatte. Le véritable créateur, forgeron de nouvelles âmes et d'un peuple nouveau, c'est bien sûr Staline lui-même, secondé par son proche entourage ; le seul véritable artiste est le dictateur – un artiste proche de Dieu, puisque son œuvre est le pays entier, sa matière des millions d'hommes. C'est bien pourquoi les régimes totalitaires, après avoir trouvé une certaine inspiration dans les idées des avant-gardes artistiques, se débarrassent de leurs représentants ou les réduisent à la soumission : ils ont besoin d'exécutants dociles, non d'inventeurs. Dans un discours adressé aux artistes, savants et écrivains en 1925, le théoricien du communisme Nikolaï Boukharine les avait prévenus : « Nous allons manufacturer les intellectuels comme des produits fabriqués à la chaîne dans les usines[41]. »

Il faut dire que le modèle de l'artiste n'est pas absent de la pensée de Staline. Pendant ses années de formation dans le séminaire religieux où il est inscrit, il lit avec ferveur les classiques de la littérature russe et occidentale ; parmi ses auteurs favoris figurent Tchekhov et Victor Hugo (ce qui devrait tempérer tout espoir que la lecture des grands écrivains adoucit automatiquement les mœurs…). À dix-sept ans, il est lui-même un poète apprécié des milieux littéraires en Géorgie ; s'il renonce plus tard à ses activités artistiques, c'est parce que l'action révolutionnaire accaparera tout son temps et toute son énergie : l'une remplace les autres. Il s'invente alors lui-même, devient sa propre œuvre : il change sa date de naissance (il se rajeunit d'un an), s'invente un nom (Staline, au lieu de Djougachvili, n'est que le dernier d'une longue série), se construit des rôles à assumer dans les combats politiques. Parvenu au sommet du pouvoir, il s'intéresse aux grands poètes et artistes de son temps et s'occupe personnellement de leur destin, en engageant avec eux un jeu pervers où alternent séduction et brutalité. Il n'oublie pas non plus la relation entre poètes et prêtres : l'ancien séminariste ne se contente pas d'adjoindre à l'idéologie bolchevique un culte renouvelé des saints et des icônes, il aime se poser en exécutant inspiré d'une volonté suprême, qui dispose d'un accès direct à la vérité absolue[42].

Ce n'est pas un hasard si poètes et artistes sont à leur tour fascinés par Staline : ils lui reconnaissent un esprit apparenté au leur, mais agissant sur la scène infiniment plus vaste du monde. On en trouve l'illustration dans un poème de Boris Pasternak, l'un des meilleurs poètes de ce temps. Dans ce poème, intitulé significativement « L'Artiste » (*Khudozhnik*) et publié dans un journal de Moscou le 1er janvier 1936, Pasternak oppose le poète solitaire, un individualiste qui reste enfermé chez lui à scruter son âme, à l'habitant du Kremlin, Staline, qui accomplit le rêve des plus audacieux et exécute quotidiennement « une fugue à deux voix », grâce aux « deux principes extrêmes qui savent tout l'un de l'autre », la poésie et le pouvoir. Il n'agit pas à la manière d'un individu quelconque, car il est « le génie de l'acte », « un acte de la taille du globe terrestre »[43]. Ce que le poète traditionnel accomplit dans son imagination, Staline le réussit à l'échelle de l'histoire mondiale : il infléchit le destin de l'humanité. Dans une lettre adressée au Guide l'année précédente, le poète lui écrivait : « Je me soumets à quelque chose de mystérieux qui, en plus de ce que tout le monde comprend et partage, m'attache à vous. » Pasternak est loin d'être le seul à subir cette fascination. L'écrivain Kornei Tchoukovski décrit ainsi l'effet que produit une intervention de Staline devant les écrivains : « Tous les visages étaient pleins d'amour, de tendresse. […] LE voir – et cela seulement –, pour nous tous c'était le bonheur »[44].

Travaillant à cette échelle gigantesque, le guide n'a pas le loisir de s'attarder aux besoins et désirs de chaque individu. Nécessité fait loi : telle est la logique totalitaire. Boukharine déclarait déjà en 1917 : « La coercition, la coercition prolétaire sous toutes ses formes, à commencer par les exécutions [...], voilà la méthode qui permettra de façonner l'homme communiste dans le matériau humain de l'époque capitaliste. » Quinze ans plus tard, Hitler confiait à Rauschning : « Ma pédagogie est dure. Ce qui est débile et vermoulu doit être détaché au marteau »[45].

Dans cette optique, l'art au sens strict n'est que l'un des moyens dont dispose le dictateur-artiste. Il est vrai que c'est un moyen particulièrement efficace, comme le relèvent les théoriciens communistes, d'accord en cela avec les propagandistes nazis. Un autre moyen d'action est l'éducation proprement dite ; un troisième, la pression sociale exercée sur les familles ; un quatrième, la manipulation de l'information. Les organes de sécurité, appelés successivement Tcheka, GuePeOu, NKVD ou KGB, qui ont à leur disposition tous les moyens imaginables de la coercition, ne risquent-ils pas de se révéler de meilleurs « ingénieurs de l'âme humaine » que les écrivains ? Du reste, Maxime Gorki, chef de file des écrivains soviétiques, décrit leurs agents en ces termes précisément : « Le GuePeOu n'est pas seulement l'épée effilée de la dictature du prolétariat, mais aussi une école de rééducation pour les dizaines de milliers de gens qui nous sont hostiles. » Ayant visité un gigantesque ouvrage érigé par les *zek* des camps, le canal mer Blanche-Baltique, il y voit un « miracle de rééducation »[46], une transformation bienheureuse des hommes par le travail, oubliant que le lit du canal est tapissé des cadavres des détenus. Sous le totalitarisme, en Russie comme en Allemagne, « le travail rend libre »...

Le projet de transformation physique de l'espèce humaine ne joue pas le même rôle dans le communisme que dans le nazisme ; pourtant, il n'en est pas absent. On en trouve une trace dans l'ouvrage de Léon Trotski *Littérature et Révolution*, publié à Moscou en 1924 (lui-même, comme Staline, avait pratiqué l'écriture poétique dans sa jeunesse). Dans la conclusion, Trotski essaie d'imaginer à quoi ressemblera la future société socialiste. La frontière entre art et industrie sera abolie – tous seront artistes – mais aussi celle entre art et nature. En effet, l'homme futur ne se contentera pas de remodeler la société ; il transformera également la nature selon ses désirs. « L'emplacement actuel des montagnes, des rivières, des champs et des prés, des steppes, des forêts et des côtes ne peut être considéré comme définitif. » L'homme démiurge égale vraiment Dieu : il crée un monde à sa convenance. C'est dans ce contexte que Trotski envisage la transformation de cette parcelle de l'univers que l'on appelle l'humanité. Cette tâche sera confiée, on le sait maintenant, aux éducateurs, tant des individus que de la société prise comme un tout. Elle sera partagée, aussi, par les organisateurs de la vie commune. « La besogne fastidieuse de nourrir et d'élever les enfants sera ôtée à la famille par l'initiative sociale. » De cette manière, au lieu d'avancer à l'aveugle, la vie dans la société communiste sera entièrement planifiée et contrôlée.

Il reste, selon Trotski, un moyen plus radical encore pour obtenir l'humanité que l'on désire ; il est fourni par l'eugénisme. Il ne faut pas avoir peur de toucher à l'espèce humaine par la sélection et l'action sur l'organisme même, ce qu'on appelle aujourd'hui la manipulation génétique. La sélection artificielle scientifique s'ajoutera à la sélection naturelle : « Le genre humain, qui a cessé de ramper devant Dieu, le Tsar et le Capital, devrait-il capituler devant les lois obscures de l'hérédité et de la sélection sexuelle aveugle ? L'homme devenu libre cherchera à atteindre un meilleur équilibre dans le fonctionnement de ses organes et un développement plus harmonieux de ses tissus. » Ayant réussi sa transformation physique, l'être humain « se haussera à un niveau plus élevé et créera un type biologique et social supérieur, un surhomme si vous voulez »[47].

Trotski sera écarté du pouvoir par Staline et n'aura pas l'occasion de mettre à exécution ces idées, qu'on trouvera pendant ce temps appliquées par les nazis. Pour atteindre son but, la création d'un homme nouveau et d'une société nouvelle, Staline lui-même se contentera d'utiliser les autres leviers du pouvoir à sa disposition : État, Parti, police, éducateurs, écrivains, artistes. Mais, bien que Staline n'ait pas été empêché de mener sa politique jusqu'à la fin de sa vie, vingt ans plus tard (en 1953), le résultat n'est pas plus brillant que celui atteint par Hitler. Les victimes de la répression stalinienne se comptent par dizaines de millions, le reste de la population vit dans la pauvreté et la peur, la nature même est dégradée en profondeur. L'homme nouveau que devait produire le communisme n'aura jamais existé ailleurs que dans les slogans du Parti et dans les romans du réalisme socialiste. Le destin de l'État soviétique montre que le projet initial, celui d'éliminer toutes les structures sociales anciennes pour les remplacer par un ordre nouveau, fruit de la science et de la volonté, échoue toujours : non seulement quand ses promoteurs perdent la guerre mais même quand ils la gagnent. Le communisme est mort non d'une défaite militaire mais de mort « naturelle » ; pourtant, il n'a laissé derrière lui que désolation matérielle et morale.

Avant-gardes et totalitarismes

Comment faut-il interpréter ce parallèle entre les idées et les forces qui, en ces années entre les deux guerres, animent artistes d'avant-garde et dictateurs totalitaires ? À la suite de Walter Benjamin, on a souvent remarqué que les mouvements politiques extrémistes avaient une tendance à rapprocher considérations esthétiques et politiques, selon deux modalités différentes : « Le fascisme tend tout naturellement à une esthétisation de la vie politique. [...] La réponse du communisme est de politiser l'art[48]. » Cette célèbre formulation est insuffisante à plusieurs égards. D'abord, elle établit une opposition entre les deux totalitarismes qui ne subsiste qu'aux yeux des partisans de l'un ou de l'autre : en réalité, le communisme connaît la tentation esthétisante, le fascisme encourage l'art politisé soumis à la propagande. De plus, ce que nous observons ici est une proximité qui ne se réduit pas à l'instrumentalisation d'un projet par l'autre, mais permet de les comprendre comme deux produits sortis d'une même matrice.

Ce que dictateurs et artistes d'avant-garde ont en commun est leur radicalité ou, si l'on préfère, leur intégrisme : les uns et les autres sont désireux de travailler *ex nihilo*, de ne tenir donc aucun compte de ce qui existe déjà, pour bâtir une œuvre selon leurs propres critères ; les uns et les autres pourraient reprendre à leur compte le vers d'Eugène Pottier que *L'Internationale* avait rendu célèbre, « du passé faisons table rase », et la méthode retenue est aussi la même, à savoir la révolution. Ce qu'ils ont en commun est leur ambition totalisante, qui ne s'arrête devant aucune limite et n'admet aucune opinion divergente : l'artiste souhaite abolir tous les autres canons esthétiques, le dictateur est prêt à bouleverser toutes les normes de la vie sociale antérieure. Ce qu'ils ont en commun est enfin le manque de considération pour l'opinion individuelle, la préférence pour les productions collectives et standardisées. Fidèles au projet prométhéen qui traverse toute la modernité, ils se proposent de fabriquer un art entièrement nouveau, des hommes nouveaux, des peuples nouveaux ; de manière bien cohérente, ils rejettent les valeurs féminines – amour, tendresse, compassion – et tout ce qui leur viendrait du dehors, que ce soit de la nature ou de l'histoire. Rien n'est subi – tout est voulu. Leur ambition est infinie, et pourtant elle dessine un espace fermé, car ne reconnaissant rien qui lui soit extérieur. Enivrés par leur orgueil, artistes et dictateurs ont la même conviction de maîtriser entièrement le processus de construction – que ce soit celle des œuvres ou celle des sociétés.

Ce qui les différencie avant tout est l'échelle sur laquelle ils travaillent : le pays entier, y compris sa population, pour les uns ; le livre, la toile, la scène, la maison, la rue, au grand maximum le quartier, pour les autres. Il faut répéter aussi que le dictateur est le seul à vivre cette identification de son activité avec la création artistique. Les masses soumises, que ce soit dans la Russie de Staline, l'Allemagne de Hitler ou l'Italie de Mussolini, ne perçoivent pas la fusion de l'activité politique et de l'activité artistique, et ignorent que leur existence est façonnée en conformité avec un canon de beauté. L'absolu au nom duquel leur État les soumet et qu'ils sont censés vénérer a un tout autre visage, et il forme un idéal collectif, non individuel. Ce nouveau dieu s'appelle dans l'Italie fasciste la nation ou l'État lui-même, dans l'Allemagne nazie le peuple, dans la Russie soviétique le communisme ; ici comme là, les serviteurs du culte sont organisés au sein d'un parti. Le citoyen moyen de ces États n'a nullement le loisir de modeler son existence à la manière d'une œuvre d'art, en choisissant sa propre conception de la beauté ; il est contraint de se conformer à l'idéal commun. Alors que le dictateur vit la fusion des deux modes modernes d'approche de l'absolu, le politique et l'artistique, la population, elle, se voit imposer l'absolu politique – la révolution, le parti, le guide –, la beauté ne jouant qu'un rôle très secondaire. Ce qu'elle voit est tout autre chose : la mort par millions, la persécution, l'enfermement, la soumission, la peur, la dépravation morale.

Les artistes individuels ne peuvent être tenus pour responsables des dérives totalitaires qui allaient suivre et dont ils allaient souvent être les premières victimes (cette restriction ne s'applique pas à des activistes comme Marinetti ou Maïakovski) ; il convient néanmoins de relever leur grande naïveté politique et de constater le risque qu'il y a à formuler des théories extrémistes dans le domaine de l'art, oubliant qu'elles pourraient donner un jour naissance à une sinistre réalité. On tient là un exemple éloquent de ce qu'intellectuels et artistes méconnaissent trop souvent : les mots et les images sont aussi des actes qui ont des conséquences dans la vie des sociétés. Non seulement donc, comme le rappelait Tocqueville dans la phrase citée ici en exergue, ce qui est qualité dans le processus de création artistique peut causer des désastres dans la vie politique ; de plus, les œuvres d'art même entraînent parfois des transformations dans la société – car elles agissent dans le monde commun des hommes. La puissance expressive dont sont doués ces créateurs implique aussi une plus grande responsabilité politique. Les avant-gardes artistiques ne sont pas la source unique des doctrines totalitaires, mais le rôle qu'elles jouent dans leur formation ne saurait être ignoré. On peut rappeler à cet égard les mises en garde formulées par Simone Weil au début de la Deuxième Guerre mondiale : « Je crois en la responsabilité des écrivains de l'époque qui vient de s'écouler dans le malheur de notre temps. Le caractère essentiel de la première moitié du vingtième siècle, c'est l'affaiblissement et presque l'évanouissement de la notion de valeur. Le dadaïsme, le surréalisme ont exprimé l'ivresse de la licence totale, ivresse où se plonge l'esprit quand, rejetant toute considération de valeur, il se livre à l'immédiat[49]. »

Le rapprochement entre projets romantiques et projets révolutionnaires suggère aussi une relation plus profonde entre les deux, qui remonte à leurs débuts au XIXe siècle. Consciemment ou non, les penseurs romantiques ont repris à leur compte une représentation manichéenne du monde : pour eux, artistes et poètes forment l'élite de l'humanité, et l'art joue le rôle réservé à la gnose dans les anciennes doctrines religieuses[50]. Mais il en va de même des utopistes qui rêvent au salut collectif de l'humanité ou du peuple. On retrouve cette convergence dans l'usage de la métaphore d'avant-garde, appliquée aussi bien aux artistes clairvoyants qu'au parti qui dirige les combats, opposés chaque fois aux masses passives destinées à se soumettre. Manichéisme politique et manichéisme esthétique peuvent s'opposer dans telles ou telles circonstances, ils n'en partagent pas moins une vision du monde semblable. Les promoteurs des doctrines totalitaires ont beau juger avec mépris les penseurs romantiques, comme ces derniers tourner le dos à toute forme d'engagement politique, ils participent d'un même mouvement historique. Karl Popper, sensible à la ressemblance entre extrémismes politique et esthétique, concluait ainsi son analyse des origines du totalitarisme : « Ce rêve envoûtant d'un monde merveilleux n'est qu'une vision romantique[51]. »

Nous savons bien quels dégâts a provoqué la tentative d'une révolution totale, lorsque l'idéal dont on rêvait était de nature politique : les utopismes qui prétendaient remplacer le présent médiocre par un avenir radieux sont devenus les totalitarismes du XXe siècle, un remède bien pire que le mal dont ils prétendaient nous guérir. Nous avons abandonné aujourd'hui les marchands de rêves politiques, les utopistes qui promettaient l'avènement prochain du bonheur pour tous, car nous avons appris que ces promesses cachaient les sinistres agissements de Lénine et Staline, de Mussolini et Hitler. Nous croyons parfois que les images romantiques d'une perfection artistique en sont l'antithèse. En réalité, il n'en est rien : les deux n'ont pas seulement été en interaction ou en rivalité ; ils procèdent d'une même conception du monde, celle qui croit posséder la recette d'une création suprême, qui n'a pas à s'embarrasser des manières de vivre et de créer antérieures ; qui oppose radicalement le bas et le haut, le présent et l'avenir, le mal et le bien, et veut éliminer définitivement le premier terme. Or si l'idéal cesse d'être un horizon et se transforme en règle de vie quotidienne, le résultat est désastreux : c'est le règne de la terreur. L'histoire nous apprend que le rêve romantique, bien qu'infiniment moins meurtrier que l'utopisme politique, n'en est pas moins porteur de déception.

Les limites de la justice

Les praticiens de la justice considèrent comme résolues les questions qui au contraire soulèvent des difficultés pour les profanes. L'une des procureures du Tribunal permanent international pour la Yougoslavie (TPIY), Carla del Ponte, disait dans une interview : « Le travail du procureur est un travail très technique, qui n'a rien à voir avec la politique ni avec l'émotion[1]. » Les praticiens continuent de se poser des questions, bien sûr, mais celles-ci se situent à l'intérieur d'un cadre existant. Ils voudraient, notamment, que la justice internationale déjà mise en place soit plus équitable et plus efficace. Or pour moi, qui ne suis qu'un amateur en la matière, qui suis donc bien incapable d'intervenir dans un travail « très technique », c'est le cadre lui-même qui fait parfois problème. Ce qui va de soi pour les praticiens ne va pas de soi pour moi ni, je crois, pour l'opinion publique dans son ensemble. Et ce sont précisément les relations de la justice avec la politique et l'émotion qui vont m'occuper ici.

Avant de m'engager dans quelques réflexions sur l'action de la justice internationale aujourd'hui, je voudrais partager une impression générale sur l'évolution actuelle de la justice dans ses relations avec la société. Cette évolution consiste, à mes yeux, en ce que la justice étend son action bien au-delà de son domaine traditionnel : j'entends par là sa vocation d'enquêter sur les transgressions de l'ordre social et, éventuellement, de sanctionner les individus qui en sont responsables. Ces extensions se manifestent, en particulier, à travers deux pratiques judiciaires : la justice internationale et les procès pour crimes contre l'humanité (l'une de ces extensions concerne l'espace, l'autre le temps). Elles ne me paraissent ni nécessaires ni souhaitables, je les perçois plutôt comme des dérives méritant un examen critique.

Rapports avec la politique et l'histoire

La première dérive à laquelle je pense n'est pourtant pas liée à ce contexte ; elle est de nature *politique*. Il ne s'agit nullement là, chacun le sait, d'une invention récente. Dans ma propre existence, je l'ai rencontrée il y a bien longtemps. Je suis né en Bulgarie, or l'histoire moderne de la Bulgarie, du temps de mon enfance, était scandée par trois séries de procès politiques, qui avaient en plus ceci de particulier que les accusateurs du procès précédent devenaient des accusés au cours du procès suivant. En 1945, les membres des gouvernements et du parlement du temps de guerre furent jugés, condamnés et exécutés par le nouveau pouvoir, le Front patriotique et antifasciste. En 1947, ce fut le tour des membres non communistes de ce même Front patriotique : jugés, condamnés, exécutés par leurs anciens collègues communistes. Enfin, en 1949, ce fut le tour des communistes : ceux-là mêmes qui avaient conduit les procès de 1947 étaient maintenant jugés, condamnés et exécutés par d'autres communistes, qui avaient pris leur place à la tête de l'État.

C'étaient des tribunaux qui en décidaient ainsi ; mais était-ce pour autant de la justice ? Dans ces conflits politiques s'affrontaient deux forces, et l'une d'elles l'emportait. Mais la victoire ne lui suffisait pas : elle voulait avoir de son côté non seulement la force mais aussi le droit. La défaite politique de l'adversaire devait se doubler d'une culpabilité légale. Or le vaincu, du temps de sa gloire, avait exactement la même légitimité que son vainqueur actuel : il l'avait emporté sur un adversaire antérieur. Il y a près de trois siècles, Montesquieu avait épinglé cette attitude sous la forme d'une petite anecdote. Un roi, rapportait-il dans les *Lettres persanes*, « ayant vaincu et fait prisonnier un prince qui lui disputait la couronne, voulut lui reprocher son infidélité et sa perfidie : "Il n'y a qu'un moment, dit le prince infortuné, qu'il vient d'être décidé lequel de nous deux est le traître”[2] ». Du temps de sa gloire, l’homme politique déchu avait conduit une politique à laquelle personne n’avait rien trouvé à redire.

Voilà donc une extension illégitime de la justice en dehors de sa sphère habituelle. On pourrait remarquer toutefois que cet exemple concerne le passé totalitaire d’un pays lointain. Les démocraties, telle la France, ne sont pas menacées par cette dérive. Et il est certain qu’elles ne le sont pas au même degré. Mais sont-elles vraiment immunisées contre ce danger, en toutes circonstances ? Je prends un autre exemple récent : en février 2006, le journal *Charlie-Hebdo* a publié des caricatures du prophète Mohammed, parues précédemment dans un journal danois, et qui avaient suscité une vague de protestations dans plusieurs pays musulmans. Deux organisations musulmanes françaises l’assignent en justice ; l’affaire est portée devant les tribunaux en février 2007. La France est alors en campagne électorale présidentielle ; les ténors des différents partis viennent témoigner devant le tribunal, en déclarant qu’ils préfèrent la liberté à la soumission. Nicolas Sarkozy, alors ministre de l’Intérieur, envoie à la justice une lettre dans laquelle il exprime son clair soutien : « Je préfère l’excès de caricature à l’absence de caricature. » Sans surprise, le journal sera acquitté un mois plus tard. Peut-on dire que le pouvoir politique n’a, dans ce cas, exercé aucune pression sur la décision de justice[3] ?

La seconde dérive, bien présente celle-ci dans les pays démocratiques, pourrait être qualifiée non plus de politique mais d’*historique* – j’entends par là que la justice empiète cette fois-ci sur le domaine de l’histoire. J’en trouve un exemple (mais il en est bien d’autres) dans un entretien de la procureure précédente du TPIY, Louise Arbour[4]. Celle-ci y affirme en effet que la fonction de la justice est de « manifester le vrai », d’« être un foyer de vérité ».

Sans entrer ici dans un débat philosophique de fond, il peut être utile de rappeler que le mot « vérité » prend (au moins) deux sens distincts. D’abord, celui de vérité factuelle, vérité d’adéquation entre les mots et leur objet, impliquant la collecte d’informations et répondant aux questions : qui, quand, où, combien, comment… Et, d’autre part, une vérité d’interprétation, qui concerne le sens même des événements, leur place dans l’histoire humaine, leur portée pour les contemporains comme pour les générations suivantes. Les historiens sont à la recherche des deux formes de vérité mais ne leur accordent pas la même valeur. La présence de vérité factuelle distingue le travail historique de l'affabulation, donc l'historien de l'auteur de fictions, mais en même temps elle ne lui fournit qu'un point de départ qu'il partage avec les archivistes ; la vérité d'interprétation, celle qui dévoile le sens des événements, constitue le cœur de son travail propre, et c'est elle qui permet de distinguer les grands historiens de leurs collègues quelconques.

Or la justice est bien mieux équipée pour contribuer à l'établissement de la première espèce de vérité que de la seconde.

Elle est capable de réunir de très nombreuses informations, de les contrôler et de les ordonner. Elle dispose pour cela de moyens importants : police, enquêteurs, témoins, tous tenus de dire la stricte vérité, sous peine de punition ; elle sanctionne l'affabulation, donc ses trouvailles sont crédibles. Elle peut ainsi faciliter grandement le travail de l'historien. J'en parle d'expérience : quand j'ai consacré un livre à un épisode oublié de la Libération, *Une tragédie française*[5], j'ai profité des documents réunis en vue d'un procès, celui d'un collaborateur français de la Gestapo.

En revanche, la justice est mal adaptée pour chercher la seconde espèce de vérité, celle qui a trait au sens des événements. La justice n'aspire pas à une équité historique, elle instruit à charge ou à décharge : la vérité factuelle est mise au service d'un objectif, elle est instrumentalisée. Et la justice ne connaît que deux extrêmes : oui/non, coupable/innocent, alors que la vérité historique se situe souvent quelque part entre les deux. Plutôt que du noir et du blanc, on trouve dans l'existence en dehors des tribunaux les multiples nuances du gris. Pour mon livre d'histoire, et en ce qui concerne ce type de vérité, le jugement du tribunal ne m'était plus d'aucun secours.

Les juges ne sont ni éduqués pour se substituer aux historiens, ni placés dans un cadre approprié pour mener ce travail. Ils ne le sont pas plus que les parlementaires à qui l'on demande, dans un esprit semblable, de figer la vérité historique par le moyen d'une loi. Or les procès du type de ceux que j'ai évoqués, contre des crimes accomplis autrefois ou ailleurs, mettent nécessairement en jeu la notion de vérité historique, vérité d'interprétation, et non seulement de vérité factuelle.

Une autre situation illustre bien la différence entre vérité juridique et vérité historique. Au regard du droit international, les crimes commis par les Khmers rouges dans les années soixante-dix du XXe siècle ne relèvent pas du crime de génocide. On sait que ce crime entre dans la pratique judiciaire au moment des procès de Nuremberg. Ce dont on se souvient moins est que, si l'on exclut de son périmètre les violences infligées à des groupes délimités à l'aide de critères politiques ou sociaux, cela est dû à l'intervention expresse des représentants soviétiques, secondés par ceux des autres pays communistes d'Europe de l'Est : ils craignent que, si tel avait été le cas, leur propre répression des « contre-révolutionnaires » ou des « koulaks » aurait pu apparaître comme un exemple de génocide. Raphael Lemkin qui est, plus que personne, responsable de ce que la notion de génocide entre dans le droit international, partage ce point de vue pour de tout autres raisons, et il parvient à l'imposer : pour lui, à nombre de victimes égal, le crime est plus grave si celles-ci partagent toutes la même culture que si elles proviennent de cultures mélangées. Si dix millions de Congolais sont morts entre 1880 et 1920 par la faute des colonisateurs belges, il ne s'agit pas d'un génocide car ils ne formaient pas une population culturellement homogène, comme Lemkin croit que c'est le cas pour les juifs[6]. Il pense donc qu'en plus des êtres humains on peut « tuer » une culture, comme si celle-ci était un être vivant, toujours identique à lui-même. Il est permis de ne pas partager cette conception anthropologique assez singulière, et donc de considérer le massacre de près d'un quart de la population cambodgienne comme un cas de génocide.

On peut se demander aussi si chercher la justice, au sens d'une sanction, et chercher la vérité en faisant appel à tous les acteurs de l'histoire, y compris ceux qui risqueraient de se trouver sur le banc des accusés, sont des activités bien compatibles. Prenons l'exemple de la torture pratiquée par l'armée française au cours de la guerre d'Algérie – un exemple qui occupait souvent la une des journaux avant les événements du 11 septembre 2001… Après que le général Aussaresses eut publié un livre dans lequel il raconte par le menu les exécutions sommaires et les séances de torture qu'il organisait, certaines personnes ont proposé d'engager une procédure criminelle contre les anciens tortionnaires, en les poursuivant pour crimes contre l'humanité.

Sans parler d'autres raisons qu'il y aurait à s'opposer à cette démarche, comment ne pas voir qu'elle aurait eu pour conséquence d'inciter les anciens acteurs du drame à dissimuler la vérité plutôt qu'à la révéler ? Comment pourrait-on conduire sereinement une étude approfondie si l'on pense en même temps que son résultat risque de vous conduire dans une cellule de prison ? Pour apprendre et comprendre ce qu'a été cette guerre, on ne doit pas poursuivre ses acteurs en justice. Or cette compréhension, cette recherche de vérité historique sont probablement plus utiles à la société française d'aujourd'hui, quarante ans après les faits, que ne l'aurait été la condamnation tardive de tel ou tel individu.

Une fonction éducative ?

Dérive politique ; dérive historique ; je dirais enfin qu'on doit craindre aussi une dérive *éducative*. J'en trouve encore les traces dans l'entretien de Louise Arbour que je viens de citer : la « fonction la plus spécifique » de la justice, dit-elle, consiste à pratiquer « une éducation internationale », à viser « le dépassement de la peine par l'enseignement ». Autrement dit, le but de la justice est d'éduquer le public, de lui enseigner le bien. Ce programme me laisse perplexe pour plus d'une raison.

On peut se demander, tout d'abord, si la leçon délivrée par tel ou tel procès est vraiment d'une grande valeur morale. Le premier des procès français pour crimes contre l'humanité jugeait Klaus Barbie, un officier de la Gestapo. Quelle qu'ait été l'intention des pouvoirs publics qui avaient organisé le procès, sa leçon était : les bourreaux sont allemands, les victimes françaises. Dans ces conditions, impossible pour le public français de se reconnaître dans le coupable, et non seulement dans la main qui le punissait. Or l'éducation de l'individu n'est en rien avancée si ce dernier se voit tranquillement installé dans le rôle d'une incarnation du bien. Ce n'est que s'il peut se reconnaître – aussi – dans le coupable qu'il peut se transformer de l'intérieur, ou au moins devenir attentif à cette part de lui-même qui serait susceptible de commettre un crime. On peut imaginer que le même procès se déroulant en Allemagne aurait eu une vertu éducative supérieure.

Les procès suivants concernaient des citoyens français (Paul Touvier et Maurice Papon), mais leurs leçons n'étaient pas non plus dépourvues d'ambiguïté. La définition même du crime contre l'humanité a dû être modifiée à plusieurs reprises pour pouvoir s'appliquer à chaque cas ; le pouvoir politique exprimait ouvertement son point de vue sur la culpabilité de l'accusé ; la presse ne s'abstenait pas d'influencer les jurés comme les juges. On avait toujours l'impression d'une sentence décidée d'avance au nom de l'intérêt politique, frappant des hommes d'une génération qui appartenait au passé, avec laquelle l'identification était impossible, hommes choisis pour représenter une catégorie de coupables plutôt qu'en vertu de leur histoire singulière. Toutes ces critiques – et quelques autres encore – étaient formulées au moment des faits par divers observateurs, et notamment par des historiens comme Pierre Nora ou Henry Rousso.

Peut-on dire que les leçons délivrées par la justice internationale sont d'un niveau bien supérieur ? Je n'en suis pas certain. Prenons le procès de Milosevic à La Haye. Que penser des conditions dans lesquelles ce dernier a été livré à la justice, incarnaient-elles les hauts idéaux du droit international ? Le journal *Le Monde*, qui ne manifestait pas une méfiance excessive envers le TPIY, écrivait au moment de son transfert : « Washington avait clairement indiqué qu'il s'agissait pour les États-Unis d'un donnant-donnant », en conséquence ils « fourniront une aide financière de 181,6 millions de dollars cette année »[7]. Cette manière de procéder où la fin justifie les moyens, où l'argent achète la justice, illustre-t-elle le règne de l'équité ou bien la loi du plus fort ?

Et qui devrait être le destinataire des leçons de morale émanant de ce procès ? La population des Pays-Bas, celle de la France, celle des États-Unis ? Pas vraiment : celles-ci tirent du procès la conviction d'être toujours restées du côté du bien. C'est plutôt la population de la Yougoslavie qui aurait besoin de ces leçons, qui s'est rendue complice ou qui est restée témoin passif des massacres accomplis sur son sol. Or le procès s'est déroulé loin du pays concerné, et sans l'adhésion de la population – qui, du coup, ne reçoit aucune leçon, mais se sent confirmée dans son rôle, symboliquement gratifiant, de jouet entre les mains des grandes puissances ; qui y voit le règne non du droit mais de la force. Comme pour Barbie, je reste persuadé que la valeur éducative d'un tel procès eût été bien plus grande s'il s'était déroulé dans le pays de celui qu'on jugeait, en facilitant ainsi l'identification du public avec l'accusé et en rendant possible un travail d'examen de soi et de transformation intérieure.

En formulant ces réserves sur les pratiques récentes, j'ai fait comme si j'adhérais au principe qui veut que le but de la justice soit l'éducation. Or c'est le principe lui-même qui fait problème : le but de la justice doit rester la seule justice. Car autrement on serait prêt à commettre l'injustice – pour peu qu'elle produise une bonne leçon. Cela rappelle les exécutions « pour l'exemple » des insoumis pendant la guerre ou, plus près de nous mais dans un autre domaine, le fameux « il ne faut pas désespérer Billancourt » (il s'agissait, dans cette formule attribuée à Jean-Paul Sartre, de refuser à la classe ouvrière toute connaissance sur les camps en URSS). C'est contre ce type de projection de la justice en dehors de son domaine propre que nous mettait en garde Germaine Tillion : « La justice n'est pas faite uniquement pour qu'une vieille génération enseigne pédagogiquement un fragment d'histoire à la jeunesse. À mon avis, la justice est (d'abord) faite pour protéger la société contemporaine contre des contemporains dangereux, immédiatement dangereux, et pour mesurer le degré de leurs responsabilités[8]. »

En contrevenant au principe de la légalité judiciaire – « pas de crime sans loi » –, en étendant la loi de « maintenant » à « autrefois », comme dans les crimes imprescriptibles, de « ici » à « ailleurs », comme pour la justice internationale, on contribue à amalgamer droit et morale, le juste et le bien. Or la distinction entre les deux est à la base même des démocraties libérales modernes. À la différence des théocraties comme des États totalitaires, la démocratie ne prétend pas être un État vertueux, elle ne définit pas le souverain bien en obligeant tous les citoyens à y aspirer. Au-delà d'une adhésion au pacte social, à ce qu'on appelle en France « les valeurs républicaines », chacun est libre de définir et de chercher le bien à sa façon ; la démocratie est le régime qui rend possible cette libre recherche.

Qu'est-ce qui a conditionné ces extensions problématiques de la justice à notre époque ? Le principe dont nous entrevoyons ici l'action pourrait être formulé ainsi : *la société ne supporte pas le vide*. Les instances qui naguère formulaient et défendaient les valeurs communes renoncent à le faire ; or la société en a toujours besoin. De nos jours, hommes et femmes politiques se livrent autant que leurs prédécesseurs des époques antérieures aux luttes partisanes pour le pouvoir mais ils semblent avoir renoncé à se consacrer à cette autre tâche. Les historiens ne se réclament plus de la vérité, encore moins des valeurs, et se contentent de restituer la pluralité des points de vue, adoptés par les différents acteurs de l'histoire. Il en résulte un vide – que comble aujourd'hui l'appel à la justice. Tous les espoirs se reportent sur le juge, désormais seule source de certitudes, seule instance chargée de dire le vrai et le bien ; c'est ce qu'on a pu appeler la « juridicisation de l'espace public ». À vrai dire, le juge n'est pas tout à fait seul dans ce nouveau rôle : il y est secondé par les médias, encore que ceux-ci fonctionnent selon un autre principe, celui du lapin dans *Alice au pays des merveilles*. On se souvient de sa règle : Si je le dis trois fois, cela devient vrai ! La diffusion maximale de l'information ou du jugement se substitue ici à sa véracité et à sa justesse : telle est la règle du lapin.

Je ne suis pas sûr que nous gagnions à cette confusion des rôles. Je préférerais pour ma part que, même si l'État reste neutre par rapport à la morale, les politiciens osent dire haut et fort ce qu'ils pensent être le plus convenable pour la communauté, que les éducateurs et les moralistes défendent ouvertement leur idée du bien, que les historiens se réclament sans pudeur excessive de la vérité. Et que les juges s'attachent à leur vocation, celle de faire advenir la justice. La justice ne se confond pas avec la vérité qui ne se confond pas avec la paix publique ni avec le bien. Chacun a sa tâche spécifique, déjà fort difficile à accomplir.

Il existe du reste un moyen d'éducation collective relativement proche de la justice mais mieux adapté qu'elle à cette fonction : ce sont les commissions d'enquête, commissions de vérité, comme celles qui ont existé en Amérique latine ou, plus récemment, en Afrique du Sud. Chacune de ces commissions a aussi été critiquée pour ses insuffisances, pourtant leur principe me semble digne d'être défendu. Pourquoi ? Tout d'abord parce que les crimes dont s'occupent ces commissions ont des acteurs trop nombreux pour qu'il soit possible de les juger tous et que la responsabilité personnelle de chacun se trouve dans ces cas diluée par la présence d'ordres venus d'en haut, voire de lois auxquelles il a fallu se soumettre. De surcroît, les commissions renoncent à la punition, en partant du postulat que l'avènement de la vérité aura une valeur éducative plus grande que quelques sanctions individuelles. Enfin, ces commissions produisent un travail qui met la société entière devant ses responsabilités, au lieu de lui accorder la commodité qui consiste à désigner quelques boucs émissaires. Ainsi la société, dont la faute est au moins d'avoir laissé faire, pourra se reconnaître dans le coupable, et non seulement dans l'instance de justice.

Il faut pourtant remarquer que les organes de justice internationale se sont montrés, à plusieurs reprises, assez hostiles à ces commissions, comme s'ils craignaient en elles des rivaux (pour les mêmes crédits ou pour la même réputation).

La justice internationale

J'en viens, après ce long préliminaire, au thème annoncé, à savoir les difficultés propres à la justice internationale, telle qu'elle est réellement pratiquée. Car pour ce qui est des idées générales, nous sommes tous d'accord : qui d'entre nous n'a pas rêvé de voir que ce que l'on juge être crime en deçà des Pyrénées le soit aussi au-delà ?

La mise en pratique de l'idée se heurte cependant à quelques difficultés.

Pour employer les termes en usage aux XVIIe et XVIIIe siècles, la difficulté fondamentale vient de ce qu'il n'existe pas, il ne peut exister, de « société générale ». Qu'est-ce à dire ? À l'intérieur d'une société juste, les conflits entre intérêts particuliers sont réglés par la négociation appuyée sur le droit ; si nécessaire, l'État recourt à la police pour imposer la loi. Entre sociétés, les négociations et les pactes sont également possibles ; mais, en cas de conflit irréductible, on ne peut plus recourir à la police : il n'existe pas de loi commune contraignante ni de gendarme universel. Il faut donc se tourner vers l'armée et être prêt à déclarer la guerre. Or chaque armée sert d'abord les intérêts du pays dont elle provient. C'est pourquoi les penseurs du passé pouvaient dire que les relations à l'intérieur d'une société étaient régies par le droit, mais entre sociétés, par la force.

Dans ces conditions, de deux choses l'une.

Ou bien on promeut la justice sans la force. L'on admet donc que la justice pour laquelle on se bat s'arrête à la porte des grandes puissances, dans notre monde non seulement les États-Unis mais aussi la Russie, la Chine ou l'Inde. Raymond Aron écrivait : « Un Grand n'accepte pas d'ordre et ne se laisse pas contraindre[9]. » Le processus d'instauration de la Cour pénale internationale (CPI) était révélateur à cet égard. Sept pays ont voté contre sa création : États-Unis, Inde, Chine, Vietnam, Israël, Bahrein, Qatar. Il est permis de penser que si la Russie a voté pour, cela ne prouve pas qu'elle se soumettrait aux injonctions de la Cour. Le président américain de l'époque, G.W. Bush, a déclaré, aussitôt élu, qu'il ne ratifierait jamais la convention légalisant la Cour. Mais aurait-il signé l'accord en question, que le résultat resterait problématique : les États-Unis, pays pourtant démocratique, ne se sont jamais pliés aux exigences que leur adressent diverses commissions internationales, seraient-elles créées par l'ONU, lorsque ces exigences concernent leurs activités en Amérique latine, ou même plus simplement leurs intérêts.

Ou bien on conjugue la justice et la force. Dans ce cas, on enrôle une armée puissante au service de la justice – celle de l'OTAN, celle des États-Unis – mais avec le risque de voir cette armée servir ses propres intérêts plutôt que ceux de la justice. Louise Arbour remarque ingénument, dans l'entretien déjà cité : « Les militaires peuvent difficilement renoncer au prisme des États nationaux pour percevoir leurs opérations. » Ce qui ne l'a pas empêchée de faire appel à ces militaires, sinon de se mettre à leur service, en donnant une caution juridique à l'action de l'OTAN en Yougoslavie. Comment, ensuite, garder son impartialité ? On sait de quelle manière était traitée l'accusation de crimes de guerre commis par l'OTAN : le tribunal s'est contenté de confier l'enquête sur sa possible partialité à ses propres fonctionnaires – lesquels, sans surprise, ont classé l'affaire, en se déclarant eux-mêmes au-dessus de tout soupçon. Telle n'a pas été l'opinion de certaines organisations non gouvernementales ou du Comité international de la Croix-Rouge, peu suspect pourtant de sympathies pour Milosevic, qui déclarait dans son rapport sur cette question : « Une telle différence dans l'approche suivant que les crimes de guerre allégués sont imputables à la Yougoslavie ou à l'OTAN est effectivement choquante[10]. »

La justice sélective, celle qui ne frappe que nos ennemis, est-elle encore de la justice ? On pourrait poser cette question non seulement en comparant le traitement différent de la Yougoslavie et de l'OTAN au moment du conflit, mais aussi celui de la Yougoslavie et d'autres pays dont la politique à l'égard de leurs minorités est également contestable, ainsi Israël ou la Turquie. Ces pays-là n'acceptent pas davantage que la Yougoslavie l'intervention internationale, sans même parler de la justice ; or ils n'ont jamais été pénalisés. L'explication ? C'est que ce sont des pays « amis », des pays stratégiquement utiles pour « nous ». Une réalité qu'on ne doit pas ignorer – mais qui n'a plus rien à voir avec la justice.

Le choix est en somme entre une justice impuissante et une puissance injuste.

Supposons un instant ce problème de puissance réglé et considérons une situation où il ne se pose pas. Une nouvelle difficulté surgit alors. C'est que, si la décision judiciaire est internationale, la communauté qui en subit les conséquences est, elle, seulement nationale. Imaginons qu'un gouvernement ait déclaré l'amnistie à propos d'une guerre civile passée, alors que la justice internationale décide que les crimes qui y ont été commis sont imprescriptibles et doivent être jugés. Faut-il lui obéir, au risque d'allumer une nouvelle guerre civile – dont seule souffrira la population du pays, non les juges internationaux ? La communauté internationale a-t-elle le devoir d'imposer la justice à cette population si les effets de la décision s'avèrent néfastes pour elle ? Si ce n'est pas son bien qui est visé par une telle action, quel serait le bénéficiaire de ce procès ? L'ordre divin, l'idée platonicienne de justice ? Les tribunaux ne doivent-ils pas rester au service des hommes ?

Ces réserves concernant le Tribunal pénal international s'appliquent, quoique de manière plus restreinte, à la nouvelle Cour pénale internationale. Celle-ci, il est vrai, veut compléter les justices nationales plutôt que de les soumettre, son ambition est donc plus mesurée. Mais son action se heurte inévitablement à la même limite, puisqu'elle doit faire exception des pays les plus puissants et donc reconnaître sa propre impuissance.

Une manière de contourner certaines de ces réserves consisterait à mettre l'accent, plutôt que sur la justice internationale, sur la compétence universelle de chaque justice nationale, de permettre donc, dans chaque pays, le jugement de ceux qui n'en sont pas citoyens. La police nationale existe déjà, et elle est à la disposition des juges ; l'indépendance de la justice y est également mieux assurée. Je reste pourtant sceptique devant l'idée que Henry Kissinger pourrait se faire jeter en prison la prochaine fois qu'il descendrait d'avion à Bruxelles : de nouveau, le droit risque de se heurter à la force. Dans ce cas-là, le tribunal risque de se réduire à une simple tribune : un lieu où l'on dénonce les crimes sans avoir les moyens de les poursuivre. On peut plaider que, dans le monde médiatisé qui est le nôtre, ce n'est pas rien. Ainsi avait agi le « Tribunal » convoqué en 1950 à Bruxelles par David Rousset, infatigable ennemi des camps totalitaires, au nom de la Commission internationale contre le régime concentrationnaire.

Parvenu à ce point de mon examen, je sens qu'une objection pourrait m'être adressée. Admettons, me dira-t-on, que vos réserves soient justifiées ; mais quelle est l'alternative ? Faut-il, sous prétexte que la justice existante est imparfaite, croiser les bras et laisser régner l'injustice ? Faut-il renoncer à se soucier des victimes qui vivent le besoin de justice comme une impérieuse nécessité ?

Je ne le souhaite pas. Je crois toutefois que la justice a plus de chances de rester juste si elle procède de manière modeste et empirique, plutôt qu'en exécutant un grand dessein. La justice internationale existe déjà, même si elle ne procède pas de l'esprit de géométrie. La Cour de Luxembourg peut juger les ressortissants des pays de l'Union européenne ; la Cour de Strasbourg étend son action sur tous les pays européens. La compétence universelle de chaque justice nationale, les enquêtes et les poursuites au-delà des frontières méritent d'être encouragées. Dans les cas de crimes de masse, les commissions de vérité peuvent se révéler particulièrement utiles. La justice sera donc, plutôt que mondiale, réellement internationale, entre les nations plutôt qu'au-dessus d'elles. Elle se constituera par addition et agglutination, par en bas, plutôt que par décision descendue d'en haut, par bricolage et non par construction logique. Cela veut dire aussi que certains crimes resteront impunis, que certaines anciennes victimes n'auront pas la consolation de voir leurs bourreaux souffrir comme elles ont souffert.

Rêver à une justice absolue me paraît non seulement vain mais néfaste. L'existence humaine est un « jardin imparfait », disait Montaigne, nous ne devrions pas l'oublier ; les dérives moralisatrices sont nuisibles. Cependant une vie sans justice n'est pas tout à fait une vie humaine. Méfions-nous des deux extrêmes : nous n'avons pas à rougir de choisir cette voie moyenne.

Le testament de Primo Levi

Primo Levi (1919-1987) est le témoin exemplaire d'un des événements les plus accablants de l'histoire européenne, la déportation dans les camps de concentration et la réduction à l'esclavage par l'État allemand nazi de millions d'êtres humains. Jeune résistant en Italie, il sera arrêté en 1944 et envoyé, en tant que juif, à Auschwitz, d'où il sortira à la libération du camp, un an plus tard. De retour en Italie, il écrit, en 1946, un livre de témoignage et d'analyse, consacré à son expérience : *Si c'est un homme*. Un livre qui passe inaperçu dans un premier temps, mais qui, avec les années, acquiert le statut d'un classique et amène Levi à revenir constamment sur les sujets qu'il y avait traités – à l'occasion de rencontres avec les lecteurs, de rééditions ou de traductions. Ces méditations aboutissent à la rédaction d'un nouveau livre, *I sommersi e i salvati, Les Naufragés et les Rescapés*. Paru en 1986, un an avant sa mort, il clôt une carrière littéraire entamée quarante ans plus tôt et nous apparaît aujourd'hui comme le testament spirituel de son auteur.

Comme il le dit lui-même dans son premier chapitre, cet ouvrage se distingue doublement de *Si c'est un homme* : les réflexions prédominent ici par rapport aux récits, même si ces derniers ne sont pas absents ; et Levi rapporte moins son expérience personnelle que celle des autres, qu'il a découverte en lisant leurs histoires ou en écoutant leurs paroles. Pourtant, le message des deux livres reste proche. Ici et là, Levi affirme fortement notre commune humanité – à nous tous, quels que soient nos convictions et nos actes. Dans le premier, il mettait l'accent sur l'humanité des détenus, pourtant considérés par leurs geôliers comme des esclaves et des sous-hommes ; dans le second, il accorde autant sinon plus de place à l'humanité des gardiens, des SS, des Allemands. La force de Levi est là : sans jamais perdre de vue la séparation infranchissable entre bien et mal, tenir compte de toutes les nuances dans chacune de ces catégories. Il réussit de maintenir cet équilibre si difficile : ne devenir ni nihiliste ni manichéen, assumer les jugements de valeur sans pour autant s'ériger en moraliste péremptoire. Chez lui, donc, les victimes ne seront pas idéalisées, ni les bourreaux noircis ; pourtant, il ne confondra jamais bourreaux et victimes.

Les Naufragés et les Rescapés est une longue plaidoirie en faveur de la complexité. Levi refuse de s'en tenir aux réponses faciles, il a besoin d'examiner scrupuleusement le pour et le contre. Chaque chapitre « complexifie » un thème différent. Le premier nous rappelle combien la mémoire est trompeuse et mérite peu une confiance aveugle, même lorsqu'elle n'est pas manipulée en vue de prouver l'innocence de celui qui se souvient. Le deuxième aborde le spectre des comportements qui se côtoient dans le camp et qui vont de l'innocence la plus pure jusqu'à la culpabilité la plus forte – avec infiniment de nuances entre les deux. Lui-même le dit dans une interview au moment de la parution du livre : « Le chapitre central, le plus important du livre, est celui intitulé "La zone grise"[1]. » Après cette introduction de distinctions dans le degré de « collaboration », le chapitre suivant s'interroge sur les raisons de la honte qu'éprouvent les survivants, certaines excessives, d'autres légitimes. Et ainsi de suite jusqu'au dernier chapitre qui montre combien sont différentes entre elles les positions adoptées par ses lecteurs allemands lui écrivant au sujet de son premier livre.

Pourquoi faut-il se souvenir de cette page sombre de notre passé ? Parce que les passions et les conduites humaines ne changent pas brutalement et que donc, même si les institutions et la technologie se transforment, l'histoire se répète. Or l'idée que des moments aussi désespérants puissent revenir est insupportable à Levi. « C'est arrivé, cela peut donc arriver de nouveau : tel est le noyau de ce que nous avons à dire », écrit-il dans sa conclusion[2]. Levi pense moins (et il a évidemment raison) à une répétition à l'identique, à l'avènement d'un régime nazi dans le centre de l'Europe, qu'à une dissémination des traits qui ont rendu l'horreur possible – dans d'autres contrées, sous d'autres noms, avec de nouvelles justifications, n'atteignant pas le même paroxysme mais produisant néanmoins massacres et souffrances sans fin. Contre cette propagation du mal, pense-t-il, le rappel du passé peut être salutaire : il faut inlassablement évoquer l'horreur ancienne. Et c'est ce qu'il aura fait tout au long de son existence après Auschwitz.

Levi raconte au début de son livre que lui-même, comme de nombreux autres survivants, était hanté par une pensée : que sa souffrance reste ignorée, que cette page de l'histoire ne soit jamais écrite. Dans un cauchemar récurrent, il se voit parler tandis que ses auditeurs détournent la tête et partent sans mot dire. Tel était sans doute aussi l'espoir des dirigeants nazis, qui comptaient effacer toutes les traces de leurs forfaits. Soixante ans après la fin de la Deuxième Guerre mondiale, nous pouvons constater que ces appréhensions comme ces espoirs ont été vains. Aucun événement de l'histoire n'a probablement suscité autant de commentaires que cette guerre ; les pages qui lui sont consacrées se comptent par millions ; et personne – dans les pays d'Europe occidentale tout au moins – ne peut échapper au film ou à l'émission hebdomadaires consacrés par la télévision aux folies du nazisme. Le nom de Hitler, loin d'être oublié, est devenu un nom commun. Pourtant, même si un nazisme à l'identique n'a aucune chance de revenir parmi nous, des comportements comme ceux qui avaient rendu le nazisme possible ne sont pas rares. Levi avait raison, la mémoire est nécessaire ; mais nous devons ajouter aujourd'hui : elle n'est pas suffisante pour autant.

Pourquoi ? Parce que nous tous avons tendance à l'exploiter en notre faveur. Nous nous identifions aux victimes innocentes, ce qui nous donne après coup le droit d'exiger des réparations ; ou aux irréprochables héros, ce qui nous permet de passer sous silence nos propres forfaits. Il suffit de changer de lieu, d'étiquette, de circonstances, et nous ne voyons plus aucune raison de tirer des leçons du passé qui s'appliqueraient à nous aussi. Les résistants et les combattants français de la Deuxième Guerre mondiale n'ignoraient rien des horreurs nazies ; cela ne les a pas empêchés, après la Libération, alors qu'ils occupaient des postes de direction dans l'armée et au gouvernement, de réprimer dans le sang les demandes d'un peu plus d'autonomie, formulées par les peuples colonisés : 15 000 morts à Sétif, en Algérie, en 1945 ; 40 000 morts à Madagascar, en 1947 – en attendant la mise en œuvre systématique de la torture, en Algérie encore, après 1954. Les dirigeants israéliens n'ignorent rien, on peut en être certain, des persécutions subies par les juifs pendant la guerre ; cela ne les a pas empêchés, à différents moments de l'histoire récente, de persécuter à leur tour les Palestiniens qui avaient le tort de se trouver encore sur cette terre qui avait cessé d'être la leur. Ce n'est pas un génocide, fort heureusement ; mais s'il faut attendre que les souffrances humaines atteignent les sommets d'Auschwitz avant de s'en indigner, on pourra pendant longtemps encore, et avec bonne conscience, faire la sourde oreille aux complaintes des personnes et des peuples.

Il n'est donc pas nécessaire que soient présentes toutes les caractéristiques de l'État totalitaire pour que se reproduisent certaines de ses pratiques. Levi le sait bien : la violence illégitime (sinon « inutile ») n'est pas une prérogative des régimes nazi et communiste, elle se rencontre aussi dans les États autoritaires du Tiers-monde et même dans les démocraties parlementaires. Il suffit pour cela que la voix des dirigeants politiques la présente comme nécessaire, voire comme urgente ; elle sera relayée aussitôt par des médias omniprésents et étayée peu après par la cohorte d'auteurs et d'intellectuels qui savent trouver des justifications rationnelles aux choix du pouvoir, que ce soit au nom de la « défense de la démocratie » ou du « moindre mal ». Pour le lecteur d'aujourd'hui, témoin de la guerre engagée par les États-Unis en Irak, les mises en garde de Levi acquièrent une pertinence nouvelle, depuis la condamnation de la « violence préventive » jusqu'à celle du traitement des adversaires captifs qui a pour but « de briser leur capacité de résistance » en commençant par une « mise à nu totale »[3] et d'autres pratiques d'humiliation, comme à Guantanamo et à Abou Ghraib. Ce qui ne permet nullement d'établir l'équivalence « US = SS », mais montre que le mal, serait-il dilué, se retrouve sur toute la surface du globe – accompli parfois au nom d'un passé glorieux de combat contre le fascisme ou de résistance contre le communisme.

La simple mémoire du mal ne suffit donc pas à prévenir son retour ; encore faut-il que son rappel soit accompagné d'une interprétation et d'un mode d'emploi, et c'est précisément ce que nous offre Levi dans *Les Naufragés et les Rescapés*. Il ne se contente pas d'évoquer les horreurs du passé, il s'interroge – longuement, patiemment – sur leur sens pour nous aujourd'hui ; et c'est dans cette attitude à l'égard du passé que réside sa plus précieuse leçon. Il se trouve, de ce point de vue, en compagnie de quelques autres grands représentants du nouvel humanisme européen, celui d'après Auschwitz et Kolyma, tels Vassili Grossman ou Germaine Tillion : ces humanistes que l'extrémité du mal auquel ils ont été confrontés n'a pas empêché de garder des opinions modérées ; que la folie du monde n'a pas conduit à renoncer à la raison.

Que des hommes comme lui aient foulé cette terre, qu'ils aient échappé à la pénétration insidieuse du mal qu'ils savaient si bien décrire, est une source d'encouragement pour le lecteur de ce livre, plongé pourtant dans les abîmes de la misère humaine. Toutefois, on ne peut manquer de ressentir aussi, à la lecture, la mélancolie grandissante de son auteur. *Si c'est un homme*, qui laisse pourtant une plus grande place aux horreurs vécues personnellement par Levi à Auschwitz, produit une impression moins déprimante. La raison n'en est pas seulement que Levi est passé de la revendication à la méditation. Dans le premier cas, il était confronté à un mal particulier, fût-il extrême ; alors que, dans *Les Naufragés et les Rescapés*, il a affaire aux sources (ou aux métastases) de ce mal : moins exceptionnelles, mais du coup omniprésentes. La facilité avec laquelle s'est répandu le mal dont il a été témoin s'explique non seulement par les intentions des dirigeants nazis mais aussi par l'indifférence dont a fait preuve la population allemande. Levi ne peut s'empêcher de la mettre en accusation, et pourtant il sait aussi que la compassion illimitée est réservée aux seuls saints – qui sont extrêmement rares. « Si nous devions et pouvions souffrir les souffrances de tous, nous ne pourrions pas vivre[4]. » Comme Rumkowski, le falot « président » du ghetto de Lodz, nous sommes tous prêts à être éblouis par le pouvoir et à nous engager dans de douteux compromis. La voie recommandée par Levi lui paraît à lui-même à la fois nécessaire et impossible à pratiquer : il y a là de quoi décourager un analyste lucide.

Il n'en voit pas d'autre, pourtant. Levi s'est toujours refusé la facilité qui consiste à stigmatiser les « méchants » comme un sous-groupe de l'humanité entièrement distinct de nous. Non, les gardiens, même les pires, ne sont pas des monstres – ce sont des êtres humains tristement ordinaires, quelconques, transformés par les circonstances. C'est pourquoi toute solution par le moyen chirurgical d'une mise à l'écart radicale est illusoire. La cause de leur déchéance n'est pas leur nature, c'est qu'ils « avaient été mal éduqués[5] ». Il faut entendre ici le mot « éducation » dans son sens large, qui inclut non seulement l'école, mais aussi la famille, les médias, les partis et les institutions – donc, de proche en proche, tout le système totalitaire. Pour ceux qui vivent en dehors de lui mais souhaitent éliminer tout ce qui le rappelle, la voie est donc indiquée : elle consiste à pratiquer une meilleure « éducation ». Ce à quoi Levi aura consacré sa vie, en écrivant, en parlant et en donnant l'exemple d'un homme qui ne s'est pas laissé contaminer par le mal dans lequel il a été immergé ; en produisant récits et réflexions qui permettent à ses lecteurs de se projeter dans des situations qu'ils n'avaient jamais connues. Le succès de ses livres, la notoriété de son nom sont l'indice qu'il a réussi : non, certes, à convertir l'humanité à une foi meilleure, ni même à communiquer la sagesse à tous les chefs d'État occidentaux ; mais à inciter ses millions de lecteurs à prendre conscience du mal, tant en dehors qu'à l'intérieur d'eux-mêmes.

Certains jours il devait être découragé de voir que les résultats de son combat étaient si lents à venir, si souvent contrebalancés par des régressions ; que, les vertus acquises n'étant ni contagieuses ni héréditaires, le travail devait être recommencé à zéro avec chaque nouvel individu. D'autres jours, plus réaliste, il se souvenait qu'il s'agissait là « d'une guerre sans fin »[6]. C'est justement parce qu'elle est interminable que nous avons encore besoin de Primo Levi[7].

La mémoire comme remède contre le mal

La prière chrétienne la plus répandue au monde, celle qui commence par l'adresse à Dieu « Notre Père qui es aux cieux… », se termine par un vœu lourd de sens : « … et délivre-nous du mal »[1]. On trouve donc un élément mauvais dans la nature humaine, dont Dieu est capable de nous libérer, et nous prions pour qu'il le fasse. L'on sait que les hommes ont parfois été tentés de jouer eux-mêmes ce rôle de purificateurs, et l'on connaît bien les résultats catastrophiques auxquels ont conduit de telles ambitions dans les régimes totalitaires. En démocratie, on n'entretient pas de semblables projets d'élimination définitive du mal. Pourtant, de tels élans existent ici ou là ; et l'un d'entre eux prend la forme d'un appel à la mémoire. Si l'on se souvient vraiment du mal accompli dans le passé, suppose-t-on, alors, on pourra l'éviter dans le présent. Sur les murs de la ville, on peut lire parfois : « Ni pardon ni oubli ! » ; dans les réunions, on crie : « Plus jamais ça ! » ; à la télévision, on nous parle sentencieusement de devoir de mémoire, de repentance, de réparations, autant de gestes par lesquels on espère redresser un passé déplorable.

La mémoire ainsi comprise a même eu l'heur de s'introduire sur le terrain du droit. Dans plusieurs pays européens ont été adoptées des lois dites mémorielles, par lesquelles on fixe dans le Code pénal l'interprétation de tel ou tel épisode douloureux du passé, afin de protéger sa mémoire de toute atteinte et de lui garder toute son efficacité contre le mal. En France, en particulier, ces lois abondent. Depuis 1990, la loi dite Gayssot punit ceux qui contestent l'existence de crimes contre l'humanité tels que l'extermination des juifs par les nazis. Depuis 2001, une loi pose qu'il faut qualifier de génocide les massacres subis par les Arméniens en Turquie, en 1915 ; une autre déclare que l'esclavage et la traite des Noirs sont également un crime contre l'humanité et que leur mémoire doit donc rester intangible. Enhardis par cette série de décisions, les députés français ont voté, en 2005, une loi mémorielle célébrant un événement louable, et non plus douloureux, à savoir la colonisation française en Afrique du Nord…

Les appels à la mémoire comme à un remède efficace pour nous guérir du mal ne manquent donc pas. Le passé est bien préservé et commémoré. Pourtant, si l'on déplace notre regard vers le présent, il est difficile de conclure à un recul généralisé du mal sur la surface de la terre. Je m'empresse d'ajouter que ce mot, « le mal », ne doit pas être entendu comme désignant une entité métaphysique ou théologique, mais comme un terme commode recouvrant une série de violences fort variées : guerres, génocides, massacres, tortures, viols, crimes, souffrances infligées et subies. Ce que les hommes et les femmes d'époques différentes ont désigné habituellement par ces mots semble sortir indemne de ces combats et se perpétue, voire se renforce de nos jours. À peine arrêtées ici, les horreurs recommencent là, et l'on a les plus grandes difficultés à constater un progrès moral collectif dans la marche de l'humanité.

Le remède mémoriel paraît donc inefficace. Avant de l'abandonner, toutefois, on pourrait le soumettre à un examen un peu plus attentif : et si l'on s'y prenait mal, et que le problème résidait, non dans le recours à la mémoire et au passé, mais dans le rôle spécifique que l'on veut leur faire jouer, dans les conclusions que l'on en tire ?

Pour y voir un peu plus clair, je rappelle en préliminaire quels sont les éléments constitutifs des récits ayant trait au bien et au mal. Nous pouvons y observer deux processus, la production du mal et celle du bien, ainsi que deux protagonistes, celui qui agit et donc conduit le processus, et celui qui le subit. Ce qui nous permet d'identifier d'emblée quatre rôles principaux : d'une part le *malfaiteur* et sa *victime*, de l'autre le *bienfaiteur* et ses *bénéficiaires*. Deux de ces rôles sont considérés avec respect et méritent considération, ce sont le bienfaiteur et la victime : le premier apporte le bien, le second a subi un préjudice qui doit être réparé. Deux autres rôles sont tenus en faible estime, le bénéficiaire passif des exploits accomplis par quelqu'un d'autre et, surtout, le malfaiteur, devenu un véritable repoussoir. Si maintenant nous ajoutons à ce schéma élémentaire la distinction entre *nous* (notre communauté ou simplement ceux qui me ressemblent ou qui me sont proches) et les *autres*, étrangers et différents (ennemis), nous pouvons rendre compte de la majorité des usages de la mémoire : ils consistent à nous attribuer les rôles valorisés et respectés du héros bienfaiteur et de la victime, et à confiner les autres dans le rôle moins glorieux de malfaiteur, criminel, bourreau, ou de destinataire passif de nos actes héroïques. Un soupçon naît devant cette belle unanimité : et si la stérilité des appels à la mémoire s'enracinait dans cette identification constante de « nous » avec les héros ou les victimes, dans ce rejet des malfaiteurs aussi loin que possible de « nous » ?

En France

Observons maintenant quelques pratiques mémorielles récentes.

En France, les débats liés à la mémoire sont omniprésents et leurs orientations sont très diverses ; il est néanmoins possible de leur trouver un dénominateur commun : ils contribuent à accuser la différence entre victimes et bourreaux, comme entre héros et malfaiteurs. Cette tendance se manifeste aussi bien sur le plan des actions juridiques et politiques concrètes que sur celui des interventions chargées d'une portée symbolique. Prenons par exemple les accusés de crimes contre l'humanité, dans le cadre de procès qui relèvent autant de la mémoire que de la justice : ainsi, contre Klaus Barbie en 1987, Paul Touvier en 1994, Maurice Papon en 1998. Ces procès, concernant des actes commis au cours de la Deuxième Guerre mondiale, ressuscitaient donc le souvenir d'événements vieux de quarante à cinquante-cinq ans ; le crime contre l'humanité étant le seul à bénéficier de l'imprescriptibilité, ses protagonistes étaient forcément considérés comme entièrement différents des autres criminels, à plus forte raison du reste de l'humanité. De même, quand Hitler se trouve représenté dans un film, on se demande régulièrement si l'on ne risque pas de s'égarer en le considérant comme un être humain, comme appartenant à la même espèce que nous.

À côté de cette mise à distance des criminels, les dirigeants politiques français font volontiers part de leur sympathie pour les héros comme pour les victimes. Parfois les deux rôles sont incarnés par la même personne, ainsi des résistants tombés dans la lutte contre les occupants allemands. L'actuel président de la République, Nicolas Sarkozy, a par exemple fait l'éloge de Georges Mandel, homme politique français vigoureusement opposé aux nazis, qui a été assassiné par les miliciens français en 1944. Sa campagne présidentielle a été marquée par un hommage aux maquisards du plateau des Glières, massacrés aussi en 1944. Depuis son élection, il a demandé que soit lue dans toutes les écoles de France la lettre d'adieu de Guy Môquet, un adolescent communiste fusillé en tant qu'otage en 1941.

Une mesure plus spectaculaire encore a été annoncée par Nicolas Sarkozy au dîner annuel du CRIF (Conseil représentatif des institutions juives de France), le 13 février 2008. Le président français a déclaré à cette occasion que « la mémoire et la transmission de la Shoah » constituent « notre meilleure arme contre le racisme et l'antisémitisme, et notre seule protection contre le réveil de la bête immonde et la réitération des faits ». Pour cette raison, il a décidé que, à partir de la rentrée scolaire 2008, tous les enfants de CM2, c'est-à-dire ceux qui sont âgés de onze ans en moyenne, se verraient « confier la mémoire d'un des 11 000 enfants français victimes de la Shoah ».

L'initiative présidentielle a provoqué de nombreuses réactions négatives. On lui a reproché, pour commencer, sa forme même : est-ce bien au président de la République de décider quel sera le programme scolaire des enfants de onze ans ? Une telle omniprésence du chef rappelle fâcheusement le précédent totalitaire où le génial Père du peuple réglait les problèmes tant d'économie que de linguistique, de littérature que de musique. On s'est demandé également si l'initiative partait d'une connaissance suffisante de la psychologie infantile : est-il vraiment judicieux pour la santé mentale de l'enfant de s'identifier à un enfant déporté et mort à Auschwitz ? On pouvait déceler aussi, dans le projet présidentiel, un certain mépris pour l'histoire en tant que discipline scolaire, puisque l'on isolait l'événement passé de tout contexte et se contentait d'en faire le point de départ d'une adhésion émotive. Il n'est pas non plus certain que l'entretien de la mémoire de la Shoah soit notre « meilleure arme » et même notre « seule protection » contre la renaissance du racisme, car celui-ci prend des formes multiples ; empêcher l'une, on le sait hélas, n'exclut pas la présence des autres. Le président précise qu'« enseigner la Shoah et sa spécificité, c'est combattre tous les racismes », mais une telle pétition de principe fait problème : si l'on enseigne la « spécificité », on renonce à l'application universelle de la leçon.

Ce qui nous intéresse particulièrement dans le contexte présent, toutefois, est la place attribuée aux victimes du passé. Les 11 400 enfants juifs déportés de France (qui du reste n'étaient pas tous des citoyens français) sont incontestablement des victimes, eux-mêmes et leurs proches auraient mérité d'être plaints, consolés, réconfortés ; mais quelle leçon nous transmettent-ils soixante-cinq ans après les faits ? Leur rôle a été purement passif, ils ont subi la violence sans pouvoir réagir d'aucune manière. Pour empêcher que ne survienne une « réitération des faits », il aurait fallu réfléchir aux circonstances de cet acte barbare, aux motivations de ceux qui en ont été responsables, aux moyens qu'ils ont mis en œuvre. L'impuissance totale des enfants victimes, elle, peut nous toucher aux larmes ; elle ne nous apprend pas comment agir – et pour cette raison ne peut servir de pierre angulaire à une morale publique.

Le génocide cambodgien

Quittons à présent la France et l'Europe. L'un des événements les plus traumatisants du XXe siècle a été le génocide perpétré au Cambodge entre 1975 et 1979, au cours duquel près d'un quart de la population a été mis à mort par les Khmers rouges. Or, en 2008, un procès pour crimes contre l'humanité s'est ouvert à Phnom Penh, qui vise quelques-uns parmi les dirigeants survivants de ce parti ainsi que (dans un procès séparé) un certain Douch, le directeur du sinistre camp de torture et d'exécution S 21, situé à Tuol Sleng. Ces événements ont eu un témoin bien singulier. L'ethnologue français François Bizot a été fait prisonnier des Khmers rouges en octobre 1971, alors qu'il travaillait au Cambodge sur les traditions bouddhistes propres aux peuples de la péninsule indochinoise. La guerre du Vietnam bat alors son plein, les Khmers rouges ne contrôlent qu'une partie du territoire. Bizot est accusé d'être un espion américain ; le dirigeant du groupe qui le détient n'est autre que Douch. Constamment menacé de mort, l'ethnologue français fera l'objet d'une enquête, au terme de laquelle il sera acquitté et libéré, trois mois après avoir été capturé ; Bizot est le seul étranger à avoir connu ce sort heureux. Vingt ans plus tard, il apprend l'arrestation de Douch et les souvenirs affluent ; il écrit le récit de son expérience pendant ces temps mouvementés[2]. Dix ans plus tard encore, le procès de Douch commence ; Bizot, qui a revu entre-temps plusieurs fois son ancien geôlier, y témoigne.

L'expérience la plus troublante qu'a rapportée Bizot de sa capture est la proximité qu'il a ressentie entre lui-même et Douch. Celui-ci n'est pas encore le tortionnaire responsable de la mort de 40 000 prisonniers, au bas mot, dans le centre S 21 ; mais c'est déjà un dirigeant khmer impitoyable. Pourtant – Bizot doit aussi l'admettre, et ce fait le dérange profondément – il n'a rien d'un monstre, d'un pervers ou d'un fou ; il ressemble aux autres hommes et donc à lui-même.

Il faut se rappeler, pour atténuer le caractère abrupt de ce jugement, qu'au début des années soixante-dix les Khmers rouges ne suscitent nullement, comme aujourd'hui, la révulsion mais jouissent plutôt en Europe d'un préjugé favorable. Pendant la guerre du Vietnam, l'opinion publique européenne est majoritairement hostile aux Américains, par conséquent bienveillante pour ceux qui les combattent. Le gouvernement français soutient les Khmers rouges, l'Occident applaudit à leur prise de pouvoir en 1975, ils sont perçus comme des dirigeants modernes qui sortiront le pays de son arriération féodale. Du reste, à la même époque, les jeunes gens éclairés en Europe se réclament volontiers du maoïsme et croient eux aussi à l'avènement d'un avenir radieux.

Sur place, Bizot doit reconnaître que le comportement des cadres révolutionnaires tranche favorablement avec celui des fonctionnaires corrompus du gouvernement : ce sont des êtres intègres, moralement droits. C'est à cela aussi qu'il doit sa libération : il comprendra après coup que le chef de Douch qui l'avait décidée avait agi « au nom d'une équité à laquelle il ne renonçait pas ». Cette mesure de clémence est loin d'être la seule preuve de leurs qualités humaines. « Le jeune homme [Douch] était sérieux, en quête de vérité, profondément soucieux de justice, prêt à sacrifier sa vie pour les objectifs de la Révolution », écrit Bizot en préface à une réédition récente de son livre[3]. Par ailleurs, rester un soldat de la Révolution ne l'empêche pas de se comporter en être humain comme les autres, qui sait rire joyeusement ou aimer. En d'autres situations, les mêmes individus se conduisent d'une façon généralement appréciée ; dans les dernières années qui précèdent son arrestation, Douch, converti au christianisme, participe à l'action humanitaire.

Les grands crimes des Khmers rouges ne sont pas l'œuvre de sadiques ou de malades mentaux, ils résultent de réactions qui sont familières à chacun. L'une d'entre elles provient du sentiment de danger mortel qui vous menace, vous et vos proches, et de la peur qui en résulte ; c'est la conviction qu'en ce moment précis il faut tuer pour ne pas être tué. Mais aussi qu'on doit être prêt à torturer pour obtenir les informations indispensables à sa protection et à la sécurité des siens. La deuxième réaction vient du désir d'améliorer l'état actuel des choses, le sien propre ou celui de sa communauté. Si le but visé est vraiment sublime, il justifie tous les sacrifices et toutes les souffrances infligées. Les Khmers rouges rêvent d'une société purifiée, expurgée de ses ennemis, enfin « délivrée du mal » : le jeu semble valoir la chandelle. S'ajoute enfin à ces raisons la crainte bien compréhensible de se voir dévoré par la machine que l'on sert : si vous désobéissez aux ordres, ne risquez-vous pas de devenir – vous-même ou vos proches – sa prochaine victime ? D'avoir compris les motivations d'un homme comme Douch oblige Bizot à réviser son point de vue sur lui – et en même temps sur soi. Comme il le dira au procès de Douch, en 2009 : « Jusque-là je considérais que j'étais du bon côté de l'humanité, et qu'il existait des monstres auxquels, Dieu merci, je ne pourrais jamais ressembler. » Désormais, à la place du monstre il voit un être humain.

Souvent on traite les grands criminels de « bestiaux ». En réalité, l'homme trouve les raisons des massacres qu'il accomplit en ce qui, précisément, l'éloigne des animaux. Il faudrait, sans pour autant en faire une injure, cesser de prendre l'adjectif « humain » pour un compliment. Les animaux tuent pour manger ou pour se défendre ; les hommes, pour se protéger de dangers qui n'existent souvent que dans leur imagination, ou pour réaliser des projets nés dans leur tête. L'utopie révolutionnaire n'est rien d'autre : une fabrication de l'esprit, qu'on essaie par la force de transformer en réalité. Ce que les hommes ont en plus des animaux est la capacité d'abstraction, l'imagination dissociée du réel, les constructions mentales sans appui dans l'expérience présente ; ils savent se représenter les représentations des autres et les manipuler. Ce n'est certes pas la seule source des comportements que nous jugeons comme « inhumains » ; on peut y aboutir aussi en perdant de vue la finalité ultime de ses propres actes, ce qui implique, au contraire, un certain manque d'imagination. Mais un tel aveuglement bureaucratique n'est pas plus « bestial » que ne l'était le rêve de bâtir une société purifiée.

Découvrir que les grands criminels de l'histoire sont humains comme nous est l'un des mouvements qui permet de nous rapprocher d'eux ; l'autre consiste à montrer ce qui, en nous, rappelle ce que nous voyons en eux. Constater qu'eux sont « humains » ou que nous sommes (capables de devenir) « inhumains » revient au même. Bizot fait cette expérience au cours de sa captivité. Alors qu'il ignore s'il sera libéré un jour, il a projeté de s'évader, coûte que coûte. Il faut pour cela qu'il soit capable de se défendre pendant sa fuite ; il se procure donc un caillou coupant qu'il garde précieusement. Et il est prêt à s'en servir. « Dès lors que j'avais décidé de m'échapper, je ne pouvais envisager de croiser quelqu'un – fût-ce un enfant – sans le tuer, et prendre le risque de le laisser filer pour donner l'alerte. » Voici que, pour défendre sa propre vie, il est prêt à commettre un meurtre, d'enfants si nécessaire : est-ce si différent de l'état d'esprit des Khmers rouges ? À un autre moment, Bizot s'aperçoit qu'il prend un malin plaisir à manipuler son geôlier : « De cette jouissance que j'éprouvais me vint l'idée que j'avais, moi aussi, les qualités pour, à sa place, faire un bon bourreau »[4].

S'il n'est devenu ni tortionnaire ni meurtrier, ce n'est pas parce qu'il est fait d'une autre étoffe mais parce qu'il a eu la chance, pendant sa captivité, de ne pas avoir besoin de tuer ; et le reste du temps, de vivre dans un État de droit, seul détenteur de la violence légitime. Il a aussi eu la bonne fortune de ne pas croire que les hommes doivent se mettre à la place de Dieu et créer un monde nouveau, habité par une espèce nouvelle. En d'autres termes, la différence entre bourreaux et victimes ne réside pas dans la nature biologique des individus, il n'existe aucun ADN propre aux meurtriers ; elle provient des circonstances dans lesquelles se déroule le destin des uns et des autres. Le passé individuel compte : ne réagissent pas de la même manière ceux dont l'enfance a été baignée d'amour et ceux qui ont été élevés à la dure. Grandir dans une atmosphère de désespoir politique et social vous conditionne tout autrement que si toutes les portes s'ouvrent facilement devant vous. Le cadre de vie présent compte aussi : on ne réagit pas de la même manière dans une situation paisible ou face à une menace de mort, réelle ou imaginaire. Les guerres ne révèlent pas la nature profonde des hommes, elles suscitent des attitudes absentes ailleurs. Tous les hommes sont bien faits de la même étoffe, mais ils ont vécu des histoires différentes.

Nous avons pourtant beaucoup de mal à accepter l'identité de nature entre les grands criminels ou malfaiteurs et nous. Nous préférons penser que Hitler, ou Eichmann, ou Mao, ou Pol Pot, sont des monstres étrangers à l'espèce humaine, et nous feignons – plus que nous n'éprouvons – l'incompréhension. Le seul mérite, probablement, des humiliantes photographies sorties de la prison américaine d'Abou Ghraib en Irak est de nous montrer que les tortionnaires ne sont pas des extraterrestres ou des monstres sanguinaires, mais des garçons et des filles au visage ordinaire et souriant, qui auraient pu être nos enfants ou nos voisins. Cela ne veut pas dire que l'espèce humaine est épouvantable et qu'elle devrait susciter la seule lamentation, mais que bien et mal font également partie de nos potentialités. L'espoir d'atteindre un état définitivement libéré du mal est vain, n'y suffiront ni la guerre, ni les exécutions, ni la prison. Mais ce constat, cette obligation de vivre avec le mal à l'intérieur de nous sont difficiles à accepter, et nous préférons élever un haut mur entre les « monstres » et nous, les vouer à l'opprobre et nous croire différents par essence, en nous étonnant : comment de tels êtres ont-ils seulement pu exister !

Que pourrait apporter, dans ces conditions, le prochain procès pour crimes contre l'humanité, devant lequel paraîtront les anciens Khmers rouges ? Trente ans après les faits, on a affaire à quelques vieillards qui finiront probablement leur vie en prison ; il ne sera jamais possible de les punir à la hauteur des crimes commis. Ce procès qui ne ressemble à aucun autre va-t-il les présenter comme des individus entièrement différents des autres ? Ce serait là un résultat regrettable. Bizot juge que la condamnation est nécessaire mais rêve d'une autre sorte de procès, au cours duquel nous tous découvririons la véritable nature du danger qui nous menace, et qui gît à l'intérieur de nous. « Je vois le crime contre l'humanité comme une sorte de regard qui se tourne d'un seul coup sur nous-mêmes. Je voudrais que l'on ait l'audace d'humaniser les bourreaux – sans désir de pardonner ni de minimiser les crimes – pour voir en eux ce que l'homme est capable d'être, ce que nous sommes capables d'être[5]. »

Il est frappant de voir que ce procès est voulu, moins par cette partie de la population cambodgienne qui a subi directement les exactions des Khmers rouges et qui est amenée aujourd'hui à côtoyer ses anciens bourreaux, mais plutôt par les enfants ou petits-enfants des victimes, habitant souvent à l'étranger, ou encore par l'opinion internationale, qui voudrait que « justice soit faite ». Un rapport du Centre pour les droits humains de l'Université de Californie à Berkeley rend compte d'une étude de la population cambodgienne conduite en septembre 2008, auprès d'un échantillon représentatif de mille personnes. Alors que 80 % des interrogés se considèrent comme des victimes des Khmers rouges, que 77 % déclarent éprouver de la haine à leur égard et que 68 % attendent des procès un effet bénéfique pour les victimes, ils ne sont que 2 % à mettre l'action de justice en tête de leurs priorités : dans leur immense majorité, les Cambodgiens se préoccupent de leur vie quotidienne dans le présent plutôt que des redressements à opérer par rapport au passé.

Les paysans cambodgiens qui ont survécu aux purges, et sont restés sur place, vivent depuis des décennies déjà aux côtés des ex-Khmers rouges. Ils n'approuvent évidemment pas les actes passés de leurs voisins présents, mais sont parvenus à une sorte de réconciliation. Sans chercher à formuler leurs conclusions, ils comprennent que ces derniers tuaient et torturaient sous la menace, réelle ou imaginaire, d'être tués eux-mêmes – par leurs ennemis ou par leurs propres camarades ; ils comprennent qu'à leur place ils en auraient probablement fait autant. On peut voir ici que le traitement auquel on soumet un passé traumatisant peut poursuivre deux objectifs qui ne coïncident pas entre eux : le règne de la justice abstraite, où les crimes sont châtiés et les exploits récompensés ; ou le bien-être des individus qui composent la population au nom de laquelle on rend la justice.

Il serait regrettable que le procès en cours aujourd'hui (en 2009) détruise cette paix fragile. Reconnaître publiquement la souffrance des anciennes victimes peut aider à l'apaiser, mais aucun procès ne ressuscitera les morts. Quant aux anciens bourreaux, il s'agirait moins de les maintenir en prison jusqu'à la fin de leur vie (ces vieillards ne menacent aujourd'hui personne) que d'inscrire leur condamnation dans la mémoire collective en stigmatisant les crimes qu'ils ont commis. Si en plus de cela on pouvait, comme le souhaite Bizot, attirer l'attention sur les mécanismes d'engendrement du mal, le procès aurait effectivement atteint son but.

La Commission sud-africaine

Il existe d'autres parties du monde où l'on a délibérément choisi de mettre au premier plan, non la condamnation des malfaiteurs par le jugement d'un tribunal, mais la réconciliation de groupes de population précédemment opposés. Afin d'y parvenir, on a créé, dans une bonne vingtaine de pays récemment affranchis de leur régime dictatorial, en Amérique latine, en Afrique et en Asie, des comités de sages, chargés de faire toute la lumière sur le passé. Parmi eux, c'est la Commission de vérité et réconciliation (TRC, selon son acronyme anglais), en Afrique du Sud, qui a acquis la plus grande notoriété. Après la chute de l'apartheid et les premières élections générales libres, en 1994, cette commission a été instituée sous la présidence de l'évêque anglican Desmond Tutu ; elle aura siégé de 1995 à 1998. Sa manière de traiter la mémoire collective – en l'occurrence, une mémoire particulièrement douloureuse – mérite attention. Je suivrai ici principalement le récit qu'en a fait Tutu lui-même[6].

Très rapidement, les nouveaux dirigeants du pays prennent une double décision : il faut confronter le passé de l'apartheid, mais on ne saurait recourir à l'une des solutions habituellement adoptées dans de tels cas. D'une part, l'option que l'on pourrait désigner emblématiquement comme « procès de Nuremberg » n'est pas un exemple à suivre. Non seulement à cause de ses faiblesses propres (la présence parmi les juges des Soviétiques, non moins criminels que les nazis, ou la place qu'y occupent les « crimes contre la paix »), mais parce que les deux situations sont trop différentes. À Nuremberg, les Alliés victorieux jugeaient les Allemands vaincus, ils les punissaient pour le mal qu'eux-mêmes avaient subi. Ils choisissaient un petit groupe de responsables et les exécutaient ; après quoi ils laissaient les Allemands vivre entre eux. En Afrique du Sud, il n'y a pas eu de victoire militaire et la chute même de l'apartheid n'a été obtenue qu'à la condition de ne pas être suivie par un règlement de comptes. Les anciens dominants et les anciens dominés, ceux qui profitaient du régime précédent et ceux qui en souffraient, étaient censés continuer à vivre ensemble. De surcroît, ce régime a duré bien plus longtemps que le nazisme, et une très grande partie de la population blanche s'est trouvée impliquée dans ce qu'on peut considérer rétrospectivement comme des actes condamnables ; les punir tous est impossible. Leurs crimes étaient accomplis en accord avec les lois et selon les directives du gouvernement ; si leurs responsables devaient être jugés, l'État aurait eu à couvrir les frais de justice d'un nombre très élevé de personnes.

D'autre part, une solution du type « édit de Nantes » a paru également inappropriée. On pourrait désigner par cette formule toute décision qui, comme celle d'Henri IV en 1598, impose non seulement l'amnistie générale pour toutes les exactions commises au cours des guerres de religions, mais aussi une amnésie collective : « Que la mémoire de toute chose passée de part et d'autre [...] demeurera éteinte et assoupie, comme de chose non advenue. » Option impossible ici car, bien plus que les conflits religieux, l'apartheid a pénétré tous les plis et replis de la coexistence entre Blancs et Noirs ; option indésirable aussi, car on a du mal à imaginer que ce refoulement collectif volontaire puisse vraiment transformer la mémoire et apporter la paix.

L'apartheid a duré, en théorie, pendant près de cinquante ans, et bien plus longtemps encore en pratique. L'opposition contre lui est elle-même déjà ancienne, et les combats entre les deux partis appartiennent à son histoire. De ce fait, les opprimés se sont parfois comportés en guerriers et leurs actes demandent à leur tour à être examinés. L'évêque méthodiste Peter Storey a déclaré au cours d'une des auditions de la commission : « L'oppression exercée par l'apartheid a probablement été le cancer initial, mais de nombreux opposants ont été contaminés, et cela a érodé leur appréciation du bien et du mal. Il est en effet possible de ressembler à ce que l'on déteste le plus[7]. » Un jugement des coupables serait donc d'autant plus difficile que leurs victimes ont commis des actes comparables.

Le parti de lutte contre l'apartheid, l'ANC, ne se sent pas concerné pour autant : même si l'on se sert des mêmes moyens que l'ennemi, jugent ses dirigeants, on ne lui ressemble pas, car la cause défendue n'est pas la même. Puisque la guerre menée par l'ANC était juste, ses militants ne pouvaient pas avoir transgressé les droits de l'homme et n'ont donc pas de comptes à rendre devant la commission. Mais les membres de celle-ci ne l'entendent pas de cette oreille. En accord avec les conventions de Genève qui réglementent les conduites en temps de guerre, ils exigent que les moyens mis en œuvre soient eux-mêmes légitimes. Le vice-président de la commission, Alex Boraine, rappelle que des actes injustes peuvent être commis au cours d'une guerre juste, et inversement. Tous sont tenus pour responsables de ce qu'ils ont fait.

Si les victimes sont parfois coupables, les malfaiteurs à leur tour ont des motivations faciles à comprendre dans le contexte dans lequel ils évoluent. Le pays est en guerre, le gouvernement leur demande de combattre l'ennemi. « Nous n'avons pris aucun plaisir à faire cela, déclare l'un d'entre eux, nous n'en avions aucune envie, mais il fallait les empêcher de tuer des femmes et des enfants innocents. » Une fois que l'on est engagé dans cette voie, l'on doit accepter aussi de mutiler les corps (pour camoufler l'origine des meurtres) ou de torturer les prisonniers (pour obtenir des informations et prévenir de nouvelles attaques). Les ennemis de l'ANC sont présentés comme inhumains, assoiffés de sang et d'ailleurs participant à l'assaut final lancé par les communistes contre le dernier bastion du monde libre en Afrique (au Cambodge, on torture et on tue au nom du communisme ; en Afrique du Sud, de l'anticommunisme). Il faut se battre pour défendre sa propre vie comme celle des autres membres de la communauté, il faut neutraliser les « terroristes ». La pression sur les soldats et les policiers est telle qu'ils sont conditionnés pour frapper et tuer ; ils ne cessent pas pour autant d'être des individus ordinaires, aux réactions compréhensibles par tous. Tutu conclut : « En écoutant les auteurs des violations des droits de l'homme, j'ai réalisé que chacun de nous, sans exception, était capable du pire. » Il n'en déduit pas que le crime ne mérite pas condamnation, mais qu'il ne faut pas confondre crime et criminel. « Nous devions faire une différence entre l'acte et celui qui le commet, entre le péché et le pécheur, haïr et condamner le péché tout en ressentant de la compassion pour le pécheur »[8].

Que reste-t-il à faire quand on a écarté tant la condamnation légale que l'oubli imposé ? La Commission de vérité et réconciliation propose la réponse suivante. Les victimes se présenteront devant elle et lui apporteront leurs témoignages ; si ces derniers sont corroborés, ils recevront des réparations de la part de l'État. De leur côté, les responsables de violations des droits humains et de crimes politiques seront incités à y venir et à confesser publiquement leurs forfaits. Si des indices concordants suggèrent qu'ils ont dit toute la vérité, ils obtiendront une amnistie et ne pourront plus être poursuivis pour ces actes. Témoignages et confessions jouent un rôle cathartique, les victimes reçoivent la reconnaissance publique, les coupables sont humiliés devant la nation (les auditions sont abondamment transmises à la radio, documentées dans les journaux). De cette manière, on accède au premier objectif de cette entreprise, qui est l'établissement de la vérité – une vérité qui n'est pas confirmée scientifiquement ou légalement, par l'accumulation d'indices matériels, mais résulte de l'accord entre les deux partis. À son tour, ce consensus, cette image adoptée par la collectivité, ouvre la voie vers l'objectif ultime, le pardon des uns par les autres et la « réconciliation » de la population, c'est-à-dire l'état où une partie de la population, la minorité « blanche », accepte publiquement sa culpabilité dans le passé, alors que l'autre partie, la majorité « noire » ou « colorée », tente de surmonter son ressentiment. Il faut ajouter aussitôt que, aux yeux des membres mêmes de la commission, une partie de ce programme a été très insuffisamment réalisée par le gouvernement du pays, à savoir l'attribution des réparations matérielles.

La voie choisie par la commission est donc d'abord opposée à l'oubli, puisqu'au contraire on apprend à tous la souffrance des victimes, les forfaits des responsables ; ces récits ne sont pas enfermés dans les prétoires mais étalés sur la place publique. En même temps, elle est opposée à celle du tribunal, puisqu'elle amène à établir, non la culpabilité (ou l'innocence) légale, mais la vérité. Convoqués devant un tribunal, les accusés ne pensent qu'à sauver leur peau, ils n'hésitent pas pour cela de recourir au mensonge et à la dissimulation. Appelés à témoigner devant la commission, les mêmes ont intérêt à admettre leurs crimes puisque seul l'aveu complet leur permet d'obtenir l'amnistie. À plusieurs reprises la démonstration sera faite : les mêmes qui niaient devant le juge révèlent la vérité devant Tutu et ses collègues. Inversement, ceux dont on peut penser qu'ils continuent de dissimuler les faits n'obtiennent pas l'amnistie et sont renvoyés devant le tribunal.

Cette solution originale, au regard des traditions juridiques d'autres pays du monde, est prévue par la Constitution intérimaire de l'Afrique du Sud et elle sera motivée par Tutu qui s'appuie pour cela sur une conception traditionnelle africaine de l'être humain. Celui-ci n'existe pas par lui-même mais seulement à l'intérieur d'un réseau, formé par d'autres humains. Ces autres font partie de lui, comme lui d'eux. « Nous sommes faits pour évoluer à l'intérieur d'un fragile réseau d'interdépendances. [...] Un homme seul ne peut pas être humain. » Condamner, punir et exclure quelqu'un de ce réseau est certes douloureux pour lui, mais de plus c'est préjudiciable pour soi. « Ce qui vous déshumanise me déshumanise fatalement »[9]. Celui qui refuse d'admettre l'autre dans le cercle social, parce que c'est un ancien criminel, se mutile. Celui qui reconnaît au contraire cette nécessité de maintenir le réseau en vie possède une qualité précieuse, désignée (dans les langues du groupe nguni) par le mot *ubuntu*. On pourrait le traduire par « civilisé » si l'on entendait par là une capacité d'accueillir les autres, de leur offrir notre bienveillance même quand ils ne sont pas proches de nous.

Punitions et réparations

Il est courant de nos jours d'opposer vengeance à justice, et de préférer la seconde à la première. Or, dans le cas sud-africain, l'opposition passe à l'intérieur même de la justice. Elle consiste à mettre d'un côté la justice *punitive*, dont l'outil est l'emprisonnement ou l'exécution et dont l'unique principe est l'application de la loi, et de l'autre une justice *réparatrice*, qui se sert de moyens autres que les punitions habituelles, et qui a pour fin le bien-être de la communauté. « Pour nous, affirme Tutu, l'harmonie sociale est le *summum bonum*, le souverain bien. Tout ce qui est susceptible de compromettre cette harmonie doit être évité comme la peste[10]. »

La justice punitive est à la fois proche et distincte de la vengeance. Les différences sont de deux sortes. D'abord, au lieu de punir la communauté (la famille, le clan, la tribu), la justice s'en tient à la responsabilité individuelle du malfaiteur. D'autre part, la punition elle-même est infligée non par des individus (par exemple, les parents de la personne assassinée) mais par les représentants de la communauté (de l'État) : ni le président du tribunal ni le directeur de la prison ne sont personnellement concernés par le crime commis et ils agissent au nom de la loi abstraite, identique pour tous. Leur but déclaré n'est pas de venger l'offensé, mais de réparer l'ordre social. Grâce à cela, la justice – à la différence de la vengeance – parvient à interrompre le cycle des représailles. Mais, pour ce qui est de la nature du châtiment infligé, l'une se confond souvent avec l'autre : la loi du talion n'est pas abandonnée. Qui a donné la mort doit mourir, qui a fait souffrir doit souffrir : dent pour dent, œil pour œil, vie pour vie. Il n'est que d'observer l'état des prisons dans un pays comme la France pour constater que la privation de liberté n'est qu'une de leurs fonctions ; et qu'une autre en est l'infliction d'une peine, équivalent symbolique de celle subie par la victime. Dans cette perspective, la vengeance ressemble à une justice privée, alors que la justice est une sorte de vengeance publique. Et le fait que ce soit la loi commune, non la volonté individuelle, qui décide ne suffit pas pour les opposer : la loi elle-même, humaine et non divine, est l'expression de la volonté collective.

La justice punitive privilégie le respect de la loi abstraite et de l'institution qui la porte, en dernière instance l'État. La justice réparatrice se soucie avant tout des êtres particuliers qui composent la société. Son objectif n'est plus de protéger un ordre impersonnel mais de permettre aux anciens coupables et aux anciennes victimes de revivre ensemble. Plutôt que de se référer à la loi qui, quelle qu'en soit l'origine, est au-dessus des individus, elle s'adresse aux êtres humains vivant les uns à côté des autres. Plutôt qu'à châtier, elle cherche à restaurer les relations qui n'auraient jamais dû être brisées. On trouve une nouvelle illustration du contraste entre ces deux formes de justice dans des propos récents du président des États-Unis Barack Obama, tenus au Parlement turc en avril 2009. En abordant le thème de la mémoire collective, il rappelle d'abord que « les États-Unis sont toujours préoccupés par certaines périodes sombres de [leur] histoire ». C'est alors qu'il se tourne vers une question controversée de l'histoire turque : les massacres d'Arméniens en 1915 constituent-ils un génocide ? Avant d'être élu président des États-Unis, Obama y avait répondu par l'affirmative. Or son propos au Parlement turc est différent : sans renier ses opinions antérieures, et donc son interprétation de l'événement en termes purement légaux, il préfère dire maintenant que c'est aux peuples turc et arménien qu'il revient d'en décider, en se souciant avant tout de leur bien-être actuel. En d'autres termes : le souci pour l'entente dans le présent devrait l'emporter sur le jugement strictement juridique d'un acte du passé.

On ne peut dire que les travaux de la Commission sud-africaine aient été couronnés d'un succès sans faille. Comme on pouvait s'y attendre, certains lui ont reproché sa trop grande sévérité, d'autres son excessive clémence. Les révélations sur le passé ont apporté l'apaisement à certains mais ont ravivé les blessures pour d'autres. Les tensions raciales entre Noirs et Blancs n'ont pas disparu à la suite de ses travaux. On a pu aussi mettre en doute son principe même : à amnistier ainsi les crimes du passé sur la foi d'un repentir public dont rien ne garantit la sincérité, ne risque-t-on pas d'ôter toute responsabilité des membres de la société pour les actes, éventuellement criminels, qu'ils commettent ? À force de tout soumettre au besoin de *réparation*, peut-on encore se réclamer de la *justice* ?

Pourtant, les effets positifs sont certains aussi, et l'on ne voit pas bien quel autre moyen aurait permis d'atteindre des résultats meilleurs. La justice réparatrice aspire à se tenir à égale distance de deux extrêmes : d'un côté, la vengeance, qui duplique le crime initial par un acte équivalent ; de l'autre, l'impunité totale, fondée sur le postulat que les individus ne sont pas responsables de leurs actes mais obéissent à des forces, économiques ou psychologiques, sur lesquelles ils n'ont aucune prise. Ici, les coupables sont reconnus comme tels, exposés publiquement et blâmés, mais l'expiation de leurs délits se fait à l'intérieur de la vie sociale plutôt qu'en prison. La voie choisie par la commission a aussi l'avantage de ne pas dissimuler le mal, bien au contraire, et de ne pas non plus donner l'impression qu'on peut s'en délivrer intégralement et définitivement. Le mal reste présent dans les mémoires, en même temps il est maintenu sous contrôle, dominé grâce au consensus social qui a pu s'établir.

La Commission sud-africaine a joui d'une image très favorable dans le reste du monde, et plusieurs pays étrangers ont contribué à la financer. Ses grands protagonistes, Mandela et Tutu, ont acquis un statut de sages d'exception. Pourtant, et le fait est digne d'étonnement, personne ne semble pressé d'imiter leur exemple en mettant en place une justice réparatrice au lieu de la justice punitive. La journaliste sud-africaine Antjie Krog, auteur d'un ouvrage de référence sur les travaux de la commission[11], remarquait récemment à propos des admirateurs de cette expérience, parmi lesquels comptent nombre de chefs d'État : « Alors qu'eux-mêmes retourneraient la dernière pierre pour amener les "malfaiteurs" devant leurs tribunaux, ils embrassent Mandela pour avoir pardonné ceux qui tuaient son peuple[12]. » Disposer d'une photo où les chefs d'État apparaissent aux côtés de Mandela semble suffire à leur ambition.

Leur pratique est en effet tout autre, comme le montre la manière de traiter tant les « crimes contre l'humanité » du passé que les « crimes terroristes » du présent. L'exécution récente de Saddam Hussein et de plusieurs de ses proches, après la chute de la dictature baassiste en Irak, est une autre preuve que l'exemple sud-africain ne « prend » pas. Le besoin de vengeance l'a emporté sur l'esprit de réconciliation. Il est pourtant bien probable que, ce faisant, les Irakiens ont semé les graines de la discorde pour les décennies à venir.

On peine à trouver une explication générale à cette différence dans les réactions devant le mal. Le refus de suivre l'exemple sud-africain transcende les frontières culturelles ou politiques, il ne semble pas pouvoir s'expliquer par la religion dont se réclame la population, ni par le régime politique sous lequel elle vit. Prenons la peine de mort, parfait exemple de la pure justice punitive, puisque le coupable, déclaré incorrigible, est retranché définitivement de la communauté humaine. Trois pays détiennent le record des exécutions, les États-Unis, l'Iran et la Chine, c'est-à-dire une démocratie dominée par la religion chrétienne, une théocratie islamique et une dictature communiste. Pourtant les pratiques sont les mêmes. Faut-il alors invoquer la supériorité de la race noire ou la sagesse des traditions africaines ? Mais les massacres au Rwanda et au Burundi, les interminables vendettas au Nigeria semblent témoigner du contraire, tout comme le font par ailleurs les réactions conciliantes des paysans cambodgiens. Les raisons de ces attitudes divergentes sont sans doute plus indirectes et seraient à chercher du côté des structures sociales présentes ici et là, dans la nature même des relations humaines qui s'y déploient.

Il n'est pas évident non plus que la justice réparatrice doive évincer partout la justice punitive. Tutu lui-même suggère qu'elle s'applique dans certains cas précis, en particulier lorsque les crimes ont été commis en accord avec une loi antérieure, abandonnée à la suite d'un renversement du régime, une dictature totalitaire ou militaire, et lorsqu'ils relèvent d'un phénomène de masse. Même si ces deux conditions sont réunies, il peut y avoir des exceptions. Lorsqu'il s'agit d'un crime contre l'humanité tel que le génocide, et que l'on a affaire, non aux simples exécutants, mais aux concepteurs des massacres, aux chefs d'État qui les ont mis en marche et à leurs plus proches collaborateurs, l'exigence d'une confession publique paraît un peu faible. Comment devrait-on les punir ? Les exécutions sommaires de Nicolae Ceausescu et de Saddam Hussein ne me paraissent pas plus satisfaisantes que l'impunité dont ont joui des dictateurs comme Pol Pot ou Pinochet. Je me demande s'il ne vaudrait pas mieux que, pour punir ces crimes contre l'humanité, les grands massacreurs soient confiés aux Nations unies qui, après avoir confisqué leurs biens, les rassembleraient sur une île déserte au milieu des océans, telle Sainte-Hélène qui au XIXe siècle abrita Napoléon…

Quant aux crimes ordinaires dont les acteurs encombrent aujourd'hui les cellules des prisons, on peut se demander si, là aussi, il ne serait pas souhaitable d'élargir le cercle de l'option réparatrice : des crimes nullement politiques pourraient également être expiés au sein de la société plutôt que par l'emprisonnement. Un tel élargissement dans son application implique tout d'abord que les criminels en question ne représentent plus une menace pour la société, qu'ils ne soient plus en état de recommencer leurs crimes. Il faudrait alors, pour qu'ils échappent aux punitions habituelles, qu'ils admettent leur responsabilité, qu'ils expriment des regrets pour ce qu'ils ont fait, qu'ils manifestent un désir de réparer les torts qu'ils ont causés. Bien entendu, dans ce cas encore, on n'est pas à l'abri des mensonges permettant de s'en tirer à moindres frais, comme de l'hypocrisie ; il ne faut pas sous-estimer pourtant les effets de l'action publique sur la conscience de celui qui l'accomplit, même sans grande conviction. Une telle prise de conscience n'est toutefois nullement facilitée par les conditions actuelles d'emprisonnement, dans de nombreux cas si inhumaines que les prisonniers se perçoivent comme de pures victimes, oubliant les dégâts qu'eux-mêmes ont provoqués chez les autres.

Le but de la prison devrait rester de protéger la société et, en même temps, de préparer les anciens criminels à s'y réintégrer – non de leur infliger des souffrances. De cette manière, les deux voies pourraient devenir complémentaires plutôt que d'être exclusives l'une de l'autre.

La mémoire du mal

La mémoire du passé sera stérile si nous nous en servons pour ériger un mur infranchissable entre le mal et nous, si nous nous identifions uniquement aux héros irréprochables et aux victimes innocentes, en repoussant les agents du mal en dehors des frontières de l'humanité. Or c'est bien ce que nous faisons habituellement. Dans la vie quotidienne aussi, nous oublions facilement le mal que nous infligeons mais gardons longtemps en mémoire celui que nous subissons. Et pour cause : nous n'éprouvons pas les souffrances des autres ! Le remède que nous recherchons ne consistera donc pas en un simple souvenir du mal dont notre groupe ou nos ancêtres ont été victimes. Il faut faire un pas de plus et nous interroger sur les raisons qui ont fait advenir le mal. Une fois le crime commis, nous ne pouvons plus vraiment réparer le mal subi, seulement consoler les victimes. Nous pouvons en revanche agir sur les criminels, ceux du passé pour qu'ils ne recommencent pas, mais aussi ceux des temps à venir.

Or la « bête immonde » n'est pas en dehors de nous, dans un ailleurs lointain, elle est en nous. Au sortir de la Deuxième Guerre mondiale, Romain Gary, qui avait combattu contre l'Allemagne comme aviateur, était déjà parvenu à cette conclusion : « Ce qu'il y a de criminel dans l'Allemand, c'est l'Homme[13]. » Il ajoutait plus tard : « Ce qu'il y a d'affreux dans le nazisme, dit-on, c'est son côté inhumain. Oui. Mais il faut bien se rendre à l'évidence : ce côté inhumain fait partie de l'humain. Tant qu'on ne reconnaîtra pas que l'inhumanité est chose humaine, on restera dans le mensonge pieux[14]. » Le mot « humain » n'est pas un synonyme approprié de « généreux » ou de « miséricordieux ».

C'est pourquoi on ne parviendra jamais à délivrer les êtres humains du mal. Notre seul espoir est, non de l'éradiquer définitivement, mais de tenter de le comprendre, le contenir, l'apprivoiser, en reconnaissant qu'il est également présent en nous. Du reste, les Évangiles eux-mêmes suggèrent une interprétation prudente de la formule de la prière : plutôt que de délivrer les hommes du mal une fois pour toutes, le Christ demande à Dieu de les en *garder* ou *protéger*[15]. Cela ne veut pas dire que nous devrions tourner toute notre hargne contre nous-mêmes, en tant qu'individus ou en tant que peuple, en ne nous souvenant que des pages noires de notre passé, en nous accablant de reproches et en nous condamnant à vivre dans la pénitence, à battre perpétuellement notre coulpe. Le mal ne s'identifie pas plus à nous qu'aux autres, et le bien lui-même est omniprésent, voire banal.

Encore moins doit-on renoncer à tout jugement moral : notre adversaire ici n'est pas la morale mais l'égocentrisme et le manichéisme ; il faut se rappeler toutefois que ce ne sont pas les individus ou les peuples qui sont mauvais, mais leurs actes qui le deviennent. Tout rappel du passé n'est pas utile, pourtant le souvenir peut nous aider dans cet effort d'apprivoisement, à condition de ne pas oublier que bien et mal coulent de la même source et que dans les meilleurs récits du monde ils ne se séparent pas.

Une fois que nous avons renoncé à être délivrés du mal, le travail de mémoire nous permettra d'aller, non directement d'un cas particulier à un autre, sur la foi de quelque vague ressemblance ou contiguïté, mais du particulier à l'universel – au principe de justice, à la norme morale, à l'idéal politique – qui se laissent examiner et critiquer à l'aide d'arguments rationnels. Le passé ne sera alors ni répété jusqu'à satiété, ni galvaudé en analogie universelle, mais lu dans son exemplarité. La leçon qu'on en tire doit être légitime en elle-même, non parce qu'elle provient d'un souvenir qui nous est cher ; le bon usage de la mémoire est celui qui sert une juste cause, non celui qui favorise simplement nos intérêts.

Le grand peintre Zoran Music a passé la dernière année de la Deuxième Guerre mondiale dans le camp de Dachau. Au sortir de cette usine de la mort, il se sent incapable de représenter ce qu'il a vu : son expérience est unique, il ne peut la communiquer. Mais, dans les années cinquante, les guerres recommencent – en Corée, en Algérie – et, avec elles, les cruautés que les êtres humains savent infliger à d'autres êtres humains. Le présent, certes différent et pourtant semblable aussi, amène Music à une nouvelle série de tableaux, qui représentent les cadavres du camp et qu'il appellera « Nous ne sommes pas les derniers ». « On croyait qu'une chose pareille ne pourrait jamais se passer de nouveau. Mais dix ans plus tard ou quinze, on voyait de nouveau la même chose partout[16]. » La mise en relation du passé avec le présent, qui n'est en rien une banalisation, a permis au peintre de produire une œuvre bouleversante, à la fois vraie et juste.

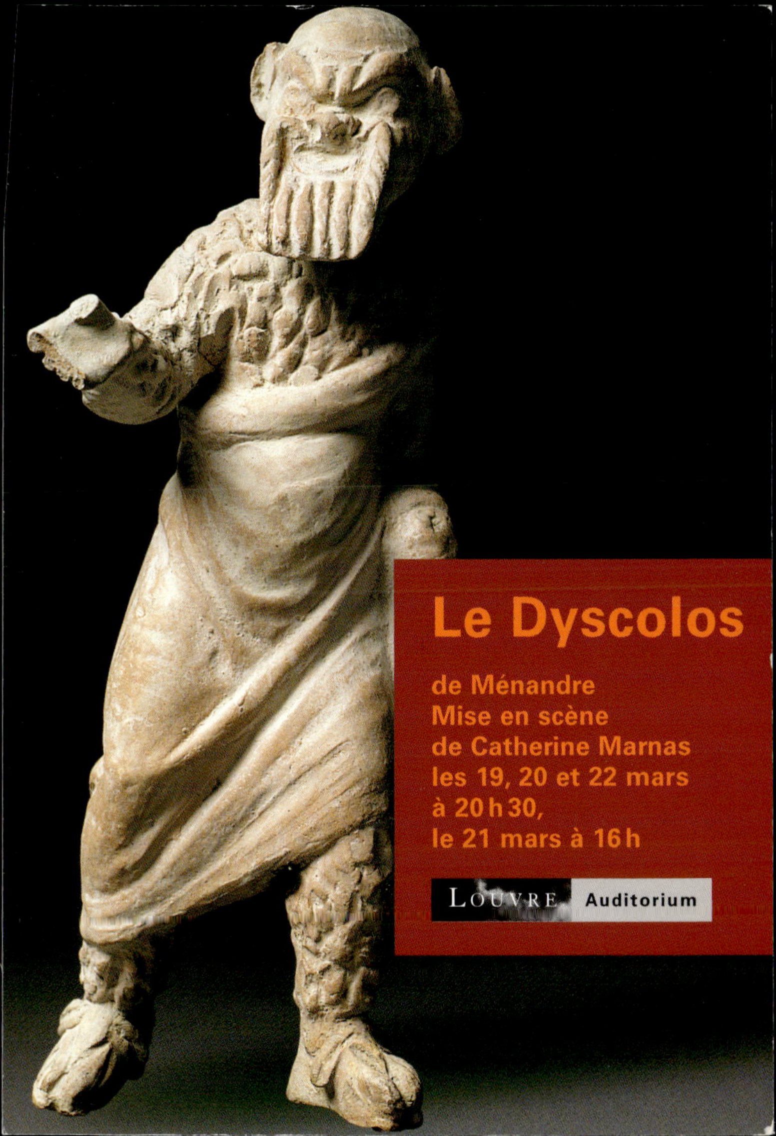
Le Dyscolos
de Ménandre
Mise en scène
de Catherine Marnas
les 19, 20 et 22 mars
à 20 h 30,
le 21 mars à 16 h
LOUVRE Auditorium

Le Dyscolos

de Ménandre (342-env. 292 avant J.-C.)
Les 19, 20 et 22 mars à 20 h 30,
le 21 mars 2004 à 16 h

Traduction nouvelle de Daniel Loayza. Mise en scène de Catherine Marnas. Assistant à la mise en scène : Claude Poinas. Scénographe : Carlos Calvo. Créateur son : Mme Miniature.

Avec les élèves-comédiens de 2e année de l'École régionale d'acteurs de Cannes : Mathieu Bonfils, Audrey Bonnefoy, Fanny Capretta, Guillaume Clausse, Pierre-François Doireau, Pearl Manifold, Julien Mouroux, Charles-Éric Petit, Samuel Rehault, Julie Timmermann, Elisa Voisin, Brigitte Zarza-Juan

et Robert Lucibello.

Molière ne connaissait du *Dyscolos* que l'argument, il en a fait celui du *Misanthrope.* On croyait perdue cette comédie de Ménandre, redécouverte dans les années 1960 : Sostrate, un jeune aristocrate, tombe amoureux de la fille de Cnémon, un vieux paysan bourru et désargenté qui vit reclus sur ses terres. Comment le ramener à la société des hommes et lui faire accepter le mariage de sa fille ?

Catherine Marnas entraîne ses acteurs dans une mise en scène qui souligne les rebondissements de cette comédie grinçante.

Coproduction ERAC, Compagnie Parnas, auditorium du Louvre. Avec le soutien de la Fondation du Crédit Mutuel pour la Lecture.

Dans le cadre du programme « La peinture grecque antique » (12 février-29 mars).

À l'auditorium du Louvre
Accès par la pyramide du Louvre, le passage Richelieu ou la galerie du Carrousel.

Informations
- 01 40 20 55 55 du lundi au vendredi de 9 h à 19 h
- 01 40 20 67 89 (serveur vocal)
- www.louvre.fr

Réservations
01 40 20 55 00 du lundi au vendredi de 11 h à 17 h (sauf le mardi).

Tarifs
14 € ; 11 € (tarif réduit pour les Amis du Louvre, cartes Louvre jeunes « encadrement », groupe de 5 personnes et plus) ; 8,50 € (tarif jeunes et solidarité pour les moins de 26 ans, cartes Louvre jeunes, chômeurs, bénéficiaires du RMI et de l'aide sociale).

Tarifs groupes scolaires
5,50 € (groupe de plus de 10 élèves, tarif unique par élève, gratuité pour les accompagnateurs).
Un dossier pédagogique sera remis aux enseignants sur demande. Une rencontre avec Daniel Loayza, auteur de la nouvelle traduction du *Dyscolos,* et Catherine Marnas sera organisée en mars.
Contact : Delphine Vanhove
01 40 20 58 23
ou vanhove@louvre.fr

Acteur en Papposilène, terre cuite de Myrina, IIe s. av. J.-C., musée du Louvre © RMN / H. Lewandowski. Conception graphique : Agathe Hondré. Impression : Dix et Demi Quinze 01 48 87 80 81

LECTURES

La découverte de l'Amérique

Quatre textes préparent, plus que tout autre, l'image initiale que les Européens se font de l'Amérique et des Américains : ce sont « La lettre à Gabriel Sanchez » (ou « Lettre à Santangel »), de Christophe Colón (ou Colomb) ; les lettres de Pierre Martyr à des personnalités de l'époque, réunies dans ses *Décades* sous le titre *Du nouveau monde* ; et deux lettres d'Amerigo Vespucci, intitulées « Le nouveau monde » et « Les quatre voyages ». Leur dénominateur commun est précisément le rôle déterminant joué de par leur diffusion auprès du public européen ; de ce point de vue, ils sont de loin supérieurs aux autres documents produits par les mêmes auteurs, mais restés inédits à l'époque, tels le *Journal de bord* de Colón ou ses autres *Relations*, ou encore les autres lettres d'Amerigo Vespucci. Toujours dans l'optique de la construction de l'image de l'Amérique, les versions latines l'emportent en influence sur les autres. On sait que seul Pierre Martyr écrit d'emblée en latin (Colón s'exprime originellement en espagnol et Vespucci en italien) ; mais c'est bien l'existence de ces œuvres en latin qui est responsable de leur large diffusion. D'autres documents de l'époque, œuvres d'explorateurs ou bien de curieux qui n'ont pas quitté l'Europe, participent aussi à la constitution de cette image, sans pour autant atteindre l'importance des lettres signées par Colón, Martyr et Vespucci. C'est à travers elles que, en une quinzaine d'années décisives (1492-1507), l'exploit des navigateurs se doublera d'une découverte intellectuelle, celle d'un Nouveau Monde[1].

Le personnage de Colón a suscité d'innombrables commentaires, dus sans doute non seulement aux répercussions de son acte mais aussi à ce qui nous apparaît chez lui comme une combinaison de traits contradictoires. Colón est à la fois un Ancien et un Moderne, imbu de préjugés et pourvu d'esprit pragmatique, dogmatique et empiriste, génial navigateur et piètre géographe, animé d'une foi mystique et avide de richesses, promoteur du « bon sauvage » et initiateur de l'esclavage des Indiens. Pour ce qui nous concerne ici, un fait de sa biographie est particulièrement important : c'est son conflit avec les rois d'Espagne. En effet, ceux-ci se rendent rapidement compte que, à l'époque où ils ne croyaient pas vraiment au succès de ses expéditions, ils ont imprudemment signé avec lui un accord, lui cédant le pouvoir sur toutes les terres à découvrir. Colón sera vaincu par l'immensité de sa trouvaille : il ne s'agit pas de quelques îles mais d'un continent infiniment supérieur en superficie à l'Espagne ; si les rois s'en étaient tenus aux termes de l'accord, leur serviteur serait devenu beaucoup plus puissant qu'eux. Il est de leur intérêt donc de diminuer et d'occulter le rôle de Colón dans la découverte du Nouveau Monde ; cela concerne en particulier le troisième voyage, en 1498, au cours duquel il touche ce que nous appelons l'Amérique du Sud. C'est pourquoi aussi la « Lettre à Sanchez », publiée, elle, en 1493, restera tout au long de cette période le seul document de Colón connu du grand public européen.

Pierre Martyr d'Anghierra n'a jamais quitté l'Europe. Mais ce Milanais érudit jouit de la confiance de plusieurs personnages influents ; et nous le trouvons établi auprès de la cour d'Espagne, habile courtisan chargé de diverses missions. Deux traits de sa biographie nous le rendent particulièrement précieux : il se lie d'amitié avec certains explorateurs de retour en Espagne, notamment avec Colón, et recueille attentivement leurs récits ; d'un autre côté, il est resté le confident de plusieurs cardinaux italiens et décide de les tenir au courant des surprenantes découvertes dont les nouvelles parviennent en Espagne les unes après les autres. Il trie donc les informations brutes et les organise en récits cohérents, en les agrémentant de références savantes et de réflexions personnelles. Ses missives ont d'emblée un caractère semi-public, et sont lues par bien d'autres lecteurs que leurs destinataires ; leur style alerte leur assure un succès rapide. Peu après elles paraissent en livre : un choix sera publié en 1504, la première des *Décades* de Martyr verra le jour en 1511.

Amerigo Vespucci est le personnage le plus mystérieux des trois. Ce Florentin établi dans la péninsule Ibérique possède une certaine éducation humaniste et, par ailleurs, il est certainement bon navigateur, puisqu'on le trouve au poste de *piloto mayor* auprès du roi du Portugal en 1508. On sait peu de chose sur ses voyages vers l'Amérique en dehors de ce que nous en disent les écrits qui lui sont attribués. Il est certain qu'il a participé, en 1499-1500, à l'expédition conduite par Alonso de Hojeda et Juan de la Cosa vers le sous-continent sud-américain (expédition qui exploite les découvertes faites par Colón au cours de son troisième voyage) ; et à une autre navigation, en 1501-1502, qui explore les côtes de l'Amérique beaucoup plus au sud, jusqu'au Rio de La Plata. Puis, il y a l'écrivain Vespucci, sur qui nous ne sommes guère mieux renseignés. Il semble bien que le navigateur ait écrit des lettres à des amis influents en Italie, un peu comme Martyr ; mais celles qui lui assurent la gloire et qui seront publiées (la première, *Mundus Novus*, en 1503 ; la seconde, *Quattuor Navigationes*, en 1507) semblent au moins fortement arrangées, sinon entièrement réécrites par des auteurs plus experts en littérature qu'en navigation, et qui n'ont peut-être jamais quitté l'Europe. Elles attribuent à Vespucci quatre voyages, sans doute pour qu'il en ait autant que Colón, et, surtout, un improbable premier voyage en 1497, précédant donc le troisième de Colón, au cours duquel celui-ci avait atteint l'Amérique du Sud.

Le texte des deux lettres se compose d'une suite agréable de divers épisodes, dont certains proviennent des lettres précédentes (alors inédites) d'Amerigo, d'autres, des récits d'autres voyageurs. Par exemple, Pierre Martyr dit dans sa lettre de novembre 1493, relative au premier voyage de Colón, que les cannibales conservent les bras et les jambes de leurs adversaires, destinés à être consommés plus tard, « dans le sel, comme nous faisons pour des jambons » ; Amerigo, lui, affirme avoir vu « de la viande humaine salée, suspendue au plafond, comme il est de coutume, chez nous, de suspendre du lard et de la viande de porc ». Dans une lettre consacrée au deuxième voyage de Colón (de 1493-1496), Martyr décrit les iguanes, tenus par les Indiens en réserve alimentaire, comme « suspendus aux arbres, les uns la gueule liée par une corde, les autres les dents arrachées ». Amerigo affirme les découvrir au cours de son premier voyage : « Nous trouvâmes bien des serpents de cette espèce, vivants, les pattes liées, la gueule liée également par des cordes destinées à les empêcher à l'ouvrir. » Le tout est saupoudré d'humour et d'érudition ; on obtient ainsi deux œuvres de qualité littéraire bien supérieure à celle de la lettre de Colón.

Que nous apprennent ces premières descriptions de l'Amérique, rédigées par un Génois, un Milanais et un Florentin ?

La terre et l'océan

C'est une chose que de voyager sur mer pendant trente-trois jours, et de toucher terre au terme de cette traversée, c'en est une tout autre que de comprendre où l'on se trouve. La découverte intellectuelle, c'est-à-dire le fait de réaliser qu'on a affaire à un nouveau continent, n'est pas moins datable que l'exploit du navigateur : elle se produit en l'année 1507. Comment y est-on parvenu ?

On sait que Colón est parti vers l'Asie, pour l'atteindre par la voie « directe », occidentale ; toute son assurance repose donc sur une sous-estimation grossière de la circonférence du globe. Peu en importent ici les raisons ; toujours est-il que Colón est persuadé qu'une terre l'attend s'il voyage vers l'ouest pendant un mois environ ; comme tel sera bien le cas, rien ne peut plus l'ébranler dans sa certitude d'avoir atteint le Japon (« Cipango ») et la Chine (« Cathay »), pays où règne le Grand Khan décrit par Marco Polo dans son *Livre des merveilles*. Plus exactement, Colón croit que Cuba est une partie du continent plutôt qu'une île, et que donc ce continent doit être l'Asie. Il garde cette conviction jusqu'à la mort, même si l'on peut supposer qu'il a connu quelques doutes, puisqu'au cours de son quatrième voyage il semble chercher obstinément – mais en vain – un passage vers l'ouest (la mer de Chine ?) qui aurait dû se trouver là si sa géographie avait été exacte.

Mais ceci n'est que la moitié de l'histoire. Car Colón ne cherche pas la seule Asie « par la voie occidentale » ; il cherche aussi un quatrième continent, inconnu des Anciens, et que les cosmographes du Moyen Âge avaient déduit par pure symétrie : il devait se trouver au sud de l'Asie (ou de l'Inde), un peu comme l'Afrique est au sud de l'Europe. Dans les marges de *Imago Mundi* de Pierre d'Ailly où il trouve cette hypothèse bien avant de partir en voyage, Colón parle donc d'une « quatrième partie de la Terre qui est sous l'équateur », au sud de « cette Inde qui forme la tierce partie de l'habitat »[2]. De plus, Colón apprend dans le même ouvrage d'Ailly que ce continent inconnu abrite ni plus ni moins que le Paradis terrestre ! On comprend qu'un homme aussi profondément pieux que lui (il rêve à de nouvelles croisades pour libérer Jérusalem) ait voulu atteindre cette merveille de son vivant. Ce sera le but du troisième voyage : il se dirige plus au sud qu'au cours des précédentes navigations, et, une fois de plus, le hasard extraordinaire est au rendez-vous. Le continent sud-américain (qu'il atteint derrière l'île de Trinidad) est bien là où il l'avait postulé. Cette fois-ci, Colón sait qu'il a découvert un continent, et qui n'est pas l'Asie : « une terre infinie qui s'étend vers le sud et dont on n'avait eu auparavant aucune connaissance », écrit-il dans sa *Relation* adressée aux rois d'Espagne en 1498. Il est convaincu aussi, il est vrai, que le Paradis terrestre s'y trouve. Ce serait donc une Amérique du Sud, qu'il se figure située à peu près à l'emplacement de l'Australie : telle est l'image que se fait Colón de ses propres découvertes.

Lorsque Pierre Martyr entend parler du retour de Colón, il se montre d'abord assez prudent dans ses interprétations géographiques. Dans la toute première lettre qui mentionne le fait, datée du 14 mai 1493, il se contente de le signaler, sans plus. La deuxième lettre, du 13 septembre 1493, contient une description beaucoup plus longue des terres et de leurs habitants, mais pour ce qui est de l'identification géographique, elle reste très vague, Martyr s'en tenant aux « nouvelles régions » ou à « plusieurs îles ». La seule autre expression qui s'y réfère provient de Colón, et comporte la même erreur d'appréciation dans les dimensions du globe : Martyr parle des « antipodes occidentaux » atteints par l'explorateur, ce qui supposerait que celui-ci ait parcouru la moitié de la circonférence terrestre. Cependant, quelques semaines plus tard, Martyr fait entendre un son différent : dans une lettre du 1er octobre 1493, il rapporte encore cette interprétation de Colón (« antipodes de l'Occident », « voisines de l'Inde », « la moitié du monde »), mais la présente cette fois-ci comme du discours cité, en refusant de lui apporter sa caution : « du moins il le suppose », « l'on croit ». Il donne même les raisons de son scepticisme : « bien que la grandeur de la sphère paraisse contraire à cette opinion »[3].

Dans la lettre du 13 novembre 1493, la première à être inclue dans ses *Décades*, Martyr reprend le récit depuis le début, l'étoffe d'autres informations et de réflexions ; mais pour ce qui est de l'identité des terres atteintes par Colón, il reste encore hésitant : s'agit-il de l'extrême orient, comme le pense Colón, ou de l'extrême occident, comme on pouvait le déduire des spéculations des Anciens (les mythes grecs) ? D'une part, donc, il relèvera la proximité entre la flore et la faune observées et celles de l'Asie, ce qui corroborerait bien les affirmations de Colón. Mais d'autre part il rappellera que l'opinion de Colón sur la taille du globe est hétérodoxe, et se montrera attentif aux « indices qui annonçaient la découverte d'une terre nouvelle et d'un second monde inconnu », ce qui peut difficilement se référer à l'Asie. Et Martyr sera, significativement, responsable de l'adoption de deux noms qui relèvent de ces deux interprétations divergentes : ces terres devront être appelées les Antilles (Antilia, l'extrême occident des Grecs), mais leurs habitants seront nommés les Indiens (Martyr préfère l'Inde à la Chine, à la différence de Colón).

Dans ses lettres suivantes, Martyr semble avoir mis de côté ses réticences, et se contente de transmettre l'opinion de Colón, avec lequel il se dit, en mai 1494, « très lié ». La seule précaution qu'il prend est de préciser qu'il rapporte les opinions d'autrui : ainsi de l'affirmation selon laquelle Cuba est une péninsule (« ce qu'il croyait un continent »), ou celle concernant la proximité des parties connues de l'Asie (« Il pense en effet s'être avancé jusque non loin de la Chéronèse d'Or, au-delà de la Perse, au début de ce qui est pour nous l'Orient, dans la partie opposée du globe par rapport à nous »).

Cela ne l'empêche pas, cependant, de parler toujours « de pays découverts et d'un monde nouveau » ; l'incohérence entre les deux conceptions ne le gêne pas. C'est ainsi que la prudence de Martyr, son refus d'émettre une opinion personnelle l'empêche de s'avancer vers la vérité, qui était pourtant à sa portée.

On pense souvent que la découverte intellectuelle du nouveau continent appartiendrait à Vespucci. Colón serait le premier à avoir traversé l'océan, et Amerigo, le premier à avoir compris où il était, ou plutôt, où il n'était pas (ce n'était pas l'Asie !). En réalité, les choses ne sont pas aussi simples. Il faut d'abord dire que ce qu'on appelle son « second voyage », et qui est vraisemblablement le premier, en 1499-1500, se déroule sous le commandement de Hojeda ; or celui-ci dispose probablement d'une copie de la *Relation* de Colón et même d'une carte que celui-ci aurait dressée, toutes deux datant de 1498. Ainsi, non seulement il n'y aurait là aucun exploit de navigation, mais ce serait même l'exemple flagrant d'un détournement de mérites : on attribuerait à Vespucci les actions de Hojeda, qui n'aurait fait que voler les documents de Colón ! Mais les rois d'Espagne devaient être intéressés à un tel stratagème qui privait la maison Colón de quelques arguments dans le conflit l'opposant à la Couronne. Il est du reste frappant que, dans *Mundus Novus*, en parlant des terres que décrivait Colón dans sa *Relation*, Amerigo évoque à son tour le Paradis terrestre. Seulement, alors que Colón y croyait littéralement, Amerigo s'en sert comme d'une simple hyperbole : « S'il est en quelque endroit de la terre un Paradis terrestre, je pense bien qu'il n'est pas éloigné de ces régions. » N'y aurait-il pas, là encore, un indice de ce qu'Amerigo ait eu sous les yeux le récit de Colón ?

Si nous nous reportons maintenant aux deux lettres publiées d'Amerigo, nous comprendrons facilement pourquoi le public lui attribue la découverte intellectuelle. Les lettres de Colón annonçant la nouveauté de sa découverte sont tenues au secret. Pierre Martyr hésite et se refuse de trancher entre l'Asie et le nouveau continent, il se contente de rapporter les opinions des autres. Dès sa première lettre, et même dès son titre, Amerigo annonce la couleur : *Mundus Novus !* Et il s'en explique dans les premières phrases mêmes : c'est une découverte colossale ! d'une terre absolument ignorée jusqu'à présent ! aussi importante que les autres continents ! C'est, poursuit-il plus loin, non une île, mais « un continent, des régions nouvelles, un monde nouveau ». Et grâce à qui l'a-t-on trouvé ? « J'ai découvert... » : Amerigo ne souffre pas d'un excès de modestie. La nouveauté est revendiquée, il est vrai, par rapport aux Anciens, et non à Colón ; mais celui-ci n'est jamais mentionné. La formule revient dans *Quattuor Navigationes* : j'ai accompli quatre voyages, à la recherche de nouvelles terres... Le nom de Colón y apparaît, mais il n'est que le découvreur des îles. On ne voit pas, d'autre part, de références à l'Asie.

Mais il faut ici préciser la question : en quoi devrait consister la découverte intellectuelle d'un nouveau continent ? Suffit-il de reconnaître que ce que nous appelons l'Amérique du Sud n'appartient pas à l'Asie ? Pas vraiment : tout le monde sait bien, à cette époque, que l'Asie, à la différence des nouvelles terres, ne se situe pas dans l'hémisphère Sud. La véritable découverte consiste à comprendre que le continent sud-américain ne se trouve pas au sud de l'Asie, mais bien plus à l'est ; autrement dit, que les terres nouvellement découvertes sont séparées de l'Asie par une vaste mer. Pour le dire de façon imagée : on n'a pas découvert l'Amérique tant qu'on n'a pas découvert le Pacifique. Seule la reconnaissance d'un nouvel océan permet d'affirmer qu'on a identifié le continent américain. La question n'est donc pas de savoir : Vespucci a-t-il reconnu l'Amérique du Sud comme un nouveau continent (cela, Colón l'avait déjà fait, et Vespucci lui emprunte cette conclusion), mais : a-t-il reconnu l'existence d'un nouvel océan, séparant ces terres de l'Asie, ou les imagine-t-il directement au sud de la Chine ?

Dans les lettres non publiées à l'époque, Amerigo fait clairement comprendre qu'il adhère à l'interprétation « asiatique » de la découverte. Ce sont les « parties orientales de l'Asie », dit la lettre de juillet 1500[4]. Ce genre de mention est absent de *Mundus Novus*, mais l'on retrouve une autre observation qui figurait déjà dans les lettres précédentes. Amerigo affirme qu'il a parcouru le quart de la circonférence du globe (et non plus la moitié, comme le prétendait Colón) et que donc l'homme qui se tiendrait debout à Lisbonne et celui qui le ferait dans les terres nouvellement découvertes se trouverait aux deux angles aigus d'un triangle rectangle, dont l'angle droit est au centre de la Terre. Il ajoute même un petit dessin, pour qu'on comprenne mieux ce qu'il veut dire.

Cette affirmation est doublement révélatrice. D'une part, on peut y lire une vision du monde qui annonce le relativisme moderne : la Terre étant une boule, aucun point de sa surface n'est plus central qu'un autre, la différence entre « nous » et « eux » n'étant que de position. Bien entendu, Amerigo ne parle que géographie, non morale ou religion ; mais le laconisme même de sa présentation est remarquable (on sait que, une centaine d'années plus tard, Giordano Bruno périra sur le bûcher pour avoir affirmé que la Terre, pas plus qu'aucun autre point, ne pouvait être considérée comme le centre de l'univers). Mais sur le plan proprement géographique, cette affirmation signifie qu'Amerigo ignore l'existence d'un autre océan, et qu'il place l'Amérique du Sud directement au-dessous de l'Asie. La véritable distance entre Lisbonne et, mettons, le Venezuela actuel correspond, non au quart, mais à un sixième de la circonférence terrestre. Amerigo sous-estime donc les dimensions du globe d'un tiers, soit, approximativement, de la largeur du Pacifique. Et nous en avons la confirmation dans les premières lignes du récit concernant le quatrième voyage, dans les *Quattuor Navigationes* : Amerigo y déclare qu'il était parti à la recherche de l'île Melcha, située en proximité de la « mer gangétique ou indienne » ; il ne se serait pas engagé aussi légèrement dans un tel voyage s'il avait réalisé qu'il lui fallait, non seulement contourner l'Amérique du Sud, mais encore traverser le Pacifique.

Amerigo ne sait donc pas qu'il est en « Amérique ». Mais à qui appartient alors cette découverte ? Sans doute que certains navigateurs avaient déjà pressenti la vérité dès les premières années du XVIe siècle, voire les toutes dernières du XVe. Mais la première trace certaine de cette prise de conscience ne provient pas d'un navigateur ; elle est laissée par un cartographe qui n'a jamais quitté l'Europe ni même probablement vu la mer. L'Amérique a été découverte par l'Allemand Martin Waldseemüller, membre d'un cercle savant installé à Saint-Dié, petite bourgade perdue dans les

Vosges. Sa découverte se fait jour dans deux cartes, une mappemonde en forme de cœur et un globe dessiné sur douze fuseaux horaires (que l'on peut découper et coller sur une sphère en bois), datant toutes deux de 1507. Sur ces deux cartes, pour la première fois, l'Amérique du Sud est prolongée par l'Amérique du Nord ; et, surtout, un nouvel océan sépare l'Amérique de l'Asie. L'exploit intellectuel n'est pas mince : ce n'est qu'en 1513, six ans plus tard, que l'expédition conduite par Vasco Nunez de Balboa traversera l'isthme du Panama et confirmera l'existence d'une autre mer. Waldseemüller a déduit le Pacifique à la manière dont, au XXe siècle, on postulera l'existence de la planète Pluton bien avant de l'avoir observée, à partir des perturbations dans la trajectoire de Neptune.

Qu'est-ce qui lui a permis d'accomplir cette extraordinaire déduction ? Deux facteurs paraissent plus importants que les autres. Le premier, c'est, justement, sa position d'observateur extérieur plutôt que de participant direct. Les cercles érudits en Europe – à la différence des marins engagés dans les navigations – reçoivent des nouvelles de différentes sources. Giovanni Caboto a exploré les côtes de l'Amérique du Nord pour le compte de l'Angleterre ; Gaspar de Corte Real l'a fait pour le roi du Portugal ; Colón, Hojeda, Pinzon, de la Cosa, Vespucci poursuivent d'autres explorations. Les nouvelles de tous ces voyages parviennent, plus ou moins déformées, aux cercles savants de l'Europe, qui seuls finalement peuvent en tenter la synthèse. Le second facteur est l'intégrité intellectuelle de Waldseemüller. Il a une idée approximative de la circonférence de la Terre et de la géographie de l'Asie ; il reçoit les informations concernant les nouvelles terres, et s'aperçoit de l'impossibilité de l'hypothèse asiatique : l'Asie est beaucoup plus loin, et on doit pouvoir revenir du Japon par mer. Seule l'existence d'un océan inconnu entre l'Amérique et l'Asie permettrait de rendre cohérentes ces informations ; Waldseemüller va l'inventer, plutôt que de chercher à arranger les faits. Son courage contraste avantageusement avec la frilosité de Martyr qui, disposant des mêmes informations, n'osera pas tirer les mêmes conclusions. L'histoire de la découverte de l'Amérique est celle d'un désapprentissage, d'une victoire progressive des données des sens sur les raisonnements *a priori* ; mais ces données elles-mêmes doivent être saisies par une pensée synthétique.

Pourtant, le nom qui figure sur ces cartes est « America » : tout le mérite de la découverte est attribué à Vespucci, dont les *Quattuor Navigationes* figurent, en traduction latine, à la suite de *Cosmographiae Introductio*, l'ouvrage qui accompagne les cartes de Waldseemüller. Pourquoi cet honneur ? Il faut dire que les membres du cercle vosgien admirent déjà depuis quelque temps les écrits d'Amerigo ; un autre parmi eux, Mathias Ringmann, a publié, en 1505, la version latine de *Mundus Novus*, et l'a fait précéder d'un éloge versifié de Vespucci ; on peut supposer que c'est également lui qui est responsable du choix de nom attribué au nouveau continent (à sa partie sud seulement, à vrai dire). L'explication de ce geste ne peut être cherchée, me semble-t-il, que dans l'art d'écrire de Vespucci (ou de ceux qui écrivent à sa place). La mention de l'Asie dans *Quattuor Navigationes* n'est apparemment pas prise en considération, et les spéculations sur les dimensions du globe ne sont pas analysées (ni retenues par les cartes : la distance entre Lisbonne et le Venezuela y correspond, correctement, à un sixième de la circonférence terrestre, même si les dimensions du Pacifique sont encore sous-estimées). En revanche, Ringmann et Waldseemüller ont sûrement été sensibles à l'annonce de la nouveauté des terres découvertes, d'autant plus qu'ils devaient ignorer la *Relation* de Colon concernant son troisième voyage : ce léger infléchissement dans la manière de présenter les faits suffit pour que la lumière se fasse dans leur esprit. Plus généralement, ils n'ont pu qu'être séduits par la narration de Vespucci qui mêle habilement, et comme personne ne l'avait fait avant lui, les anecdotes vécues, palpitantes ou drôles (c'est un Ulysse, ou un Sindbad, moderne), et les gages de complicité avec des lecteurs qui n'avaient jamais quitté leur cabinet.

Le nom du continent célèbre donc le meilleur écrivain ; mais le véritable découvreur est un homme de science qui n'a voyagé qu'en esprit[5].

Les hommes

À la différence de la découverte géographique, celle des êtres humains ne connaît pas l'alternative simple du faux et du vrai (être ou non près de l'Asie), mais passe par une infinité de degrés intermédiaires, et ne peut jamais être tenue pour achevée. Mais il faut dire que la « découverte » des habitants du nouveau continent sera particulièrement lente et difficile ; elle se heurte en effet d'emblée à plusieurs obstacles de taille.

Le premier, bien sûr, provient de la nouveauté absolue de ce qu'on a trouvé : les deux populations s'ignorent totalement, il n'y a donc pas, au début, d'intermédiaires possibles. La langue des autres est incompréhensible, leurs gestes mêmes sont trompeurs. Au cours de son premier voyage, Colón en fait sans cesse l'expérience, sans toujours s'en rendre compte ; il est néanmoins conscient de la nécessité de former des interprètes, et ramène de force dix Indiens en Espagne. Il espère aussi que les trente-huit hommes laissés par lui à Haïti auront acquis, en son absence, la langue des indigènes. Quand il repart pour son deuxième voyage, il rappelle les Indiens, qui ont entre-temps appris l'espagnol ; mais Pierre Martyr nous informe que sept d'entre eux étaient déjà morts, n'ayant pu supporter le mode de vie européen. Il n'en reste donc que trois. Cependant, dès que le bateau de Colón touche les côtes d'Haïti, ces trois-là s'enfuient et ne reparaissent plus jamais. Quant aux Espagnols laissés sur place, on n'en trouve aucune trace : ils ont été tués et peut-être même consommés !

Plus tard, cependant, nous apprenons l'existence des premiers interprètes : un Indien originaire de la toute première île atteinte par Colón aurait survécu et appris l'espagnol, et il revient pour le deuxième voyage ; dans un geste empreint à la fois de bienveillance et de méconnaissance de l'autre, Colón l'a rebaptisé : il s'appelle maintenant Diego Colón, comme le frère et comme le fils de l'Amiral. Ce Diego-là rend apparemment de grands services dans les échanges avec les indigènes, encore qu'on puisse se demander si ces différentes populations se comprennent toujours entre elles : c'est sur la foi de ces conversations que Colón déclarera Cuba partie intégrante du continent. Au cours de ce même voyage, le docteur Chanca, un esprit pragmatique, constate : « Avec le peu que nous entendons de leur langue et avec les versions équivoques qu'ils nous ont données, nous sommes tous en une telle confusion que jusqu'à maintenant nous n'avons pu savoir la vérité de la mort de nos gens[6]. » Mais il est vrai que le deuxième voyage entraîne un séjour plus long, et certains Espagnols finissent par apprendre les idiomes locaux. L'un d'entre eux, Ramon Pane, un religieux, produit, à la demande de Colón, un petit traité « ethnographique » sur les habitants d'Haïti (il a été préservé dans la biographie de Colón écrite par son fils Ferdinand)[7]. Quant à Vespucci, il transmet de nombreuses informations qui présupposent l'existence d'interprètes, mais ne s'explique jamais là-dessus ; et on voit mal quand, au cours de ces voyages d'exploration où ils ne restent pas longtemps sur place, les navigateurs auraient la possibilité d'acquérir la langue de l'autre. Ce n'est qu'au cours du troisième voyage que Vespucci mentionne deux indigènes qu'il capture pour les amener en Europe et leur apprendre le portugais ; mais comment faisait-on jusque-là ?

Le second grand obstacle à la perception des autres est d'une nature très différente. Les premiers voyageurs (et cela est particulièrement vrai pour Colón lui-même) poursuivent des buts précis, et la reprise ou non des explorations dépend des résultats obtenus jusque-là ; ils portent donc sur ce monde un regard fortement intéressé, et leurs écrits s'en ressentent. Colón doit prouver que ses découvertes seront rentables : donc, la nature de ces terres sera déclarée invariablement magnifique, et il prétendra trouver d'infinies richesses, or, perles ou épices. Quant aux hommes, ils sont avant tout extrêmement craintifs (traduisons : leur soumission ne posera aucun problème) et généreux (il ne sera pas difficile de s'emparer de leurs richesses). Amerigo est intéressé d'une autre manière : son butin à lui, c'est moins l'or que les récits ; il faut donc que les anecdotes pullulent, qu'on sourie et qu'on s'émeuve, et finalement qu'on l'admire. Voilà qui incite à prendre quelques libertés avec l'histoire réelle.

Une autre difficulté provient de ce que, même en l'absence de tout contact préliminaire, il est difficile de se débarrasser de ses préjugés – en l'occurrence, des récits antérieurs. Puisque Colón se croit en Asie, il projette sur les nouvelles terres les souvenirs de ses lectures de voyages antérieurs, ceux de Marco Polo ou des explorateurs antiques. Il entend ainsi parler du Grand Khan, des hommes à queue et de l'île des amazones. De même, Pierre Martyr veut trouver des confirmations à ce qu'ont avancé Aristote, Pline ou Sénèque ; lui aussi rapporte, mais avec sa prudence coutumière, la découverte des amazones. Amerigo, lui, a vu des géants. D'un autre côté, il reprend probablement les premiers récits, ceux de Pierre Martyr ou de Colón : ne serait-ce là, par exemple, la source de cette information qui revient souvent, selon laquelle les Indiens pensent que les Européens viennent du ciel ?

L'influence des récits antérieurs et le désir de charmer les lecteurs contribuent ensemble à la production d'un stéréotype puissant : celui qui veut que les habitants de l'Amérique vivent dans l'âge d'or. Colón ne pense pas encore à ce mythe, mais, par ces traits qu'il attribue aux Indiens, il en prépare l'apparition : ils vont nus (comme les habitants du Paradis avant la chute), ils n'ont aucune religion, et ne connaissent pas la propriété privée, le « tien » et le « mien ». Martyr reprendra les mêmes éléments, mais en leur donnant déjà une orientation précise : les Indiens ignorent aussi les lois, les livres et l'argent ; ils vivent selon la nature, dans l'âge d'or. Amerigo s'emparera de cette description en l'étoffant de détails et en y ajoutant deux caractéristiques importantes : la licence sexuelle – pas de mariage ni d'interdiction de l'inceste mais lubricité excessive (l'imaginaire d'Amerigo est à cet égard aux antipodes de celui de Colón) ; et l'absence de hiérarchie sociale – pas de chefs, pas de soumission (Colón aurait voulu, au contraire, découvrir l'empereur de la Chine). Érigé au rang de méditation philosophique par Thomas More et Montaigne (mais Amerigo dit déjà : ce sont des épicuriens plutôt que des stoïciens…), le mythe de l'âge d'or projeté sur les populations étrangères à la civilisation européenne restera puissant jusqu'à nos jours.

Lorsque nous lisons donc ces premiers témoignages de la rencontre entre Européens et Américains, et si nous voulons glaner quelques informations concernant réellement les indigènes plutôt que les fantasmes de leurs visiteurs, nous devons nous livrer d'abord à un patient travail d'élimination. Nous devons écarter tout ce que ces derniers nous disent avoir compris dans les propos des Indiens, alors que nous savons qu'ils n'avaient pas encore d'interprètes. Nous devons mettre de côté aussi ce qui provient trop clairement du désir des visiteurs, ainsi que des réminiscences de leurs lectures. Que reste-t-il alors ?

On constate d'abord que l'interprétation du monde non humain est beaucoup plus fiable que celle des hommes : les deux types de contact ne se déroulent pas selon les mêmes règles. Il n'y a aucune raison de mettre en doute les descriptions des maisons et des hamacs, des outils et des armes que voient les visiteurs. Dans les évocations du monde humain aussi, ce qui se laisse voir est plus probablement vrai que ce qu'on comprend à travers les mots. Il est, bien entendu, vrai que les Indiens vont nus (Colón aurait du reste bien aimé qu'ils fussent habillés : cela aurait témoigné d'un plus haut degré de civilisation, et son mérite eût été plus grand...). Il est probablement vrai – car on ne voit pas, autrement, l'intérêt de la remarque – que, comme le dit Colón, les femmes travaillent bien plus que les hommes. Il est enfin vrai – mais ici déjà le vrai se mélange inextricablement avec le faux – que certaines de ces populations pratiquent le cannibalisme. Ce sont les récits et observations postérieurs qui confirment cette information ; si nous en étions restés à Colón, on pourrait penser qu'il s'agit encore d'une projection, comme pour les hommes à queue (Colón parle de l'anthropophagie par ouï-dire, à une époque où il ne comprend rien à ce qu'on lui dit, et son *Journal de bord* révèle qu'il s'agit là d'une réminiscence littéraire : les cannibales sont les Cyclopes). Il se trouve simplement, un peu comme pour les terres, qu'une réalité correspond à ce fantasme.

Peu à peu, à ces premiers contacts riches en malentendus, succéderont d'autres, où l'image des indigènes deviendra plus consistante. Le petit traité de Ramon Pane contient des informations irremplaçables. Le portrait de la population indigène contenu dans le récit du premier voyage de Vespucci est également d'un grand intérêt. Amerigo ne pouvait faire toutes ces observations au cours d'un premier contact, ni même de plusieurs. Ces pages concentrent, plus probablement, un certain nombre de récits venant de divers observateurs ; mais elles ne peuvent être de pures affabulations. Le véritable changement qualitatif n'interviendra cependant que plus tard, lorsque les religieux espagnols s'installeront sur le continent, apprendront les langues indigènes et donneront la parole aux Indiens eux-mêmes : d'objets de la connaissance, ceux-ci en deviendront les sujets. C'est le mérite, au Mexique, d'Olmos, de Motolinia, de Sahagun, de Duran, de tous ces savants qui permettront de mettre la parole des indigènes sur le même plan que celle de leurs conquérants ; ce qui, à son tour, nous donnera la possibilité d'entendre une parole toute différente[8].

En même temps qu'ils commencent à se connaître, Indiens et Européens entrent aussi en interaction. Colón porte bien son nom : il inaugure la colonisation moderne. On sent, dès son premier voyage, qu'il ne laisse qu'un choix aux populations rencontrées : soit se soumettre de leur propre gré (parce qu'elles l'admirent, lui, ou les rois d'Espagne, ou le dieu des chrétiens, ou parce qu'elles sont de toutes les façons douces et généreuses) ; soit se soumettre par la contrainte. Colón n'hésite pas un instant à les faire prisonniers, à bâtir une forteresse qui lui permettra de les tenir en respect, à les réduire en l'esclavage. Les Européens cherchent des richesses ; les êtres humains ont, dans cette perspective, une fonction purement instrumentale : ils sont des aides ou des obstacles à cette entreprise, et leur volonté propre n'est jamais prise en compte.

La recherche de biens matériels n'est cependant pas toujours considérée comme une action louable, surtout par la morale officielle, c'est-à-dire chrétienne. C'est pourquoi les auteurs postérieurs ne s'étendront pas sur ce mobile essentiel des explorations, et insisteront davantage sur d'autres motifs, plus avouables. À en croire Pierre Martyr, Colón voyage par amour des découvertes (ce qui n'est pas faux), pour propager la religion chrétienne, pour apporter les bienfaits de la civilisation, pour défendre les bons Indiens contre les méchants. Puis s'instaurent des échanges commerciaux (des clochettes contre de l'or, si possible). Amerigo ne révèle pas non plus les véritables raisons des expéditions auxquelles il participe et ne mentionne qu'en passant la recherche de richesses : leur but semble être la pure exploration, et le désir de faire disparaître le cannibalisme. Le tableau est décidément un peu trop idyllique.

Ce sont pourtant ces mêmes récits d'Amerigo qui permettent d'entrevoir les véritables mobiles des actions particulières, au-delà des raisons que mettent en avant les explorateurs eux-mêmes. Les marins ont abordé la côte une première, une deuxième, une troisième fois ; de faibles contacts ont été noués. Mais voici une nouvelle rencontre : ils reçoivent une nuée de flèches ; pourquoi ? Quelques jours plus tard, la situation s'inverse : ils abordent une nouvelle île, donc une nouvelle population ; sur la foi d'un récit d'autres Indiens (on imagine les malentendus), et parce qu'ils lui trouvent une apparence belliqueuse, ils l'attaquent, tirant sur elle avec leurs canons, et tuant un grand nombre de personnes. Au cours du deuxième voyage, ils s'approchent de la terre et aperçoivent une foule ; la première réaction est « une joie peu commune ». Cependant, sans aucune explication, elle se change en son contraire : en voyant approcher les Indiens, « nous décidâmes de les attaquer ». L'humeur des indigènes semble virer tout aussi facilement de l'hospitalité à l'agressivité. « Nous les vîmes alors lever leurs rames au-dessus d'eux, comme s'ils voulaient signifier par là leur force et leur volonté de résister. Nous pensâmes qu'ils agissaient ainsi pour nous impressionner. » Cette raison suffit pour que les hostilités s'engagent.

Peut-être qu'Amerigo et ses compagnons se sont trompés, cette fois-ci, sur la signification des rames élevées au-dessus de l'eau. Il est pourtant certain qu'en de nombreuses circonstances les combats, souvent meurtriers, n'ont aucune autre raison d'être que le désir de gagner ce combat ; ils sont une fin, non un moyen. Pourquoi les êtres humains, en rencontrant des semblables qu'ils ne connaissent pas, ne parviennent-ils pas à s'en tenir à la joie née du contact et doivent-ils aussitôt chercher à décider lequel d'entre eux est le plus fort – par les paroles, les gestes ou les actes ? Quelle est cette pulsion de pouvoir, symbolique ou réel, qui régit les conduites humaines aux quatre coins du globe ?

Ce que nous pouvons deviner du comportement des indigènes ne contribue pas toujours à renforcer l'image du bon sauvage. L'attitude la plus universellement présente chez eux, lors des rencontres, est la fuite, le refus de contact ; leur première réaction est la peur et le rejet. La seconde n'est guère différente : malgré les sourires des Espagnols, les hommes indigènes, raconte Martyr, « se regroupèrent en triangle, comme un vol d'oiseaux, et retournèrent promptement dans les vallées boisées ». Du reste, on cherche à s'enfuir même après l'établissement de contacts prolongés : les interprètes potentiels de Colón, on l'a vu, le quittent après une année de vie commune, sans laisser de traces. Martyr raconte une autre histoire émouvante : les Espagnols ont libéré quelques femmes, prisonnières des cannibales, et croient qu'elles leur sont reconnaissantes. Pourtant, au milieu de la nuit, ces femmes sautent du bateau où elles se trouvent et traversent à la nage « trois mille pas de mer ». Martyr est partagé entre l'admiration pour cet exploit et l'indignation devant le manque de gratitude.

Lorsque la fuite est impossible, les Indiens choisissent habituellement d'attaquer les intrus : ils mettent en action leurs arcs. La riposte des voyageurs est le plus souvent meurtrière ; parfois aussi ils succombent aux coups des Indiens. La première forteresse bâtie par Colón n'est plus, à son retour, que « cendre et silence » (Martyr). De son côté, Amerigo raconte sans détours la mésaventure dont pâtit un gaillard européen envoyé pour parlementer avec (et séduire) les femmes indigènes : un coup de gourdin sur la tête l'envoie dans l'au-delà, après quoi on rôtit son corps à la broche, sous les yeux de ses compagnons terrifiés et impuissants. Les échanges de cadeaux et de politesses sont plus rares, et toujours prêts à être rompus. Entre elles, les populations indiennes se font constamment la guerre (en particulier les Caribes nomades et anthropophages et les Taïnos sédentaires), et elles recourent volontiers à l'aide des Espagnols pour se débarrasser de leurs adversaires, ne se rendant pas compte qu'elles introduisent ainsi le loup dans la bergerie. De sorte que Martyr conclut, mélancolique : « Ils sont tourmentés par l'ambition et le désir de pouvoir, et se massacrent à la guerre, fléau dont fut peu exempt l'Âge d'Or lui-même, puisque la maxime “donne ! je ne donnerai pas !" devait déjà errer parmi les hommes. » Amerigo a une autre explication à leurs guerres perpétuelles, peut-être plus vraie mais non plus encourageante : « Ils ne combattent ni pour le pouvoir ni pour étendre leur territoire ni poussés par quelque autre envie irrationnelle mais en raison d'une haine ancienne, installée depuis longtemps en eux. » Voici une situation où l'oubli serait préférable à la mémoire !

C'est le désir de soumettre les autres à sa volonté, de se montrer plus fort qu'eux, de jouir du pouvoir sur eux qui pousse les hommes à braver les dangers d'une traversée de l'inconnu vers de nouveaux continents, des rencontres avec des ennemis redoutables. Même lorsqu'ils croient prendre ces risques au nom du bien d'autrui – par exemple pour convertir ces païens à la religion chrétienne – ils aspirent encore au plaisir qu'il y a à imposer le bien et à se voir à la hauteur de leurs propres exigences. La seule humilité n'aurait conduit personne jusqu'aux rivages de l'Amérique.

Cependant, une fois parvenu au but, on peut découvrir de nouvelles raisons, plus nobles, à la rencontre avec les autres, et plus d'un voyageur l'a fait ; non, la « nature humaine » n'est pas désespérante. À la fin de son récit sur le deuxième voyage de Colón, Martyr rapporte (et sûrement en partie invente) une scène étonnante, qui pourrait servir de modèle aux futurs échanges entre cultures. Un vieillard octogénaire vient saluer Colón, l'interroger et lui parler (il y a cette fois-ci un interprète). Il admire l'audace et la puissance du navigateur, puis lui propose en partage sa propre sagesse, ses mesures du bien et du mal : il y a ceux qui aiment la paix et évitent de faire du mal à personne et ceux qui prennent plaisir à nuire à leurs prochains. Pendant un bref instant, les hostilités et les égoïsmes sont suspendus, le bruit des armes s'arrête et, dans le brusque silence qui s'instaure, les êtres reconnaissent leur commune humanité, par-delà les océans et les terres[9].

La Rochefoucauld, la comédie humaine

Pour le lecteur commun, La Rochefoucauld est avant tout l'auteur de quelques brillants aphorismes, qui ne cessent de nous éblouir plusieurs siècles après avoir été écrits. « Nous avons tous assez de force pour supporter les maux d'autrui » (M 19)[1]. « Le soleil ni la mort ne peuvent se regarder fixement » (M 26). « On aime mieux dire du mal de soi-même que de n'en point parler » (M 138). On admire l'extrême concision de style, le regard désabusé du moraliste ; La Rochefoucauld est l'incarnation de l'esprit et de l'art classiques. Mais cette admiration a son envers, qui trouve en France appui dans la longue tradition de lecteurs pour qui le mot « système » est une injure, surtout lorsqu'il est appliqué à un brillant écrivain. Heureusement, s'exclament-ils, Montaigne n'est pas systématique, ni Pascal, ni Rousseau. Encore moins La Rochefoucauld, auteur de fragments fulgurants. Lui-même encourage cette interprétation en décrivant ses maximes comme « un amas de diverses pensées à qui on n'a point encore donné d'ordre, ni de commencement ni de fin[2] ».

Il faut s'entendre sur le sens des mots. Si par « système » on veut dire un enchaînement rigoureux et monolithique de prémisses et de conséquences, tel qu'on pourrait le trouver dans un manuel, les moralistes français ne sont guère systématiques. Si, en revanche, on entend par là que leur œuvre est animée d'une intention qu'il faut reconnaître et décrire pour bien comprendre le sens de chaque formule particulière, alors, oui, ils procèdent tous d'une pensée systématique. Ce qui ne les empêche pas d'être complexes et nuancés, de s'attacher aux contradictions du monde qu'ils cherchent à interpréter, de mettre en évidence leurs propres tensions internes.

Il en va ainsi de La Rochefoucauld. Il est vrai que certaines de ses phrases semblent être l'effet d'un pur jeu verbal, où comptent avant tout la forme paradoxale de la pensée ou sa tournure surprenante, que d'autres ne lui sont pas propres mais ont été puisées chez les contemporains ou les prédécesseurs ; il n'en reste pas moins que, pour l'essentiel, l'œuvre de La Rochefoucauld nous fait entrer en contact avec une pensée cohérente et puissante. La Rochefoucauld n'est pas plus chaotique ou insouciant que les autres grands penseurs, il est seulement un peu plus difficile à interpréter, car particulièrement laconique. D'où, chez les historiens qui ont pris au sérieux la pensée de La Rochefoucauld, un certain désaccord sur le cadre dans lequel il convient de l'inscrire. Est-il avant tout augustinien et, plus spécifiquement, janséniste ? Reprend-il plutôt la philosophie païenne des Anciens, des épicuriens, voire des stoïciens ? Ou est-il surtout « honnête homme », à la manière du courtisan de Castiglione ?

On peut retrouver tous ces ingrédients dans la pensée de La Rochefoucauld, et quelques autres encore ; mais ils y forment une synthèse nouvelle, qui n'est propre qu'à lui. C'est sans doute pourquoi il appartient à la courte liste d'auteurs anciens qu'on lit encore volontiers aujourd'hui sans y être contraint par un programme scolaire ni pour faire étalage de sa culture. La Rochefoucauld jouit de ce privilège insigne : il reste notre contemporain, comme il l'a été des lecteurs des siècles précédents. Son œuvre n'est pas seulement un document permettant de mieux connaître son temps ; c'est aussi un aiguillon toujours actuel pour penser l'homme et le monde. En retour, nous devons chercher à comprendre ce qu'il dit, non seulement à ses contemporains, mais à nous. Comment s'introduire dans cet univers, énigmatique à force de clarté ?

La grande comédie

Je prendrai comme fil conducteur une image dont La Rochefoucauld se sert volontiers : il parle de notre vie intérieure comme de la « comédie humaine » (MS 6). L'intérêt, dit une maxime, « joue toutes sortes de personnages » (M 39), l'orgueil « joue tout seul tous les personnages » (MS 6) et l'esprit essaie parfois de jouer « le personnage du cœur » (M 108). L'être humain (et non, comme dans une tradition ancienne ou plus tard chez Balzac, la société, voire le monde entier) est une pièce de théâtre, l'homme lui-même est l'objet d'une mise en scène. L'ensemble de ces personnages, ou rôles, constitue la structure de l'être ; si on veut le comprendre, il faut se familiariser avec toute l'équipe. Mais on s'aperçoit aussitôt qu'en réalité plusieurs pièces se jouent simultanément, englobées l'une dans l'autre, comme si à l'intérieur de la grande scène il y en avait une autre, plus petite, puis une autre encore.

On pourrait appeler celle qui prend l'être entier pour scène la « grande comédie ». Cinq personnages y participent, disposés non selon un étagement du bas vers le haut, mais plutôt sur une ligne rejoignant le dehors au dedans. Vient d'abord (mais cet ordre est arbitraire) la *fortune*, c'est-à-dire les événements extérieurs, les circonstances, les hasards de la destinée. Ensuite le corps ou, pour reprendre le terme de La Rochefoucauld, les *humeurs*, que nous avons reçues de la nature sans avoir pu les choisir. Après quoi on trouve le *cœur*, synonyme à peu près de l'âme, siège de toutes les passions qui nous agitent. Puis l'*esprit* : c'est là qu'opèrent la raison, le jugement, les opinions, c'est là sans doute qu'on trouve l'imagination et le goût, ainsi que les vertus : la générosité, l'humilité, la compassion, la confiance, et bien d'autres. Enfin, il y a les *autres* : d'autres hommes comme nous, mais à l'intérieur de nous et qui sont également responsables de nos actions ; on peut aussi les imaginer comme les spectateurs de la comédie.

Ces personnages sont perpétuellement engagés dans une intrigue complexe. Tous n'ont pas des rôles également importants. On laissera pour l'instant de côté celui des « autres ». Celui de la fortune et celui des humeurs sont assez semblables dans la perspective de la « comédie » : à la fois déterminants et un peu marginaux. Déterminants, car ce sont des causes irréversibles, qui influencent de façon décisive l'action des autres personnages. La fortune et la nature sont responsables de ce que nous sommes, postule La Rochefoucauld (R 14), « la nature fait le mérite, et la fortune le met en œuvre »

(M 153). La fortune, confondue avec la Providence, ou encore avec le hasard, est l'agent « qui fait que chaque chose marche en son rang et suit le cours de sa destinée » (MS 39), elle est le principal responsable de l'existence des héros (M 53). Nos plus belles actions, loin d'être l'effet de notre volonté, sont le fruit du hasard (M 57), des étoiles heureuses ou malheureuses au-dessus de nous.

Les humeurs du corps n'ont pas une moindre prise sur nous : « la force et la faiblesse de l'esprit » ne sont « que la bonne ou la mauvaise disposition des organes du corps » (M 44), « les humeurs du corps [...] exercent successivement un empire secret en nous » (M 297), à tel point que La Rochefoucauld suggère (mais dans une maxime supprimée) que « toutes les passions ne sont autre chose que les divers degrés de la chaleur, et de la froideur, du sang » (MS 2). La durée des passions ne dépend pas de notre volonté mais de nos forces de vie (M 5) ; réciproquement, la modération dont s'enorgueillissent certaines personnes leur vient de la composition de leurs humeurs, dont elles n'ont guère le mérite (M 17).

Bien que de caractère différent, ces deux déterminations jouent un rôle comparable dans l'argumentation de La Rochefoucauld : elles servent à rabattre notre présomption, à rabaisser notre orgueil, à nous donner plus d'humilité. Nous croyons avoir le mérite de nos bonnes actions ou de notre bonheur, il n'en est rien : ils sont, en grande partie, l'effet de forces sur lesquelles nous n'avons pas prise, les humeurs du corps à l'intérieur, le hasard des circonstances en dehors de nous. Mais, pour cette raison même, ces personnages, quoique puissants, ne méritent pas de longs commentaires : ce sont des forces qu'il faut reconnaître, mais avec lesquelles l'interaction est limitée. Nous n'exerçons pas plus de contrôle sur eux que sur le temps qu'il fait ou sur l'état de nos organes ; inutile donc de nous y attarder. « Il faut gouverner la fortune comme la santé : en jouir quand elle est bonne, prendre patience quand elle est mauvaise » (M 392). Le fatalisme est la réaction appropriée devant des agents aussi inaccessibles.

C'est pourquoi, lorsque La Rochefoucauld décrit l'action de ces deux personnages à l'intérieur de l'être, et en particulier celle du corps (qui lui appartient en propre), il emploie de préférence des formules analogiques à quatre termes, qui indiquent une ressemblance entre les divers aspects de l'homme, mais non une interaction directe. L'âme et le corps, décrits séparément, connaissent des démarches semblables : les maladies sont à l'un ce que sont à l'autre les passions (M 188, M 193), « les défauts de l'âme sont comme les blessures du corps » (M 194), et inversement : « La sagesse est à l'âme ce que la santé est pour le corps » (MP 42). Il n'est toutefois pas question d'une action directe des maladies sur les passions, ni de la santé sur la sagesse. Cela reste vrai même si l'un des termes apparaît deux fois, à des places différentes : « L'amour est à l'âme de celui qui aime ce que l'âme est au corps qu'elle anime » (MS 13) : l'amour ne touche pas ici au corps. De même pour le corps et l'esprit : « La bonne grâce est au corps ce que le bon sens est à l'esprit » (M 67), l'esprit et le corps ont chacun ses défauts (M 290), et chacun sa paresse (M 487). La description de ces plans de l'être se poursuit sur des parallèles qui ne se rejoignent jamais, et c'est ce qui justifie l'abondance des expressions analogiques (des « proportions »).

La Rochefoucauld n'affirme pas pour autant que l'emprise du hasard et du corps sur l'individu soit complète. Ce serait en effet oublier une autre force qui agit sur la conduite de l'individu, plus intérieure que la fortune, plus psychique que les humeurs, et sur laquelle pourtant nous n'avons pas plus de prise que sur les deux premiers acteurs. Le véritable nœud de l'intrigue se situe entre les deux personnages restants : le cœur et l'esprit. Cette fois-ci, il s'agit d'une relation non pas simple mais double (et elle tire sa spécificité de cette duplicité même). L'une des actions se joue sur le plan du pouvoir : le cœur est le maître de l'esprit, lequel est donc son esclave. L'autre concerne le savoir : le cœur est le trompeur, l'esprit, la dupe. Une maxime évoque les deux relations à la fois : « L'homme croit souvent se conduire lorsqu'il est conduit, et pendant que par son esprit il tend à un but, son cœur l'entraîne insensiblement à un autre » (M 43). Non seulement le cœur l'emporte sur l'esprit lorsque les buts des deux divergent ; il le fait, de plus, « insensiblement », pour que l'homme ait l'impression de faire une chose tout en en accomplissant une autre. Une fois de plus, l'une comme l'autre relation devraient nous inciter à l'humilité : nous sommes à la fois impuissants et ignorants.

Chacune des deux interactions est évoquée de nombreuses fois. Les passions, représentants du cœur, sont des tyrans violents (MP 21), l'amour-propre, la plus importante d'entre elles, est un dieu omnipotent (MP 22), dont on voit mal en quoi il est inférieur à Dieu tout court. La raison, elle, est impuissante, sans véritable prise sur notre goût (M 467) ou nos désirs (M 469). Nous sommes conduits par le cœur, or ce sont ces conduites qui, confrontées aux normes du monde extérieur, sont considérées comme des vertus ou des vices. Le travestissement de cette maîtrise, de cette tyrannie n'est pas moins important. Il est permanent : « L'esprit est toujours la dupe du cœur » (M 102), et il suit une stratégie appropriée : « Ce que le monde nomme vertu n'est d'ordinaire qu'un fantôme formé par nos passions, à qui on donne un nom honnête, pour faire impunément ce qu'on veut » (MS 34) : fabrication du simulacre, valorisation par le nom, activité cachée. Les tentatives de défense, de la part de l'esprit, ses efforts pour connaître le véritable visage du cœur sont voués à l'échec, partial ou complet. « Tous ceux qui connaissent leur esprit ne connaissent pas leur cœur » (M 103).

À quoi est dû cet échec ? La Rochefoucauld en indique deux raisons complémentaires. La première vient d'une faiblesse constitutive de la faculté connaissante (c'est un peu le scepticisme de Montaigne) : « Ce qui fait cette fausseté si universelle, c'est que nos qualités sont incertaines et confuses, et que nos vues le sont aussi : on ne voit point précisément les choses comme elles sont » (R 13). Notre esprit, fini et relatif aux circonstances qui l'entourent, n'a simplement pas accès à l'absolu. En même temps, on n'arrive à connaître que le général (M 436) ; or, « pour bien savoir les choses, il en faut savoir le détail, et comme il est presque infini, nos connaissances sont toujours superficielles et imparfaites » (M 106). Notre esprit ne peut se débarrasser de ses habitudes, s'y tenir est pour lui la voie de la moindre résistance, de la paresse contre laquelle il ne sait lutter ; il n'y a pas à s'étonner du peu de progrès que nous puissions réaliser dans cette connaissance (M 482).

La seconde raison de la méconnaissance est plus décisive encore ; elle a trait à l'objet à connaître, et non plus au sujet connaissant. Certaines instances de l'être résistent à toute connaissance. La raison en est que celle-ci ne peut jamais être séparée, de manière étanche, de notre intérêt. Autrement dit, la connaissance ne saurait rester pure ou neutre : le désir, l'égoïsme, les passions, les préjugés s'y entremêlent toujours, ils en forment le point aveugle. Si nous ne *pouvons* pas nous connaître entièrement, c'est que nous ne le *voulons* pas vraiment : nous avons une défiance de nous-mêmes (M 315) qu'il est impossible de surmonter, car le siège de la faculté connaissante est celui-là même de la faculté désirante.

Après avoir été humilié par le hasard des événements et les humeurs du corps, l'esprit doit donc s'incliner une fois de plus, devant ce nouveau maître pourtant plus proche, le cœur. Nous sommes à la fois faibles – conduits quand nous croyons conduire – et ignorants ou plongés dans l'erreur ; notre savoir n'est pas plus à l'honneur que notre vouloir.

La petite comédie

La fragmentation de l'individu ne s'arrête pas là. Revenons aux péripéties qui se déroulent sur le principal plateau du théâtre. Cet espace, je l'ai dit, en englobe d'autres. Plus exactement, chacun des personnages de la grande comédie devient à son tour un plateau où se joue une nouvelle, « petite » comédie. L'un des personnages est plus intéressant à cet égard que tous les autres : c'est le cœur ; et le but des *Maximes*, c'est de « faire l'anatomie de tous les replis du cœur[3] ». Il n'est jamais en repos, ses ingrédients sont en proie à une agitation permanente, ils ne sont pas d'accord entre eux : le cœur déborde de conflits et de contradictions (M 478). En effet, ses habitants ordinaires, les passions, se répartissent en deux groupes. D'un côté, les véritables agents qui, comme le cœur entier, dominent et trompent à la fois. Ce sont trois personnages qui tantôt se confondent et tantôt se distinguent, une trinité sacrée : Amour-propre, Intérêt et Orgueil. De l'autre, les passions, qui parfois jouent le rôle de manipulateurs et d'autres fois sont manipulées : Amour, Haine, Envie, Jalousie, Honte, Crainte, Audace, Prodigalité, Avarice... Vanité et Paresse passent assez souvent du côté des manipulateurs.

Le rôle de grand maître de cérémonie, de véritable metteur en scène de toute la petite comédie, est attribué à Amour-propre lui-même, égal à un dieu comme on l'a vu, et défini comme « l'amour de soi-même et de toutes choses pour soi » (MS 1) : il participe donc aussi de situations où les « autres » sont présents mais utilisés comme des objets. « Amour-propre » est ici synonyme d'égoïsme, de préférence pour soi au-dessus de tout. Dans ce véritable morceau de bravoure rhétorique qu'est la maxime supprimée 1, on le voit aussi devenir le sujet de nombreuses actions attribuées habituellement aux êtres humains : il conçoit, imagine, soupçonne, devine, veut, se résout, conjure ; et, d'autre part, il a des désirs, des conduites, des affections, des sentiments, des passions, des inclinations. Il se bat parfois contre lui-même, au point de nous donner l'illusion qu'il peut être vaincu ; en réalité, il n'a fait que se réfugier dans une autre partie de notre être et savoure ainsi une double victoire, sur nos résistances et sur notre vigilance. « Dans le même temps qu'il se ruine en un endroit, il se rétablit en un autre ; quand on pense qu'il quitte son plaisir, il ne fait que le suspendre, ou le changer, et lors même qu'il est vaincu et qu'on croit en être défait, on le retrouve qui triomphe dans sa propre défaite » (MS 1). Amour-propre est insatiable : « Quelque bien qu'on nous dise de nous, on ne nous apprend rien de nouveau » (M 303). Il est aussi inconnaissable : à la fois parce qu'il est multiple et changeant, et parce qu'il refuse d'être connu.

Comme tout grand chef, il n'aime pas se montrer en public, mais préfère agir par personnes interposées ; il a, pour le faire, deux acolytes à sa solde, Intérêt et Orgueil. Intérêt est omniprésent et tire toutes les ficelles ; on dit même de lui qu'il est la quintessence, le cœur, l'âme d'Amour-propre (MP 26) ; la même maxime le présente aussi comme l'ensemble de ses sens (vue, ouïe, odorat). Il « parle toutes sortes de langues » (M 39), aveugle et fait la lumière, en alternance (M 40), « met en œuvre toutes sortes de vertus et de vices » (M 253, voir aussi M 187), étouffe le naturel, en particulier le bon

(M 275), et, en compagnie de Vanité, cause bien des afflictions (M 232). Toutes les vertus se perdent en lui (M 171).

Son camarade habituel est Orgueil ; leur relation est de collaboration. Orgueil sait se dédommager tout seul (M 33), il « a ses bizarreries » (M 472), il s'augmente de ce que nous retranchons aux autres défauts (M 450) ; plusieurs Orgueils discutent ensemble comme des marchands de bestiaux, aucun d'entre eux ne voulant baisser son prix (M 225). Il est le maître insatiable de nos goûts (R 17). C'est Orgueil qui est, plus particulièrement, chargé du travail de travestissement : c'est lui qui empêche la connaissance (M 36), lui qui cache (M 358), lui qui est responsable de l'« aveuglement des hommes » (MS 19) ; par une perversité supplémentaire, de temps à autre, il « se montre avec un visage naturel, et se découvre » (MS 6), sachant bien que la sincérité est le plus souvent un leurre ou une forme de vanité. Ce faisant, il redouble les actions de son maître Amour-propre qui est déjà qualifié de « plus grand de tous les flatteurs » (M 2), et donc aussi des dissimulateurs.

L'action conjointe de ces trois comparses décrits comme « inséparables » (R 18) a un seul but : faire plaisir à notre moi, nous assurer d'être à la fois le centre et le sommet de l'univers, de régner sur tous les autres, de devenir leurs tyrans (MS 1). Ce sont ces forces-là qui gouvernent notre conduite, et non l'aspiration au bien ; celle-ci n'est, dans le meilleur des cas, qu'une habile manœuvre par laquelle, sous couvert de générosité, nous nous assurons de la gratitude des autres, récupérant ainsi notre mise décuplée. « Travailler pour l'avantage des autres », loin d'être une victoire de Bonté sur Amour-propre, équivaut à « prendre le chemin le plus assuré pour arriver à ses fins ; c'est prêter à usure sous prétexte de donner » (M 236). Ce n'est pas pour autant que nous répugnions toujours à enfreindre ouvertement la morale : il suffit pour cela que l'infraction soit envisagée comme la preuve de notre force. Rien, en revanche, ne nous est plus insupportable que d'avoir à admettre nos échecs et notre infériorité, donc la supériorité des autres. « On fait souvent vanité des passions même les plus criminelles ; mais l'envie est une passion timide et honteuse que l'on n'ose jamais avouer » (M 27).

Une vision aussi négative de l'âme humaine peut nous surprendre aujourd'hui, conditionnés comme nous le sommes par l'idéologie du progrès social ou par celle de la bonté naturelle de l'homme, qui ont fleuri au XVIIIe et au XIXe siècle. Au XVIIe, cette vision est plus familière au public, même si la noirceur des vues de La Rochefoucauld impressionne. C'est qu'elle se rattache, dans la conscience des contemporains, à l'une des grandes tendances de la pensée chrétienne. Au sein de celle-ci, en effet, un conflit oppose, dès l'époque des Pères de l'Église, deux thèses ; les forces en présence changent de nom, mais se resservent des mêmes arguments. On peut les attacher aux personnages emblématiques de la première controverse, saint Augustin et Pélage. Selon le premier, à la suite du péché originel, l'homme est devenu entièrement mauvais : il s'aime lui-même au lieu d'aimer Dieu. Son salut ne peut donc pas venir de lui mais seulement du dehors, de la grâce divine. D'après Pélage, en revanche, il n'y a jamais eu de péché originel, l'homme est indéterminé, ni entièrement mauvais ni spécialement bon, il est donc libre et son salut est entre ses propres mains ; on peut le tenir pour responsable d'un éventuel échec. Au XVIIe siècle, ces deux doctrines seront embrassées, respectivement, par les jansénistes et les jésuites.

Pour ce qui concerne la conception qu'il se fait de l'homme, La Rochefoucauld est clairement un augustinien. Le règne de l'amour-propre est la conséquence directe du péché originel : « Dieu a permis, pour punir l'homme du péché originel, qu'il se fît un dieu de son amour-propre pour en être tourmenté dans toutes les actions de sa vie » (MP 22). La Rochefoucauld rejoint par là les jansénistes et Pascal : le moi est haïssable. La célèbre formule de Pascal est contemporaine des *Maximes* : « En un mot, le moi a deux qualités : il est injuste en soi, en ce qu'il se fait centre de tout ; il est incommode aux autres, en ce qu'il les veut asservir : car chaque moi est l'ennemi et voudrait être le tyran de tous les autres[4]. » La Rochefoucauld, semblablement, projette un éclairage cruel sur notre infinie complaisance envers nous-mêmes et notre plaisir d'observer « la ruine du prochain » (MP 4) ; sinon haïssable, le moi est, en tous les cas, méprisable.

Les autres passions, bien que moins entreprenantes en elles-mêmes que l'amour-propre, se lancent aussi dans l'action parfois, puisque ce ne sont, après tout, que « les divers goûts de l'amour-propre » (MP 28). Vanité lutte contre les vertus, essaie de les renverser, mais souvent ne réussit qu'à les ébranler : voilà un petit scénario bien complet (M 388). D'autres fois, elle se contente de leur tenir compagnie (M 200) ; elle est néanmoins plus puissante que les autres passions (M 443), même si elle s'incline parfois devant Honte et Jalousie (M 446). Paresse usurpe, détruit et consume tout le reste (M 266), alors qu'Amour, comme il se doit, espère et craint (M 75). Parfois les personnages des autres petites comédies s'animent aussi : Reconnaissance sait entretenir le commerce (M 223), Prudence assemble et tempère les vices (M 182) et Humeur, qui sait mettre le prix quand il le faut (M 47), se trouve retenue, petite polissonne, par deux gardiennes sévères, Crainte et Raison (M 241).

Le procédé de personnification dont se sert La Rochefoucauld (seules les majuscules ne sont pas dans son texte ; leur présence fait apparaître la démarche au grand jour) n'a pas pour seule fonction de détailler l'intrigue des petites comédies ; il entraîne aussi une conséquence globale, touchant à la nature même de ces personnages. C'est que les concepts qui servent à analyser l'homme (raison, passion, cœur) sont à leur tour humanisés : ils sont traités comme s'ils étaient des personnes entières. Or dire que l'amour-propre est habile homme (M 4), que les passions sont des orateurs (M 8), que l'intérêt joue des personnages (M 39), que les sentiments ont des voix, des gestes et des mines (M 255), raconter toutes ces petites intrigues dans lesquelles ils se trouvent engagés, c'est suggérer aussi que, puisqu'ils sont comme les hommes, tous ces ingrédients de l'homme sont à leur tour analysables, dans les mêmes termes que les hommes qu'ils servaient à analyser. Ce qui était instrument de la connaissance doit à son tour en devenir l'objet. Pascal parle aussi, on le sait, de la raison du cœur ; mais avec La Rochefoucauld on franchit un seuil qualitatif. Ici, les passions ont un intérêt et une raison (M 9), l'amour-propre une âme et un corps (MP 26), les désirs, des sentiments et des passions (MS 1), l'orgueil a son bon sens, qui s'appelle magnanimité (M 285). Un troisième plateau peut donc s'ouvrir au sein de chacun des éléments du cœur et une « micro-comédie » s'engager à l'intérieur de la « petite comédie ». Les personnages, à ce troisième niveau, pourraient aisément être multipliés. Si l'amour-propre a des passions, pourquoi n'aurait-il pas aussi un amour-propre ? Les passions ont un intérêt ; peut-être ont-elles aussi des passions ?

De plus, il n'y a aucune raison de s'arrêter à ce troisième plateau, et de ne pas en imaginer un quatrième, un cinquième, et ainsi de suite. On parlerait ainsi de la raison des passions de l'amour-propre du cœur de l'homme… Le profit qu'on tirerait de cette subdivision supplémentaire n'est pas certain ; mais la possibilité est présente, et cela compte. Par ce procédé de personnification si abondamment utilisé, La Rochefoucauld affirme que l'être humain est non seulement multiple mais inépuisable. Il y a bien une structure de la personne, mais cette structure comporte des fonctions récurrentes, et s'ouvre par là à l'infini. Chaque instance composant l'être humain peut à son tour se subdiviser, suivant le même modèle. Chaque niveau de l'être se prête à une analyse exhaustive, mais le nombre de niveaux est illimité, et l'exploration de l'être, proprement interminable.

Le déguisement

Il faut revenir maintenant à l'une des deux actions dans la « grande comédie », celle du déguisement. On trouve en exergue au recueil entier des *Maximes* cette phrase : « Nos vertus ne sont le plus souvent que des vices déguisés », extraite d'une maxime supprimée (181 de la première édition), qui précisait que c'était à l'amour-propre d'accomplir ce travail de maquillage. Tout au long de son livre, La Rochefoucauld évoque ce thème, en parlant des voiles qui couvrent les passions (M 12), du désir caché, du secret, du chemin détourné qu'emprunte la volonté (M 54), de la dissimulation (M 62), de l'hypocrisie (M 218), et de ce que « toutes nos vertus » ne sont en réalité « qu'un art de paraître honnête » (MS 33). Et, dans la dernière maxime du recueil, il résume le sujet de son ouvrage comme « la fausseté de toutes les vertus apparentes » (M 504).

On pourrait dire que c'est là l'un des sens premiers des maximes de La Rochefoucauld : nous montrer que ce que nous prenions naïvement pour des vertus, pour des actes accomplis avec les meilleures intentions, n'est en réalité qu'un produit de notre égoïsme, de l'aspiration à servir notre intérêt – égoïsme et intérêt qui ont, toutefois, pris la précaution de jeter un voile pudique (et « vertueux ») sur leurs agissements. Le but que s'assigne La Rochefoucauld est de nous révéler notre petitesse, de rendre impossible une haute opinion sur nous-mêmes, d'« humilier l'orgueil ridicule dont [le cœur humain] est rempli », se contentant des « apparences trompeuses de vertu »[5]. Toute notre morale n'est qu'hypocrisie : c'est que nous avons *intérêt* à nous y conformer. « On ne blâme le vice et on ne loue la vertu que par intérêt » (MS 28). Ce que nous prétendons accomplir au nom du bien, nous le faisons en réalité par égoïsme. « Nous aurions souvent honte de nos plus belles actions si le monde voyait tous les motifs qui les produisent » (M 409).

Une grande partie de nos actions vertueuses, on l'a vu, ne sont accomplies que pour nous assurer de bénéficier de celles des autres : c'est un échange, donnant-donnant, qui tourne cependant à l'avantage des plus habiles. D'autres vertus ne sont que le déguisement de notre paresse, de notre faiblesse ou de nos craintes : ainsi de la clémence (M 16), de la résistance aux passions (M 122), de la bonté (M 237, M 481), de la constance (M 21). D'autres encore proviennent de la vanité, du désir de recevoir des louanges (nos renoncements sont largement compensés) : c'est le cas, parfois, de la clémence et de la modération (M 16, M 17), de la générosité (M 246, M 263), de la modestie (M 149, MS 27), de l'aversion au mensonge (M 63). Certaines vertus sont le travestissement de notre dépit d'avoir été privés d'un bénéfice : ainsi pour l'ostentatoire mépris des richesses (M 54) ou la haine des favoris (M 55). La pitié est un moyen de rappeler notre supériorité (M 463), la magnanimité un mépris pour les autres (M 248), le courage résulte du désir des bénéfices et de la crainte de la honte, comme de « l'envie d'abaisser les autres » (M 213). En tout et partout, notre égoïsme débridé trouve son avantage, et notre souci des autres est bien éphémère.

Un grand nombre de maximes ne se contentent pas de réaffirmer cette leçon, mais imitent aussi la structure syntaxique de l'exergue. On pourrait la formuler ainsi : « A (une vertu) n'est (dévoilement), le plus souvent (clause de prudence), que B (un vice, une passion). » On en trouve de très nombreux exemples, il s'agit là d'une véritable matrice, d'une machine à maximes. « L'amour de la justice n'est, en la plupart des hommes, que la crainte de souffrir l'injustice » (M 78). « Ce qui paraît générosité n'est souvent qu'une ambition déguisée » (M 246). « La fidélité qui paraît en la plupart des hommes n'est qu'une invention de l'amour-propre » (M 247), et ainsi de suite... Cette matrice grammaticale n'est pas la seule que La Rochefoucauld met en œuvre, mais c'est probablement la plus féconde.

Une bonne partie du recueil est donc consacrée à la description de ce travail de déguisement, avec ses variétés – cacher l'existant, feindre l'inexistant (M 70, MP 56) –, ses difficultés, ses échecs et ses succès. Une chose est claire : comme le dit aussi Pascal, l'homme n'est que déguisement. « Dans toutes les professions, chacun affecte une mine et un extérieur, pour paraître ce qu'il veut qu'on le croie : ainsi on pourrait dire que le monde n'est composé que de mines » (M 256). « Toutes », « chacun », « n'est que » : La Rochefoucauld est rarement aussi catégorique. Lorsque nous finissons par avouer un vice, c'est pour en cacher un autre, plus inavouable encore (M 406). Le raffinement extrême dans le travail de déguisement consiste à simuler son contraire, la naïveté. « C'est une grande habileté que de savoir cacher son habileté » (M 245). « La plus subtile de toutes les finesses est de savoir bien feindre de tomber dans les pièges que l'on nous tend » (M 117). Telle serait la vérité de notre être, le portrait fidèle de notre moi.

La vie en commun

Héritier de la longue tradition augustinienne, La Rochefoucauld ne voit dans le cœur de l'homme qu'égoïsme et avidité. Les rapports sociaux sont forcément hypocrites, au fond de lui-même l'homme reste toujours seul : telle est sa nature, mais cette nature est déplorable. Le jugement du moraliste se double ici d'une hypothèse anthropologique, concernant la solitude essentielle de l'homme. Quelle idée La Rochefoucauld se fait-il des rapports humains ? On peut observer chez lui une argumentation qui s'est maintenue du reste intacte jusqu'à nos jours. Dans un premier temps, on fait comme si tous les rapports sociaux se ramenaient aux qualités louables, à la générosité, à l'amour d'autrui ; autrement dit, on interprète toute sociabilité comme un altruisme, ce qui est évidemment abusif. C'est alors que, dans un deuxième temps, on procède à un travail de désillusionnement, en arrachant de notre visage le masque de vertu. Ce geste est d'autant plus convaincant à nos yeux qu'il ne semble avoir rien de flatteur (or, nous disons-nous inconsciemment, on n'affirmerait pas ce qui est désagréable à moins qu'il ne soit vrai). Du coup, ayant rejeté une vision trop bienveillante de l'homme, on reste avec l'idée d'un être originel solitaire et égoïste. La sociabilité est vertueuse, or la vertu est trompeuse ; donc l'homme est, en profondeur, asocial. La Rochefoucauld peut en conclure : « Les hommes ne vivraient pas longtemps en société s'ils n'étaient les dupes les uns des autres » (M 87) ; comme aussi Pascal : « L'union qui est entre les hommes n'est fondée que sur cette mutuelle tromperie[6]. »

On croit à tort que les autres nous veulent du bien ; si l'on devenait lucide, la société disparaîtrait ! Mais cette conséquence extrême n'est-elle pas déjà contenue dans une des prémisses de la doctrine ? L'affirmation de notre nature solitaire (nous n'avons pas besoin des autres) et égoïste (tout ce que nous faisons vise seulement à augmenter notre puissance et notre excellence) est un postulat, une affirmation *a priori* qu'aucune expérience de sens différent ne saurait ébranler car tout exemple du contraire est immédiatement interprété comme tentative de dissimulation et de résistance au travail de dévoilement.

Il est vrai que La Rochefoucauld, comme effrayé par l'extension illimitée de son principe explicatif, s'empresse de préciser, dans l'« Avis au lecteur » de la seconde édition de ses *Maximes* : « Par le mot d'Intérêt on n'entend pas toujours un intérêt de bien ; mais le plus souvent un intérêt d'honneur ou de gloire. » Cette précision rend l'affirmation plus facile à défendre, mais enlève beaucoup à la radicalité du propos initial : si l'aiguillon principal de l'activité humaine n'est pas le désir de biens semblables aux biens matériels, à la satisfaction égoïste, mais l'aspiration à la gloire et aux honneurs, comment pourrait-on se passer des autres, qui en sont les seuls pourvoyeurs possibles ? La Rochefoucauld n'a d'attention que pour nos passions sociales, et pourtant la place qu'il réserve à l'égoïsme implique que l'homme naturel est un être solitaire : nous ne pouvons nous passer des autres, certes, mais c'est par intérêt. Quand il affirme qu'« on ne loue jamais personne sans intérêt » (M 144), de deux choses l'une : ou bien le terme d'« intérêt » garde son sens commun, mais alors il ne suffit pas pour décrire toutes les louanges ; ou bien ce sens s'étend jusqu'à inclure toute demande de satisfaction, et dans ce cas son application est juste, mais sa généralité est telle qu'il ne nous apprend plus grand-chose.

Le parti pris de La Rochefoucauld, consistant à démontrer systématiquement que nous sommes plus méchants et plus égoïstes que nous ne le croyons, l'empêche parfois de tirer profit de ses propres observations. Prenons cet exemple : certains sages affichent le mépris des richesses. Pour La Rochefoucauld, il ne peut s'agir là que de mauvaise foi : ou bien, frustrés dans leur désir de posséder ces biens, ils jugent nécessaire de les déprécier (c'est une attitude du type « le raisin est trop vert »), ou bien ils choisissent ce moyen par vanité, pour éviter de se conduire comme des pauvres (M 54). Mais est-ce si sûr que tous, partout, n'aspirent qu'aux richesses matérielles ? N'y aurait-il pas d'autres buts possibles, par rapport auxquels la possession de richesses ne serait que moyen ? C'est bien une telle possibilité qu'évoque la fin de la même maxime : « C'était un chemin détourné pour aller à la considération qu'ils ne pouvaient avoir par les richesses. » Et si, non seulement pour ces sages mais pour d'autres hommes aussi, le but véritable était plutôt la « considération », et que la recherche de richesses était seulement une voie contournée pour y accéder ?

On peut se demander ici s'il ne manque pas, dans l'anthropologie sous-jacente aux *Maximes*, une distinction entre le besoin général de reconnaissance par le regard des autres – besoin dont on voit mal pourquoi il serait un vice et le désir d'être flatté par les autres sans avoir pour autant à accomplir quoi que ce soit pour le mériter – besoin nourri, lui, effectivement d'amour-propre, d'intérêt et de vanité. La Rochefoucauld fait comme si la sollicitation des autres était toujours de la même espèce, comme si tous les rôles que les autres jouent par rapport à nous étaient identiques.

Semblable en cela à Montaigne, il accorde une grande place au modèle économique, à l'échange commercial en tant que représentation fidèle de l'échange interpersonnel. La reconnaissance, dit-il, est comme « la bonne foi des marchands : elle entretient le commerce », nous payons pour nous assurer de nouveaux prêts (M 223) ; ou encore : « On ne loue d'ordinaire que pour être loué » (M 146) ; si nous recherchons de nouvelles connaissances, c'est pour acquérir de nouveaux admirateurs (M 178). Mais l'échange entre hommes ne se réduit pas vraiment à cette espèce de transaction directe et mécanique, c'est bien pourquoi le modèle économique ne permet pas toujours de comprendre le commerce humain. On peut aussi louer quelqu'un parce qu'on le considère comme si proche de soi que son excellence rejaillit sur nous ; ou parce qu'on s'imagine que, par ce jugement, on pénètre dans le cercle étroit des vrais connaisseurs. Une autre maxime dit, de façon plus pénétrante : « C'est en quelque sorte se donner part aux belles actions, que de les louer de bon cœur » (M 432). Nous ne recherchons pas seulement à nous entourer de flatteurs, les admirateurs sont parfois fastidieux et fatigants, il est faux que « nous aimons toujours ceux qui nous admirent » (M 294, voir aussi M 356).

L'expression de la reconnaissance n'est pas non plus nécessairement une demande de nouvelles faveurs, elle peut être aussi un moyen d'affirmer notre dignité et notre identité à nous-mêmes. De même, la pitié n'est pas qu'« une habile prévoyance des malheurs où nous pouvons tomber » (M 264) : si elle l'était, elle ne s'exercerait qu'envers des personnages dont nous pouvons escompter, le moment venu, l'intervention secourable ; or la pitié surgit inopinément en nous, même à l'égard d'enfants impuissants, d'indigents ou de mourants, comme d'inconnus que nous ne risquons pas de revoir.

Comment l'expliquer par l'esprit commerçant ? La Rochefoucauld ne soulève pas ces questions.

C'est le même parti pris de toujours démasquer nos vertus qui affecte les maximes que La Rochefoucauld consacre à l'amitié. Celle-ci est censée être une vertu, il n'a donc de cesse de nous assurer que toutes les amitiés sont trompeuses et « intéressées ». « Nous ne pouvons rien aimer que par rapport à nous », déclare-t-il (M 81), ce qui est une définition du seul amour de concupiscence ; il poursuit : « Ce que les hommes ont nommé amitié n'est [...] qu'un ménagement réciproque d'intérêts, et qu'un échange de bons offices » (M 83) : à ce prix l'amitié n'est en rien distincte des relations d'affaires. Nous ne nous réjouissons de la fortune de nos amis, ajoute-t-il, que parce que nous en attendons quelque bienfait (MS 17) : c'est toujours la logique de l'échange direct. Il est vrai que quelques autres maximes évoquent, par opposition à cette amitié mercantile, ce que La Rochefoucauld appelle la « véritable amitié », l'amitié « vraie et parfaite » : celle-ci, le plus grand bien qui soit donné aux hommes (MP 45), est capable de détruire l'envie et l'égoïsme (M 376) ; ou plutôt, comme l'avait déjà remarqué Aristote dans ses propos sur l'amitié[7], en elle égoïsme et altruisme deviennent indistincts, car ce que nous faisons pour notre ami nous réjouit nous-mêmes, et réciproquement (M 81). Mais, s'empresse d'ajouter La Rochefoucauld, une telle amitié est rarissime, surtout à l'époque moderne. « Les hommes sont trop faibles et trop changeants pour soutenir longtemps le poids de l'amitié » (R 17).

Lorsque La Rochefoucauld déclare que l'intérêt seul produit l'amitié, il y voit un comble : à plus forte raison, suggère-t-il, sa maxime s'applique-t-elle à nos autres relations, en apparence déjà moins désintéressées que l'amitié. Or ce n'est pas seulement qu'une telle explication de l'amitié est un peu courte, car si je soumettais entièrement autrui à mes propres intérêts, son attachement me serait de peu de valeur. Plus fondamentalement, la formule de La Rochefoucauld implique l'existence d'un moi autonome et intéressé, antérieur à toute vie sociale, une espèce de propriétaire qui n'aspire qu'à l'accumulation de richesses.

L'amour comme manque

La Rochefoucauld a un certain respect pour l'amour : « L'amour, lui seul, a fait plus de maux que tout le reste ensemble, et personne ne doit entreprendre de les exprimer ; mais comme il fait aussi les plus grands biens de la vie, au lieu de médire de lui, on doit se taire ; on doit le craindre et le respecter toujours » (R 12). L'auteur des *Maximes*, heureusement, n'a pas suivi cette consigne de silence, et les descriptions de l'amour tiennent une large place aussi bien dans les *Maximes* que dans les *Réflexions*. Il ne manque pas d'exprimer sa préférence pour l'amour au détriment de l'amitié : même si celle-ci est plus rare que l'amour (M 473), elle reste, par comparaison avec lui, fade (M 440). Dans la mesure où la morale officielle ne considère pas l'amour comme une vertu (ni du reste comme un vice), La Rochefoucauld n'éprouve pas le besoin d'en démasquer la fausseté, donc d'en dire du mal. Cette neutralité morale laisse libre cours à ses dons d'analyse.

Il est vrai que, comme pour les autres habitants du cœur, La Rochefoucauld tient à rappeler d'abord la soumission de l'amour à l'amour-propre et à l'intérêt. « Le plaisir de l'amour est d'aimer ; et l'on est plus heureux par la passion que l'on a que par celle que l'on donne » (M 259). On peut y voir dans un premier temps une forme de générosité, serait-elle involontaire : on est heureux d'aimer, non d'être aimé ; de donner plutôt que de recevoir. En réalité, on n'a fait qu'obéir à notre égoïsme, qui nous pousse à choisir le plus grand des deux plaisirs. À preuve : l'homme se préfère toujours à celle qu'il aime (M 262, M 374), si amants et amantes sont heureux ensemble, c'est que chacun aime entendre dire du bien de soi (M 312). En amour, on se préoccupe de ses propres sentiments plutôt que de la personne à qui ils s'adressent (M 500, M 471). L'amour est avant tout passion de régner et envie de posséder (M 68), l'ambition l'emporte sur l'amour (M 490), qu'on simule souvent pour en tirer un certain orgueil (M 277, M 362). Comme les autres passions, il échappe au contrôle de notre esprit : nous n'avons pas plus de prise sur lui que sur les fièvres qui secouent notre corps

(MS 59). L'amour nous rend non seulement faibles mais aussi ignorants : on se croit aimé quand on ne l'est plus (M 371, MP 54), on embellit démesurément l'objet aimé (MP 46), on s'attache aux apparences (M 501), et c'est finalement ce qu'on ignore qui nous rend heureux, non ce qu'on sait (M 441).

L'intérêt de la réflexion de La Rochefoucauld sur l'amour est moins dans cette assimilation de la plus célèbre passion à toutes les autres que dans son analyse concrète, celle de ses conditions et de son évolution. La conception de l'amour dont participent la plupart des maximes pourrait se réduire à quelques principes simples, qui se trouvent déjà dans l'image d'*éros*, telle que nous l'a transmise l'Antiquité. Pour que nous puissions continuer d'aimer, il faut que nous éprouvions un manque, que nous soyons impatients – et inquiets – de l'avenir. « L'amour aussi bien que le feu ne peut subsister sans un mouvement continuel ; et il cesse de vivre dès qu'il cesse d'espérer ou de craindre » (M 75). Par conséquent, la séparation provisoire, comme tout autre obstacle, contribue à rendre l'amour plus intense. « L'absence diminue les médiocres passions et augmente les grandes, comme le vent éteint les bougies et allume le feu » (M 276). La certitude d'être aimé étouffe l'amour, l'inquiétude le ranime. Dans la perspective de la personne aimée, cela peut se transformer en stratégie : pour se faire aimer, il ne faut pas montrer son propre amour. « N'aimer guère, en amour, est un moyen assuré pour être aimé » (MS, 57).

Mais cette stratégie, qui ne manque pourtant pas d'efficacité, atteint vite ses limites. La raison en est que, on l'a vu, ce n'est pas être aimé qui rend heureux, comme on pourrait l'imaginer en accord avec le modèle économique, c'est aimer *et* être aimé en retour (M 259) : je préfère qu'elle ne m'aime pas (provisoirement) plutôt que de cesser de l'aimer (définitivement) (M 395). Il en va de même, observe La Rochefoucauld pas toujours d'accord avec ses propres principes, d'autres relations interpersonnelles. Admirer soi-même quelqu'un, par exemple, est une action bien plus revigorante que d'être admiré : « Un homme à qui personne ne plaît est bien plus malheureux que celui qui ne plaît à personne » (MP 58). La logique de l'amour est diabolique : je n'aime que si je ne suis pas aimé, je suis aimé si je n'aime pas.

Il s'ensuit qu'on est toujours à la merci de deux malheurs complémentaires : celui d'aimer sans réponse, celui d'être aimé sans pouvoir réciproquer, à cause de cet amour même. « On est presque également difficile à contenter quand on a beaucoup d'amour et quand on n'en a plus guère » (M 385). Les menaces qui pèsent sur l'amour l'animent, l'absence de l'objet aimé l'intensifie, l'incertitude d'être aimé attache l'homme plus fortement à celle qu'il aime, alors que l'assurance d'être aimé atrophie l'amour, empêche d'aimer ; c'est pourtant le but de tout amour. Nous aspirons tous, et sans toujours le savoir, à notre propre malheur : nous voulons être aimés, ce qui nous interdira d'aimer nous-mêmes ; nous sommes donc conduits à la frustration et à l'ennui. Nous ne pouvons pourtant nous refréner de chercher l'amour.

Un autre paradoxe de l'amour est qu'il peut si facilement s'inverser en son contraire : nous aimons quelqu'un à la folie, le jugeons la personne la plus parfaite du monde, et pourtant, le jour d'après, l'amour échouant, nous nous mettons à le détester. « Plus on aime une maîtresse, et plus on est près de la haïr » (M 111). Réciproquement, que quelqu'un nous haïsse ne signifie pas que nous ne puissions pas l'aimer (M 321) ; c'est que ces deux passions, au signe près, se ressemblent dans leur intensité et leur substance : la haine n'est souvent qu'une demande d'amour frustrée (l'amitié, elle, ne se prête pas à de tels retournements).

La fin de l'amour, ou son interruption, échappe au jugement moral, quoi qu'en dise l'amant dépité : l'amour est subi, non choisi ; il appartient au monde de la nécessité, non à celui de la volonté. « Comme on n'est jamais en liberté d'aimer, ou de cesser d'aimer, l'amant ne peut se plaindre avec justice de l'inconstance de sa maîtresse, ni elle de la légèreté de son amant » (MS 62). Celui qui quitte ne mérite pas l'opprobre moral : l'hypocrisie, ici, n'est pas préférable à la vérité, qui est l'inconstance. « La violence qu'on se fait pour demeurer fidèle à ce qu'on aime ne vaut guère mieux qu'une infidélité » (M 381).

L'amour a une structure ; il a aussi une histoire : à preuve, il est irréversible et l'on ne saurait le recommencer. « Il est impossible d'aimer une seconde fois ce qu'on a véritablement cessé d'aimer » (M 286). L'amour existe dans le temps, il a un début, un milieu et une fin. À l'origine de l'amour est l'imitation : on aime parce qu'on a eu connaissance d'autres amours, les gens « n'auraient jamais été amoureux s'ils n'avaient jamais entendu parler de l'amour » (M 136). Les souvenirs d'une ancienne passion entretiennent à leur tour la nouvelle (M 484), tout désir est mimétique. Ensuite on est tout entier sous le charme de la découverte et de l'espérance ; chaque pas en avant nous incite à en faire un autre, et on est comblé par ses illusions : « On ne prévoit pas qu'on puisse cesser d'être heureux » (R 9).

On change pourtant ; « ce n'est la faute de personne, c'est seulement la faute du temps » (R 17). Le changement est, au début, à peine perceptible. On aime toujours, mais l'attrait de la nouveauté s'émousse, l'accoutumance prend le relais du sentiment, la personne – du fait qu'elle participe maintenant d'une relation que nous reconnaissons comme constitutive de notre identité – n'est plus la même pour nous. Nous ne sommes pas prêts à y renoncer pour autant, mais nous n'éprouvons plus la même joie à chacune de ses apparitions. « Ce que nous avons obtenu devient une partie de nous-mêmes : nous serions cruellement touchés de le perdre, mais nous ne sommes plus sensibles au plaisir de le conserver » (R 9). L'amour se cherche alors des secours étrangers, des distractions.

Vient enfin le déclin. On le vit toujours mal : on n'aime plus, on a pourtant la plus grande difficulté à rompre (M 351) ; mais il est tout aussi difficile de se guérir de l'amour quand on n'est plus aimé (M 459, MS 55). Si l'on reste ensemble alors que l'amour n'est plus là, on sombre dans l'ennui et la lassitude, on n'a plus que les inconvénients de l'amour, sans les plaisirs : seules survivent la jalousie, la méfiance, la crainte (R 9). Une fois l'amour terminé, on est honteux de s'être ainsi laissé aller à ses illusions (M 71).

Cette conception tragique et, pour tout dire, un peu mécanique de l'amour, où le sentiment n'est nourri que par la crainte ou la difficulté, où toute action n'est que réaction, pourrait cependant être dépassée grâce à une découverte, à savoir que l'être aimé possède des facettes innombrables, et que donc notre désir ne sera jamais entièrement comblé. « La constance en amour est une inconstance perpétuelle, qui fait que notre cœur s'attache successivement à toutes les qualités de la personne que nous aimons, donnant tantôt la préférence à l'une, tantôt à l'autre » (M 175). C'est là une constance certes paradoxale, puisqu'elle implique un mouvement incessant ; mais elle n'est pas moins accessible aux amants véritables, et appréciable.

Cette autre espèce d'amour reçoit toutefois, dans l'œuvre de La Rochefoucauld, infiniment moins d'attention que la version tragique et frustrante. Pour l'essentiel, sa conception de l'amour humain rejoint ses idées sur l'amitié et les autres rapports sociaux. On peut se demander si, ici aussi, comme pour ses interprétations de l'amour-propre et de l'intérêt, La Rochefoucauld ne décrit pas avec une extrême lucidité ce qui n'est malgré tout qu'un segment limité de notre expérience. Une de ses correspondantes, Madame de Rohan, abbesse de Malnoue, le lui suggérait dans une lettre (écrite entre 1671 et 1674) : « Vous jugez encore mieux du cœur des hommes que de celui des dames » ; mais les hommes eux-mêmes sont-ils certains de toujours trouver leur compte dans les *Maximes* ?

Connaissance de soi

La misère humaine, décrite par La Rochefoucauld, se situe à deux niveaux : celui de l'être même, égoïste et avide, et celui de la connaissance que nous pouvons en avoir. L'amour-propre n'a pas intérêt à se connaître lui-même, car s'il le faisait, il pourrait être amené à restreindre ses appétits ; or c'est lui qui règne en maître incontesté dans notre maison. Par conséquent, La Rochefoucauld juge d'emblée suspects tout effort de sincérité, toute tentative pour se dire. La sincérité entendue comme « ouverture du cœur » (M 62), « amour de la vérité », « répugnance à se déguiser » (R 5) n'est pas impossible dans son principe, mais elle est exceptionnelle car elle demande une grande et rare force de l'âme (M 316). Dans l'immense majorité des cas, elle est une illusion : c'est « une fine dissimulation pour attirer la confiance des autres » (M 62).

À supposer même que l'on parvienne à être sincère, nos motivations, la plupart du temps, n'ont rien de noble : nous racontons nos péchés pour les rédimer, en instaurant par cette confession profane une espèce d'équilibre entre le vice des actes et la vertu des paroles qui les décrivent. « Nous avouons nos défauts pour réparer par notre sincérité le tort qu'ils nous font dans l'esprit des autres » (M 184, voir aussi R 5) ; de plus, nous les avouons seulement en partie, et en les présentant dans une version qui nous convient. Si nous avons tendance à vouloir être sincères, ce n'est pas parce que nous recherchons impartialement la vérité (nous n'en sommes pas capables) : quoi que nous disions, l'essentiel pour nous est de parler de soi, c'est cela qui nous apporte une réelle satisfaction. « L'envie de parler de nous [...] fait une grande partie de notre sincérité » (M 383). La description de soi, autrement dit l'autobiographie, risque d'être déterminée par l'« extrême plaisir » (M 314) qu'il y a à faire de soi l'objet de son discours. D'où une recommandation destinée aux personnes qui se respectent : « Il faut éviter de parler longtemps de soi-même, et de se donner souvent comme exemple » (R 4 ; voir aussi M 364). Alors qu'il a beaucoup appris de Montaigne, La Rochefoucauld rejette entièrement le projet même des *Essais*.

La connaissance directe de soi est à la fois impossible et vaniteuse, un échec assuré dans la recherche du vrai, une faute sur le plan moral. Pour autant, La Rochefoucauld ne recommande pas de renoncer à tout effort de se connaître ; mais, à la voie directe, il en préfère une autre, plus détournée mais plus sûre. Parmi les caractéristiques de l'amour-propre, il en est une qui pourrait nous conduire vers cette autre connaissance. « Cette obscurité épaisse qui le cache à lui-même n'empêche pas qu'il [l'amour-propre] ne voie parfaitement ce qui est hors de lui : en quoi il est semblable à nos yeux, qui découvrent tout et sont aveugles seulement pour eux-mêmes » (MS 1). Mon amour-propre est inconnaissable pour moi, certes, puisqu'il est indissociable de ma faculté connaissante ; comme l'œil, celle-ci peut tout voir sauf elle-même. Mais si telle est bien la raison de l'impossibilité de nous connaître, on voit déjà la leçon qu'il y aurait à en tirer – et que La Rochefoucauld ne manque pas de faire sienne. Il a connu la tentation de la description de soi : on possède de lui un autoportrait, qui date de 1658 ; il n'est pas sans intérêt, mais nous ne le relirions jamais si son auteur ne nous avait laissé que ces pages-là. Ses *Mémoires*, contemporains, bien qu'ils exploitent son expérience personnelle, sont déjà tournés vers le monde extérieur. Puis vient le pas décisif. En 1664 paraît l'« avant-première » édition, clandestine, des *Maximes* : il n'y est jamais question de l'individu La Rochefoucauld, et c'est un chef-d'œuvre.

La connaissance des autres, en effet, ne rencontre pas les mêmes obstacles. « Il est plus aisé d'être sage pour les autres que de l'être pour soi-même » (M 132). Symétriquement, « nos ennemis approchent plus de la vérité dans les jugements qu'ils font de nous, que nous n'en approchons nous-mêmes » (M 458). Ce qui était obstacle à la connaissance peut maintenant devenir son instrument : « L'intérêt, qui aveugle les uns, fait la lumière des autres » (M 40). Il est vrai que La Rochefoucauld est passé aussi de l'analyse des individus à celle du genre humain, or, comme il le remarque lui-même, « il est plus aisé de connaître l'homme en général que de connaître un homme en particulier » (M 436). Les moralistes français du XVIIe siècle s'engagent dans cette même voie : ils postulent que, pour l'essentiel, les hommes se ressemblent, et ils cherchent à connaître l'homme, non l'individu.

En lisant les maximes consacrées par La Rochefoucauld aux autres, nous apprenons sur leur auteur beaucoup plus qu'en consultant sa description de lui-même. Les contemporains de La Rochefoucauld, quand ils voulaient se défendre contre les cruelles révélations des *Maximes*, affirmaient que leur auteur s'y était peint lui-même : eux-mêmes, étant différents de lui, ne se sentaient pas concernés ! On mesure ici l'ampleur de leur méprise : c'est précisément en cessant de se peindre que La Rochefoucauld a pu faire quelques progrès dans la connaissance de soi ; et c'est en connaissant les autres qu'il a pu devenir différent d'eux. Il a bien trouvé le moyen de vaincre les résistances de l'amour-propre, et son livre nous indique la voie : profitant de la lucidité dont nous jouissons par rapport aux autres, c'est eux, et non soi-même, qu'il faut aspirer à connaître ; ce chemin indirect est en même temps la voie la plus sûre vers le but désiré. Plutôt que de se leurrer dans la connaissance de soi, on peut réussir celle d'autrui. La Rochefoucauld retourne comme un gant un précepte de la philosophie, de Socrate à Montaigne : non pas « connais-toi toi-même », mais « connais l'autre » – notamment parce que c'est le meilleur moyen de te connaître toi-même.

C'est pourquoi, dans l'« Avis au lecteur » placé en tête de la première édition des *Maximes*, il donne ce conseil ironique : « Le meilleur parti que le lecteur ait à prendre est de se mettre d'abord dans l'esprit qu'il n'y a aucune de ces maximes qui le regarde en particulier, et qu'il en est seul excepté, bien qu'elles paraissent générales. » L'amour-propre, l'intérêt et l'orgueil empêcheront à tout jamais la connaissance directe de soi ; acceptons donc, si nous ne voulons pas rester ignorants, d'avancer vers la seule connaissance qui nous soit ouverte, celle des autres. Il est vrai que La Rochefoucauld joue ici gagnant à tous les coups, un peu comme les psychanalystes modernes. Son ironie suggère que tout désaccord doit être interprété comme un refus d'admettre l'amère vérité : nous ne contredisons son opinion que parce qu'elle nous blesse. Tout rejet est un symptôme. Une maxime posthume le dit crûment : « Ce qui fait tant disputer contre les maximes qui découvrent le cœur de l'homme, c'est que l'on craint d'y être découvert » (MP 20). Plutôt que de chercher à lever nos résistances et à surmonter nos refoulements, La Rochefoucauld nous conseille, moitié méprisant moitié généreux, de nous exclure du genre humain.

Lettre au fils

Lui-même sait-il tirer profit de ses constatations ironiques ? Le portrait que La Rochefoucauld nous a laissé de lui-même est antérieur aux *Maximes* et, de ce point de vue, ne prouve rien. Nous disposons toutefois d'une longue lettre de La Rochefoucauld, considérée généralement comme authentique, et qui apporte quelques éléments de réponse à notre question. Cette lettre, qu'on pense pouvoir dater de 1679 (La Rochefoucauld est âgé de soixante-six ans, il mourra l'année suivante), est adressée à son fils, François VII, prince de Marcillac, qui avait alors quarante-cinq ans. Dans les *Maximes*, La Rochefoucauld ne parle pas des relations entre parents et enfants ; mais, quand il évoque le thème de la jeunesse, ses réflexions sont aussi désabusées que d'habitude. On prétend inculquer aux jeunes les vertus, en réalité on ajoute un égoïsme collectif à l'égoïsme individuel qu'ils possèdent déjà : « L'éducation que l'on donne ordinairement aux jeunes gens est un second amour-propre qu'on leur inspire » (M 261). La génération précédente, à son tour, prétend agir au nom du bien, alors qu'elle ne se soucie que de ses propres intérêts. « La vieillesse est un tyran qui défend sur peine de vie tous les plaisirs de la jeunesse » (M 461). La lettre au fils sera-t-elle conforme à cette sagesse ?

Cette lettre comporte deux types de passages. Deux segments, formant plus de deux tiers de l'ensemble, contiennent des reproches que le père adresse au fils ; trois autres segments, disposés au début, au milieu et à la fin du texte, comportent des commentaires sur cette lettre même, sur la manière dont il convient de la lire et de l'interpréter, et sur les leçons que son destinataire devrait en tirer.

Les deux segments englobés ne sont pas séparés par hasard, ils ont aussi des sujets différents : le premier parle des relations entre le fils et les tiers, le second, entre le fils et le père. Le premier, donc, de loin le plus long (il commence par une phrase occupant 45 lignes), s'ouvre sur un compliment qui sera cependant réfuté point par point dans les lignes suivantes. Le fils se croit plein de bon sens et d'esprit, ferme à l'égard de ses subordonnés, généreux avec ses amis et déférent envers le roi, il tire donc orgueil de ses mérites. Le père a vite fait de démasquer ce qui se cache derrière l'apparence brillante. Le fils est en train de dilapider ses biens, au lieu d'accomplir son devoir envers ses propres enfants, en préservant intact leur héritage. Il est exigeant envers ses subordonnés mais pour la forme seulement, et ses véritables motivations sont bien moins glorieuses : « Par vanité vous vous faites un plaisir caché de copier de grands exemples » ; en réalité, ses subordonnés le conduisent par le bout du nez et agissent à leur guise. Il n'est bon avec ses amis que dans la mesure où ceux-ci se plient docilement à ses désirs ; il donne « plus par vanité que par bonté », plus par faiblesse « que par discernement ou par le plaisir de donner » ; et ces amis soumis le lassent vite. Enfin, il gère mal les affaires du roi, dont le mécontentement ne saurait tarder.

La Rochefoucauld applique donc à l'activité de son fils sa lucidité habituelle : ce que celui-ci croit être vertu n'est au vrai que vice dissimulé, incompétence ou paresse, vanité ou appétit égoïste. Le père, détenteur de la reconnaissance ultime, la refuse au fils. Le second bloc de reproches est, de ce point de vue, très différent, même s'il est composé de manière semblable, avec au début quelques compliments qui seront démentis par la suite. En effet, après avoir refusé son approbation, le père reproche au fils de manquer d'amour pour lui, donc aussi de ne pas accorder au père sa propre reconnaissance. Le fils est coupable de ne pas aimer son père : ni autant qu'il l'aimait étant enfant, ni autant que le père aime le fils. Ce que le père ne donne pas au fils, il l'exige en revanche de lui. Le rapport entre les deux n'est en rien réciproque.

La Rochefoucauld ne met jamais en doute la légitimité de son exigence ; on aurait cependant pu s'attendre à ce que son observation lucide des autres diminue un peu ses attentes. Aristote avait déjà remarqué, dans l'*Éthique à Nicomaque*, que l'amour des parents pour les enfants est plus fort que celui des enfants pour les parents. Il en avait suggéré une explication : ce qui est produit par nous nous appartient bien plus fortement que ce qui nous produit et que nous percevons donc comme une cause extérieure. « Les parents aiment leurs enfants comme eux-mêmes [...] ; mais les enfants n'aiment leurs parents que parce qu'ils tiennent d'eux l'existence[8]. » La Rochefoucauld sait bien par ailleurs que l'amour, à la différence de la politesse ou du respect, ne se commande pas (ne relève pas de la volonté) ; et s'il peut être provoqué, ce n'est probablement pas par des mises en garde comme celle-ci, adressée à son fils : au lieu « de me faire voir que vous sentez de la joie d'être avec moi, ne m'évitez-vous pas avec plus de soin » qu'il n'est permis ? Enfin La Rochefoucauld lui-même, on vient de le voir, est loin de pratiquer la réciprocité ; aussi lorsqu'il interroge, blessé : « Notre commerce est-il égal ? », la réponse serait négative, mais la responsabilité n'en incombe pas au fils ; ainsi agit le père lui-même, ainsi font tous les fils et tous les pères de la terre.

L'existence même de la lettre, pur produit pourtant de la volonté du père, devient la raison d'un reproche supplémentaire. D'abord, si besoin de lettre il y a, c'est que le fils fuit le père, que les occasions de rencontres et de conversations franches se font rares, par la faute du fils. De plus, adresser des reproches au fils peine le père : le premier est cause de la souffrance du second, il doit reconnaître sa faute qui est de ne pas aimer autant que nécessaire.

Si La Rochefoucauld s'était contenté de la première série de reproches, on aurait eu affaire à une situation bien traditionnelle : le père, détenteur de la reconnaissance et des distinctions, juge – sévèrement – son fils, constate que celui-ci, nonobstant ses illusions, ne parvient pas à satisfaire aux normes sociales. Ce qui rend la missive dramatique et même pathétique, c'est que La Rochefoucauld fait entendre, en même temps que cette série de reproches, une demande d'amour angoissée, assumant cette fois-ci un tout autre rôle ; il réclame donc à la fois soumission et réciprocité, crainte et amour. Peut-on assimiler cette dernière demande si personnelle aux reproches impersonnels qui précèdent ? Ou bien fait-elle basculer, au contraire, les critiques du même côté que la demande d'amour ?

Sensible peut-être à la possibilité pour le fils d'écarter les reproches en les mettant sur le compte du chagrin qu'éprouve leur auteur de ne pas être assez aimé, La Rochefoucauld s'emploie, dans le commentaire dont il les entoure, à bloquer toute tentative pour leur chercher un sens différent. Il s'empresse d'abord de dire que le contenu de la lettre n'a rien de subjectif : tous ceux qui connaissent le fils en pensent autant, ce qu'elle dit est une vérité objective et incontestable (le fils seul s'aveugle sur lui-même, illustrant en cela la loi découverte par La Rochefoucauld). Cependant, aucun ne la lui dira, ce qui prouve le courage du père et son attachement exceptionnel au fils. La Rochefoucauld ajoute que lui-même est un homme comblé, qui n'a plus besoin de rien ; s'il écrit cette lettre, ce n'est nullement parce qu'il y trouve son compte : « c'est votre seul intérêt qui me fait parler ». Il fait donc exception à la règle générale qu'il formulait lui-même, un peu comme il conseillait à son lecteur de le faire, le temps de lire les *Maximes* : tous agissent par intérêt, sauf moi qui le fais pour le bien d'autrui ! Cet éloge de soi (démasqué et condamné dans les *Maximes* sous le nom de vanité) se poursuit encore : je vous ai donné tout ce qu'il était nécessaire, je mérite l'estime et l'amour. Toute recherche de motivations inconscientes, du genre de celles que le père s'ingénie à trouver chez les autres, est donc récusée d'avance.

Le père sait que, par cette lettre, il ne fera pas plaisir au fils. Celui-ci doit pourtant comprendre que ce désagrément a pour finalité son bien ; loin d'y voir une agression de la part du père, il doit y reconnaître « une marque de [s]on amitié », la preuve de ce que celui-ci l'« aime trop ». Du reste, le père ne manque pas de signaler qu'il s'agit là, probablement, du dernier message qu'il adresse à son fils avant sa mort : ces circonstances solennelles rendent les admonestations paternelles encore plus lourdes. Enfin, pour couper court à toute contestation possible de cette manière de voir les choses, le père conclut : « Je vous prie de ne point me faire de réponse. » L'asymétrie de position entre les deux interlocuteurs ne saurait être mieux illustrée : l'un produit du discours en l'accompagnant de directives sur son interprétation ; l'autre ne peut qu'agir en fonction de ce discours, non parler à son tour. L'exigence d'obéissance l'emporte de nouveau sur celle de réciprocité.

Cette lettre au fils mérite, par bien des côtés, de figurer aux côtés de la célèbre « Lettre au père » de Kafka. Elle ne nous permet pas de savoir si le père est lucide à l'égard de son enfant : tant d'inconscience sur soi-même prive les observations sur autrui de tout caractère informatif. Savoir que les actions humaines ont souvent des motivations inconscientes ne provoque chez La Rochefoucauld que le développement d'une stratégie défensive, qui consiste à bloquer toute autre interprétation (c'est la dénégation qu'il sait si bien débusquer chez les autres) et à voir en chacun de ses énoncés une preuve supplémentaire de ses bonnes intentions. L'œil, aussi exercé soit-il, ne peut se voir lui-même. L'échec même de l'individu La Rochefoucauld illustre la réussite de l'écrivain.

Triomphe de l'hypocrisie ?

Le tableau de la misère humaine dépeint par La Rochefoucauld est accablant. Y a-t-il un moyen d'y échapper, ou devons-nous nous résigner à ce triste sort ?

Pour répondre à ces questions, il faut se tourner d'abord vers un sujet controversé, qui concerne le rapport de La Rochefoucauld à l'orthodoxie chrétienne. Peut-on réconcilier le message des *Maximes* avec la doctrine religieuse officielle ? La Rochefoucauld l'a affirmé à maintes reprises, dans les préfaces de son livre ou dans des lettres qui l'accompagnent. Dans la préface à la première édition, il déclare péremptoirement que la doctrine qu'on y trouve « n'est autre chose que l'abrégé d'une morale conforme aux pensées de plusieurs Pères de l'Église » (« Avis au lecteur ») ; dans celle de la seconde, qui sera maintenue par la suite, il affirme que la leçon des *Maximes* « ne regarde point ceux que Dieu préserve [des défauts] par une grâce particulière » (« Au lecteur »). Sa critique des vertus, précise-t-il, ne concerne que celles des païens, et non celles que cultive la religion chrétienne. « La vertu des anciens philosophes païens, dont ils ont fait tant de bruit, a été établie sur de faux fondements », écrit-il, en se justifiant, au père Thomas Esprit. L'homme se trompe lui-même et trompe les autres par les apparences de vertu – mais seulement « lorsque la foi ne s'en mêle point », lorsqu'il n'a pas été « soutenu et dressé par le christianisme »[9]. Et il est vrai que la critique des vertus païennes reste en conformité avec la tradition augustinienne, donc avec le jansénisme contemporain, dont se réclament aussi ses amis et complices en maximes, Mme de Sablé et Jacques Esprit.

On ne peut cependant s'en tenir à cette seule réponse. D'abord parce que ces formules explicatives, qui ne figurent pas dans le texte même des *Maximes* mais à ses marges, peuvent être prises à la lettre mais peuvent aussi être l'effet d'un art d'écrire que connaissent tous les penseurs anciens et qui leur permet d'échapper à la persécution. De surcroît, sans même mettre en cause la sincérité de La Rochefoucauld, on peut tenir que l'intention de l'auteur ne coïncide pas nécessairement avec celle de l'œuvre ; or c'est cette dernière qui nous importe avant tout.

La réaction des contemporains aux *Maximes* ne permet pas non plus de tirer une conclusion claire. Pour certains d'entre eux, l'orthodoxie religieuse de La Rochefoucauld ne fait pas de doute ; mais d'autres craignent que sa critique dévastatrice des fausses vertus n'atteigne aussi les vertus chrétiennes et que l'absence, dans son ouvrage, d'une contrepartie positive spécifiquement chrétienne ne conduise vers un cynisme libertin. Les reproches d'immoralisme que lui adressent certains contemporains seraient alors justifiés : ne lui dit-on pas que son écrit fait croire aux gens « qu'il n'y a point du tout de vertu, et que c'est folie de prétendre de devenir vertueux », qu'il risque de « jeter ainsi le monde dans l'indifférence et dans l'oisiveté, qui est la mère de tous les vices » (lettre d'un inconnu à Mme de Sablé en 1663) ? On pourrait trouver une confirmation de ces craintes dans la manière dont La Rochefoucauld traite de l'humilité, dont il sait pourtant qu'elle est « la véritable preuve des vertus chrétiennes » (M 358). Reconnaître notre faiblesse, notre méchanceté, notre ignorance est en effet directement contraire aux intérêts de l'amour-propre. Mais La Rochefoucauld a vite fait de se reprendre : non seulement cette vertu est extrêmement rare (MP 35), elle peut à son tour être manipulée par son contraire, l'orgueil, dont elle devient alors le meilleur déguisement : « L'humilité n'est souvent qu'une feinte soumission, dont on se sert pour soumettre les autres » (M 254).

À dire vrai, on n'est pas contraint de choisir entre La Rochefoucauld janséniste et La Rochefoucauld libertin. Tout en se situant dans la tradition augustinienne, La Rochefoucauld décide de n'avoir recours, dans son œuvre, qu'à des solutions purement profanes aux problèmes qu'il décrit. Il est fidèle en cela à Montaigne, qui tenait lui aussi à se placer dans une perspective purement humaine, et non divine, laïque et non cléricale. La Rochefoucauld croyait peut-être que le salut véritable pouvait venir de la seule grâce divine ; il a en tous les cas choisi de n'en pas souffler mot dans ses œuvres (les rares références à la religion chrétienne seront éliminées au fur et à mesure des éditions successives des *Maximes*). Ce n'est pas pour autant qu'il n'a proposé aucun remède à la grave maladie diagnostiquée par son livre. En attendant que Dieu les sauve, les hommes peuvent déjà s'aider eux-mêmes.

C'est dans la vie en société que La Rochefoucauld découvre un moyen pour remédier à la misère humaine, même si cette guérison ne sera jamais aussi intégrale que celle promise par la religion. La société ne se trouvait pas dans la nature de l'homme ; elle revient ici comme art. Contraints de vivre ensemble, les hommes se voient obligés de refréner leur appétit et de se rendre des services mutuels. La vie en société, quoique artificielle, est préférable à la vie naturelle. « La société est nécessaire aux hommes : tous la désirent et tous la cherchent », dit La Rochefoucauld dans « De la Société » (R 2) ; mais le mot « nécessaire » est ici synonyme d'« utile » : la société n'est pas donnée d'emblée, sinon on n'aurait pas besoin de la chercher. C'est un bien à acquérir, non une donnée initiale. Ce que la société demande aux hommes n'est pas « naturel » et ne correspond pas à leur désir ; mais, la nature étant hideuse, la vie serait invivable si on les laissait aller à leurs penchants naturels. Surtout pas de retour à la nature, semble dire La Rochefoucauld, préfigurant ainsi de loin ce qui deviendra l'« éloge du maquillage » chez Baudelaire.

Il envisage en fait deux types de solution, car il existe à ses yeux deux espèces d'hommes : d'un côté les masses, les gens communs et ordinaires ; de l'autre, l'élite de l'aristocratie. Or une distance immense sépare « les grands hommes et les gens du commun » (M 504). Pour ces derniers, La Rochefoucauld ne nourrit pas beaucoup d'espoirs. Il faut laisser les passions, que le moraliste s'applique à disséquer, agir sur « le peuple qui, n'exécutant jamais rien par raison, a besoin de passions pour le porter à faire les choses » (*Autoportrait*).

Pour ces gens du commun, La Rochefoucauld ne souhaite pas que se généralise sa propre lucidité et que disparaisse tout déguisement de leurs ambitions et de leurs vices. Formulons ainsi la question : pour qui se donne-t-on tant de peine en se déguisant constamment ? L'origine de l'action est évidemment double : on peut être trompé ou par soi-même ou par les autres (MP 11, M 114), et la tromperie par soi semble précéder l'autre : « Si nous ne nous flattions point nous-mêmes, la flatterie des autres ne nous pourrait nuire » (M 152). On retrouve la même répartition dans le déguisement que l'on pratique soi-même, mais ici La Rochefoucauld croit observer l'ordre inverse : « Nous sommes si accoutumés à nous déguiser aux autres, qu'enfin nous nous déguisons à nous-mêmes » (M 119) ; ainsi les larmes que nous versons sont destinées aux autres, mais elles finissent par nous tromper nous aussi (M 373). Nous nous leurrons nous-mêmes pour nous rassurer, nous renvoyer une image flatteuse de nous ; mais la société en fait autant, elle aime les surfaces brillantes, elle préfère l'illusion à la vérité.

Quoi qu'il en soit de l'antériorité de l'un ou l'autre déguisement, une chose est sûre : le glissement de l'un à l'autre est imperceptible. Ce fait est lourd de conséquences : tout se passe comme si les autres étaient déjà en nous. Le dernier personnage de la grande comédie, « les autres », laissé de côté jusqu'à présent, trouve ici les indications scéniques spécifiant son rôle : les autres ne sont pas de simples spectateurs, ce sont des participants, puisque c'est pour eux et en vue d'eux que l'on agit comme on le fait (mais peut-être est-ce là le rôle de tout spectateur ?), et qu'en même temps l'être humain est son propre spectateur. C'est à cause du regard des autres – extérieurs ou intériorisés, peu importe – que nous travestissons nos vices en vertus. Et pas seulement les vices, mais les passions elles-mêmes (les deux ne se recouvrent que partiellement) : autrement, comment comprendre la honte ? la vanité ? Benjamin Constant formulera ainsi cette même observation désabusée, à la fin du siècle suivant : « La corruption [...] diminue en se déguisant. [...] On entre dans le sérieux d'un rôle qu'il faut jouer sans cesse et adroitement, et l'on devient par habitude ce qu'on voulait d'abord paraître par hypocrisie. » Pascal disait-il autre chose en recommandant, en l'absence de la foi, d'imiter les gestes visibles de ceux qui en ont[10] ? À force de prier, on finit par croire. Cette mutation n'est pourtant pas nécessaire : emboîtant ici le pas à Machiavel, La Rochefoucauld dit dans son *Autoportrait*, à propos de la compassion : « Je tiens qu'il faut se contenter d'en témoigner et se garder soigneusement d'en avoir. »

Non seulement les autres sont en nous, mais ils n'occupent pas n'importe quelle place : ils incarnent l'exigence de vertu, ils en sont même la seule source. Sans eux, nous ne serions qu'amour-propre arrogant, agressif, triomphant. Grâce à eux, et au déguisement qu'ils nous imposent, nous faisons l'apprentissage de la vertu. L'enfer, c'est nous-mêmes ; le paradis, ou tout au moins le purgatoire, c'est les autres. L'homme est vil, la nature humaine est affreuse, et il n'y a aucune raison de se réjouir de ce qu'elle serait enfin mise à découvert. Puisqu'elle est si repoussante, il n'est pas souhaitable de l'étaler au grand jour, de nous mettre en contact avec elle plutôt qu'avec l'agréable déguisement. « On a raison, le plus souvent, de ne vouloir pas être éclairé de trop près, et il n'y a presque point d'homme qui veuille, en toutes choses, se laisser voir tel qu'il est. » Il en va de même pour les autres si nous les chérissons, si ce sont nos amis. « Il y a de la politesse et quelquefois même de l'humanité à ne pas entrer trop avant dans les replis de leur cœur. » On a raison de vouloir se protéger ainsi : « On veut être averti jusqu'à un certain point, mais on ne veut pas l'être en toutes choses, et on craint de savoir toutes sortes de vérités » (R 2). La vérité ne produit pas nécessairement le bien (M 64).

L'amour-propre de chacun est obligé de tenir compte de l'existence d'autres amours-propres autour de lui, tout aussi arrogants et agressifs. Le seul moyen de réconcilier ces données contradictoires est de profiter de ce que les hommes, aussi méchants soient-ils, « n'oseraient paraître ennemis de la vertu » (M 489). Même si on peut regretter la chose, personne n'est libre de se soustraire à l'exigence de paraître : « Nous nous tourmentons moins pour devenir heureux que pour faire croire que nous le sommes » (MP 40), et les récompenses vont au paraître, non à l'être. Or, maintenant, le paraître est notre espoir contre l'être. C'est grâce à lui que l'on accède à la civilité, infiniment préférable au combat de tous contre tous (M 260). Ainsi, même si nos motifs sont ignobles, nous pouvons accomplir des actions nobles (M 409). Loin de condamner le déguisement, on doit s'en servir pour attirer l'amour-propre dans son propre piège. Nous ne pouvons pas agir sur l'être, incorrigible ; jouons donc sur le paraître, il est souvent le plus important des deux.

Nous sommes confrontés ici à une subtile revanche d'Esprit sur Cœur : elle consiste à empêcher Amour-propre d'arracher son masque de vertu. Il faut le prendre au mot, ne pas admettre qu'il montre son véritable visage, l'obliger à jouer sans fin le jeu que lui-même a introduit pour endormir la vigilance d'Esprit mais dont il croyait pouvoir se dégager à son avantage. Ce qui était duperie devient civilité.

L'une des maximes les plus célèbres de La Rochefoucauld dit : « L'hypocrisie est un hommage que le vice rend à la vertu » (M 218). L'hypocrisie, autre nom du déguisement, est du côté de la vertu, et c'est ainsi que le vice cède un peu de son terrain. Rousseau croit contredire La Rochefoucauld, il le seconde en réalité quand il écrit : « C'est le vice qui prend le masque de la vertu, non comme l'hypocrisie pour tromper ou pour trahir, mais pour s'ôter sous cette aimable et sacrée effigie l'horreur qu'il a de lui-même quand il se voit à découvert[11]. » Faisons croire que nous nous sommes laissé tromper par les déguisements habiles, dit en effet La Rochefoucauld, et imposons leur maintien (M 282). On ne fait le bien que pour mériter des louanges ? Le résultat n'en est pas moins un renforcement de la vertu. Même les éloges immérités ont ce résultat paradoxal : on s'efforce de se mettre à leur hauteur (M 150). La honte retenait prisonnière la malignité de notre nature (M 230) ? Surtout, ne cessons pas d'avoir honte. La *vanité* peut être un auxiliaire précieux de la vertu (M 200), « la magnanimité est un noble effort de *l'orgueil* » (MS 51) et « *l'intérêt*, que l'on accuse de tous nos crimes, mérite souvent d'être loué de nos bonnes actions » (M 305, je souligne). Le courage a peut-être de mauvaises raisons (M 213) : que cela ne nous empêche pas de l'apprécier à sa juste valeur.

C'est ainsi que l'on jouera sur la « forte envie d'être tout à fait honnête homme » (*Autoportrait*), si commune parmi les hommes, et qu'on asservira les anciens maîtres. Les philosophes du XVIIIe siècle retiendront cette leçon. Ce que La Rochefoucauld présente ici comme un choix volontaire (et souhaitable) sera décrit par Montesquieu, cinquante ans plus tard, comme une sorte d'heureuse fortune du genre humain : « C'est l'envie de plaire qui donne de la liaison à la Société, et tel a été le Bonheur du Genre humain que cet amour-propre, qui devait dissoudre la Société, la fortifie, au contraire, et la rend inébranlable. » Le vice privé nourrit la vertu publique, dira aussi Mandeville. À son tour, Rousseau n'ignore pas qu'il y a quelque plaisir égoïste à faire le bien à autrui ; plutôt que de s'en indigner, on devrait en profiter pour encourager la vertu. « L'exercice de la bienfaisance flatte naturellement l'amour-propre par une idée de supériorité [...]. Cet air de puissance fait qu'on prend plus de plaisir à exister et qu'on habite plus volontiers avec soi[12]. » Les faiblesses de l'homme peuvent ainsi devenir sa force.

Dans la réflexion intitulée « De la Société » (R 2), La Rochefoucauld part de la même analyse. Chacun des individus qui composent la société n'aspire qu'à la satisfaction de son amour-propre. « Chacun veut trouver son plaisir et ses avantages aux dépens des autres ; on se préfère toujours à ceux avec qui on se propose de vivre. » Où trouver le remède à cette situation conflictuelle ? Il faut soumettre le vice privé à la vertu publique : déguiser, dissimuler et feindre. « Il faudrait *du moins* savoir cacher ce désir de préférence, puisqu'il est trop naturel en nous pour nous en pouvoir défaire » (je souligne). Vice déguisé vaut tout de même mieux que vice affiché. Tout bien pesé, « l'honnête sujétion que nous imposent les bonnes mœurs » (MP 33) est préférable à la vérité. La Rochefoucauld prend donc ici le contre-pied de la sagesse stoïcienne dont parfois Montaigne ou La Bruyère se font, en France, les porte-parole éloquents : loin d'être une source de corruption, la société nous oblige à améliorer notre nature. Il est du reste bien présomptueux de croire qu'on puisse quitter la société, et trouver la sagesse dans le recueillement solitaire : « Celui qui croit pouvoir trouver en soi-même de quoi se passer de tout le monde se trompe fort » (M 201), « c'est une grande folie de vouloir être sage tout seul » (M 231). La vie hors société n'est ni facile ni souhaitable.

L'honnête homme

Il ne faut pas, toutefois, confondre cette solution appropriée aux gens communs avec le difficile chemin que La Rochefoucauld réserve à lui-même et à ses semblables, ceux qu'il désigne par l'expression « honnête homme ». Le chevalier de Méré, qui se targue d'en être un, ne tarit pas d'éloges pour La Rochefoucauld, « un si parfaitement honnête homme », et lui fait dire : « Je mets [la parfaite honnêteté] au-dessus de tout, [elle] me semble à préférer, pour l'heur de la vie, à la possession d'un royaume » (dans une lettre publiée en 1682).

Le travestissement des vices en vertus, qui convient aux gens de commun, ne saurait satisfaire les honnêtes gens (qui, il faut le noter, peuvent être aussi bien des femmes que des hommes – alors qu'on imagine difficilement un valet qualifié d'« honnête homme) ; le lucide La Rochefoucauld ne saurait se contenter du conformisme commun. D'abord parce que, pour les yeux perspicaces, les voiles du déguisement restent transparents (M 12). C'est même, on l'a vu, l'une des fonctions premières des *Maximes* : faire tomber le déguisement, défaire ce que l'amour-propre a fait, parcourir le même chemin en sens inverse, enlever l'un après l'autre les voiles superposés. La Rochefoucauld est le maître du dévoilement, celui qui sait arracher les masques, découvrir le vice derrière la vertu ou l'un dans l'autre – car « les vertus sont frontières des vices » (R 7) –, qui renverse les qualités en leur contraire, et fait exploser les oppositions.

De surcroît, les masques valent à peine mieux que ce qu'ils sont censés dissimuler (M 411). Vivre à longueur de journée dans le paraître finit par détruire l'être : « Le désir de paraître habile empêche souvent de le devenir » (M 199), le désir de paraître naturel interdit de l'être (M 431). En fin de compte, c'est accorder trop de créance au jugement des hommes, dont nous savons par ailleurs combien il est peu fiable, que de dépenser tant d'efforts à soutenir notre réputation, c'est-à-dire l'opinion que les autres se font de nous (M 268) ; l'orgueil, au sens cette fois-ci d'estime de soi, sied mieux aux grands que la vanité, appel à l'estime des autres. C'est au tribunal de notre propre jugement que nous devrions nous soumettre, pour peu que celui-ci garde sa lucidité : « La parfaite valeur est de faire sans témoins ce qu'on serait capable de faire devant tout le monde » (M 216). Ce qui fait la grandeur et la distinction ne provient pas de la chance ni même du véritable mérite : « C'est un prix que nous nous donnons imperceptiblement à nous-mêmes » (M 399) ; en fin de compte, c'est aussi le meilleur moyen d'en imposer aux autres.

Au lieu de paraître ce que l'on n'est pas et de déguiser ses vices en vertus, on devrait essayer d'être pour soi ce qu'on voudrait paraître aux yeux des autres. La Rochefoucauld oppose ces deux attitudes dans la troisième réflexion, « De l'air et des manières » : les uns « cherchent à paraître ce qu'ils ne sont pas », les autres « sont ce qu'ils paraissent ». Une maxime formule ainsi cette même opposition : « Les faux honnêtes gens sont ceux qui déguisent leurs défauts aux autres et à eux-mêmes. Les vrais honnêtes gens sont ceux qui les connaissent parfaitement et les confessent » (M 202). Le chevalier de Méré lui fait dire aussi : « Les faux honnêtes gens, aussi bien que les faux dévots, ne cherchent que l'apparence. »

D'un côté, donc, ceux qui vivent dans l'illusion et l'entretiennent. La Rochefoucauld n'en veut pas vraiment aux personnes hypocrites qui, en connaissance de cause, dissimulent leurs vices ; après tout, ils contribuent, ne serait-ce que superficiellement, à l'hygiène sociale. Ceux qu'il stigmatise surtout sont les personnes qui, en toute bonne conscience (et donc à leur insu), se croient exemptes de toute faiblesse. De l'autre côté, on trouve les vrais honnêtes gens, définis ici par la lucidité envers eux-mêmes – et aussi par la divulgation de la connaissance qu'ils ont de leurs défauts. Cette dernière précision (« les confessent ») pourrait surprendre, cependant d'autres maximes en limitent la portée : la confession en question n'est pas destinée à tous, mais seulement aux autres honnêtes gens. « C'est être véritablement honnête homme que de vouloir être toujours exposé à la vue des honnêtes gens » (M 206) : non pas à celle du vulgaire, qui ne manquerait pas d'abuser de son savoir. Les gens vulgaires n'apprécient que les favoris de la fortune, les honnêtes gens savent faire la part des choses et reconnaître le véritable mérite (M 165).

La lucidité comme le contrôle de soi ne sont donc pas entièrement refusés à l'honnête homme. La Rochefoucauld lui-même, le plus impitoyable analyste des pièges que notre *moi* se tend à lui-même, ne renonce pas à l'idée de sa responsabilité. La personne est certes plurielle, ce n'est pas pour autant qu'elle cesse d'être un sujet, c'est-à-dire un individu qu'on peut tenir pour auteur de ses actes et de ses attributs. Par un travail sur soi, nous pouvons accéder à la conscience des forces obscures qui agissent à l'intérieur de nous, et faire usage de notre volonté.

Ce que La Rochefoucauld semble apprécier le plus chez les honnêtes gens ne se confond pas avec les vertus chrétiennes, mais rappelle plutôt le code d'honneur féodal : c'est moins l'humilité qu'il apprécie maintenant que la grandeur. À en croire le chevalier de Méré, il s'exprimait ainsi : « Je ne vois rien de si beau que la noblesse du cœur et la hauteur de l'esprit : c'est de là que procède la parfaite honnêteté. » La grandeur est indépendante de la vertu et de la morale : « Il y a des héros en mal comme en bien » (M 185), et, pour avoir de grands défauts, on ne cesse d'être un grand homme (M 190) ; mais on le ferait si l'on n'avait que de petits défauts. « Les grandes âmes ne sont pas celles qui ont moins de passions et plus de vertu que les âmes communes, mais celles seulement qui ont de plus grands desseins » (MS 31).

Dans son *Autoportrait*, La Rochefoucauld affirme que la grandeur doit être aussi, quelque part, vertueuse. « J'approuve extrêmement les belles passions : elles marquent la grandeur de l'âme et [...] elles s'accommodent si bien d'ailleurs avec la plus austère vertu que je crois qu'on ne les saurait condamner avec justice. » Mais y a-t-il là autre chose qu'une pétition de principe ? En revanche, lorsque dans les *Maximes* il entrevoit un conflit entre vertu et grandeur (ou entre vertus chrétiennes et vertus « héroïques »), ses préférences vont aux secondes. L'ambition, caractéristique des grands, est supérieure à la modération, vertu revendiquée par les hommes médiocres, comme l'activité et l'ardeur sont préférables à la passivité et à la paresse (M 293, M 308). Et, pour être véritablement bon, il faut d'abord être lucide (M 387) et fort (M 237) : autrement la bonté n'est qu'un masque de l'impuissance. La modestie est à son tour dédaignée au profit de la juste appréciation de soi : encore un moyen de distinguer les grands des gens communs.

Cette grandeur pourra être adaptée aux circonstances présentes : pour celui qui a renoncé aux champs de bataille et s'est replié sur la vie de cour et de ville, le terme en est venu à désigner la lucidité. En amour, l'honnête homme connaît la passion extrême, mais ne devient pas aveugle pour autant (M 353). Devant la mort, l'homme vulgaire peut rester impassible, comme l'honnête homme ; mais chez le premier cette attitude s'explique par l'ignorance et le manque d'imagination, alors que chez le second elle s'accompagne de lucidité et provient de l'amour de la gloire (M 504).

La vie comme œuvre

Si l'on a dépassé ainsi, en honnête homme accompli, le souci de se déguiser et de paraître, doit-on laisser chacun être ce qu'il est ? Entre individus d'élite, c'est en effet préférable ; ce qui conduit La Rochefoucauld vers l'affirmation d'une pluralité de modèles de vie, divers et pourtant également acceptables. L'exigence reste la même : être vrai par rapport à ses propres inclinations, se conduire en accord avec ce qu'on est ; mais les hommes sont divers. Pour les honnêtes gens donc, c'est la conformité à soi qui est souhaitable, non celle aux attentes des autres ou aux normes régnantes. Dans ses *Réflexions* (notamment 1, 3 et 13), La Rochefoucauld insistera sur les deux temps de cette exigence : critique du conformisme social (du « faux »), défense de la fidélité à soi (du « vrai »), chacune fondée sur la pluralité des hommes eux-mêmes.

« Il n'y a point de bonne copie », déclare La Rochefoucauld (R 3) : cet adjectif-là ne peut jamais s'appliquer à ce substantif, ce qui est bon implique la fidélité à soi, non à un autre ; « l'imitation est toujours malheureuse » (MS 43). Or les gens communs cherchent à imiter : « Chacun veut être un autre, et n'être plus ce qu'il est : ils cherchent une contenance hors d'eux-mêmes, et un autre esprit que le leur. » « On aime à imiter ; on imite souvent, même sans s'en apercevoir, et on néglige ses propres biens pour des biens étrangers, qui d'ordinaire ne nous conviennent pas » (R 3). Ces imitateurs se condamnent à être faux, et soit trompent sciemment les autres, soit restent dupes d'eux-mêmes. Pourtant, la vérité par rapport à soi est préférable à la conformité aux vertus : on est faux « par l'envie de se faire valoir par des qualités qui sont bonnes de soi, mais qui ne nous conviennent pas » ; c'est ainsi que se comportent ceux qui ne savent « discerner ce qui est bon en général et ce qui nous est propre » (R 13).

La règle fondamentale de la vie bonne devient la vérité par rapport à soi (MS 49), interprétation moderne de ce que les stoïciens (Panétius) appelaient vivre conformément aux dispositions dont la nature nous a doté. « Que chacun estime exactement ce qui est bien à lui, qu'il règle sa propre inclination, et qu'il n'aille pas chercher s'il lui convient d'agir comme il appartient à d'autres de le faire : la conduite la plus convenable pour chacun, c'est celle qui est la sienne propre[13]. »

Peut-on vraiment échapper au désir mimétique généralisé, à la tendance au conformisme social ? La Rochefoucauld ne veut pas que chacun se condamne à un isolement aussi stérile qu'illusoire : l'imitation reste acceptable pourvu qu'elle se tienne dans certaines limites, qu'elle respecte en même temps notre identité, notre « air propre et naturel » (R 3), bref qu'il y ait entre intérieur et extérieur rapport et union. Que nous ayons tous une identité n'implique pas que nous ne puissions pas la modifier. Mais la règle constitutive de la beauté et de la perfection reste la vérité par rapport à soi (MS 49). Ce terme de vérité est employé par La Rochefoucauld dans un sens compatible avec celui de pluralité : il ne s'agit pas d'une vérité (ou d'une valeur) objective et absolue, mais bien plutôt d'une adéquation entre ce qu'on est et ce qu'on fait. Les gens sont vrais « en tant qu'ils sont véritablement ce qu'ils sont », chacun selon son métier et ses inclinations. C'est pourquoi « un sujet peut avoir plusieurs vérités », un seul être peut avoir, dans sa personne, plusieurs facettes, et donc éventuellement se réaliser en plusieurs personnages ; envers chacun d'eux, la même exigence d'adéquation à soi se maintient (R 1).

Réciproquement, plusieurs êtres peuvent aspirer à la vérité de la même qualité, c'est-à-dire à sa meilleure expression ; comme les voies par lesquelles ils s'en approchent sont multiples, leurs identités, bien que différentes, seront d'« une égale vérité ». C'est qu'« il n'y a point de règle générale pour les tons et les manières » (R 3), et donc chacun doit se contenter de suivre son naturel. « Ce qui convient par-dessus tout, affirmait déjà Cicéron, c'est de rester d'accord avec soi-même dans sa conduite et dans ses desseins[14] » : l'individualisme moderne dont participe ici La Rochefoucauld fait écho à la doctrine des stoïciens, tout en l'infléchissant dans le sens de la pluralité. On passe d'une morale du devoir (il faut agir ainsi parce que telle est la loi) à une éthique de l'authenticité (il faut agir ainsi pour être fidèle à soi, pour faire s'accomplir sa nature individuelle). On entrevoit en même temps la possibilité de convertir l'aristocratie héréditaire en une aristocratie de l'esprit (l'« honnête homme »). Il existe donc, croit-il, un soi plus authentique que les rôles sociaux auxquels nous nous identifions habituellement ; il nous incombe de le chercher et, l'ayant trouvé, de nous y conformer.

La Rochefoucauld est certainement un moraliste, au sens de connaisseur et analyste des mœurs, des passions qui déchirent le cœur humain ; toutefois, lorsqu'il en vient à formuler des recommandations positives concernant notre conduite, ce n'est pas une morale qu'il formule, mais plutôt une rhétorique (ou, comme nous dirions aujourd'hui, une esthétique). C'est dans la tradition rhétorique que La Rochefoucauld a pu trouver ses préceptes, en transposant les règles d'écriture en code de vie ; dans cette tradition rhétorique que les moralistes (au sens commun du mot) ont toujours tenue pour suspecte. Ne se propose-t-elle pas de nous apprendre à servir, avec la plus grande efficacité possible, n'importe quelle thèse, juste ou injuste ? Ne nous enseigne-t-elle pas qu'il n'y a pas une beauté unique mais autant de beautés que de sujets traités, et que l'art de l'écrivain consiste à trouver celle qui convient à chacun ?

Or La Rochefoucauld tient, à son tour, la *convenance*, notion clé de la doctrine rhétorique, pour le maître mot du code de notre conduite : il faut toujours chercher ce qui convient à chacun, au lieu de plaquer les mêmes exigences sur tous les sujets ; la convenance est le contraire du conformisme. « Il y a un air qui convient à la figure et aux talents de chaque personne », « ce qui convient à quelques-uns ne convient pas à tout le monde » (R 3). La même exigence sera transposée à l'intérieur de la vie individuelle : plutôt que de s'en tenir à une identité unique, il faut l'adapter aux circonstances. On ne marche pas de la même manière « à la tête d'un régiment et à une promenade ». À chaque état conviennent des tons, des manières, des sentiments différents ; chaque métier, chaque maison ont des beautés qui leur sont propres. Les autres termes dont se sert La Rochefoucauld pour décrire la conduite idéale vont tous dans le même sens : il faut rechercher l'*accord* de ses différents ingrédients (R 3), une *proportion* entre eux (R 13, voir aussi M 207), une *harmonie* entre paroles et pensées, tons et sentiments, manières et figure (R 3).

Dans la guerre de tous contre tous, dans la rivalité des amours-propres, chacun est fondamentalement seul. Dans le conformisme social, dans l'hypocrisie qui nous fait déguiser nos vices, l'individu se soumet à la multitude. L'honnête homme, lui, n'est ni seul ni avec tous : il a opté pour une compagnie restreinte et choisie, celle de quelques autres honnêtes gens. Les activités les plus appréciées sont donc des activités sociales – mais pas n'importe lesquelles ; dans son *Autoportrait*, La Rochefoucauld n'en mentionne que deux : « J'ai une extrême satisfaction à lire avec une personne d'esprit » et « la conversation des honnêtes gens est un des plaisirs qui me touchent le plus ».

Ces deux activités, du reste, passent facilement l'une dans l'autre : la lecture en commun fournit la matière de nouvelles conversations agréables, lesquelles à leur tour peuvent aboutir à la production de nouvelles lectures. C'est bien ainsi qu'ont été créées les *Maximes* elles-mêmes, dans le salon de Mme de Sablé, d'abord comme un jeu d'esprit entre honnêtes gens – la maîtresse de maison, La Rochefoucauld lui-même, leur ami Jacques Esprit, parfois quelques autres – ; ensuite comme un texte qui circule par des lettres et sert ainsi de prétexte à de nouvelles conversations au coin du feu, et à de nouveaux commentaires. Chacun des amis non seulement produit des maximes à son tour, mais apporte des améliorations à celles des autres, de sorte qu'on peut y voir une véritable œuvre collective : le partenaire suscite les maximes par son attente, il en rectifie ensuite la forme, et seule son approbation finale en fait un objet de circulation publique. « Les sentences ne sont sentences qu'après que vous les avez approuvées », écrit La Rochefoucauld à la marquise de Sablé[15]. On comprend maintenant pourquoi La Rochefoucauld répugne à rendre le sens de ses *Maximes* plus explicite, alors qu'il n'hésite pas à le faire dans ses lettres : il lui suffit que les maximes soient entendues par les autres membres de la même élite. Parler et écouter, lire et écrire, entre honnêtes gens, est l'activité la plus haute à laquelle ils puissent s'adonner.

De ce fait, il est bon de la soigner, de ne pas la laisser à l'inspiration du moment. Les maximes seront limées et polies à l'infini, preuve supplémentaire de la place qu'occupe désormais la beauté. Quant à la parole, le commun converse lui aussi, mais il ne s'agit pas de l'imiter. Dans la mauvaise conversation, chacun pense à lui-même, à ce qu'il veut dire, au lieu de se soucier de son interlocuteur ; la bonne conversation est celle qui se fait au nom de l'autre. « Bien écouter et bien répondre est une des plus grandes perfections qu'on puisse avoir dans la conversation » (M 139). On peut aller plus loin : ce que l'on dit soi-même est en partie dicté par un souci de contenter l'autre. Car on doit non seulement s'intéresser à ce dont parle l'autre, exprimer son approbation (quand on l'éprouve), mais aussi tenir compte de l'effet que nos paroles pourraient produire dans son esprit, « n'épuiser pas les sujets qu'on traite et laisser toujours aux autres quelque chose à penser et à dire », éviter d'« être toujours le maître de la conversation » (R 4). Les contemporains décrivent La Rochefoucauld comme « l'homme du monde le plus poli, qui savait garder toutes les bienséances, et surtout qui ne se louait jamais »

Une certaine complaisance envers notre interlocuteur est indispensable, il est bon de faire plaisir à ses amis et de « leur épargner des chagrins » (R 2) ; mais il ne faut pas aller trop loin dans cette voie, sinon l'hypocrisie l'emporterait sur l'honnêteté, et du reste pourrait refroidir nos amis qui s'en apercevraient. Par ailleurs, comme eux aussi sont d'honnêtes gens et qu'ils suivent les mêmes règles, une complaisance excessive rendrait la conversation impossible : chacun s'emploierait à dire ce qu'il croit que son interlocuteur veut entendre et on ne communiquerait plus. Ce danger n'est nullement imaginaire, il guette réellement la conversation de ceux qui tiennent trop compte de l'autre.

Il est possible, entre gens d'élite, de ménager sa vanité sans blesser celle d'autrui, de réconcilier l'intransigeance de chaque amour-propre avec l'existence d'autres amours-propres semblables, en dehors de lui. Les conditions requises pour la bonne marche du « commerce des honnêtes gens » (R 2) incluent d'abord la confiance réciproque entre participants, ce qui ne veut pas dire que chacun doive se livrer entièrement à l'autre, ni exiger de lui une confiance totale ; plutôt, qu'on n'a pas à craindre qu'un propos qui nous échappe puisse être utilisé à mauvais escient. D'un autre côté, il ne faut pas que cette vie commune soit ressentie comme une contrainte, « il faut que chacun conserve sa liberté : il faut se voir, ou ne se point voir, sans sujétion ». Ce qui est essentiel, c'est d'œuvrer en vue d'un même but : « Contribuer, autant qu'on le peut, au divertissement des personnes avec qui on veut vivre », aider « au plaisir de la société » (R 2) ; et dans une lettre La Rochefoucauld recommande à son ami de « s'occuper, s'il est possible, à ce qui divertit le plus » (il est vrai qu'il ajoute aussitôt : « Ces conseils-là sont bien plus aisés à donner qu'ils ne le sont à suivre »[16]). On voit que, parti de la même condamnation de nos fausses vertus que celle de Pascal et des jansénistes, La Rochefoucauld aboutit à un résultat sensiblement différent : loin de blâmer l'esprit de divertissement, étiquette sous laquelle Pascal stigmatisait toute vie sociale, La Rochefoucauld veut contribuer à son perfectionnement.

Il ne s'intéresse pas pour autant à la législation ni aux structures sociales, il ne propose pas de remèdes à des situations de crise ; il se contente d'agir sur les mœurs de quelques individus : son projet est éducatif, non politique. La Rochefoucauld n'a rien d'un réformateur, il ne considère pas que ce qui est bon pour lui est bon pour tous ; il se contente de ménager, à lui-même et au petit cercle d'amis dans lequel il se reconnaît, un espace de liberté et d'indépendance. À vrai dire, plus encore qu'à un éducateur, il fait penser à un artiste dont le matériau serait l'être humain lui-même. « Il faut essayer de connaître [l'air] qui nous est naturel, n'en point sortir, et le perfectionner autant qu'il nous est possible » (R 3). Comme le recommandaient déjà les stoïciens, l'honnête homme doit travailler son être à la manière d'un sculpteur qui cherche à libérer les formes contenues dans le bloc de marbre, à dégager la vérité de la matière. Une vie bonne est celle qu'on a su modeler en œuvre réussie.

Ou encore, sans du tout s'indigner de ce que nous soyons tous engagés dans une grande représentation théâtrale, l'honnête homme décide d'intervenir, tel un metteur en scène, dans le déroulement de la « comédie humaine » pour la rendre plus harmonieuse et plus plaisante. Son esprit occupe maintenant la place que se réservait auparavant l'amour-propre. Chaque acteur doit trouver l'emploi qui lui convient, et s'en accommoder ; la troupe entière doit progresser, peu à peu, vers une plus grande cohésion. Le théâtre, que Pascal considérait comme la pire menace pour l'homme vertueux, devient le moyen même de comprendre la vie de l'homme et le cours du monde. La Rochefoucauld a une vision noire de la nature humaine, mais son pessimisme n'est pas désespéré et le peintre le plus cruel du cœur humain nous lègue un art de vivre.

La Rochefoucauld appartient pleinement à son temps, et pourtant il est aussi notre contemporain. Comment est-ce possible ? Ce n'est pas la seule qualité littéraire des *Maximes* qui continue de nous attirer vers elles aujourd'hui. Nous y trouvons une version particulièrement dure de la thèse augustinienne selon laquelle l'homme n'est que misère et néant – une thèse un peu oubliée sous sa forme originelle, mais dont la psychanalyse et la philosophie contemporaine ont souvent repris la substance. Nous lisons donc aujourd'hui dans La Rochefoucauld une description impitoyable des ruses auxquelles ont recours nos pulsions inconscientes. Nous y découvrons en même temps, bien que d'une présence plus discrète, la possibilité d'un accommodement avec ces données premières déplorables : l'indication d'une voie, éventuellement différente pour chacun, grâce à laquelle on mettra en harmonie les différents ingrédients de son existence, et l'on accédera à une forme de félicité. On peut trouver que l'anthropologie de La Rochefoucauld laisse à désirer : au vrai, il n'existe pas de moi antérieur ou extérieur à l'échange avec les autres, comme il le présuppose, pas plus qu'il n'existe un soi authentique, qualitativement différent des rôles que chacun assume successivement au cours de sa vie. Son éthique, ou art de vivre, supplée heureusement à ces manques : la bonne vie commune nous permettra de nous rapprocher de la vérité de notre être. Il est vrai qu'il réserve cette voie aux seuls membres d'une élite, alors que nous la voudrions aujourd'hui ouverte à tous ; mais, de ce point de vue, le changement reste purement quantitatif. Moraliste perspicace, La Rochefoucauld ne nous fait jamais la morale, il permet seulement à chacun de se penser en artiste de sa propre vie, de devenir le metteur en scène d'une comédie digne d'être vécue.

Mozart, homme des Lumières

Qu'est-ce que les Lumières ? En décembre 1784, le plus célèbre philosophe allemand de l'époque, Emmanuel Kant, publie une réponse à cette question dans une revue berlinoise destinée au grand public cultivé. C'est, dit-il en substance, le passage de la minorité à la majorité, de l'enfance à l'âge adulte. Les êtres humains se laissent la plupart du temps conduire par des règles et des préceptes qui leur viennent d'ailleurs : des traditions, des sociétés dans lesquelles ils vivent, des puissants du moment. Or ils pourraient prendre leurs affaires en main, infléchir leur destinée, choisir eux-mêmes les lois auxquelles ils obéiront. Un homme éclairé est celui qui, à la soumission, préfère la liberté de sa raison et de sa volonté. Cet homme enfin adulte se reconnaît dans tous les autres habitants de la Terre et met au sommet de ses valeurs la joie simplement humaine.

En décembre 1784, Mozart, qui a vingt-huit ans, est admis dans la loge maçonnique de son choix, appelée *Zur Wohltätigkeit,* À la Bienfaisance. La franc-maçonnerie viennoise est proche de l'esprit des Lumières, elle prône la tolérance entre les religions et la fraternité entre les hommes. Être maçon, à ce moment, en ce lieu, ne signifie pas être contre l'Église ; plusieurs prêtres catholiques viennois le sont également. Mozart lui-même n'aime pas les athées et se dit fier de sa foi. « Je sais que j'ai tant de religion que je ne pourrai jamais rien faire qui ne puisse être rendu public devant le monde entier[1]. » Mais c'est une foi telle que la pratiquent les hommes des Lumières, qui ne s'embarrassent pas du particularisme des rites et mettent toutes les religions sur un pied d'égalité. Comme le disait quelques années plus tôt (en 1777) Lessing, autre franc-maçon, également grand promoteur des Lumières : « Peu importe ce qui arrive à la religion chrétienne, il suffit que les hommes s'en tiennent à l'amour chrétien[2]. »

Mozart partage beaucoup de traits avec d'autres défenseurs des Lumières. Comme eux, il se sent appartenir à l'espace européen entier, sans préjugés nationalistes ; il pratique quatre langues, allemand, italien, français et anglais, absorbe toutes les traditions, voyage fréquemment. « On est vraiment une pauvre créature si on ne voyage pas (tout au moins en ce qui concerne ceux qui se consacrent aux arts et aux sciences)[3]. » Comme eux, esprit cosmopolite, il sait en même temps que la voie la plus courte vers l'universalité passe par un approfondissement de la tradition locale ; il est habité donc par le projet de créer un opéra proprement allemand, et y parvient avec *La Flûte enchantée*. Comme eux, il veut faire la synthèse de tout ce qui l'a précédé (dans le domaine de la musique, pour ce qui le concerne). Comme eux, il croit que le savoir contribue à l'émancipation des hommes : « Nous vivons en ce monde pour apprendre avec une ardeur toujours plus grande, pour nous éclairer les uns les autres au moyen d'échange d'idées, et pour nous efforcer toujours de faire progresser davantage les sciences et les arts[4]. »

Dans la vie, Mozart a accompli son grand geste d'autonomie, d'action proprement adulte, en 1781 : contre l'avis de son père, il décide de quitter son employeur, le puissant archevêque de Salzbourg Coloredo, pour échapper à la situation humiliante qui est réservée aux employés de la maison (le compositeur y est traité comme un laquais). « Personne ne peut exiger ce qui me fait tort[5] », écrit-il à son père, s'assumant par là, geste révolutionnaire, comme un sujet libre. « Je n'ai qu'à écouter ma raison et mon cœur et n'ai donc pas besoin d'une *dame* ou d'une personne de qualité pour faire ce qui est juste et bon, ce qui n'est ni trop ni trop peu ; c'est le cœur qui ennoblit l'homme, et même si je ne suis pas comte, j'ai peut-être plus d'honneur chevillé au corps que bien des comtes[6]. » Les hommes sont nés libres et égaux, et Mozart ne veut pas rougir de ce qu'il n'appartient pas aux classes privilégiées. « Nous ne sommes ni nobles ni hautement bien nés, ni gentilshommes ni riches mais tout à fait de basse extraction, méchante et pauvre. » Peu importe : « Notre richesse s'éteint avec nous, parce que nous l'avons dans la tête[7]. »

Mozart chérit les individus pour ce qu'ils sont, non pour ce qu'ils représentent, et sait reconnaître les qualités des humbles et des marginaux. Les serviteurs – et il en est un – méritent autant de respect que les maîtres. « Les meilleurs amis, et les plus fidèles, sont les pauvres – les riches ne comprennent rien à l'amitié[8] ! »

L'amitié et l'amour sont, il faut le dire, les expériences que Mozart apprécie le plus dans la vie. L'amour est à célébrer dans sa plénitude : joie des sens et plaisir des sentiments. Ses lettres à Constance, sa femme, montrent bien que sensualité et tendresse ne sont pas entravées par les liens conjugaux, ni par des considérations rationnelles, pas plus que par le souci pour les enfants, dont Mozart témoigne également. L'amour, thème de tous ses opéras, est indispensable à la création : « Ni l'intelligence élevée, ni l'imagination, ni toutes deux ensemble ne font le génie. Amour, amour, amour, voilà l'âme du génie[9] », écrit-il. Les personnages de ses opéras recherchent le bonheur non dans la soumission au dogme religieux mais dans un amour bien terrestre.

Plusieurs ouvrages de philosophie figurent dans la bibliothèque pourtant peu étendue de Mozart, parmi eux le *Phedon* de Moses Mendelssohn, autre défenseur des Lumières, ami de Lessing, confrère de Kant. C'est peut-être là que Mozart a trouvé l'une des sources de la réflexion qu'il adresse un jour à son père pour le protéger contre la peur de la mort. Lui-même croit la mort définitive et irréversible, mais cette croyance ne le conduit pas au désespoir ; il acquiert plutôt à la conviction qu'il faut vivre ici et maintenant, que la félicité doit être recherchée dans la vie terrestre. « Je ne vais jamais me coucher sans penser (quel que soit mon jeune âge) que je ne serai peut-être plus le lendemain – et personne parmi tous ceux qui me connaissent ne peut dire que je sois d'un naturel chagrin ou triste. – Pour cette félicité, je remercie tous les jours mon Créateur et la souhaite de tout cœur à mes semblables[10]. »

L'image populaire de Mozart est celle d'un enfant fantasque, prodige musical à cinq ans, génie sans le savoir. En vérité, Mozart incarne plutôt, et de façon remarquable, cet idéal auquel aspiraient les Lumières : l'esprit de l'adulte pleinement responsable de la vie et de l'œuvre qu'il construit.

*Splendeur et misère d'***éros**

Pour Mozart, l'opéra est le genre musical suprême, il rêve donc d'en composer. « Mon plus grand désir : écrire des opéras. » « J'envie quiconque en écrit un. » Rien que d'y penser, il sent un feu parcourir tout son corps. « Mon but, c'est l'opéra »[11]. Or l'opéra déborde la musique, puisque s'y ajoute image, théâtre et, surtout, texte. Si Mozart n'écrit pas les livrets de ses opéras, il a des idées bien claires sur le rôle imparti aux paroles : le compositeur sera le maître, c'est à lui de donner les grandes orientations ; en même temps, sa musique doit suivre d'aussi près que possible le sens des mots. Le poète se soumet au compositeur, pourtant la musique est au service des paroles. Mozart intervient donc constamment dans l'écriture des livrets, et plus particulièrement dans celui de Schikaneder pour *La Flûte enchantée* et dans ceux de Lorenzo Da Ponte (la trilogie « érotique » : *Les Noces de Figaro, Don Giovanni, Cosi fan tutte*) ; on remarquera qu'aucun des autres livrets composés par Da Ponte n'atteint la qualité de ces trois-là. Pour cette raison, Mozart peut être tenu pour responsable de l'intégralité de chaque opéra, et non seulement de sa partition musicale ; c'est à juste titre qu'on y cherchera, plus qu'ailleurs, l'expression de sa pensée.

C'est lui qui a eu l'idée de faire un opéra à partir d'une pièce de théâtre qui fait alors du bruit. Da Ponte raconte dans ses *Mémoires* : « Parlant un jour avec moi, il me demanda si je pouvais facilement mettre en drame la comédie de Beaumarchais *Le Mariage de Figaro*[12]. » La première avait eu lieu en 1784 à Paris, alors qu'au début la pièce avait été interdite. À Vienne non plus sa mise en scène n'a été autorisée, mais Da Ponte se fait fort d'obtenir la bienveillance impériale. Il procède pour cela à quelques coupes de passages jugés particulièrement subversifs, tout en préservant l'esprit général de la pièce. En mai 1786, l'opéra de Mozart est joué à Vienne.

Les aspects politiques de la pièce sont un peu atténués dans son adaptation musicale, mais ils n'en sont pas absents. Il est probable que ce sont eux qui ont motivé initialement le choix de Mozart.

Conscient d'appartenir lui-même, sur le plan social, à la classe des serviteurs qu'on traite sans ménagement, et qui reçoivent même à l'occasion un coup de pied de la part des nobles qu'ils servent, Mozart ne peut manquer de sympathie pour cette histoire où le valet déjoue les plans de son maître, le Comte. Dans la pièce comme dans l'opéra, maîtres et serviteurs sont mis sur le même plan, sauf que l'intelligence d'esprit et la noblesse de cœur sont du côté de ces derniers. Ils sont aussi les personnages qui restent le plus longtemps sur scène, et Mozart leur attribue les plus grands airs. L'opéra montre le triomphe du valet Figaro et de la cinq caméristes Susanna, l'humiliation de leur maître, le Comte.

Toutefois, le centre de gravité des *Noces* est ailleurs : c'est un opéra sur l'amour. Non l'amour-charité, recommandé par l'Église chrétienne, ni l'amour-joie caractéristique des rapports entre parents et enfants, ou entre amis, ou parfois aussi entre amants ; mais l'amour-désir : celui qui part d'un manque et qui vit tant que dure celui-ci ; qu'éteignent les réussites et qu'animent les obstacles. C'est la poursuite d'une séduction que doit couronner une conquête. Il est question d'*éros* dans cet opéra, comme dans les autres œuvres écrites en collaboration avec Da Ponte : les *Noces*, qui viennent en premier, annoncent et préparent les deux suivantes (« *Cosi fan tutte* », chante déjà Basilio ; quant au Comte et même au jeune Cherubino, ils partagent bien des traits de Don Juan, moins sa brutalité : viols et bastonnades ne correspondent plus à l'esprit de leur temps). Tous les personnages de l'opéra sont familiers de la logique du désir, qu'alternativement ils illustrent et décortiquent : même Figaro, qui ne pense que mariage, même Susanna qui repousse les propositions du Comte, même Marcellina, cette Jocaste de comédie.

Le jeu érotique se joue toujours à trois, entre sujet et objet du désir s'immisce régulièrement un rival. La première figure de ce jeu est la tentative de séduction, et la difficulté vient du manque initial de réciprocité : l'on désire un être qui à son tour en désire un autre. Ainsi Barberina voudrait capter Cherubino, qui soupire auprès de la Comtesse, qui rêve au Comte, qui court après Susanna, laquelle espère épouser Figaro… De l'autre côté, Marcellina veut mettre la main sur Figaro, lequel aimerait se marier avec Susanna. Si l'objet du désir était prêt à répondre à la demande, l'amour s'arrêterait : c'est bien pourquoi le Comte s'ennuie avec la Comtesse. La deuxième figure en est la jalousie : elle est provoquée par le désir du rival, alors même qu'on n'en éprouve aucun soi-même. Le Comte se soucie peu de la Comtesse, mais ne peut supporter l'idée que quelqu'un d'autre – Cherubino, Figaro ou quelque vassal – lui fasse la cour ; on peut imaginer que, symétriquement, le caractère volage du Comte maintient en vie le désir de la Comtesse. Être soi-même infidèle et exiger jalousement la fidélité d'autrui est bien dans la logique d'*éros*. L'envie constitue une troisième figure : si l'on ne peut obtenir les grâces d'une personne, il faut au moins empêcher que quelqu'un d'autre ne puisse en jouir. Ne pouvant s'assurer les faveurs de Susanna, le Comte s'efforce de faire échouer son mariage avec Figaro, et à cette fin favorise les prétentions de Marcellina. L'envie aboutit à la vengeance : puisqu'on a souffert, on fera souffrir, le malheur du rival compense l'absence de bonheur pour soi.

La logique d'*éros* veut que l'on chérisse l'amour lui-même plus que la personne aimée, que l'on préfère, au bien-être apporté à autrui, son propre état d'excitation et de manque. Le Comte est indifférent à l'identité de la femme qu'il cherche à séduire, pourvu que ce soit toujours une autre. Cherubino est prêt à faire la cour, le même jour, à Barberina, Susanna et la Comtesse : chaque femme le fait palpiter. Il chante l'éloge de l'amour, non de celle qu'il aime ; souffrir d'amour est son vrai plaisir. Quand Susanna veut faire semblant d'être une coquette pour punir un peu Figaro, elle ne prononce pas l'éloge d'un rival, mais celui de la joie qui naît de l'amour, du plaisir, de la jouissance – peu importe qui en est le prétexte. C'est une scène semblable que Basilio conclut par la réplique « *Cosi fan tutte* » : cette loi est universelle.

Mozart ne se contente pas de montrer l'emprise générale du désir, grand ordonnateur des conduites humaines ; il en révèle en même temps la vanité. Même s'il ne va pas en enfer comme Don Juan, le Comte sera humilié à cause de sa boulimie érotique. La poursuite incessante de nouvelles conquêtes et les infidélités qui en résultent sont condamnées non parce qu'elles sont immorales, mais parce qu'elles sont frustrantes : c'est une course aux mirages qui destine chacun à rester seul avec lui-même.

Pourtant Mozart ne prétend pas que le désir est une illusion : il en reconnaît la puissance, il n'y voit pourtant aucune sagesse. Celle-ci conseillerait, non de le fuir, mais de devenir conscient de son caractère mécanique : c'est ainsi seulement qu'on peut se libérer de son emprise. À la fin des *Noces* comme à celle de *Cosi fan tutte*, on commence à apprécier une autre attitude : cesser de se leurrer sur les vertus des êtres humains, rester lucide sur leurs faiblesses, mais les leur pardonner, car ils peuvent aussi apprendre à ne plus être de purs jouets entre les mains d'*éros*. Le pardon s'oppose à la vengeance ; ne pas vouloir pardonner, rester intransigeant, comme le voudrait le Comte, est un signe d'aveuglement – signe qu'on reste encore prisonnier de la logique d'*éros*. Entre Figaro qui veut venger tous les maris et Marcellina qui veut faire pardonner toutes les femmes, Mozart choisit Marcellina ! Devenir conscient de sa propre vulnérabilité et de celle des autres – et c'est le cas non seulement du Comte mais aussi de la Comtesse, de Susanna et même de Figaro – est le premier signe d'une nouvelle force. Aucun d'entre nous n'est parfait, aucun n'est entièrement méchant ; chacun exige des autres la fidélité sans être lui-même à l'abri des tentations. L'expérience rend ces personnages meilleurs, la connaissance les conduit vers la liberté – et en même temps vers la clémence : conscients de leurs propres faiblesses, ils pardonnent plus facilement celles des autres. L'opéra se termine, non dans la réjouissance triomphale, comme celles qui couronnent les batailles gagnées, mais dans la joie calme et sereine ; la véritable conquête consiste, non à cumuler les victoires (« *mille e tre* ») et à traquer les infidélités, mais à surmonter le désir inassouvissable et à chérir la simple existence d'autrui.

Entre lumière divine et lumières humaines

La Flûte enchantée est l'ultime opéra de Mozart, achevé et représenté à peine quelques mois avant sa mort. Comment comprendre le sens de ce testament musical ?

L'œuvre nous réserve plusieurs surprises. On croit au début avoir affaire à l'un des schémas narratifs les plus rebattus du conte de fées : un jeune prince, Tamino, doit libérer la princesse, Pamina, emprisonnée dans un royaume lointain, pour la rendre à sa mère et pouvoir l'épouser. Il sera accompagné dans sa quête par un serviteur, Papageno, et aidé par les instruments magiques qu'on lui confie, flûte et clochettes. Guidé par des êtres auxiliaires aux pouvoirs surnaturels, trois dames et trois garçons, il sera soumis à diverses épreuves qui attesteront de ses qualités. Cependant, à peine nos personnages ont-ils pénétré dans le royaume où est détenue Pamina, que le récit change de direction et de genre : le conte de fées se trouve évincé par un récit initiatique, d'inspiration maçonnique. Tamino découvre alors qu'il est engagé dans une tout autre quête : son but n'est plus de libérer la princesse, mais d'atteindre à la sagesse, « déchirer les ténèbres et apercevoir la lumière divine », comme le lui révèle Sarastro, le maître de ce royaume. Au lieu de se vouer à l'amour pour Pamina et à son propre bonheur, Tamino devient le serviteur d'un culte religieux. Pamina le rejoint, mais ce n'est plus l'un à l'autre qu'ils se consacrent : ils doivent désormais servir les mystères et le bonheur d'Isis.

À première vue, *La Flûte enchantée* ne semble pas correspondre à l'esprit des Lumières qui dominait la trilogie réalisée avec la collaboration de Da Ponte. Sarastro, censé être une incarnation de la sagesse et de la perfection, n'est nullement gêné par la présence d'esclaves dans son royaume et n'hésite guère à leur infliger des punitions physiques. Il se comporte en despote, ne tenant aucun compte ni de la volonté de ses sujets, ni de leurs aspirations bien légitimes (ainsi, celle de Pamina de rejoindre sa mère) : il sait mieux qu'eux où réside le bien et s'empresse de le leur imposer. Il est toujours sûr d'avoir raison, se croyant le porte-parole de l'humanité ; il prône le pardon mais pratique la vengeance. Les habitants de son royaume doivent se soumettre aux normes qu'il a érigées et aux préceptes divins qu'il interprète pour eux. L'univers de *La Flûte*, à la différence de celui des opéras précédents, est manichéen : la nuit et le jour, les ténèbres et la lumière sont synonymes du mal et du bien, de l'égarement et de la sagesse. La supériorité de l'esprit sur la matière, de Tamino sur Papageno, n'est pas moins claire.

Non seulement les méchants de *La Flûte* sont entièrement méchants (ce pourquoi ils seront anéantis), mais de plus cet « axe du mal » est constitué par deux groupes humains bien identifiés : les femmes et les Noirs. Ces derniers sont représentés par Monostatos, le Maure, décrit en accord avec le schéma blancheur = beauté, noirceur = laideur ; son âme n'est pas moins noire que son visage : tout ce que nous en apprenons est qu'il est gros, lubrique, cruel et prêt à trahir son maître. Les femmes, elles aussi, appartiennent au monde noir de la nuit. Elles sont paresseuses et bavardes, orgueilleuses et en même temps stupides ; leur salut ne peut venir que des hommes, auxquels elles doivent se soumettre. Ceux-ci, bien entendu, doivent cultiver les vertus spécifiquement viriles.

L'amour humain n'est plus à l'honneur ici. Pamina aime sa mère, la Reine de la Nuit, qui l'aime à son tour ; Sarastro n'en tient aucun compte. L'amour entre Pamina et Tamino se dissout dans le service commun qu'ils doivent à Isis. Enfin la connaissance accessible à tous est négligée au détriment de la gnose, savoir secret réservé aux seuls initiés : Tamino est rejeté des temples de la Raison et de la Nature, deux mots clés des Lumières, et se trouve orienté vers celui de la Sagesse, détenue par les prêtres et destinée aux rares élus. Si lumière il y a, elle est maintenant au singulier.

Cependant, *La Flûte enchantée* ne se réduit pas à cet unique message. Un autre idéal s'y trouve également affirmé, comme si Mozart suggérait qu'il existe deux voies complémentaires conduisant à l'accomplissement humain, une sacrée et une profane, l'une réservée à quelques élus, l'autre ouverte à tous, l'une passant par l'initiation aux mystères, l'autre par l'amour purement terrestre. C'est ainsi que dans le finale de chaque acte retentit la même formule : « La terre sera le royaume des cieux et les mortels seront semblables aux dieux », ce qui correspond au mot d'ordre des Lumières humanistes, dans lesquelles l'existence humaine n'est plus soumise à un ordre supérieur. Mais c'est surtout à travers le personnage de Papageno que s'introduit une vision du monde différente de celle de Sarastro.

En effet, Papageno n'est pas seulement le serviteur comique du noble maître, le mangeur, buveur et coureur de filles qui fait ressortir par contraste l'élévation d'esprit de Tamino, tel un Sancho Pança auprès de Don Quichotte. Certes, ses joies sont purement matérielles ; nullement intéressé par les épreuves de Tamino, il préfère rester du côté des autres hommes et partager leur destin. Mais Papageno incarne aussi, bien plus que tout autre personnage, le choix de l'amour comme valeur suprême. Il l'exprime en particulier au cours de deux duos. Dans le premier, il est avec Pamina : aimer est le premier devoir des hommes et des femmes, et leur plus grande joie ; c'est en s'aimant qu'ils atteignent la perfection et accèdent même à la divinité. Le second duo est chanté avec Papagena (alors que Tamino et Pamina n'ont pas droit à un duo d'amour final). Les deux ne se contentent pas de se déclarer amoureux l'un de l'autre, ils introduisent de plus le thème, si rare dans l'opéra, de l'amour de leurs (futurs) enfants : ceux-ci font le bonheur des parents.

Que pense Mozart de Papageno ? Quelques témoignages illustrent les sentiments ambivalents qu'il nourrit à son égard. Au cours d'une des représentations de *La Flûte*, il accompagne un visiteur qui n'est sensible qu'aux scènes de bouffonnerie et rit tout le temps, ignorant le sens plus élevé de la quête spirituelle ; Mozart en est irrité et, raconte-t-il à sa femme, « je l'ai traité de Papageno ». Pourtant, quand on lit la lettre dans laquelle Mozart, dix ans plus tôt, explique à son père pourquoi il a choisi d'épouser Constanza, on a l'impression d'entendre la voix de Papageno. En premier vient le désir sexuel, en deuxième les commodités matérielles ; en troisième, l'accomplissement humain qui se produit dans l'amour : non parce que Constanza est la plus belle, ni parce qu'elle est la plus intelligente, mais parce qu'elle l'aime et qu'il peut l'aimer en retour. Dans sa toute dernière lettre, adressée à Constanza, Mozart ressemble encore à Papageno : il y exprime ses soucis pour les études de leur fils Karl-Thomas. Et, quelques jours seulement avant sa mort, alité, affaibli, il chantonne pour la dernière fois, et c'est le grand air de Papageno : « Je suis l'oiseleur, me voilà... » Les autres personnages de *La Flûte* se répartissent selon les schémas manichéens du noir et du blanc, Papageno garde l'ambivalence qui pour Mozart caractérise la condition humaine.

La flûte elle-même joue un tout petit rôle dans l'action, elle se retrouve pourtant dans le titre de l'opéra. À quoi est dû cet honneur ? C'est qu'elle est un instrument et donc incarne la musique – c'est par elle que peuvent s'accroître le bonheur et la joie des hommes. La musique n'est pas pour Mozart, comme plus tard pour certains romantiques, le contraire de la vie, le pur esprit enfin arraché à la lourdeur matérielle ; elle est plutôt l'aboutissement et l'accomplissement de cette vie même, joie des sens et de l'esprit inséparablement. En cette année 1791 où il écrit son ultime opéra, année pendant laquelle il est plongé dans son *Requiem* et habité par de sombres pressentiments, il pense souvent à la mort. Face à elle, il place la musique – qui ne nie pas la mort mais la transcende. Il exprime sa conviction à l'intérieur de *La Flûte enchantée* : la certitude que la puissance de la musique, *des Tones Macht*, traversera joyeusement l'obscure nuit de la mort, *des Todes Nacht*.

Comme il a eu raison !

Constant, politique et religion

Par sa biographie, Benjamin Constant se trouve étroitement lié à plusieurs pays du continent européen. Né à Lausanne de parents issus de familles huguenotes réfugiées de France, il doit se rendre dès son enfance aux Pays-Bas, où son père exerce le métier de militaire ; il commence ensuite ses études en Allemagne et en Écosse. Après de nouveaux séjours en Suisse, en France et en Angleterre, il s'installe et se marie à Brunswick, en Allemagne. Il n'y reste pourtant pas longtemps : entraîné dans le sillage de Germaine de Staël, il oscille de nouveau entre la France et la Suisse, avant de s'établir, avec sa seconde femme cette fois-ci, à Göttingen. La chute de Napoléon le ramène en France ; sa défaite à Waterloo le chasse en Belgique, puis à Londres. Ce n'est que dans la dernière quinzaine d'années de sa vie que ce citoyen européen avant la lettre se fixe dans ce qui reste à l'époque la capitale de l'Europe, Paris. Un tel destin est peu commun même aujourd'hui ; il est d'autant plus remarquable dans le monde issu du bouleversement révolutionnaire de 1789. Ce n'est pourtant pas tant par sa biographie que Constant m'apparaît comme un représentant caractéristique des traditions européennes ; c'est surtout par sa contribution à l'analyse de deux aspects de toute vie en société, le politique et le religieux. La réflexion de Constant s'inscrit en effet dans le cadre de la pensée humaniste, elle-même indissolublement liée à l'histoire de l'Europe.

La doctrine humaniste

En quel sens faut-il prendre ce mot ici ? On sait qu'à la Renaissance les humanistes sont les lettrés qui redécouvrent la littérature, l'histoire, la philosophie des Anciens. De nos jours, le terme est souvent employé dans une tout autre acception, pour désigner une vision bienveillante et optimiste de l'humanité, celle qui affirme que les hommes sont des êtres nobles et qui méritent d'être respectés ; c'est en somme ce qu'on pourrait appeler une philanthropie, voire une « anthropolatrie ». Mais, à côté de ces deux sens, l'un historique, l'autre moral, un troisième s'est fait jour, qui se réfère, lui, à une conception du monde, dans laquelle l'homme joue un rôle particulier. Quel est-il exactement ? Il est d'abord celui d'être à l'origine de ses actes (ou au moins d'une partie d'entre eux), d'être libre de les accomplir ou non, donc de pouvoir agir à partir de sa volonté. C'est ensuite celui d'être la fin ultime de ces actes, qui ne visent donc pas des entités supra-humaines (telles que Dieu, ou le bien, ou la justice) ni infra-humaines (les plaisirs, l'argent, le pouvoir). C'est enfin celui de dessiner l'espace dans lequel évoluent leurs agents : celui de tous les hommes, et d'eux seulement.

Les divers ingrédients de la doctrine humaniste se rencontrent dans les traditions les plus diverses, sur ce continent comme sur les autres. Ce n'est que dans l'Europe de la Renaissance, cependant, que ces trois exigences se trouvent réunies dans le cadre d'une pensée unique – ainsi, en France, celle de Montaigne. Or c'est bien cette réunion qui marque la véritable naissance de l'humanisme. Leur articulation n'est en effet pas toujours aisée. La seule autonomie, individuelle ou collective, peut conduire à une attitude arrogante, à une politique impériale : si la source de la loi est en moi-même, pourquoi m'interdirais-je d'opprimer les autres ? La réponse est : parce que cela ne me donne pas le droit de léser mon voisin, ni de coloniser et d'exploiter d'autres populations. Les idées d'autrui comme fin, de l'universalité des hommes restreignent le champ de l'autonomie ; elles ne se confondent pas entre elles pour autant. En tant que citoyens, tous les membres d'une société sont interchangeables et leurs rapports sont régis par la justice, fondée dans l'égalité. En tant qu'individus, les mêmes personnes sont absolument irréductibles l'une à l'autre et ce qui compte est leur différence, non leur égalité ; les rapports qui se nouent entre eux exigent préférence, affection, amour.

En quoi la pensée de Constant s'apparente-t-elle à la doctrine humaniste ? Tout d'abord, il adhère sans réserve à l'idée d'universalité humaine. « Que l'homme soit sauvage ou policé, il a la même nature, les mêmes facultés primitives, la même tendance à les employer. » Non seulement ces caractéristiques potentielles se retrouvent partout, mais les valeurs des hommes appartiennent elles-mêmes à un cadre unique. La vie publique est régie par une aspiration à la justice ; or celle-ci à son tour se fonde dans la notion d'égalité. « L'amour de l'égalité est une passion allumée au fond de nos cœurs par la nature[1]. » Constant s'oppose donc à toute politique légitimée par la prétendue inégalité des races ; et l'on sait que, au cours de la dernière période de sa vie, en tant que député libéral à l'Assemblée, il se fait l'un des adversaires les plus acharnés de la traite des Nègres.

Constant adhère également au deuxième principe humaniste, celui qui consiste à ériger autrui en fin. Il ne veut pas d'une doctrine qui serait prête à sacrifier la vie des individus à l'idée d'humanité, encore moins à toute autre idée abstraite, le progrès, la révolution ou l'ordre. Sa sympathie est au contraire acquise aux personnes qui optent pour les individus plutôt que pour telle ou telle cause. « La vue d'un être souffrant, dit-il de Germaine de Staël, lui rappelait qu'il y avait dans le monde quelque chose de bien plus sacré pour elle que le succès d'une cause ou le triomphe d'une opinion. [...] Les proscrits de toutes les opinions lui ont trouvé plus de zèle pour les protéger dans leur infortune, qu'ils n'en avaient rencontré en elle pour leur résister durant leur puissance. » Et c'est en des termes semblables, apparentés à la définition chrétienne du prochain, qu'il loue son amie Julie Talma. « Elle haïssait le parti contraire au sien, mais elle se dévouait avec zèle et avec persévérance à la défense de tout individu qu'elle voyait opprimé ; [...] au milieu des tempêtes politiques, pendant lesquelles tous ont été successivement victimes, nous l'avons vu souvent prêter à la fois à des hommes persécutés, en sens opposés, tous les secours de son activité et de son courage[2]. »

Le caractère de fin ultime, attaché par Constant à l'individu, le conduit à un autre moment de son existence à s'opposer à Kant lui-même, dont on pouvait pourtant penser qu'il était à l'origine de ce principe. « Un philosophe allemand, écrit-il, va jusqu'à prétendre qu'envers des assassins qui vous demanderaient si votre ami qu'ils poursuivent n'est pas réfugié dans votre maison, le mensonge serait un crime[3]. » Kant juge que dire la vérité est un devoir absolu ; au nom de ce principe, il est prêt à sacrifier le bien-être, voire la vie, des individus. L'absurdité de la conséquence amène Constant à soumettre le principe à un but supérieur ; c'est là que son humanisme se sépare du rationalisme moral de Kant.

On sait que, ayant pris connaissance de l'argument de Constant, Kant se sent piqué à vif et réplique par un opuscule intitulé *Sur un prétendu droit de mentir par humanité*. Il ne s'intéresse pas aux conséquences pratiques des actes : mentir est, en soi, contraire aux principes du bien, quelles que soient les circonstances. La hiérarchie des valeurs embrassée par Constant est différente : ne pas nuire à autrui est le but, qui peut souvent être servi par la véracité (ainsi dans toutes les relations contractuelles), d'autres fois par le mensonge (ainsi face aux assassins). L'amour du prochain doit l'emporter, selon Constant, sur l'amour de la vérité. Le point de départ de l'acte moral est l'autre, non le moi.

Constant est probablement l'un des premiers témoins d'une mutation radicale dans la mentalité des peuples européens, qui a pris des siècles pour s'accomplir, et à la suite de laquelle les relations entre individus sont devenues la part la plus précieuse de l'existence. Si rien ne doit l'emporter sur le souci d'autrui, l'amour apparaît comme la valeur la plus élevée du monde humain. Comme en témoigne Constant : « Un mot, un regard, un serrement de main m'ont toujours paru préférables à toute la raison comme à tous les trônes de la terre[4]. » L'amour règle la seule vie privée des individus, certes ; mais il a son rôle à jouer dans l'univers public aussi. Une humanisation de la politique commencerait à partir du moment où l'on refuserait toute instrumentalisation systématique des individus, où l'on se rappellerait constamment que ce sont les institutions qui doivent être au service des hommes, et non l'inverse.

L'individu et l'État

Il ne suffit donc pas à Constant d'adhérer à ces principes humanistes, il en redéfinit le sens pour son époque – qui, à bien des égards, est toujours la nôtre. Mais sa contribution la plus importante concerne le troisième pilier de la doctrine, l'autonomie du sujet. Montaigne exprime déjà sa préférence pour les actions librement choisies, au détriment de celles qui nous sont imposées, par la nature ou par la tradition. Descartes soumet à la même règle le processus de connaissance : seul est solide le savoir auquel j'accède par la force de ma raison et de mes sens. Rousseau opère un pas décisif de plus, en transposant ce principe de la vie individuelle à celle de la communauté : maintenant, seul est considéré comme légitime un régime fondé sur la volonté libre et commune du peuple qui le subit ; autrement dit, seule est légitime la république. On sait que cette interprétation jouera un rôle décisif dans l'action révolutionnaire, trente ans plus tard. Que pourrait ajouter Constant à la doctrine déjà si triomphante de l'autonomie ?

À bien des égards, sa pensée peut être présentée comme une synthèse critique de celles de Montesquieu et de Rousseau. Ses deux illustres prédécesseurs ne conçoivent pas de la même manière la nature du meilleur régime politique. Pour Rousseau, l'essentiel est l'autonomie de la collectivité, c'est-à-dire l'exigence de vivre sous une loi qu'on s'est soi-même donnée. Donc seule la république est légitime, puisque le pouvoir se trouve ici entre les mains du peuple souverain qui incarne la volonté générale. La tradition, dont la monarchie est un exemple, ne confère aucune légitimité : l'histoire consigne les effets de la force, non du droit. Montesquieu raisonne en de tout autres termes : ce n'est pas la manière dont est institué un pouvoir qui le rend légitime, mais celle dont il est exercé. Un pouvoir illimité est par là même illégitime, peu importe s'il provient de la tradition ou d'une décision de la communauté ; il faut donc que les lois et l'exercice du pouvoir empêchent que celui-ci soit concentré en des mains uniques et ne rencontre jamais aucun frein.

Constant, de son côté, adresse au pouvoir une double exigence : il doit être légitime aussi bien par son institution que par son exercice. Le peuple restera souverain, tout autre choix reviendrait à se soumettre simplement à la force ; mais son pouvoir sera limité : il doit s'arrêter aux frontières de l'individu, qui sera seul maître chez lui. Une partie de son existence se soumettra à la puissance publique ; une autre restera libre. On ne peut donc réglementer la vie en société au nom d'un principe unique : le bien-être de la collectivité ne coïncide pas forcément avec celui de l'individu. Il faut ajouter à l'exigence d'une autonomie du peuple celle d'une autonomie de l'individu. Le meilleur régime ne se satisfait ni de la seule démocratie, ni du seul principe libéral exigeant la protection des libertés. Il doit réunir les deux conditions, c'est donc une démocratie libérale. L'équilibre est difficile, et c'est bien pourquoi la pensée de Constant reste d'actualité : l'État moderne lui-même est constamment tenté d'empiéter sur la liberté des individus.

Le sujet démocratique a donc le droit de préserver son territoire personnel de toute intrusion et de refuser la loi s'il la juge inique, s'il peut invoquer, pour fonder son choix, non l'intérêt personnel, mais le commandement d'une loi plus haute, qui aurait trait au consensus tacite présidant à toute instauration de lois ou à la morale universelle. Ou pour le dire avec Montesquieu : « Le devoir du citoyen est un crime lorsqu'il fait oublier le devoir de l'homme. » Seul l'État totalitaire abolit toute distance entre lois et justice, droit positif et droit naturel. Invoquer le jugement de sa conscience, c'est ouvrir une brèche dans le monopole du pouvoir. C'est pourquoi toute insoumission y est aussitôt interprétée comme révolte et donc crime : l'insoumis ne se voit offrir aucune alternative, il est orienté directement vers le camp de concentration.

Il peut être bon de rappeler ces principes fondamentaux de la démocratie libérale à une époque où les pays de l'Union européenne sont confrontés à la présence d'étrangers illégaux sur leur territoire. Plusieurs gouvernements ont été tentés de promouvoir des lois selon lesquelles leurs citoyens sont obligés de les dénoncer à la police, sous peine d'être considérés eux-mêmes comme des criminels. En France par exemple, l'article L622-1 du Code d'entrée et du séjour des étrangers postule que toute personne qui fournit une aide, serait-elle indirecte, à un étranger, en lui offrant par exemple un repas ou un abri pour la nuit, ou même qui ne fait qu'essayer de le faire, sera punie d'un emprisonnement de cinq ans et d'une amende de 30 000 euros.

Voici le commentaire que fait Constant de cette situation, aussi actuel aujourd'hui qu'il l'a été il y a deux cents ans :

> L'obéissance à la loi est un devoir ; mais, comme tous les devoirs, il n'est pas absolu, il est relatif ; il repose sur la supposition que la loi part d'une source légitime, et se renferme dans ses justes bornes. [...] Aucun devoir ne nous lierait envers des lois qui, non seulement restreindraient nos libertés légitimes et s'opposeraient à des actions qu'elles n'auraient pas le droit d'interdire, mais qui nous commanderaient de contraires aux principes éternels de justice et de pitié, que l'homme ne peut cesser d'observer sans démentir sa nature. [...]
>
> Un second caractère d'illégalité dans les lois, c'est de prescrire des actions contraires à la morale. Toute loi qui ordonne la délation, la dénonciation, n'est pas une loi ; toute loi portant atteinte à ce penchant qui commande à l'homme de donner un refuge à quiconque lui demande asile, n'est pas une loi. Le gouvernement [...] doit respecter dans les citoyens cette générosité qui les porte à plaindre et à secourir, sans examen, le faible frappé par le fort. [...]
>
> Si la loi nous prescrivait de fouler aux pieds et nos affections et nos devoirs ; si elle nous interdisait la fidélité à nos amis malheureux ; si elle nous commandait la perfidie envers nos alliés, ou même la persécution envers nos ennemis vaincus : anathème et désobéissance à la rédaction d'injustices et de crimes décorée du nom de loi ! [...]
>
> Rien n'excuse l'homme qui prête son assistance à la loi qu'il croit inique ; le juge qui prononce une sentence qu'il désapprouve ; le ministre qui fait exécuter un décret contre sa conscience[5].

Un penseur du religieux

On sait bien aujourd'hui que ce qui, dans l'œuvre de Constant, a compté le plus à ses propres yeux n'a pas été son activité littéraire, bien épisodique, ni même ses traités politiques, pourtant remarquables, mais son ouvrage sur la religion. Il en conçoit le projet à l'âge de dix-huit ans, en 1785, alors qu'il sort à peine de ses études ; et il corrige encore son manuscrit en octobre 1830, un mois avant sa mort. Entre les deux, avec des interruptions certes, il ne cesse de porter cette idée et cette œuvre, et de les transformer. Le livre commence à paraître en 1824 ; les derniers volumes, IV et V, sont publiés au lendemain de sa mort, en 1831.

Œuvre d'une vie, *De la religion* ne provoquera cependant pas un grand débat au moment de sa parution et sera vite oublié ; seuls les historiens érudits et les constantiens inconditionnels en connaissent encore l'existence. Avant 1999, le livre n'avait jamais été republié dans son intégralité. Comment expliquer cet accueil ? Force nous est de reconnaître que l'ouvrage n'arrivait pas au bon moment. Au XIXe siècle, en France, dévots et anti-cléricaux se livrent un combat acharné, pour ou contre la religion ; la position de Constant, inclassable par rapport à ce conflit, ne pouvait être prise en considération. Au XXe siècle, alors que se constituent progressivement une histoire et une anthropologie religieuses, l'œuvre paraît anachronique : son érudition a vieilli, et plus personne ne nourrit des ambitions aussi démesurées, parler des religions de tous les peuples, de tous les temps ! À vrai dire, le projet de Constant est un peu plus limité que ne l'annonce son titre : l'auteur étudie les seules religions polythéistes, n'évoquant qu'indirectement le (mono)théisme ; et encore s'arrête-t-il avant ce qu'il juge en être le stade décadent, le polythéisme romain. Il ne reste pas moins que l'objet est immense et général, alors que les sciences nouvelles ont opté pour la spécialisation. Seuls les philosophes osent encore disserter sur la religion en général ; les savants ne veulent plus parler que de religions particulières, de préférence à l'intérieur d'une brève période.

Cet oubli est, il faut bien le dire, profondément injuste. Non seulement parce que Constant a joué, à bien des égards, un rôle de pionnier qui mérite d'être salué. Mais aussi parce que ses méditations sur la religion et son destin historique sont parmi les plus éclairantes qui soient. Il se peut même qu'elles parlent davantage aux lecteurs du début du XXIe siècle qu'à leurs ancêtres, deux cents ans plus tôt. Contrairement à ce qu'on pouvait penser alors, la religion n'est pas un phénomène moribond ; Benjamin Constant peut nous aider à comprendre pourquoi.

Sa contribution est essentielle sur trois plans au moins : celui de la méthode d'étude, celui de l'analyse et de l'évaluation des formes religieuses anciennes, celui enfin des idées sur la place de la religion dans le monde d'aujourd'hui.

Il faut, pour comprendre la nouveauté du projet de Constant, se replacer pour un instant dans son époque. Il entre dans l'âge adulte à la veille de la Révolution, lorsque la religion subit les attaques répétées de ceux qu'on appelle les philosophes, à qui elle apparaît comme la principale ennemie des Lumières. Après 1789, le conflit quittera les livres et s'installera dans les rues ; les églises seront profanées, le christianisme vilipendé. Sous l'Empire, les prêtres reviennent ; sous la Restauration, ils triomphent. Des projets théocratiques sont élaborés parmi les ultras ; d'autres écrivains appellent à un renouveau de la foi, transformée et mise au goût du jour.

Au milieu de ces conflits tumultueux arrive Constant qui propose non pas d'être pour ou contre la religion mais, simplement, de commencer à l'étudier. Ce qui peut nous paraître aujourd'hui comme une évidence choque alors, et sera immédiatement traduit dans les termes du conflit en cours, pour être condamné : Constant est jugé trop tiède par les anti-cléricaux, trop athée par les dévots. Or son propos n'est pas d'attaquer ou de défendre, mais de comprendre.

Il faut donc, pour commencer, poser l'existence même de l'objet ; Constant l'appelle le « sentiment religieux ». Il part d'un constat empirique : aussi loin que nous remontions dans l'Histoire, nous ne rencontrons jamais une société dépourvue de pratiques religieuses. Or aucune autre espèce animale ne les connaît ; posséder un sentiment religieux est donc un trait inhérent à l'espèce humaine, qui permet de la distinguer des autres. Si l'on veut comprendre ce que sont les hommes, on ne peut se permettre d'ignorer ce sentiment. Au fond, dévots et athées ont en commun, paradoxalement, de ne pas voir dans le religieux le propre de l'homme, mais de lui chercher une origine extérieure : dans l'intervention divine (la révélation) pour les uns, dans la peur, le besoin, les circonstances, pour les autres. Constant, lui, se propose, par l'étude des religions existantes, de chercher à connaître « le cœur humain et la nature de l'homme[6] » ; c'est ainsi qu'il devient le fondateur de l'anthropologie religieuse.

Ce sentiment religieux, intemporel et faisant partie de la définition de l'homme, Constant l'examinera toutefois non en philosophe mais en historien. Aucune place, chez lui, pour ces fictions dont raffolent les philosophes de l'époque, l'état de nature, le contrat social, l'homme d'avant la religion ; lui ne s'intéresse qu'aux faits. Il pose donc d'emblée une distinction qui lui permet d'articuler le permanent et le changeant : si le sentiment est immuable, les « formes », elles, sont en perpétuelle évolution. Ces formes résultent de la rencontre entre le sentiment et les circonstances variables : celles des climats, des institutions, des enchaînements historiques. Les changements sont inévitables : dès qu'une forme est produite, elle tend à se figer et à devenir un obstacle pour ce qu'elle était censée exprimer ; elle sera donc, inéluctablement, rejetée au bout d'un temps. L'histoire est, non moins que la religion, le propre de l'homme, or elle consiste dans la substitution d'une forme à une autre. Voici une conclusion bien difficile à admettre pour un croyant.

Constant n'est pas le premier historien des religions, bien entendu. Mais, outre qu'il introduit dans son propos une perspective anthropologique, il se distingue de ses prédécesseurs par un choix plus spécifique. La différence par rapport aux auteurs fameux du XVIIIe siècle, un Warburton, un Président de Brosses ou un Court de Gébelin, saute aux yeux : ceux-ci distinguent encore mal entre fiction et histoire, Constant est du côté des seuls faits. Cependant, on ne saurait le confondre non plus avec les érudits allemands qui, à son époque, commencent à publier leurs grands travaux ; on peut penser notamment au monumental ouvrage de Friedrich Creuzer *Symbolique et mythologie des peuples de l'Antiquité* (1810), qui sera du reste rapidement traduit en français. Creuzer, un peu à la manière des psychanalystes aujourd'hui, veut d'emblée unifier les religions, déchiffrer les symboles, découvrir le sens véritable de tous ces rites et mythes du passé. Constant suit plutôt l'exemple de Montesquieu (à bien des égards, *L'Esprit des lois* est le modèle de *De la religion*), et son approche est avant tout contextuelle et structurale : toute forme religieuse doit d'abord être mise en relation avec ses contextes, historique et social, où seulement elle trouve un sens.

En allant dans le sens de Montesquieu, Constant se voit obligé de prendre ses distances par rapport aux historiens ; pourtant, il doit se séparer de Montesquieu aussi : celui-ci est par trop systématique. Constant cherche une voie moyenne, qui n'a pas encore de nom, entre l'histoire et le système, attachée à l'abstraction des principes et pourtant appuyée solidement sur les faits. C'est ce que Max Weber, presque un siècle plus tard, appellera le « type idéal », pour en faire l'objet par excellence des sciences sociales. C'est à ce même concept que Constant donne ici le nom de « combinaison » et il s'en sert sans cesse : une combinaison possède un noyau stable de traits fondamentaux, qui s'accommode d'une série de différences dans les détails. C'est ce concept qui lui permet d'affirmer que la même combinaison se retrouve chez les Égyptiens et chez les Hindous ; c'est lui qui lui fait rédiger des analyses de la « trinité » dans les différentes religions, qu'on s'attendrait plutôt à trouver, cent cinquante ans plus tard, sous la plume de Georges Dumézil.

Tous ces traits de la démarche scientifique de Constant ont été adoptés par ses successeurs (qui ignoraient souvent jusqu'à son nom) ; un peu comme ses idées sur la démocratie politique, elles font aujourd'hui partie d'un bagage intellectuel commun que nous n'éprouvons pas le besoin d'attribuer à quiconque – mais il n'en allait pas ainsi au moment de leur formulation. Le grain qui porte beaucoup de fruit meurt. Là où le sens commun de notre temps s'est séparé de Constant, en revanche, c'est dans le renoncement au cadre universaliste qui était le sien. Nous hésitons aujourd'hui à qualifier une société de « primitive », à déclarer que telle pratique est plus « avancée » que telle autre, nous nous contentons de dire qu'elles sont « différentes ». Constant ne connaît pas ces scrupules. Il pose au départ l'unité de l'espèce humaine ; il maintient en conséquence les mêmes critères de jugement : les termes « sauvage », « barbare » et « civilisé » n'ont pas pour lui un contenu relatif. Il croit aussi, dans l'esprit de Lessing ou de Condorcet, que la marche de l'histoire est un mouvement de progrès, même si les retours en arrière ou la superposition des cycles rendent parfois celui-ci imperceptible.

Anthropologie politique du religieux

Il faut donc admettre d'emblée que le sentiment religieux ne saurait disparaître. Ce n'est pas seulement que l'histoire ne connaît aucun peuple sans religion. C'est aussi que la religion est l'expression d'un trait irréductible de l'espèce humaine, un trait si général que Constant ne sait pas comment le nommer, ou se contente de parler de « sentiment », d'« enthousiasme », de « perfectionnement ». Cela revient à dire que l'être humain ne coïncide jamais entièrement avec lui-même, qu'il est fait de sensations et d'expériences mais aussi d'une conscience de soi, qui lui permet toujours de s'imaginer autre qu'il n'est, donc d'imaginer un « mieux » en dehors de lui et d'y aspirer ou d'y renoncer. Conscients d'eux-mêmes et par là doubles, les hommes connaissent la liberté, et ils peuvent agir en fonction d'autre chose que leur identité d'origine ou leur intérêt immédiat. Au fond, la religion et l'histoire existent pour la même raison, à savoir cette capacité qu'ont les hommes à se transcender eux-mêmes, à imaginer un ailleurs qui les pousse à changer.

Le sentiment religieux et la mobilité de l'espèce ne sont pas les seules instances de cette capacité et de ce besoin de dépassement. À la même famille appartiennent l'amour (encore que Constant nous rappelle qu'il est parfois le travestissement de notre égoïsme), la tendresse, la sympathie, le dévouement, la pitié, la contemplation de la nature. On pourrait dire que toutes ces activités révèlent une aptitude au sacrifice, puisqu'elles impliquent que l'on puisse préférer, aux intérêts du moi égoïste, à l'affirmation de sa propre volonté de puissance, aux valeurs purement vitales, quelque chose qui se trouve au-delà de l'individu : au-dessus de lui, comme dans la religion ; ou à côté, comme dans les relations humaines ; ou ailleurs, ainsi la nature.

L'adversaire premier de Constant dans ce livre est donc tous ceux qui nient la nécessité du sentiment religieux et, au-delà, de ce besoin humain de se dépasser et, parfois, de se sacrifier. Cela va des utilitaristes contemporains qui, dans le sillage de Bentham, croient qu'il suffit de donner comme idéal à l'humanité l'« intérêt bien entendu », jusqu'à Démocrite et Épicure dans l'Antiquité, en passant par les encyclopédistes matérialistes, par Hume et Helvétius (que Constant avait admiré jeune). Or le premier pas ne doit pas être de déclarer que la religion est vaine, qu'elle est, comme on dira plus tard, l'opium du peuple ou une illusion du passé ; c'est de constater qu'elle *est*, partout où il y a des hommes. Nos contemporains ont tendance à se calomnier, à se décrire comme des animaux ou comme des machines, entièrement déterminés par leur être et par la poursuite de leurs intérêts ; en réalité, ils ne peuvent vivre sans poser un au-delà d'eux-mêmes. Par là, l'homme diffère des animaux en nature, et non seulement en degré.

Mais cet adversaire n'est pas le seul. Contre les matérialistes athées, il faut affirmer l'existence irréductible du sentiment religieux ; mais une fois celui-ci admis, il faut choisir entre les différentes formes religieuses. Constant ne prend plus pour cible ici Voltaire et d'Holbach, mais Bossuet et Maistre. Cependant, plutôt que de les attaquer de front, il transpose le débat au sein du polythéisme. Celui-ci connaît, par-delà l'infinie variété des formes historiquement attestées, deux grands types : les religions *sacerdotales*, c'est-à-dire celles qui connaissent une caste de prêtres, et les religions *libres*, ou indépendantes, où la médiation du prêtre n'est pas nécessaire. La religion des Égyptiens, des Indiens, des Perses illustre le premier cas ; celle des Grecs, le second. Ce que Constant suggère sans trop développer est que, à l'intérieur du monothéisme, les catholiques s'opposent semblablement aux protestants qui ainsi restent fidèles à l'inspiration initiale du christianisme : « Nous sommes tous prêtres », disait Tertullien. Et Constant ne se contente pas d'étudier ces deux variétés, il les juge aussi : les religions libres sont incontestablement supérieures. Si mal il y a dans la religion, il ne peut provenir que du sacerdoce, des prêtres, de l'Église.

La raison de cette préférence est double. D'abord, la caste des prêtres impose nécessairement un ordre fixe, des rituels communs, et elle s'oppose à leur transformation, puisqu'ils deviennent son signe distinctif. Autrement dit, les religions sacerdotales tendent, de par leur structure même, à l'immobilisme. Or l'espèce humaine est nécessairement dans l'Histoire, elle est condamnée au changement, car les conditions de vie se modifient et les réponses d'hier ne conviennent plus aux besoins d'aujourd'hui. En ce sens, les religions libres sont plus vraies (par rapport à la nature humaine), car elles sont ouvertes au perfectionnement, à la recherche du mieux, alors que les religions sacerdotales sont stationnaires et toujours menacées par le dogmatisme. C'est pourquoi, aussi, la description de la religion libre chez les Grecs devient un chapitre d'une autre histoire, celle de la conquête de l'autonomie, du droit de participer à l'élaboration de la loi commune, au lieu de se soumettre passivement à une loi imposée du dehors.

La seconde raison pour laquelle les religions libres sont préférables aux religions sacerdotales est que les prêtres tendent à s'introduire dans l'appareil politique de l'État ; le théologique et le politique aspirent à former une catégorie unique, et ce, au-delà même des théocraties. Les prêtres ne peuvent se contenter, comme tous les autres hommes, à s'adresser aux dieux, ils veulent de plus découvrir les moyens de gouverner ces autres hommes. Or les deux termes de la relation perdent à cet amalgame. Le sentiment religieux finit par se transformer en son contraire : l'intérêt se met à la place du désintéressement, l'égoïsme d'une caste remplace l'esprit de sacrifice, le temporel évince le spirituel. Il vaut mieux laisser Dieu et la religion libres de ces compromissions et ne pas tenir Dieu pour responsable des imperfections de ce bas monde. Les hommes, tout au contraire, ont intérêt à se gouverner eux-mêmes, à se sentir responsables de leurs conduites sur terre, plutôt que de se reposer sur une loi venue d'ailleurs.

Constant s'inscrit ainsi dans la grande tradition européenne, celle qui commence au Moyen Âge chez Marsile de Padoue et Guillaume d'Occam, en demandant la dissociation entre pouvoir spirituel et pouvoir temporel ; cette tradition culminera un jour dans la séparation légale entre l'Église et l'État. La pensée de Constant participe de la mise en place d'un régime laïque ; la religion de l'avenir, suggère-t-il, ne doit pas se mêler de politique, laquelle à son tour ne s'occupera pas de religion. La bonne politique comme la bonne religion savent se limiter elles-mêmes, elles n'aspirent pas à un règne sans partage. En ce sens, *De la religion* est un instrument de combat, et non seulement une étude du passé.

L'avenir de la religion

Le sentiment qui incite l'homme à ne pas s'en tenir à ses intérêts immédiats, à ne pas se contenter d'affirmer son être, ce sentiment-là est irréductible. Mais il n'est pas nécessairement religieux. Le même besoin peut être satisfait par le dévouement pour un autre être humain. Constant nous a dit quel était le genre proche de la religion, mais non sa différence spécifique. La religion ne risque-t-elle pas de disparaître aujourd'hui au profit d'autres formes de ce même sentiment ?

Le passé ne nous est pas, ici, d'un grand secours, car la religion a pu à certains moments absorber des corps étrangers qui s'en sont séparés par la suite. Les religions anciennes ont tenu lieu de science, en expliquant l'origine du monde et la nature des choses ; la physique et la biologie s'en sont chargées depuis. La religion a pu raconter le passé ; la responsabilité en incombe aujourd'hui à l'histoire. La religion, se faisant magie, a cherché à influer sur le déroulement des processus naturels et des pratiques humaines ; depuis, la technique et la médecine ont pris le relais. La religion s'est parfois confondue avec la politique, mais d'après Constant aucun bien, ou presque, n'en est sorti et elles feraient mieux de rester, elles aussi, séparées. Que reste-t-il, alors, à la religion ?

Les hommes modernes ont parfois pensé qu'elle pourrait se confondre avec la morale, ou au moins lui servir de fondement. Constant n'est pas loin de reprendre cet argument à son compte. Il craint que la disparition de la religion ne livre les hommes au seul calcul de leurs intérêts ; que l'absence d'une vie après la mort risque de nous faire tout soumettre aux besoins de la vie ici-bas ; que le manque d'une sanction ultime surnaturelle rende les lois humaines beaucoup trop fragiles. Mais il apporte, au vrai, des contre-arguments pour chacune de ces menaces. Pour trouver un au-delà à l'individu vivant, nul besoin de postuler l'immortalité de l'âme, il suffit de penser aux autres hommes qui l'entourent et sans lesquels il n'est rien. Le souci pour l'humanité tout entière peut fonder la loi de chaque pays. La morale n'a pas besoin, pour se fonder, de la religion. À l'inverse, nous sommes souvent amenés à évaluer les différentes religions du passé et nous le faisons à l'aide de critères moraux. C'est ce qui nous permet de dire que telle religion est douce, telle autre dure, que celle-ci est généreuse et celle-là, bonne seulement pour ceux qui la pratiquent. C'est la morale qui nous permet de faire un tri au sein même des enseignements d'une religion et de préférer, par exemple, le précepte « aime ton prochain comme toi-même » aux principes « hors de l'Église point de salut » ou « qui n'est pas avec moi est contre moi ». En ce sens, comme le dit Constant, « la morale devient donc une espèce de pierre de touche, une épreuve à laquelle on soumet les notions religieuses[7]. »

Il faut dire aussi que Constant ne participe pas au projet, développé à la même époque au sein de la philosophie allemande, qui consiste à remplacer la religion par la morale, voire par la philosophie, donc à faire de la philosophie une religion laïque. Il dirait plutôt que la religion n'est pas compétente pour dire le bien et le mal, ni pour formuler le devoir – pas plus que pour décrire la structure de l'atome ou l'origine de la vie, pour faire mieux pousser le grain ou diriger les affaires de l'État. Mais, pour autant, elle ne doit ni ne peut disparaître.

Même si les hommes obtiennent satisfaction de tous leurs désirs immédiats, même si leurs intérêts sont préservés, même si leurs relations obéissent aux règles de la morale, même s'ils connaissent la tendresse, le dévouement et l'amour, il leur manquera toujours quelque chose. Qu'est-ce ? On pourrait dire, d'une formule que l'histoire occidentale connaît bien, qu'ils n'auraient toujours pas trouvé le sens de leur vie. Mais que peut être ce sens ? L'homme est déchiré entre son être fini et sa conscience qui lui ouvre des horizons infinis ; le sens d'une vie, c'est la possibilité d'inscrire le fini dans l'infini. Nous savons n'être qu'un grain de sable au sein de l'univers, ne vivre qu'un instant dans l'éternité du temps ; nous éprouvons le besoin de nous situer par rapport à l'absolu, à l'infini, à l'illimité ; nous voulons nous sentir inclus dans un réseau de relations. Mais l'univers lui-même ne nous livre pas la clé de l'énigme ; c'est à nous de la fabriquer. Quand nous nous en approchons, nous acquérons le sentiment d'un accomplissement interne et notre vie trouve un sens : nous aurons introduit l'infini dans le fini, la pensée de l'univers dans notre faible corps.

C'est cette aspiration au contact avec l'illimité, à l'harmonie avec la nature, à une place dans le flux du temps que désigne, dans son acception la plus générale, le « sentiment religieux » chez Benjamin Constant. Ni la science ni la morale ne nous y conduisent, car ni l'une ni l'autre ne nous aident à nous situer dans le cosmos, à trouver une place dans l'écoulement de la vie. La science produit des savoirs particuliers, elle ne peut même subsister que si elle renonce explicitement aux questions sur les fondements ultimes. La morale, quand elle parvient à surmonter l'égoïsme des intérêts particuliers, règle les rapports entre les hommes. Aucun développement de la science, aucune soumission aux normes du devoir ne sauront jamais assouvir le besoin de sens. On y accède plus facilement à travers d'autres pratiques : l'expérience religieuse, au sens étroit cette fois-ci, qui nous fait entrer en contact avec les êtres imaginaires dont nous postulons qu'ils animent le monde (c'est bien pourquoi les religions nous racontent la création du monde et décrivent la structure du cosmos) ; mais aussi la contemplation de la nature ou l'extase devant la beauté d'une œuvre d'art. Toutes nous font entrer en contact avec l'illimité. « La contemplation du beau en tout genre nous détache de nous-mêmes, nous inspire l'oubli de nos intérêts étroits, nous transporte dans une sphère de pureté plus grande et de perfectionnement inespéré[8]. » C'est pourquoi le sentiment religieux gardera sa place tant qu'il y aura des hommes, qu'ils soient des sauvages, apeurés par le grondement du tonnerre, ou des individualistes modernes qui ne jurent que par la science.

Les meilleures conditions pour entrer en contact avec l'illimité sont réunies lorsque nos sens perçoivent cet illimité incarné en dehors de nous. C'est devant un tableau, une sculpture, ou encore devant la nature : « dans le silence de la nuit, sur les bords de la mer, dans la solitude des campagnes[9]. » La nuit, quand les frontières des objets s'estompent ; dans la solitude, quand on oublie les contraintes imposées par ceux qui nous entourent ; face au ciel étoilé. Le sentiment religieux, autrement dit, est l'affaire de chacun pris isolément, face à l'univers et à l'éternité. La religion a perdu ici sa fonction de lien entre les hommes, qu'on veut parfois découvrir dans l'étymologie de son nom même. Bien entendu, les religions collectives conduisent vers le même but ; mais ce rôle de ciment de la communauté, qui nous paraît souvent si caractéristique, n'est pas davantage nécessaire à la religion que ne l'était celui d'une source des normes morales. L'individu isolé peut accéder à l'harmonie avec la création même s'il suit une voie qui n'est que la sienne.

La conséquence de cette épuration du sentiment religieux, devenu synonyme d'une aspiration à la spiritualité, est que les sociétés modernes connaissent la pluralité des religions – ce qui est tout autre chose que leur disparition. L'époque contemporaine est destinée, dirait Constant, à être pluraliste, non athée. Il n'y voit aucun inconvénient, au contraire : d'abord, parce qu'aucune religion ne pourra se confondre avec le pouvoir temporel, et donc se laisser corrompre par lui, qu'elle ne pourra donc pas devenir la base d'un fanatisme identitaire ou d'un prosélytisme intolérant ; ensuite parce que l'individu aura ainsi plus de chances de trouver la voie vers l'illimité qui lui convienne. « Dans la nuit épaisse qui nous entoure, est-il une lueur que nous puissions repousser ? » se demandait déjà Adolphe. Constant ajoute : laisser la quête religieuse à l'individu, c'est lui laisser la possibilité de se perfectionner à l'infini. « Divisez le torrent, ou, pour mieux dire, laissez-le se diviser en mille ruisseaux. Ils fertiliseront la terre que le torrent aurait dévastée » : tels sont les mots qui concluent *De la religion*[10].

Est-ce là un choix qui peut s'accomplir librement ? On peut en douter. L'homme libre peut agir comme il veut ; mais il ne peut vouloir comme il veut. Pour être autre qu'on n'est, il ne suffit pas de le vouloir. « On ne croit point parce qu'on voudrait croire », écrit Constant. Mais on peut savoir qu'accéder à ce qu'il appelle le « sentiment religieux » permet l'accomplissement de l'homme. On peut donc, aussi, se laisser envahir par ce sentiment et ce besoin, plutôt que de leur résister ; on peut se dire que la plus grande maîtrise de soi consiste à se déprendre de ce même soi. Ici se confondent l'avenir de la religion et celui de l'homme[11].

Stendhal, amour et égotisme

Passion et vanité

De l'amour (1820) s'ouvre sur une classification des amours possibles en quatre espèces : l'amour-passion, l'amour-goût, l'amour-physique et l'amour-vanité ; Stendhal ne manque pas de les rappeler dans la suite de l'ouvrage. En réalité, deux espèces sont plus importantes que les autres, et reviennent sous les formes les plus variées : ce sont la passion et la vanité. L'opposition entre les deux, au niveau le plus abstrait, pourrait être formulée ainsi : dans l'amour-passion, on ne trouve que deux êtres, le sujet et l'objet de l'amour, rien d'autre autour. Dans l'amour de vanité en revanche interviennent, en dehors des deux protagonistes, les conventions sociales, les normes, les représentations que chacun se fait de soi-même et de l'autre ; à côté du *je* et du *tu* existent des *ils* et des *elles*, ainsi que le *on*. De ce point de vue, l'amour-physique est un degré inférieur de l'amour-passion, alors que l'amour-goût est une variante de l'amour de vanité.

L'amour-passion est le vrai amour, l'amour naturel, celui aussi auquel vont les admirations de Stendhal. La définition de l'amour au chapitre II du livre ne s'applique pleinement qu'à cette espèce-là : « Aimer, c'est avoir du plaisir à voir, toucher, sentir par tous les sens, et d'aussi près que possible un objet aimable et qui nous aime. » Un tel sentiment amoureux ne se nourrit que de son objet et l'amour se poursuit à travers le cycle suivant : 1. L'admiration. 2. Le désir de proximité. 3. L'espérance. Son idéal est la fusion en une seule entité (« aussi près que possible ») ; Stendhal ajoute : « S'il y a le naturel parfait, le bonheur de deux individus arrive à être confondu. » Totalisant et unificateur, l'amour l'est également à l'intérieur même de l'être, où il ne laisse de place à aucun autre sentiment, à aucune autre expérience : « le véritable amour », dit Stendhal, « occupe toute l'âme » et « la rend complètement insensible à tout le reste de ce qui existe ». « Tout l'art d'aimer se réduit, écrit-il plus loin, à écouter son âme »[1] : ce qui est extérieur au sujet est éliminé.

C'est en revanche l'absence d'unité, à l'intérieur comme à l'extérieur, qui caractérise l'autre espèce d'amour. Dans l'amour-goût, on ne contrevient jamais aux usages et au bon ton. Dans l'amour-vanité, on n'aime pas les êtres mais leur image publique : le duc ou le prince plutôt que telle personne particulière. Ce n'est plus la vie elle-même qui règne ici mais « les idées de roman ». Au lieu de se laisser guider par ses propres sentiments et par les qualités de l'objet aimé, on subit alors l'influence de l'opinion publique : « Une femme en prenant un amant tient plus de compte de la manière dont les autres femmes voient cet homme que de la manière dont elle le voit elle-même. » « Un homme passionné ne pense qu'à soi, un homme qui veut de la considération ne pense qu'à autrui »[2] : évidemment ici « autrui » au sens de « tiers », et non de l'objet aimé.

Pour illustrer chacune de ces espèces d'amour, Stendhal a recours à plusieurs moyens. L'un est l'usage des personnages littéraires. L'opposition Don Juan / Werther, au chapitre LIX, consacre la réduction des quatre formes à deux, vanité et passion : « Le bonheur de Don Juan n'est que de la vanité », alors que « l'amour à la Werther » s'avère coïncider avec « l'amour-passion ». Du côté de Werther se retrouvent aussi la Religieuse portugaise ou Héloïse et Abélard, alors que le parti de Don Juan est renforcé par des écrivains comme Crébillon, Chamfort ou Marmontel. Une autre référence littéraire est plus révélatrice : c'est celle à Rousseau et à *La Nouvelle Héloïse*. Reprenant l'énumération des quatre amours, Stendhal pose comme une équation : « Amour-passion, ou Julie d'Étanges » ; et, Werther à peine mentionné, il ajoute : « Le contraste serait plus exact si j'eusse cité Saint-Preux. » On n'en sera pas étonné si l'on se souvient que le roman de Rousseau avait servi à forger des images idéales dans l'esprit du jeune Stendhal ; on lit dans la *Vie de Henry Brulard* : « En arrivant à Genève, j'étais fou de *La Nouvelle Héloïse*.

Ma première course fut pour la vieille maison où est né J.-J. Rousseau », ou encore : « Étourdi par mes délicieuses rêveries, basées sur l'Arioste et *La Nouvelle Héloïse*... »[3]. L'idée d'amour-passion est dérivée de l'impression que Stendhal a tirée de ses lectures, c'est-à-dire des idées d'« autrui ». Les « idées de roman » sont omniprésentes dans son raisonnement, quoi qu'il en soit de leur rôle dans telle ou telle espèce d'amour.

Stendhal trouve un autre moyen pour illustrer les différentes formes d'amour dans une sorte de géographie psychologique, où les Français s'opposent aux Italiens comme la vanité à la passion. Dans la préface de 1826 à son livre, il décrit la France comme ayant, ô paradoxe, sa « passion *nationale*, la vanité » ; les femmes françaises « n'ont que de la vanité et des désirs physiques » et les hommes se préoccupent constamment de l'opinion que les autres se font d'eux. L'amour-passion exige la solitude, insupportable aux Français : « Un Français se croit l'homme le plus malheureux et presque le plus ridicule, s'il est obligé de passer son temps seul. Or qu'est-ce que l'amour sans solitude ? [...] La pensée de votre voisin était donc partie intégrante et nécessaire de votre bonheur. » Les Français n'ont à l'esprit que « l'imitation d'une manière d'être » ; « en France, nous cherchons à imiter tous les deux le même modèle ». Ce modèle, ce sont les romans qui le fournissent le plus souvent. « À Genève et en France [...] on fait l'amour à seize ans, pour faire un roman, et l'on se demande à chaque démarche et presque à chaque larme : "Ne suis-je pas bien comme Julie d'Étange ?" » « Quand ils se rappellent ce qu'ils ont lu dans les romans qu'il est *convenable* qu'un amant fasse, ils se sentent glacés »[4].

Au contraire, en Italie, pas de romans : « Comme si le hasard avait décidé que tout ici concourrait à préserver le *naturel*, elles ne lisent pas de romans pour la raison qu'il n'y en a pas. » « Le manque de la lecture de romans et presque de toute lecture [...] laisse encore plus à l'inspiration du moment. » Du coup, pas non plus de conscience d'autrui (du tiers) ni de son opinion : « Là, aucune attention pour les faits et gestes du voisin ; on ne s'y préoccupe de ce qui nous arrive qu'à peine. » L'Espagnol, assimilé ici à l'Italien, n'est lui non plus « jamais occupé des autres ». Ils vivent, l'un et l'autre, dans une recherche directe du bonheur sans se soucier des tiers : « Ils font ce qui leur fait plaisir. » « Dans l'heureuse Lombardie, à Milan, à Venise, la grande, ou, pour mieux dire, l'unique affaire de la vie, c'est le plaisir »[5]. Telle est la grande opposition qui sous-tend l'armature conceptuelle de *De l'amour* : vanité, société, romans, la France, d'un côté ; passion, solitude, plaisir direct, l'Italie, de l'autre.

En plus de cette typologie des amours, Stendhal propose aussi une description du processus même de l'amour, de son déroulement dans le temps. On a vu les étapes qui en précédaient la naissance : un jeu strictement limité au sujet et à l'objet. Une fois né, toutefois, l'amour est suivi de ce que Stendhal appelle la « cristallisation », laquelle à son tour se poursuit dans une « seconde cristallisation ». Or ces nouvelles étapes révèlent une conception de l'amour qu'il n'est pas aisé de réconcilier avec les idées qui précèdent. De quoi s'agit-il ?

La cristallisation, c'est la transformation (positive) de l'objet aimé par un travail de l'imagination ; c'est la subordination de la perception au désir et la capacité de voir l'objet tel que nous souhaitons qu'il soit. « Les actes de folie répétés, par lesquels un amant perçoit toutes les perfections dans la femme qu'il commence à aimer, s'appelèrent toujours *cristallisation* entre nous. » « Il suffit de penser à une perfection pour la voir dans ce qu'on aime. » « Elle jouira, non de ce qu'il est en effet, mais de cette image délicieuse qu'elle se sera créée. » C'est que, en amour, « *la chose imaginée est la chose existante* ». Au mot près, Stendhal reste ici encore fidèle à Rousseau qui écrivait dans *La Nouvelle Héloïse* : « L'amant qui loue en nous les perfections que nous n'avons pas les voit en effet telles qu'il les représente. » « Je crus voir sur votre visage les traits de l'âme qu'il fallait à la mienne. [...] J'aimais dans vous moins ce que j'y voyais que ce que je croyais sentir en moi-même. » Et Rousseau conclut quelques années plus tard : « Il n'y a point de véritable amour sans enthousiasme et point d'enthousiasme sans un objet de perfection réel ou chimérique, mais toujours existant dans l'imagination. [...] Tout n'est qu'illusion dans l'amour, je l'avoue [...]. Ce beau n'est point dans l'objet qu'on aime, il est l'ouvrage de nos erreurs »[6].

L'idée de perfection précède donc la perception de l'objet d'amour, et en même temps se la subordonne ; l'on jouit, non de l'être réel, mais de l'image qu'on lui superpose, une image qui provient de la mémoire plutôt que de la perception. Mais s'il est ainsi, il n'est plus vrai que l'amour naturel naît de la découverte de son objet et qu'il se joue exclusivement entre lui et le sujet. Si la cristallisation est une étape obligée de tout amour, alors tout amour comporte la référence à une norme ou une convention extérieure aux deux êtres qui se rencontrent. Plus même, cette étape, en principe tardive (postérieure à la naissance de l'amour), est en réalité à l'origine même de tout amour, comme l'illustre l'exemple de l'Allemand dans l'épisode intitulé « Le rameau de Salzbourg » : « Comme ce jeune homme est Allemand, la première qualité d'une femme, à ses yeux, est la *bonté* et, sur-le-champ, il aperçoit dans vos traits l'expression de la bonté. S'il était Anglais, il verrait en vous l'air aristocratique et *lady-like* d'une duchesse. » L'appartenance à une culture et à une nation détermine les images idéales qu'on se fabrique et qui à leur tour façonnent la perception de l'objet de l'amour. L'être réel n'est que le support auquel s'accrochent ces images. Les qualités réelles de l'objet aimé – ou leur absence – sont sans pertinence à ce stade de l'expérience, puisque tout dépend du point de vue du sujet. La beauté en soi n'existe pas, va jusqu'à affirmer Stendhal, elle n'est que la justification donnée après coup à notre désir. « Une fois la cristallisation commencée, l'on jouit avec délices de chaque nouvelle beauté que l'on découvre dans ce qu'on aime. Mais qu'est-ce que la beauté ? C'est une nouvelle aptitude à nous donner du plaisir. » « La beauté n'est que la *promesse* du bonheur »[7].

Ce qui amène Stendhal à proposer une tout autre interprétation de l'évolution du sentiment amoureux, sans se soucier autrement de sa réconciliation avec la description précédente : « L'âme, à son insu, ennuyée de vivre sans aimer, convaincue malgré elle, par l'exemple des autres femmes, ayant surmonté toutes les craintes de la vie, mécontente du triste bonheur de l'orgueil, s'est fait, sans s'en apercevoir, un modèle idéal. Elle rencontre un jour un être qui ressemble à ce modèle, la cristallisation reconnaît son objet au trouble qu'il inspire, et consacre pour toujours au maître de son destin ce qu'elle rêvait depuis longtemps[8]. » Le désir d'aimer vient en premier, nourri par l'exemple des autres ; l'objet de l'amour arrive en second, et ne fait que s'insérer dans un moule déjà formé. La cristallisation, comme le remarque bien Stendhal, est donc liée aux jeux de cour et de société, ainsi qu'aux idées romanesques, qui semblaient pourtant caractéristiques du seul amour de vanité ; elle se prolonge dans des sentiments comme la pudeur ou la jalousie, également inconcevables sans l'intervention du tiers. Au lieu d'être le défenseur intransigeant de l'unité et de l'homogénéité internes du sujet, Stendhal lui-même se complaît, tout au long de *De l'amour*, dans l'usage des pseudonymes comme des langues étrangères : autant de preuves de l'irréductible multiplicité intérieure de la personne. Si la cristallisation est la vérité de tout amour, que reste-t-il de l'opposition entre passion et vérité ?

L'autobiographie impossible

On sait bien aujourd'hui que *De l'amour* est né de la lutte de Stendhal pour surmonter et rationaliser un échec sentimental, son amour frustré pour Métilde. Il note le 24 avril 1820, au moment de l'écriture du livre : « Style *of Love*. Il écrit encore effrayé sous la dictée d'une grande passion. Voilà ce que le lecteur doit deviner. Donc, comme c'est la vérité, ne pas trop polir. » Plusieurs années plus tard, il marque dans la marge d'un exemplaire du livre publié : « Il fallait faire un effort sur *myself* et violer pour ainsi dire la pudeur pour *speak*, même en des termes aussi peu développés, de mon amour. » Quelques jours plus tard, apprenant la mort de Métilde, il note : « *Death of the author* », allant jusqu'à mettre l'objet secret de son discours à la place de son sujet déclaré. Et, encore quelques années plus tard, dans *Souvenirs d'égotisme*, il décrit ainsi l'expérience d'écriture de son traité : « Je songeais à faire imprimer un livre intitulé *L'Amour*, écrit au crayon à Milan en me promenant et songeant à Métilde. Je comptais le refaire à Paris et il en a grand besoin. Songer un peu profondément à ces sortes de choses me rendait trop triste. C'était passer violemment la main sur une blessure à peine cicatrisée »[9].

Pourtant, à l'intérieur même du livre, Stendhal dénie avec insistance toute ressemblance entre les sentiments de l'auteur et les sentiments décrits dans l'ouvrage. Il se sent obligé de le faire, en particulier, lorsqu'il emploie les pronoms personnels *je* et *moi* : il ne manque pas de rappeler au lecteur qu'il n'y a là que pur procédé littéraire. « C'est pour *abréger* et pouvoir peindre l'intérieur des âmes, que l'auteur rapporte, en employant la formule du *je*, plusieurs sensations qui lui sont étrangères, il n'avait rien de personnel qui méritât d'être cité », dit une note du chapitre III, et une autre, du chapitre XXXII : « On rappelle que l'auteur emploie quelquefois la tournure du *je*, c'est pour essayer de jeter quelque variété dans la forme de cet essai. Il n'a nullement la prétention d'entretenir ses lecteurs de ses propres sentiments. » Ces allégations sont pourtant contredites à l'intérieur même du texte par cette autre description de son travail : « Je fais tous les efforts possibles pour être *sec*. Je veux imposer silence à mon cœur qui croit avoir beaucoup à dire. Je tremble toujours de n'avoir écrit qu'un soupir quand je crois avoir noté une vérité »[10].

De l'amour est donc un livre qui, sous couvert de généralités, parle d'un cas particulier : celui de l'auteur ; c'est ce qu'affirment, conjointement, les révélations dans les marges et les dénégations dans le texte. Cela ne veut pas dire qu'il faut mépriser l'intention affichée du livre, qui est d'être un traité ; ceux qui, aujourd'hui, lisent *De l'amour* comme une autobiographie (comme un soupir) oublient que Stendhal dit : « je tremble ». Il reste que, sous prétexte de parler des autres, Stendhal parle de lui-même, et il le sait.

Pourtant, dans un projet de préface, qui date peut-être de mai 1826, Stendhal décrit le livre un peu différemment – ou plutôt, il décrit un livre quelque peu différent. Il emploie à ce moment le terme « égotisme », en s'en servant pour désigner toujours du même usage des *je* et des *moi*. « On peut reprocher de l'*égotisme* à la forme que j'ai adoptée. On permet à un voyageur de dire : “J'étais à New York […].” On n'accuse point ce voyageur d'aimer à parler de soi, on lui pardonne tous ces *je* et tous ces *moi*, parce que c'est la manière la plus claire et la plus intéressante de raconter ce qu'il a vu[11]. »

Oubliant en quelque sorte ce qu'il savait très bien – à savoir que ces *je* voulaient bien dire *je* – Stendhal imagine un autre livre, dont le récit de voyage pourrait servir de modèle : un livre qui évoque une expérience commune, même si en apparence il parle de soi. L'inversion, on le voit, est complète : *De l'amour*, pourrait-on dire en donnant aux termes un sens quelque peu différent de celui de Stendhal, parle de soi sous couvert des autres : c'est un livre *égoïste* ; l'ouvrage imaginé, au contraire, le livre *égotiste*, parle des autres sous couvert de soi.

Si le Stendhal-égotiste jetait un regard sur cette expérience du Stendhal-égoïste qui fournit la matière de *De l'amour*, qu'y verrait-il ? Le Stendhal de 1820 pense son amour pour Métilde comme une passion : sans intermédiaires, loin du regard des autres, de l'opinion publique, des conventions sociales. Le Stendhal de 1832, auteur des *Souvenirs d'égotisme* précisément, écrit : « "Le pire des malheurs serait, m'écriai-je, que ces hommes si secs, mes amis, au milieu desquels je vais vivre, devinassent ma passion, et pour une femme que je n'ai pas eue !" Je me dis cela en juin 1821 et je vois en juin 1832, pour la première fois, en écrivant ceci, que cette peur mille fois répétée, a été dans le fait le principe dirigeant de ma vie pendant dix ans. C'est par là que je suis venu à *avoir de l'esprit*[12]. »

Stendhal croit aimer Métilde de l'amour-passion qui ignore le regard des autres ; pourtant, il ne peut s'empêcher de penser à l'interprétation que ses amis feront de sa mésaventure. Dix ans plus tard, Stendhal n'a pas moins peur du regard des autres ; la seule différence, c'est que maintenant il le sait. « La vanité aspire à se croire une grande passion », écrivait-il dans *De l'amour*[13] ; il pourrait dire, maintenant : la passion est une vanité qui s'ignore. C'est cela, avoir de l'esprit : reconnaître que l'intersubjectif est fondateur du subjectif, que l'individu n'existe pas hors du jeu social.

Dans la *Vie de Henry Brulard*, la naissance de l'« esprit » est située avec plus de précision, en plein milieu de la période délimitée par les *Souvenirs d'égotisme* : « J'ai été homme d'esprit depuis l'hiver de 1826 », écrit-il, et s'en explique ainsi : « Je ne me suis donné cette peine [de passer pour homme d'esprit], je n'ai pris cet état d'improviser en dialogue, au profit de la société où je me trouvais, qu'en 1826 à cause du désespoir où je passai les premiers mois de cette année fatale »[14].

L'événement de 1826 est en lui-même assez semblable à celui qui précède l'écriture de *De l'amour* : il s'agit encore une fois d'une rupture amoureuse, cette fois-ci avec Clémentine Curial (« Menti »). Mais la réaction est différente. La première fois, Stendhal effaçait la singularité de son expérience dans la généralité du traité et glorifiait la fuite hors la société ainsi que la passion-fusion totale de deux êtres. À présent, il opte pour une solution éminemment sociale, celle d'« avoir de l'esprit », ou comme il dit encore d'« improviser en dialogue », c'est-à-dire de convertir en échange social ce qui n'était qu'expérience personnelle. On n'est pas loin, de nouveau, de l'égotisme : on dit maintenant *je* et *moi* sans scrupules parce qu'on sait qu'on parle à des *tu*, non de soi, mais d'*ils* et d'*elles* ; ou, si c'est de soi, d'un soi qui n'est pas *je* mais qui se décrit comme un autre *il*. L'année 1826 sera aussi, significativement, celle du premier roman, *Armance*. La voie est ouverte aux autobiographies « égotistes » de Stendhal, *Souvenirs d'égotisme* (1832) et *Vie de Henry Brulard* (1835-1836).

Ces deux tentatives d'autobiographie partent du même constat : Stendhal ignore qui il est ; et du même espoir : peut-être, à force de se décrire, finira-t-il par se découvrir. « Je ne me connais point moi-même et c'est ce qui, quelquefois, la nuit, quand j'y pense, me désole. Suis-je bon, méchant, spirituel, bête ? » « Quel homme suis-je ? [...] En vérité je n'en sais rien. [...] Voyons si, en faisant mon examen de conscience la plume à la main, j'arriverai à quelque chose de *positif* et qui reste *longtemps vrai* pour moi. » Et dans la *Vie de Henry Brulard* : « Je vais avoir cinquante ans, il serait bien temps de me connaître. Qu'ai-je été, que suis-je, en vérité je serais bien embarrassé de le dire. » « Je ne prétends nullement écrire une histoire, mais tout simplement noter mes souvenirs afin de découvrir quel homme j'ai été : bête ou spirituel, peureux ou courageux, etc. etc. »[15].

D'un certain point de vue, ce projet est couronné de succès : grâce à l'effort exigé par l'écriture, Stendhal retrouve des pans entiers de sa mémoire qui lui restaient inaccessibles jusqu'alors. « Ce n'est qu'en réfléchissant pour être en état d'écrire ceci que se débrouille à mes yeux ce qui se passait dans mon cœur en 1821. » Et la *Vie de Henry Brulard* abonde en notations du genre : « En écrivant ma vie en 1835, j'y fais bien des découvertes. » Y aurait-il une identité secrète de l'être, dont un travail de réminiscence pourrait découvrir la vérité ? D'autres fois Stendhal semble récuser la possibilité même d'une telle connaissance : « On peut connaître tout excepté soi-même » ; et dans une phrase qui semble sortir tout droit de La Rochefoucauld : « Je sens cela souvent, quel œil peut se voir soi-même ? »[16].

Y a-t-il là contradiction ? Observons la nature des découvertes faites par Stendhal. Il écrit dans la *Vie de Henry Brulard* : « Ces découvertes sont de deux espèces : d'abord, 1° ce sont de grands morceaux de fresques sur un mur, qui depuis longtemps oubliés apparaissent tout à coup [...]. 2° En 1835, je découvre la physionomie et le pourquoi des événements[17]. » Aucune de ces découvertes ne concerne un moi essentiel, cette quête conduit non à l'intérieur de l'être mais en dehors de lui. Stendhal découvre l'enchaînement des événements, les mobiles qui les préparaient, autrement dit il reconstruit sa propre vie comme si elle était celle d'un autre. À force de chercher à connaître sa personne, il découvre une partie d'une histoire impersonnelle.

Faut-il conclure que ce moi essentiel n'existe pas et que, par définition, l'on ne peut connaître que des réalisations partielles et ponctuelles de son être ; autrement dit, que c'est toujours un certain *moi* qui en connaîtra un autre ? Stendhal écrit : « J'avertis une fois pour toutes le brave homme unique peut-être, qui aura le courage de me lire, que toutes les belles réflexions de ce genre sont de 1836. J'en eusse été bien étonné en 1800[18]. » L'autobiographie, au sens strict, est impossible : on ne peut à la fois vivre et réfléchir, c'est-à-dire écrire. Le Stendhal de 1800 vivait des aventures, celui de 1836 les décrit ; mais l'un n'est pas la vérité de l'autre. Celui de 1836 peut expliquer celui de 1800 précisément parce qu'il n'est plus lui, parce qu'il est un autre.

Ce n'est pas une pure question de distance temporelle : à l'intérieur d'une même journée, je rencontre deux personnes et je fais vivre, au contact avec chacune d'elles, un être différent : tous deux vrais mais aucun plus essentiel que l'autre. C'est ce que Stendhal appelle « l'absence du *moi* ». Comment pourrait-il en être autrement si on se projette en l'autre au point de s'y fondre ? « Mon amour-propre, mon intérêt, mon moi avaient disparu en présence de la personne aimée, j'étais transformée en elle. » Si ce n'est pas par identification que l'on constitue son moi, c'est alors par réaction : la chose n'est pas moins contingente, et loin de toute identité stable : « Ma famille était des plus aristocratiques de la ville, ce qui fit que sur-le-champ je me sentis républicain enragé. » Cela est du reste vrai non seulement pour les personnes mais aussi pour les choses : « Jusqu'à vingt-cinq ans, que dis-je, souvent encore il faut que je me tienne à deux mains pour n'être pas tout à fait à la sensation produite par les objets »[19].

Dans les *Souvenirs d'égotisme* aussi, on chercherait en vain de l'auto-analyse. Ce que Stendhal raconte, ce sont les autres : les hommes et les femmes qu'il a fréquentés. Et le mélancolique « on peut connaître tout excepté soi-même » se double d'un triomphal : « Au fond, si je désirais quelque chose, c'était de connaître les hommes. » Mais cela permet-il de renouer avec le projet annoncé, celui de se connaître soi-même ? Oui, si l'on en croit une phrase dans *De l'amour*, toujours d'un esprit proche de La Rochefoucauld : « Nous ne pouvons être éclairés sur ce qui se passe dans nous que par les faiblesses que nous avons observées chez les autres »[20]. Se connaître à travers les autres, ou comme si on était un autre : telles sont les modalités de la paradoxale autobiographie stendhalienne.

La connaissance par les romans

L'attitude de Stendhal à l'égard de la France sera à son tour changée. Il décrit toujours « la nature parisienne » comme étant « polie, spirituelle, sans profondeur, en un mot songeant beaucoup aux autres », mais il participe maintenant de cette même nature : « La seule chose que je vois clairement c'est que, depuis quarante-six ans, mon idéal est de vivre à Paris, dans un quatrième étage, écrivant un drame ou un livre »[21]. Paris et l'écriture de livres de fiction se retrouvent du même côté : celui des autres.

Pour présenter la *Vie de Henry Brulard*, Stendhal est bien obligé de se référer aux *Confessions* de Rousseau, mais il formule aussitôt des réserves : « J'écris maintenant un livre qui peut être une grande sottise : c'est *Mes confessions*, au style près, comme Jean-Jacques Rousseau, avec plus de franchise. » Que désigne cette référence au « style » ? Une autre note, du 21 octobre 1836, le précise : « J.-J. Rousseau, qui sentait bien qu'il voulait *tromper*, demi-charlatan, demi-dupe, devait donner toute son attention au *style*. Dominique [c'est-à-dire Stendhal], bien inférieur à Jean-Jacques et d'ailleurs honnête homme, donne toute son attention au fond des choses. » Depuis longtemps déjà, Stendhal formule des réserves sur ce qu'il appelle « l'emphase » de Rousseau, c'est-à-dire son style, mais il adhère à ses idées. À l'époque de *Lucien Leuwen* (1834), il évoque, à propos de *La Nouvelle Héloïse*, son « emphase un peu pédantesque, qui fait fermer ce livre par les lecteurs un peu délicats »[22]. Maintenant cette incohérence lui est devenue intolérable. Stendhal, qui s'intéresse plus aux choses et aux êtres qu'à lui-même, qui s'est découvert dans les autres et qui a trouvé les autres en soi, a également trouvé son style : la franchise égotiste a remplacé le mensonge égoïste.

Du reste, Stendhal est de plus en plus gêné par la convention égotiste, par la nécessité de dire *je* et *moi* dans ses autobiographies, même si le dire ne signifie pas qu'il en parle. Dans la *Vie de Henry Brulard*, il se plaint sans cesse de « cet amas excessif de *je* et de *moi* », et il y voit le principal obstacle à l'exécution de son projet : « À vrai dire, je l'ai eue [la même idée d'écrire *my life*] bien des fois depuis 1832, mais toujours j'ai été découragé par cette effroyable difficulté des *Je* et des *Moi*. » Dans *Souvenirs d'égotisme*, il n'y pense pas comme à une pure convention mais éprouve le besoin de se démarquer d'un contenu autobiographique qu'on pourrait croire inévitable : « Je sens, depuis un mois que j'y pense, une répugnance réelle à écrire uniquement pour parler de moi, du nombre de mes chemises, de mes accidents d'amour-propre. » Une autre fois, il s'explique ainsi : « Je suis comme une femme honnête qui se ferait fille : j'ai besoin de vaincre à chaque instant cette pudeur d'honnête homme qui a horreur de parler de soi. Ce livre n'est pas fait d'autre chose cependant. Je ne prévoyais pas cet accident ; peut-être, il me fera tout abandonner »[23]. C'est prostituer son moi que d'en faire l'objet d'un examen public : le dévoiler et l'offrir aux autres. Stendhal ne mènera à bout aucune de ses tentatives autobiographiques, qui ne seront publiées que longtemps après sa mort.

Or ses remords étaient injustifiés : il ne parle pas du nombre de ses chemises, il parle à peine de lui-même. On n'en sera pas étonné si l'on voit avec quelle véhémence il se réfère à tous ceux qui le font. Plus encore que Rousseau, sa cible favorite est Chateaubriand : « Je n'ai jamais rien trouvé de si puant d'égotisme, d'égoïsme, de plate affectation et même de forfanterie sur de prétendus dangers à la mer que le début du deuxième volume de l'*Itinéraire à Jérusalem*, que j'ai ouvert ce matin pour avoir une idée du talent de M. Chateaubriand. Au lieu de faire connaître le pays, il dit *je* et *moi* et fait de petites hardiesses de style[24]. » Le voyageur doit décrire les pays qu'il traverse, disait déjà Stendhal dans la préface à *De l'amour* ; les *je* et les *moi* doivent rester de pure convention. C'est pourquoi, dans ce jugement sur Chateaubriand, remplace-t-il *égotisme*, destiné à rester terme neutre, par *égoïsme*, lequel est franchement négatif.

De ce fait, la joie du masque et du pseudonyme ne fait que se confirmer : « Me croira-t-on ? Je porterais un masque avec plaisir ; je changerais de nom avec délices. » « J'aurais voulu être un autre. » L'écriture de romans, qui offre une forme en quelque sorte légale à cette multiplication du soi, sera également mise en valeur. Depuis qu'il « a de l'esprit », depuis 1826, Stendhal écrit des romans. Auparavant, il se pensait en personnage de roman, il était dans la vanité, tout en rêvant à la passion : « Moi qui me croyais à la fois Saint-Preux et Valmont » : voilà que les deux pôles identifiés dans *De l'amour* à Werther et Don Juan révèlent déjà leur affinité secrète, en se retrouvant chez la même personne ! Mais il ne s'agit pas simplement de découvrir ses illusions et de s'installer tranquillement dans la vanité (dans le cynisme) : c'est à un nouvel état qu'accède Stendhal. Dorénavant, il écrit des romans au lieu de s'imaginer les vivre, et l'on a vu que son plus grand plaisir était : écrire, à Paris. Il le répète souvent : « J'étais devenu parfaitement heureux, c'est trop dire, mais enfin fort passablement heureux, en 1830, quand j'écrivais *Le Rouge et le Noir.* » Son autobiographie même lui apparaît comme un roman de plus : « Mon souvenir n'est qu'un roman fabriqué à cette occasion. » On trouve sur une page ce projet de titre : « *Vie de Henry Brulard*, écrite par lui-même. Roman à détails, imité du *Vicaire de Wakefield* »[25]. Non seulement l'autobiographie est roman, mais de plus elle imite le roman d'un autre (Goldsmith) !

Pourquoi ce prestige attaché au roman ? Une note du 24 mai 1834 fournit une explication : « J'ai écrit dans ma jeunesse des biographies (Mozart, Michel-Ange) qui sont une espèce d'histoire. Je m'en repens. Le *vrai* sur les plus grandes, comme sur les plus petites choses, nous semble presque impossible à atteindre, du moins un vrai *un peu détaillé*. Mme de Tracy me disait : "On ne peut plus atteindre au *vrai* que dans le roman." Je vois tous les jours davantage que partout ailleurs, c'est une prétention[26]. »

Les autobiographies, les biographies et l'histoire pourraient sembler de meilleurs candidats pour l'établissement du vrai que le roman ; pourtant, c'est le contraire qu'affirme Stendhal. Ce qui ne peut se comprendre que si l'on donne à *vrai* un sens autre que celui de « description du réel ». Ce dont il s'agit ici, c'est la vérité intime de chaque chose : c'est elle qui est mieux accessible à la liberté du roman qu'à l'histoire. C'est un peu dans le même sens qu'Aristote déclarait la poésie plus philosophique que l'histoire. Et ce n'est pas tout : l'opposition est double. Dans sa jeunesse, Stendhal a écrit non seulement des livres d'histoire, mais aussi des traités, tel *De l'amour*. La généralité y était, comme dans le roman, et pourtant ce n'était pas non plus la bonne voie. C'est que cette vérité-là manquait de « détails » : à force d'effacer le *je* qui écrivait, elle basculait dans le mensonge. Le roman est « un vrai un peu détaillé », plus général que l'autobiographie mais plus particulier que le traité, à mi-chemin entre l'égoïsme de l'un et l'impersonnalité de l'autre. La vérité de Stendhal est dans les fictions qu'il écrit. Le parallèle avec Rousseau est encore révélateur. Celui-ci avait transformé son roman, *La Nouvelle Héloïse*, en traité ; c'est peut-être pour cela aussi qu'il ennuyait Stendhal, et beaucoup d'autres lecteurs depuis. Mais, en sens inverse, son traité sur l'éducation tend vers le roman, et pour les mêmes raisons qui y attirent Stendhal : ce que Rousseau cherche dans la fiction d'*Émile*, ce sont « des détails et des exemples » ; la fiction, ici encore, est un moyen paradoxal de se rapprocher de la vérité. « Cette méthode me paraît utile pour empêcher un auteur qui se défie de lui de s'égarer dans des visions. » Son ambition, c'est d'avoir ainsi écrit « le roman de la nature humaine »[27].

Il n'est pas donné à tous d'écrire des romans. Pourtant, la découverte de Stendhal concerne la structure même de la personne, et a par là une application universelle. Le roman est le moyen le plus approprié à sa manifestation mais il n'est pas le seul. La première phase dans cette découverte consiste à s'apercevoir que la passion n'est pas qualitativement distincte de la vanité, car toutes deux obéissent à la cristallisation, autrement dit que personne ne peut ignorer le regard des autres et qu'on imite toujours les personnages de roman. Désormais, Stendhal représente cette opposition, passion-vanité, à l'intérieur de ses romans, mais n'en est plus dupe. C'est là une victoire de la lucidité sur l'illusion. Il reste alors à faire un deuxième pas qui implique une transformation dans l'être même, et non seulement dans la conscience que l'on en a. « Improviser en dialogue » n'est plus imiter les personnages de roman, c'est abolir la différence entre roman et vie, et reconnaître sa propre pluralité – ce qui ne veut pas dire inconsistance. Le traité impersonnel ment lui aussi, bien que d'une manière tout autre que le récit strictement personnel : en prétendant que l'effacement total de la personne est possible. Maintenant, l'individu ne se contente plus de subir passivement les forces qui l'entourent, il participe lui-même à la fabrication du monde. C'est ce deuxième pas qui rend l'autobiographie possible – mais une autobiographie à la Stendhal, où l'œil renonce sereinement à se voir lui-même. Elle illustre une voie qui se situe à égale distance de deux illusions : qu'il existe un soi profond, indépendant du monde humain dans lequel il vit ; et qu'il existe une connaissance du monde humain qui peut faire abstraction de la personne qui connaît. Cette voie-là n'est pas réservée aux seuls auteurs de romans : elle est accessible à tous.

Beckett, l'espoir

Le monde

« Représente-toi donc des hommes qui vivent dans une sorte de demeure souterraine en forme de caverne, possédant, tout le long de la caverne, une entrée qui s'ouvre largement du côté du jour ; à l'intérieur de cette demeure ils sont, depuis leur enfance, enchaînés par les jambes et par le cou, en sorte qu'ils restent à la même place, ne voient que ce qui est en avant d'eux, incapables d'autre part, en raison de la chaîne qui tient leur tête, de tourner celle-ci circulairement. » Ainsi commence l'un des mythes les plus célèbres de la culture occidentale, le mythe de la caverne, raconté par Platon au début du livre VII de la *République*[1]. Un mythe qui prétend figurer, par une image frappante, la vérité de la condition humaine.

On pourrait imaginer que Samuel Beckett s'en est souvenu un jour. Mais il aurait surtout été sensible aux imperfections du mythe, tel que le raconte Platon. Il se serait alors mis à réécrire le mythe à sa façon ; le résultat s'intitule *Le Dépeupleur*[2].

Qu'en est-il d'abord de cet espace qu'on nous décrit ? Platon dit : « une sorte de demeure souterraine en forme de caverne. » Mais cela reste évidemment très imprécis : il y a mille formes de caverne possibles. De surcroît, une caverne, produit de la nature et du temps, laisse trop de place au hasard : il faudrait pouvoir homogénéiser un peu. Prenons donc à la place un espace régulier. Un cercle, de, mettons, 16 m de diamètre (soit $(2^2)^2$: un bon chiffre rond) ; ensuite une hauteur, de 16 m elle aussi, évidemment (« pour l'harmonie »). Cela donne un cylindre, surface du fond à peu près 200 m^2, du plafond idem, des murs 800 m^2. Voilà pour la forme. Il faut aussi indiquer la matière de cette caverne nouvelle manière ; Platon, négligent, ne nous en dit rien. Une matière plutôt neutre, ni trop dure ni trop molle : ce sera du « caoutchouc dur ou similaire », à la fois résistant et inoffensif, et qui de plus assure le silence.

La lumière importait beaucoup à Platon ; pourtant, là aussi, il ne donne pas de précisions et laisse trop de choses au hasard. Elle vient, dit-il, d'un feu qui brûle en haut au loin. Mais un feu éclaire irrégulièrement les différents coins de la caverne ; et puis le feu lui-même est changeant, tantôt mijotant, tantôt montant en grandes flammes. Il faut introduire de l'ordre. D'abord, la lumière sera identique partout, et sa source, invisible. Pour éviter la monotonie, et aussi pour se rapprocher de la vérité de la vie, on la fera varier d'intensité : non de manière chaotique, bien sûr, mais selon une règle simple. Ce sera donc une lumière vibrante ; à des intervalles assez longs, la vibration s'arrêtera, pour une dizaine de secondes. Platon, déjà, faisait grand cas des problèmes d'adaptation de l'œil aux zones irrégulières d'ombre et de lumière. Mais il semblait croire que ces mouvements d'adaptation étaient sans conséquences majeures pour l'organe même, qui souffrait ponctuellement, sans plus ; qu'ils pouvaient donc recommencer éternellement. Or, à y regarder de près, tel n'est pas le cas. On assiste en fait, il faut bien l'admettre, à une lente dégradation de la vue. « Et s'il était possible de suivre de près pendant assez longtemps deux yeux donnés bleus de préférence en tant que plus périssables on les verrait s'écarquiller toujours davantage et s'injecter de sang de plus en plus et les prunelles se dilater progressivement jusqu'à manger la cornée tout entière. » À terme, c'est la cécité.

La température : Platon a complètement laissé de côté cet aspect de la vie dans la caverne. Or une représentation fidèle de la condition humaine se doit d'en tenir compte. La température variera, elle aussi, de façon régulière. Elle monte et elle descend, de cinq degrés par seconde, avec comme minimum cinq degrés Celsius, et maximum vingt-cinq ; et des moments de répit en haut et en bas. Un cycle complet durera donc huit secondes, quatre pour la hausse, quatre pour la baisse. Les peaux réagissent à ces variations, comme les yeux à celles de la lumière : elles se dessèchent comme des parchemins, et leur frottement rend un bruit de feuilles sèches craquées. D'où diminution sensible des élans érotiques dans la caverne, autre problème négligé par Platon.

La description de la population de la caverne, chez Platon, laisse à désirer pour ce qui est de l'exactitude. Il se contente de dire que, parfois, l'un des prisonniers est délivré de ses chaînes, et qu'on le tire en haut, vers la lumière ; plus tard, il peut redescendre au milieu des ombres. Mais combien y a-t-il des prisonniers en tout ? Combien montent vers la lumière ? Combien en redescendent ? À quel rythme, pendant combien de temps ? On ne souffre pas de ces hasards dans le cylindre. Puisqu'il y a 200 m^2 de surface au sol, mettons qu'y séjournent environ 200 personnes, avec une bonne représentation des âges ; les sexes, moitié moitié ; il y aura de tout : parents et enfants, maris et femmes, amis et inconnus. Puisqu'ils connaissent le mouvement et le repos, les habitants se répartiront naturellement en quatre catégories : ceux qui se meuvent toujours ; la plupart du temps ; une partie du temps ; pas du tout ; ou inversement. Ceux qui ne bougent pas du tout sont appelés les vaincus ; il n'y en aura que cinq. Les autres, ce sont les chercheurs, qui se divisent en trois catégories : vingt sédentaires ; soixante chercheurs qui s'arrêtent de temps en temps ; cent vingt qui ne s'arrêtent jamais. Personne n'est immobilisé par une chaîne au cou : cette idée esclavagiste est une projection de l'esprit de l'auteur. La répartition structurale est recoupée par une autre, de type fonctionnel. La surface du sol est divisée en trois bandes. Tout au long du mur, sur une largeur d'un mètre, se tiennent les grimpeurs. Plus près du centre vient la deuxième bande, celle des guetteurs, qui voudraient prendre la place des grimpeurs quand l'un de ceux-ci abandonne. Et puis il y a le cercle central, où se trouvent tous les autres.

La lumière de la caverne vient d'en haut ; mais comment y monte-t-on ? Dans le cylindre, on dispose d'échelles : une dizaine en tout, et pas en très bon état. À l'aide des échelles, on accède à des trous dans les murs, une vingtaine, « disposés en quinconce irréguliers savamment désaxés », qu'il est loisible d'explorer. Certains des trous s'arrêtent assez vite, ce sont de simples niches. D'autres communiquent entre eux, reliés par des tunnels. Y en a-t-il qui mènent au-dehors ? Voilà ce qui n'est pas connu avec certitude et motive les efforts des chercheurs, grimpeurs, guetteurs ou simples marcheurs. Le passage d'un groupe à l'autre est contrôlé par quelques règles précises, auxquelles on se soumet, la plupart du temps, de bon cœur ; il existe de plus un « esprit de tolérance qui dans le cylindre tempère la discipline ».

Sur le plan moral aussi, le cylindre est une image fidèle du monde. Ses habitants ont des droits et des devoirs. Ils connaissent bien le principe antique de la réciprocité : « Une certaine morale engage à ne pas faire à autrui ce qui venant de sa part ferait de la peine. » Le monde extérieur connaît aussi bien le déterminisme que la liberté ? Il en ira de même ici : il règne dans le cylindre une harmonie « entre ordre et laisser-aller ». Certains passages d'un groupe à l'autre sont contraints, d'autres optionnels. Ou encore, on choisit librement de se joindre à tel groupe ; mais, l'ayant fait, on est obligé de le suivre jusqu'au bout.

Arrêtons-nous ici. Si tous ces écarts par rapport à la version platonicienne du mythe pouvaient passer pour des redressements ou des mises à jour, il est temps de dire que le sens du mythe n'est pas du tout le même chez Platon et chez Beckett. La différence essentielle est qu'on peut quitter la caverne, mais non le cylindre. Dans des circonstances certes exceptionnelles, on peut sortir du royaume des ombres et regarder le soleil, qui est bien là ; la lumière existe quelque part, et les meilleurs y accèdent. Les habitants du cylindre, eux aussi, aspirent à en sortir. Certains pensent qu'un des tunnels pourrait conduire au-dehors. D'autres, ayant sans doute exploré tous les tunnels, ayant constaté qu'il n'y a que des culs-de-sac, imaginent qu'il existe une trappe au milieu du plafond ; mais ce lieu est inaccessible aux échelles. Tout est dit depuis le début, cet espace est « assez vaste pour permettre de chercher en vain », et « assez restreint pour que toute fuite soit vaine » : le trait commun est la vanité des efforts. Si l'on continue de chercher, ce n'est pas par espoir lucide, mais à cause d'un « besoin de grimper », qui trouve sa finalité en lui-même. Il faut donc aussi admettre que « le mot lumière est impropre » ; il s'agit plutôt d'un « éclairage qui non seulement obscurcit mais brouille par-dessus le marché ».

Le récit de Platon pouvait recommencer éternellement : il y a toujours eu des hommes prisonniers au fond de la caverne, il y a toujours eu des tentatives de regarder le soleil plutôt que les ombres. Le mythe de Beckett est, lui, soumis au temps : même si beaucoup de gestes se répètent, il y a eu un début et il y aura une fin. La dégradation est imperceptible : « C'est comme si à un grand tas de sable abrité du vent on enlevait trois grains un an sur deux et l'autre on ajoutait deux » ; mais elle n'existe pas moins. Le glissement, de la catégorie des chercheurs à celle des vaincus, connaît des répits ou même des inversions momentanées ; il ne s'en poursuit pas moins, inexorablement. De sorte que, même si l'heure présente dure longtemps, même si la fin n'est pas en vue, cette fin un jour arrive. Les uns après les autres, les chercheurs s'immobilisent dans la position des vaincus. La température descend à zéro, la lumière se réduit à néant.

Le monde semble donc, à première vue, beaucoup plus désespéré que celui de Platon. Là-bas, on vivait au fond d'une caverne, enchaîné ; mais on pouvait rêver à la montée vers la lumière qui, elle, restait immuable. Ici, la caverne est remplacée par un cylindre en caoutchouc, ce qui en soi n'est pas un grand mal ; ce qui l'est en revanche, c'est que les espoirs de sortir sont vains car il n'y a pas d'issue et que l'extinction générale nous guette au bout. Il n'y a pas plus d'espoir, du reste, à se pencher à l'intérieur de chacun : « Nul ne regarde en soi où il ne peut y avoir personne. » Si l'on continue de chercher, ce n'est pas du tout parce qu'il y a quelque chose à trouver ; c'est parce que nous sommes mus par un instinct aveugle, par le pur besoin de grimper. « Quoi qu'ils cherchent, ce n'est pas ça. » Le monde est désespéré, et absurde de surcroît.

Est-ce là toute l'histoire ? Dans la caverne, on pouvait identifier plusieurs groupes d'hommes : les prisonniers ; ceux qui marchent le long du muret séparant la caverne et l'extérieur ; enfin ceux qui viennent délivrer les prisonniers et les tirer au-dehors. Dans le cylindre, même s'il existe des subdivisions, tout le monde connaît finalement le même sort : la prostration.

Pourtant non, quelqu'un a dû rester en dehors du cylindre. On en entend parler par moments. Par exemple, les niches forment une savante harmonie, mais seulement au regard de celui qui en possède une image mentale parfaite ; or, ce n'est le cas d'aucun des grimpeurs. Qui en jouit, alors ? Si quelqu'un connaît l'histoire jusqu'à la fin, c'est qu'il est différent des habitants du cylindre : « Loin de pouvoir imaginer leur état ultime où chaque corps sera fixe et chaque œil vide ils en viendront là à leur insu et seront tels sans le savoir » ; or ce quelqu'un existe, puisqu'il nous en parle dès le début du livre. Celui qui emploie le futur n'est pas à l'intérieur de ce monde. Ou encore : on nous dit que la cécité menace toute cette population. Mais elle vient si lentement « que les intéressés eux-mêmes ne s'en aperçoivent pas » ; qui la remarque, alors ? Et aussi : le « nord » de cet univers circulaire est représenté par une personne vaincue, *la* vaincue, immobile depuis toujours. Chacun se situe donc par rapport à elle, « sans naturellement qu'il la nomme ainsi ou autrement même en pensée » ; mais qui donc l'appelle « la vaincue » ?

Quelqu'un perçoit le monde du cylindre bien mieux que ses habitants, et il en sait bien plus long. Il n'est du reste pas nécessairement seul. Tantôt, on imagine un « visiteur » impersonnel qui observerait l'état des lieux, tantôt on nous précise : « ce qui convenablement éclairé et vu d'en haut donnerait par moments l'impression de… » ; un autre pourrait donc se joindre au narrateur. Ce n'est pas forcément celui-ci qui affirme, un peu plus tard : « une intelligence serait tentée de voir… ». « Une intelligence », ce n'est pas très précis, mais ce n'est sûrement pas un habitant du cylindre ; quant au narrateur, pourquoi recourrait-il à de telles tournures, si c'était en son nom propre qu'il parlait ? Ou : « Inutile de vouloir imaginer la confusion qui résulterait de l'absence d'une telle règle. » Mais qui pourrait avoir une telle envie ? Un lecteur, peut-être ?

Un lecteur et un narrateur-écrivain, au moins, échappent au destin des habitants du cylindre. Car qui, sinon l'écrivain, émaille le récit de remarques du genre : « Voilà un premier aperçu », « cela n'est pas tout à fait exact », « si cette notion est maintenue », « sans qu'il soit utile d'entrer dans les détails » ? Qui se soucie des associations que peut provoquer tel ou tel mot ? Qui se réfère à Dante pour décrire une attitude, qui s'exprime de cette manière : « menant comme dit le poète aux asiles de la nature » (l'*Enfer* de Dante est un autre prototype possible du cylindre) ? Le narrateur ne se contente donc pas de décrire un monde objectif, ni même de transcrire la vision qu'en auraient ses personnages ; il rappelle, discrètement mais fermement, l'existence de son monde à lui, partagé éventuellement par un ou plusieurs lecteurs, et qui est aussi un autre monde.

Entre ces deux mondes, en effet, la discontinuité est totale. À l'intérieur grouillent deux cents « corps », engagés dans une quête épuisante et absurde. Au-dehors, un esprit supérieur imagine et décrit cette situation, en partageant ses réflexions avec quelques lecteurs choisis. Ces élus sont proches de l'Olympe : pour percevoir ce qu'ignorent les habitants du cylindre, « il faut être dans le secret des dieux », et de toutes les façons on ne saurait confondre les corps qui « vont cherchant chacun son dépeupleur » avec « l'être pensant venu se pencher froidement sur toutes ces données et évidences ». La situation de ce narrateur comme de ce lecteur semble beaucoup moins désespérée que celle des personnages.

Or cet autre monde, où l'espoir est possible, ne reçoit aucune attention. « Tout n'a pas été dit et ne le sera jamais » : certes ; mais le dit concerne très inégalement l'intérieur et l'extérieur du cylindre. Toute l'attention se concentre sur la vie au dedans : « Seul le cylindre offre des certitudes et au-dehors rien que mystère. » Quel mystère ? On a du mal à l'imaginer. Toujours est-il que l'espoir des uns est sans aucun contact avec le désespoir des autres. Ce n'est pas que la solidarité règne au sein de chacun de ces mondes : nous ignorons tout de celui du narrateur (sauf qu'il existe et que le narrateur ne nous cache pas qu'il connaît cette existence), mais dans celui des personnages, elle est bien rare. Un chercheur a le droit de regarder qui il veut, sans lui demander son avis ; mais l'amour n'a plus cours, et les époux se reconnaissent à peine. « Un moment de fraternité » permettrait aux chercheurs de toucher le centre du plafond, tant convoité ; pourtant, ce moment n'arrivera jamais : ils ne sont pas plus fraternels entre eux que des papillons. Et le « principe fondamental » de toute recherche d'une issue à l'aide des échelles « interdit de monter à plusieurs ». Mais si la solidarité, ici, est tragiquement absente, entre habitants du cylindre et observateurs de l'extérieur elle est carrément impensable.

C'est à ce point que l'on peut se demander si *Le Dépeupleur* dit vrai. Car un auteur a beau répugner à la philosophie, à la morale ou à la « science », il n'en cherche pas moins à nous dire la vérité du monde – même quand il n'aspire pas à rivaliser avec *La République* de Platon. Or là où *Le Dépeupleur* ne dit plus vrai – et c'est, paradoxalement, lui-même qui nous l'apprend – c'est dans la solution de continuité entre les personnages-objets et l'écrivain-sujet. Le cylindre est une image du monde ; or, dans le cylindre, *Le Dépeupleur* n'eût pu être écrit. Pourtant, il l'a été ; c'est donc que cette image n'est pas tout à fait juste. Ce qui y manque, c'est la place pour un écrivain pouvant écrire *Le Dépeupleur* et pour un (mille) lecteur(s) capable(s) de le lire et de le comprendre. Dans la caverne de Platon, on peut imaginer l'écriture de *La République* : ce serait l'œuvre d'un de ceux qui ont vu la lumière et qui sont redescendus pour libérer les autres humains ; le dialogue intitulé *La République* est cette descente même. Le modèle du monde proposé par Platon n'est peut-être pas le meilleur qui soit ; mais il est dépourvu de contradiction interne, car il ménage en son intérieur une place pour sa propre existence.

Que resterait-il du cylindre si *Le Dépeupleur* pouvait y être écrit ? Cela voudrait dire que, non seulement l'auteur est comme ses personnages (ce que, dans sa modestie, il admettrait volontiers), mais aussi que les personnages, ou certains d'entre eux, sont comme l'auteur. Il n'y a pas d'un côté les corps, de l'autre, les esprits les analysant : tous participent des deux. Et il y aurait au moins une sortie du cylindre : celle qui consiste à en produire une représentation artistique, à devenir cet être pensant qui se penche sur les données de la vie. Or celui qui produit une œuvre d'art ne peut être entièrement insensible à la communication entre humains, et donc à la solidarité humaine, puisque l'œuvre s'adresse toujours à quelqu'un (un lecteur venait déjà accompagner le narrateur). Les moments de fraternité et les actions communes n'en sont donc pas exclus.

L'auteur du *Dépeupleur* n'ignorait pas cet espoir-là, puisque c'est lui qui nous a conduits vers sa découverte ; mais il l'a fait comme malgré lui. S'il a laissé entrer l'espoir dans le livre, il lui a interdit l'accès au cylindre. Du coup, l'existence même du texte nous transmet un message beaucoup plus encourageant que le contenu de ses pages. La vie dans le cylindre nous paraîtrait moins désespérante si nous savions qu'un jour nous pourrions y rencontrer Beckett. Mais il n'ose pas nous parler de lui : là est la non-vérité, et de là provient l'illusion de l'absurde.

L'homme

« Je suis né avec un amour naturel pour la solitude qui n'a fait qu'augmenter à mesure que j'ai mieux connu les hommes. Je trouve mieux mon compte avec les êtres chimériques que je rassemble autour de moi qu'avec ce que je vois dans le monde. » Ainsi Rousseau, dans la première de ses lettres à Malesherbes[3], annonce le projet qui marquera de façon décisive toute l'écriture moderne : se désintéresser du monde pour se consacrer à soi, les êtres imaginaires et les chimères occupant avantageusement la place des hommes réels.

Ne serait-ce pas là un projet trop ambitieux, réservé aux seules personnes douées d'une imagination débordante, aux grands écrivains ? Sommes-nous tous de taille à produire une compagnie chimérique compensant l'absence d'êtres réels ? Pour prouver que la chose est possible, Samuel Beckett a écrit *Compagnie*[4].

Point n'est besoin d'être porté par le délire poétique. Il suffit, pour commencer, de pratiquer l'acte le plus simple qui soit, et qui s'impose de lui-même dès qu'on est seul : s'adresser la parole. Que se passe-t-il alors ? Au lieu d'être seul, je suis devenu deux : d'un côté la voix qui m'adresse la parole et, de l'autre, l'entendeur qui la perçoit. « Une voix parvient à quelqu'un dans le noir. » La voix est seule à parler, mais la présence de l'entendeur est également indispensable : ce *tu* doit indiquer qu'il a entendu la parole qui lui était adressée. Voilà ce qui permet de créer de la compagnie.

Les deux ne restent pas longtemps seuls. Ils sont rejoints par un troisième, qui est l'inventeur de la voix et de l'entendeur, et de toute la situation. La voix dit « tu » en s'adressant à l'entendeur.

L'inventeur, lui, dit « il » ou « elle », il parle d'une voix et d'un entendeur. Par exemple, la voix dit : « Tu es sur le dos dans le noir », alors que l'inventeur s'exprime ainsi : « Il gagna peu à peu le noir et le silence et s'y étendit. Et puis un jour la voix. »

Pourtant, c'est encore confondre trop de choses sous le même nom. Car celui qui imagine la voix et l'entendeur, c'est soi-même. Or quelqu'un a dû imaginer l'ensemble de ces rôles : c'est donc « l'inventeur de la voix et de l'entendeur et de soi-même. » Le soi-même est lui aussi une imagination de l'inventeur, destinée à lui tenir compagnie. Nous voici donc quatre.

Cela suffit-il pour rendre compte d'une situation verbale des plus simples ? La chose n'est pas sûre. Prenons un exemple. « Quelles visions dans le noir de lumière ! Qui s'exclame ainsi ? Qui demande qui s'exclame, Quelles visions dans le noir sans ombre de lumière et d'ombre ! » Posons, bien que la chose ne soit pas évidente, que ce soit la voix qui s'exclame. À ce moment, c'est peut-être soi-même qui se demande, Qui s'exclame ? et l'inventeur qui se demande, Qui se demande ? Ça va. Un autre exemple. Quelqu'un remarque : « Dans le même noir ou dans un autre un autre imaginant le tout pour se tenir compagnie. » Suit le commentaire : « Car, pourquoi ou ? Pourquoi dans un autre noir ou dans le même ? Et qui le demande ? Et qui demande, Qui le demande ? » La première remarque, cette fois-ci c'est clair, ne peut être le fait de la voix, puisque, tout comme l'entendeur, elle en est l'objet. Mettons que cette remarque provienne de soi-même. Alors, c'est l'inventeur qui pose la question : qui le demande (réponse : soi-même). Mais c'est seulement un autre qui peut encore enchaîner : Et qui demande, Qui le demande ? Appelons cette nouvelle personne, provisoirement, l'écrivain. Ils sont déjà cinq à se chamailler ainsi. Rousseau ne devait pas se douter qu'il fût si facile de faire venir à nous des êtres chimériques.

Aucune raison, évidemment, pour s'arrêter en si bon chemin. Car quel que soit le nombre d'interlocuteurs identifiés, on peut toujours poser une nouvelle question : « Qui demande en fin de compte, Qui demande ? » Et une nouvelle personne surgit. Telle est la logique du langage : celui qui parle ne peut se dire. Tout ce qu'il peut faire, c'est faire apparaître un simulacre, éventuellement appelé « je », mais qui lui-même aura toujours été énoncé par quelqu'un d'autre, innommable. Ils sont foule, mais celui qui parle n'est pas parmi eux.

D'autres multiplications sont également envisageables. On peut se demander, en effet, si l'un de ces personnages n'est pas quelqu'un d'autre ; c'est ce que faisait déjà le soi-même, à l'instant. Et puis, dans l'entendeur, qui est donc un *tu*, il faudrait distinguer entre celui à qui on s'adresse et celui dont on parle : chaque *tu* cumule les deux rôles. « Si ce n'est pas à lui que parle la voix c'est forcément à un autre. » Mais de quoi lui parle-t-elle ? « À un autre de cet autre ou de lui ou d'un autre encore. » Si l'on imagine qu'elle parle à un autre, on peut en effet imaginer aussi un troisième dont elle parle. Cela fait une foule de nouvelles possibilités. Mais il n'est pas sûr que le résultat soit très intéressant. D'abord parce que l'emploi de la deuxième personne assure l'identité de celui à qui l'on parle et de celui dont on parle. Ensuite parce que cet autre, le premier pour ainsi dire, ne serait pas moins l'entendeur, qui est déjà distinct de soi-même. Ce détour-là n'enrichit pas vraiment la compagnie.

D'autres éléments pourraient le faire, cependant : non plus des rôles nouveaux mais des objets ou des attitudes qui s'ajoutent au contexte où se joue ce drame de la parole. Il faudrait imaginer le lieu. Un cylindre en caoutchouc ? Non, plutôt une rotonde, en basalte noir. Imaginer la posture de chacun des participants : couché, assis, debout ? Couché. Sur le dos, sur le ventre, sur le côté ? L'entendeur, lui, est sur le dos, puisque la voix le lui dit : nu, les jambes jointes, les pieds écartés. L'inventeur, de son côté, pourrait être prostré sur le ventre, ou même ramper. À ce moment, on pourrait imaginer que l'entendeur l'entende : « Quelle contribution ce serait s'il pouvait entendre la reptation » ou encore, imaginer des rencontres minimales : avec un rat mort ? Avec « une mouche vivante le tenant à tort pour mort » ? Il vaut mieux pas, cela risque de réveiller de mauvais souvenirs.

Le voilà donc entouré d'êtres chimériques. Trouve-t-il pour autant son compte ? On peut en douter. Ces personnages, ce contexte n'ont rien de charmeur ; au demeurant, à aucun moment il n'a oublié qu'ils étaient tous de son invention, et cela limite fortement leur puissance. « Se créant des chimères pour tempérer son néant », « dans le même noir chimérique que ses autres chimères ». « Accroupis ainsi tu te prends à t'imaginer que tu n'es plus seul tout en sachant fort bien que rien n'est survenu pour rendre cela possible. Le processus se poursuit néanmoins enrobé pour ainsi dire de son absurdité. » Dans ce cas, cela vaut-il la peine de continuer, étant donné que ses rêveries n'ont rien de serein ? Il l'éprouve souvent : regret « de les avoir suscitées et problème comment en finir ». « Pourquoi ne pas simplement gésir les yeux fermés dans le noir et renoncer à tout. » C'est bien ainsi que se termine cette fable : tout compte fait, mieux vaut rester comme avant son début. « Seul. »

Le projet de Rousseau n'a pas donné, dans ce cas-ci, des résultats réjouissants. Mais s'agit-il encore du projet de Rousseau ? Celui-ci voulait remplacer le monde par son *je*, il choisissait d'ignorer la compagnie des hommes-objets pour se complaire dans la vision de l'unique sujet : lui-même. L'auteur de *Compagnie*, de son côté, ne permet jamais au *je* d'affleurer. Ces rôles qu'il suscite, ce n'est pas lui ; il préfère même leur donner des noms impersonnels, pour les éloigner encore. L'entendeur pourrait s'appeler H, ou au moins M ; W conviendrait à soi-même. Mais même ces personnages-là ont beaucoup de mal à dire « je ». La voix, par exemple, ne le fait jamais ; elle se contente d'y pousser l'entendeur. « Quelle contribution à la compagnie ce serait. Une voix à la première personne du singulier murmurant de loin en loin, Oui je me rappelle. » Mais l'entendeur ne se décide pas, lui non plus.

Encore moins l'inventeur, sans parler de l'écrivain, ou d'une de ces personnes au-delà de lui, qui se rapprochent de plus en plus, même si elles n'ont aucun espoir de le toucher, de l'auteur de *Compagnie*. En fait celui-ci redoute toute tentation de ce genre et, chaque fois que le danger pointe à l'horizon, il se rappelle lui-même à l'ordre : il se dit, Motus ! « Imaginant le tout pour se tenir compagnie. Vite motus. » « Donc un autre encore. De qui rien. Vite motus. Un temps et derechef affolé à part soi, Vite, vite motus. » « Encore un autre encore imaginant le tout pour se tenir compagnie. Vite vite motus. » Cet autre encore, au-delà de toutes les figures imaginées, il ne faut en aucun cas y toucher. « Nulle part à trouver. Nulle part à chercher. L'impensable ultime. Innommable. Toute dernière personne. Je. Vite motus. »

La représentation du sujet énonçant est approchée ici davantage que dans *Le Dépeupleur* ; et pourtant elle reste frappée du même interdit : Je. Vite motus. « Il ne le peut pas. Il ne le fera pas. » Pas n'importe quel « je » bien entendu : dire « je » par jeu est facile ; le « je » impossible est celui qui communique avec le sujet énonçant. Et, de nouveau, le contraste est grand entre le désespoir de celui que décrit le livre, condamné, comme tant de héros beckettiens, à l'activité minimale, ramper ou gésir, ouvrir et fermer les yeux dans le noir, ne pas s'aventurer à croiser les pieds ou à soulever la main ; et l'euphorie de celui qui écrit le livre, qui pendant ce temps produit cent pages de prose superbe (lui aussi a lu Dante, du reste). Entre la fatalité qui règne dans le monde représenté et qui rend toute initiative dérisoire, d'un côté, et, de l'autre, l'acte de liberté et de courage qui consiste à écrire un livre. Entre le monde purement objectif au-dehors, que dépeignent si bien les phrases nominales omniprésentes, et la subjectivité de celui qui compose le tout. Entre la solitude du gisant et la communion de Beckett avec ses lecteurs. Lecteurs qui, contrairement à l'entendeur, accepteraient de dire « je » à leur tour.

Pourtant, celui qu'on a appelé « l'écrivain » n'a pas seulement imaginé la compagnie ; il a aussi écrit un livre, *Compagnie*. Or il ne dit jamais « je ». Il ne dit pas non plus, en écho à la voix : tu es assis maintenant dans ton fauteuil, tu ouvres le livre que tu viens d'acheter, tu en lis la première phrase. La chose est inconcevable : ce monde n'est habité que par des objets, les sujets sont innommables. Or le livre existe, le lecteur aussi ; ce qui implique, comme pour l'entendeur, qu'il comprenne la langue dans laquelle on s'adresse à lui : « Car s'il devait seulement entendre la voix et qu'elle n'ait pas plus d'effet sur lui qu'une parole en bantou ou en erse ne ferait-elle pas aussi bien de se taire. » Ce qui à son tour signifie qu'il existe une communauté, un monde humain au-delà de la solitude. La voix dit à l'entendeur (mais aussi à l'inventeur, et à l'écrivain) : « la première personne du singulier et incidemment à plus forte raison du pluriel n'ont jamais figuré dans ton vocabulaire. » C'est l'impossibilité d'admettre le *je* qui enlève tout espoir de voir surgir le *nous* : ici non plus, aucun moment de fraternité, aucune action commune.

Il y a quelque chose de tragique dans ce refus de Beckett de dire l'espoir, tout en nous le faisant deviner – en creux. Le monde qu'il décrit est désespéré, il est vrai, mais il l'est devenu parce qu'il s'en est soigneusement exclu lui-même. Observateur innommable dans *Le Dépeupleur*, *je* interdit dans *Compagnie*, nous savons pourtant qu'il est là, et qu'il est tout autre que ce qu'il décrit. L'espoir n'est pas non plus, comme le croyaient les disciples de Rousseau, dans l'asymétrie inverse, lorsque le *je* ne laisse plus de place pour le monde du dehors. Il vient plutôt de ce qu'il n'y a pas de rupture radicale entre les autres et *je*, comme nous le suggère déjà la langue, qui leur est commune. Je ne suis pas qu'un sujet, mais les autres ne sont pas de purs objets, c'est pourquoi nous pouvons dire : nous. Un monde dépouillé de sa dimension inter-humaine est, certes, absurde ; mais un monde sans le lien inter-humain n'est plus le monde tel qu'il existe.

Il est vrai que le langage semble nous y condamner : on ne peut jamais dire que les autres, celui qui parle est innommable. Mais le langage qui crée la difficulté nous offre aussi des moyens pour la contourner ; et Beckett les connaît fort bien. Puisque je peux dire les autres, si je montre que *je* n'en est pas très différent, je me serais dit aussi. Si l'écrivain admet sa parenté avec l'inventeur, si le lecteur peut se reconnaître dans l'entendeur, en représentant ceux-ci on aura aussi fait figurer ceux-là.

Si les autres sont comme moi (des sujets et non seulement des objets), je suis moi-même comme eux : un objet parmi d'autres. Je ne peux extérioriser l'être qui parle ; mais je peux le faire pour celui que j'étais il y a un instant ou un demi-siècle, et en reconnaissant que c'est toujours de la même personne qu'il s'agit : mon passé est à la fois autre et mien. Si l'on a épousé l'optique des autobiographes, raconter son passé n'est guère difficile : le *je* existe d'abord, et tout ce qui le concerne mérite d'être converti en mots. Mais si, comme Beckett, on part du monde objectif, la description de soi devient un acte de grand courage, puisque par là on s'introduit dans ce monde objectif, on accepte de partager la vulnérabilité des autres, en se livrant sans défense au regard de ceux qui ne sont pas représentés : les lecteurs silencieux.

Compagnie rapporte une douzaine de souvenirs. Ils ne sont pas euphoriques. Le plus ancien, souvenir de souvenir, raconte la naissance du sujet : le père fuit en attendant que se termine le travail de la mère. Les parents se montrent ensuite, mais « nulle trace d'amour ». Le père attend que l'enfant saute à côté de lui, dans l'eau ; il s'amuse de l'entendre imiter son propre gloussement. La mère est irritée par les questions saugrenues et les comportements fantasques de son fils. Une vieille mendiante se jette de la fenêtre du premier étage et reste suspendue sur sa porte ; un hérisson croise son chemin et semble trembler de froid. L'enfant a pitié de l'un et de l'autre, mais les résultats de ses interventions ne sont pas à la hauteur de son attente. Jeune homme, il se voit seul devant la mer, seul dans la montagne. Une jeune femme apparaît mais aucune parole n'est échangée. Ce sont ensuite des images de plus en plus proches de la prostration présente : la marche devient difficile, ensuite c'est l'enfermement. Aucune grande joie, donc, et pourtant ces souvenirs sont, étrangement, porteurs d'espoir : c'est qu'ils établissent un pont entre la misère du monde au-dehors et la qualité de celui du dedans. Ils humanisent le monde, qui du coup cesse d'être absurde.

Il est aussi des modes du discours qui, plus que d'autres, impliquent la participation et la solidarité des interlocuteurs ; tel l'humour. Or l'humour n'est jamais absent des pages de Beckett. Il naît là où on ne l'attendait pas : des termes savants, parce que appliqués à des situations banales ; des anaphores (les premiers, les derniers, ceux-ci, ceux-là) qui en font trop ; des clichés administratifs ; du rapprochement de clichés au sens littéral antithétique (« l'acte d'allongement y a coupé court ») ; mais surtout du goût prononcé pour l'art combinatoire. *Compagnie*, comme d'autres livres de Beckett, est raconté par quelqu'un qui sait avoir « une espèce d'imagination si entachée de raison » et qui se dit : « Vers les simples opérations d'arithmétique tu te tournes volontiers dans les moments difficiles. Comme vers un havre. » Plus encore, il aime énumérer tous les cas possibles résultant d'une combinaison, et ce qui devrait être fastidieux provoque le sourire : « Espoir et désespoir pour ne nommer que ce vieux tandem à peine ressentis. » « Mais une fois bien prostré rien ne l'empêche de basculer sur l'un ou l'autre de ses deux flancs ou sur son unique dos. »

Pourquoi de telles phrases font-elles naître l'espoir ? Ce qu'elles décrivent est la prostration et le néant. Mais par leur forme – « entachée de raison » – elles introduisent une distance entre l'expérience évoquée et celui qui la rapporte ; elles créent un espace où nous, lecteurs, pouvons nous immiscer ; un havre de paix où nous pouvons encore sourire, *ensemble*, devant le désespoir de la situation.

Le monde de Beckett n'est pas désespéré. C'est, il est vrai, un monde sans illusions ni complaisance. Mais, de ce fait, y trouver de l'espoir est plus précieux que si l'on le prenait chez un enthousiaste naïf où il abonde. Or il est là, même si une immense pudeur empêche qu'il soit nommé. Il est dans la perfection de l'œuvre d'art, dans le souvenir à peine avoué, dans le sourire partagé. Ce vieux tandem. La pudeur rend le tableau un peu moins vrai qu'il ne devrait être ; mais son peintre, d'autant plus attachant.

Dans un autre texte (« D'un ouvrage abandonné », dans *Têtes-Mortes*[5]), Beckett dit : « Jamais aimé personne à mon avis, je m'en souviendrais. » Le contenu de la phrase est sombre, mais son ton est comme un clin d'œil : je ne peux pas vous le dire ouvertement, et du reste je n'apprécie pas les grands mots ; mais au fond, vous savez, je vous aime quand même.

FINALE

Un profil de Goethe

Aimer Goethe ?

Il n'est pas toujours facile d'aimer Goethe. Je devrais peut-être ajouter à cette constatation, pour la rendre à la fois moins générale et plus juste : « aujourd'hui », ou « si l'on n'a pas été élevé dans la tradition germanique », ou même, plus modestement : il en a été ainsi pour moi, quand j'ai commencé à le lire. Pourtant, je ne crois pas que ma première réaction ait été si exceptionnelle, et il y a, pour celui qui aborde aujourd'hui l'œuvre de Goethe par tel ou tel bout, un problème de manque de sympathie spontanée. Sans doute la sympathie implique-t-elle une conscience de la vulnérabilité de l'autre, or il est difficile de l'avoir à l'égard de Goethe : sa personnalité, sa vie, son œuvre sont trop lisses, trop parfaites pour qu'il soit facile de s'y « accrocher ».

Du coup, on est sensible à ses défauts – qui ne sont que les excès de ses vertus. On sait tellement que Goethe était un sage qu'on finit par trouver un peu plats ses préceptes réitérés : l'homme doit rester fidèle à sa nature, le poète n'exprimer que ce qui est vivant, l'art doit être proche de la nature, le progrès et les lumières valent mieux que les ténèbres… Les contemporains déjà, et les lecteurs des époques postérieures à plus forte raison, ont été sensibles aussi à un certain « égoïsme » de Goethe, sa conscience de sa propre valeur, son insensibilité aux besoins des autres, sa tendance à accumuler les biens. On est un peu gêné de le voir, âgé de quatre-vingts ans, disputer à sa belle-fille un autographe de Byron !

De même pour ses réactions devant la douleur : à la mort de son fils cadet, il décide de « se raidir, en recourant aux moyens que nous offre la culture de l'esprit ». À la mort de l'aîné, trente ans plus tard, il est toujours aussi raide, à en croire son fidèle compagnon Eckermann : « Il se tenait droit et ferme, et il me pressa dans ses bras. Je lui trouvai une sérénité et un calme parfaits. Nous nous assîmes et parlâmes aussitôt de choses concrètes [...] ; de son fils, il ne fut pas dit un mot. » À la mort de la grande-duchesse, amie très proche de Goethe, tous craignent pour lui ; mais c'est ne pas connaître son homme : « Il était assis devant nous, comme un être d'une nature supérieure que les souffrances de la terre ne touchent pas »[1]. Supérieure ou inférieure, nous ne sommes plus très sûrs, mais certainement différente de la nature commune, et de celle qui se laisse aimer. Il semble tenir à son *Faust* plus qu'à son fils ; l'humanité (les lecteurs à venir) y trouve sûrement son compte, mais les hommes qui l'entouraient ?

Un autre problème surgit lorsqu'on essaie de connaître les idées de Goethe : c'est qu'il n'est pas un penseur systématique et n'a pas vraiment le goût de la théorie. Il faut dire que nous sommes inconsciemment tentés de le comparer aux grands philosophes de son temps ; et quel temps, en effet ! Goethe a eu l'heur (ou le malheur) d'être le contemporain exact du plus grand épanouissement qu'aura connu la pensée philosophique moderne, celui qui va de Kant à Hegel en passant par Fichte, Schelling et Solger ; tous ces auteurs produisent de vastes constructions théoriques. Même les écrivains de cette époque, Herder, Schiller, Hölderlin, Friedrich Schlegel, Novalis, ont une passion de l'abstraction autrement plus vive que celle de Goethe, ils bâtissent des systèmes audacieux, manient en maîtres la formule fulgurante et le paradoxe révélateur. À côté d'eux, Goethe fait pâle figure avec ses innombrables compte-rendus des ouvrages des autres, ses réactions ponctuelles – et, pis, « modérées » ! – aux événements artistiques du temps et ses réflexions chaotiques, quand elles ne sont pas franchement contradictoires.

Doit-on encore chercher la cohérence d'une pensée lorsqu'on voit Goethe porter sur l'esthétique le jugement suivant : « Nous parlâmes ensuite des esthéticiens qui se donnent bien du mal pour exprimer l'essence de la poésie et du poète par des définitions abstraites, sans parvenir à des résultats clairs. – Qu'y a-t-il tant à définir, dit Goethe.

Le sentiment vivant des situations, et la capacité de l'exprimer, voilà le poète[2]. » Nous y voilà ! Kant, Schelling et Hegel se sont fatigués pour rien ; l'affaire était tout à fait simple, mais ils ne s'en sont pas aperçus : un sentiment, une capacité, et le tour est joué. C'est peut-être même trop simple.

On ne peut refuser à Goethe, en tout cas, le mérite d'avoir été conscient de sa position singulière. Non seulement parce que, dans sa jeunesse en particulier, il déclare que l'art est par principe irréductible aux théories ; ni parce que, de façon déjà plus significative, il évite de se laisser enfermer dans un système dogmatique quelconque, voulant toujours juger par à-coups, en fonction des circonstances du moment (sa vie fourmille d'exemples de jugements disparates) : « Pour ma part, tout au moins, mon jugement varie à tout moment selon ma disposition personnelle. » Non, il y a un refus plus radical chez Goethe de la « philosophie » (« je n'avais aucun organe pour la philosophie au sens propre », écrit-il aussi[3]).

Schiller reçoit *Les Années d'apprentissage de Wilhelm Meister* et, tout en exprimant son admiration, croit y percevoir une certaine faiblesse : « Parlons sérieusement : comment se fait-il que vous ayez pu élever un homme et le conduire jusqu'au terme de sa formation, sans vous être heurté jamais à des besoins auxquels la philosophie est seule capable de donner satisfaction ? » Il se défend de vouloir rendre Goethe philosophe, mais cette défense prend le ton d'une dénégation : « Vous allez peut-être vous dire que j'use là tout bonnement d'un moyen détourné pour vous pousser artificieusement à la philosophie, mais je vous donne l'assurance… » Goethe, qui chérit pourtant beaucoup les idées de Schiller à cette époque, reste ferme : « La diversité de nos natures a cette conséquence fatale que je ne saurai, quoi que je fasse, donner jamais pleine satisfaction aux exigences qui vous paraissent impérieuses. » La diversité des natures humaines est encore évoquée à une autre occasion. À Schiller qui lui avait écrit que, de son *Faust*, « on exige nécessairement qu'il soit philosophique en même temps que poétique », il répond aussitôt : « Il est peu probable que nous soyons amenés, vous ou moi, à modifier notre façon de concevoir cette œuvre »[4].

L'attrait éprouvé par ses amis pour la spéculation philosophique lui apparaît même comme une maladie supplémentaire. Vingt ans après la mort de Schiller, il ne lui pardonne toujours pas son penchant pour l'abstraction et ne se lasse pas de condamner cette « malheureuse période de spéculations ». Il a un certain faible pour Schelling et sa doctrine, mais ne peut accepter tout à fait un être qui se propose de déduire *a priori* les divers genres artistiques : il préfère ne pas le fréquenter car « la philosophie, chez moi, est néfaste à la poésie »[5].

Lorsque, exceptionnellement, ses amis parviennent à lui imposer un travail « théorique », il ne tarde pas beaucoup à s'en débarrasser, sans le moindre regret. « Les considérations théoriques ne suffiront plus longtemps à me satisfaire, écrit-il, il est temps de retourner au travail » : la théorie ne relève donc pas du « travail ». Ou à une autre occasion : « Chacune de mes réflexions me fortifie dans ma résolution : ne plus orienter ma pensée que vers des œuvres originales, de quelque nature qu'elles soient, vers leur production, et dire adieu à toute manifestation théorique. » « De quelque nature qu'elles soient », sauf une : de nature théorique. Si Goethe s'engage dans des entreprises théoriques et discursives, il le fait avec un seul but : aider les artistes dans leur pratique. « Il faut tout concevoir de manière pratique. » Que vaut un traité d'esthétique s'il n'aide pas le peintre à produire un tableau plus beau ? Si lui-même participe à une revue, c'est qu'« avant tout nous nous proposons de former de bons artistes »[6].

Malgré les relations amicales qu'il entretient avec plusieurs philosophes, il n'est pas friand de la lecture de leurs ouvrages. Ou, s'il le fait, il lui faut se mettre dans des conditions particulières, qui lui permettent de neutraliser l'aridité des textes. Ainsi avec Kant : « Je l'ai lu tandis que les enfants jouaient autour de moi, et cela est également un bon réactif car, vus les sommets de la raison pure, toute la vie semble une vilaine maladie, et le monde une maison de fous. » Tout en admirant parfois la critique de la raison de Kant, il caresse le projet d'une « critique des sens » qui contribuerait au progrès des arts ; en réalité ses efforts dans cette direction se déploient à un niveau tout à fait différent : il essaiera par exemple de faire venir en

Allemagne des copies des grandes œuvres anciennes ou italiennes. Toute avancée séparée de théorie et de pratique est donc exclue au départ : la théorie ne l'intéresse qu'incarnée dans l'action. De sorte que, lorsque beaucoup plus tard il repense à la philosophie critique, il reconnaît l'impact positif qu'elle a eu sur lui, mais lui reproche de rester trop éloignée des faits de la vie, alors que c'est « notre contact immédiat avec le monde extérieur qui fait la joie de la vie ». Au sortir d'une autre lecture de Kant, il se déclare satisfait, mais ajoute aussitôt, comme s'il parlait en général : « Au reste, j'ai horreur de tout ce qui se borne à m'instruire, sans enrichir ma capacité d'action ou sans me procurer un surcroît immédiat de vie »[7]. À bon entendeur, salut !

« En général, je préfère les histoires aux raisonnements », dit un personnage de Goethe, et pense Goethe lui-même. Ce retour au *mythos* de préférence au *logos* n'est pas dû à ce que l'un serait d'une efficacité théorique supérieure à l'autre, ni même à ce que Goethe préférerait le concret à l'abstrait. Car c'est la séparation même entre abstrait et concret, entre pensée et action qu'il récuse – et qu'il accuse la philosophie de pratiquer. « Que ma pensée ne se sépare pas des objets [...], que ma contemplation soit elle-même pensée, ma pensée contemplation. » La philosophie n'est bénéfique qu'à condition « qu'elle réunisse, ou mieux encore exalte notre sensibilité originale comme si nous ne faisions qu'un avec la nature, qu'elle la conforte et la transforme en une intuition profonde et paisible »[8].

Goethe suit le même principe dans son travail de créateur : « Toutes mes poésies sont des poésies de circonstances », se plaît-il à dire, c'est-à-dire qu'elles partent d'un fait particulier – non parce que le particulier est préférable au général, mais parce que le général est dans le particulier, et ne doit être que là. Schiller dit de lui : « Vous demandez à toute l'infinie multiplicité des modes de l'existence phénoménale de rendre compte de l'individu » : c'est le phénomène qui explique le phénomène, non une loi abstraite. Ce qu'il demande est une sagesse du sensible, une fusion de l'idée et de la vision, qui se trouve à égale distance de la pure abstraction et de l'empirisme littéral. Goethe lui-même écrit, dans une formule audacieuse : « Le plus élevé serait : comprendre que les faits sont déjà théorie. Les bleus du ciel nous révèlent la loi fondamentale du chromatisme. Qu'on ne cherche rien derrière les phénomènes ; ils sont déjà eux-mêmes de la théorie. » Ou, selon une autre maxime datant de ses dernières années : « Le particulier et l'universel coïncident : le particulier est l'universel tel qu'il apparaît selon la diversité des conditions »[9].

Si nous ne trouvons donc pas de « théorie » chez Goethe, comme on la trouve chez Kant ou Schiller, c'est que Goethe *est* lui-même la théorie. « Ma formation était pour moi une affaire sérieuse, j'ai travaillé sans relâche à faire de moi une plus noble créature », dit Goethe, en effaçant du même coup la frontière entre les œuvres d'art et sa vie, entre les produits et la production. Et nous le voyons en effet aussi habile à écrire de la poésie qu'à découper le rôti ou à servir à boire ; il s'intéresse tout autant au futur canal de Panama ou de Suez qu'aux écrits de ses amis philosophes. En voyage, il écrit à Schiller : « Je ne rentrerai pas avant de m'en être donné jusqu'à satiété de l'empirisme quotidien, puisque l'absolu nous est interdit. » On se demande dans quelle mesure le dernier bout de phrase n'est pas une justification destinée aux autres ; on peut douter en tout cas que Goethe regrette cet état des choses. Tout au long de sa vie, il se donne « à satiété » de cet empirisme quotidien, il vit dans les objets, les actions, les êtres – car il ne connaît pas d'autre vie. « Je ne suis vraiment apte à penser qu'en agissant »[10].

À la fin d'une lettre à Schiller, consacrée à des affaires littéraires, Goethe ajoute : « Soyez une fois de plus indulgent du vide de cette lettre, que j'essaie de compenser en vous envoyant un plat de carottes[11]. » Oui, vous avez bien lu : « un plat de carottes ». Je m'aperçois soudain que je peux aimer Goethe, à cause de cette continuité posée entre les pensées exprimées par la lettre et les carottes cuites envoyées en cadeau. Imagine-t-on Kant ou Hegel envoyer à un ami un opuscule philosophique, accompagné, pour le cas où l'ami le trouverait plutôt faible, d'un peu de choucroute ? Décidément, Goethe pratique des registres multiples, et il est présent dans chacun d'entre eux. Il n'est peut-être pas un théoricien (comme les autres), mais c'est parce qu'à ses yeux les faits sont eux-mêmes théorie.

Certains faits, donc, méritent qu'on en prenne connaissance.

Au-delà du romantisme

Goethe peut paraître assez peu généreux à l'égard de ses contemporains ; ses avis en tout cas divergent sensiblement des jugements que nous portons sur eux aujourd'hui. Il « rate » Hölderlin, Friedrich Schlegel, Hoffmann, Kleist (pour ne nous en tenir qu'aux écrivains). Toutefois, nous serions un peu naïfs si, à notre tour, nous ne voulions voir, dans les appréciations négatives portées par Goethe sur certains de ses contemporains, que l'effet de l'égocentrisme. Ces jugements s'inscrivent en fait dans un système ; or c'est ce système que nous ne partageons plus. Pis : depuis deux cents ans nous n'avons fait qu'adhérer de plus en plus aux valeurs combattues par Goethe ; il n'y a pas à s'étonner, dès lors, que nos préférences ne coïncident pas avec les siennes ! Pour le dire en un seul mot, Goethe est hostile à ses contemporains romantiques, alors que, depuis, ce sont eux qui l'ont « emporté » ; nous-mêmes vivons en grande partie, et souvent sans le savoir, dans le monde des valeurs romantiques. Et pour commencer, une esthétique et une éthique de l'extrême et de la négativité se sont imposées, alors que, pour Goethe, il n'y a pas de valeurs supérieures à la modération et à l'équilibre.

Ce qu'il reproche à ses contemporains ? « Pousser à bout, jusqu'à l'impossible, le laid, l'horrible, les cruautés, les bassesses et toute la bande des infamies, voilà leur satanique travail[12]. » Tout jugement de valeur mis à part (si c'est possible), c'est bien un aspect de l'esthétique contemporaine qui se trouve ici évoqué. L'extase et l'expérience des limites correspondent à notre goût. À Goethe, elles rappellent la maladie et la fièvre, alors que lui-même se réclame de la santé. C'est pourquoi, même lorsqu'il reconnaît le talent de l'autre côté, il lui préfère les incarnations de l'équilibre : Raphaël plutôt que Michel-Ange, Mozart plutôt que Beethoven. Si nous penchons aujourd'hui dans le sens contraire, ce n'est pas caprice de goût, c'est parce que nous avons adopté le système de valeurs refusé par Goethe (les goûts se laissent discuter).

Cette préférence pour l'équilibre conduit Goethe à donner aux artistes pratiquants un conseil qui pourrait nous surprendre : essayez toujours de faire le contraire de ce vers quoi vous vous sentez spontanément portés, tentez de vous assimiler précisément ce qui est opposé à votre nature. Le peintre attiré par la légèreté, écrit-il dans l'introduction aux *Propylées*, doit rechercher la gravité. De même pour les acteurs : « Quand l'acteur était capable de monter sur la scène, je lui donnais d'abord des rôles en harmonie avec son propre caractère, et je ne lui demandais provisoirement que de se jouer lui-même. Ensuite, s'il avait une nature, par exemple, un peu trop ardente, je lui donnais des rôles flegmatiques ; s'il me paraissait, au contraire, trop paisible et trop lent, je lui donnais des caractères ardents et emportés, afin de lui apprendre à se dépouiller lui-même et à se plonger dans une personnalité étrangère. » C'est ainsi que l'artiste parvient progressivement à une sorte d'ouverture à la pluralité, que Goethe chérit par-dessus tout, comme il l'explique aussi dans *Les Années d'apprentissage* : « Celui qui ne sait jouer que lui-même n'est pas un acteur. Celui qui ne sait pas se transformer en de multiples personnages, par l'esprit et par l'extérieur, ne mérite pas ce nom. » Il pense du reste ne pas être seul à prôner cet idéal, et il est révélateur de le voir commettre un contresens philologique en traduisant un passage de la *Poétique* d'Aristote, pour faire dire à celui-ci que l'objectif suprême de la tragédie réside dans l'apaisement et l'équilibre. Pour ce faire, Goethe n'hésite pas à affirmer que tel est bien le sens du mot *catharsis*. « Par *catharsis* Aristote entend cette conclusion réconciliatrice, qu'au fond tout drame et même toute œuvre poétique exigent. [...] Pour être une œuvre poétique parfaite, la tragédie doit se conclure par une réconciliation ou une résolution »[13].

Goethe lui-même donne à ses contemporains l'image de l'équilibre et de la modération. Quelqu'un l'ayant connu dans sa jeunesse le caractérise ainsi : il était rieur avec les rieurs, mais cependant sans excès ; quand on dépassait les limites, il reprenait son sérieux. Schiller lui écrit : « Vous avez le beau privilège d'être le contemporain et le citoyen de deux mondes poétiques, de l'antique et du moderne, et ce noble avantage vous dispense d'opter exclusivement soit pour l'un soit pour l'autre. » Eckermann ajoute : « Goethe est toujours sur la voie d'une grande synthèse. » Lui-même se voit occupant une position intermédiaire, réalisant la réconciliation des contraires, ou à tout le moins leur alternance. Les philosophes descendent des idées abstraites au monde réel, les physiciens montent du concret vers l'abstraction. « Pour mon humble part, je ne trouve mon salut que dans l'intuition directe, qui est placée à un niveau intermédiaire. » « Une confidence relative à ma propre personne [...] : dans mes rapports intellectuels avec les choses, je suis réaliste dans toute l'acception du terme. [...] Tout au contraire, lorsqu'il s'agit d'action positive [...], je me comporte en idéaliste à peu près aussi déterminé que possible. » Goethe semble à tel point épris d'équilibre qu'on le soupçonne de se réjouir secrètement lorsque, gravement malade, il peut s'appliquer cette phrase évoquant la symétrie : « Je sens que le moment est venu où le combat entre vie et mort commence en moi »[14].

Goethe se sépare donc des romantiques en ce qu'il favorise systématiquement l'harmonie plutôt que l'engouement pour les états extrêmes. Plus spécifiquement, dans quelques dichotomies clés, il affirme la contiguïté de termes que ses contemporains tendent à opposer : subjectif et objectif, conditionné et illimité, idéal et réel. Examinons-les brièvement.

En matière de création artistique, le pôle objectif serait incarné par une description aussi fidèle que possible du monde extérieur ; on toucherait au contraire au pôle subjectif lorsqu'on n'aurait affaire qu'à l'intériorité de l'auteur. Désireux d'équilibrer les deux, Goethe critique la présence exclusive de l'un ou l'autre élément constitutif de l'art, puisque pour lui c'est l'interaction même des deux qui est admirable. Afin de réussir vraiment, écrit-il, il faut que « l'artiste sache pénétrer au fond des objets, ainsi qu'au fond de sa propre âme[15] ». Dans sa critique de l'excès d'objectivité, c'est-à-dire de la soumission de l'art à la nature par le biais de l'imitation, il rejoint les romantiques qui condamnent l'esthétique classique (laquelle en l'occurrence est aussi naturaliste). Mais par son refus de l'excès de subjectivité, il se trouve opposé aux romantiques eux-mêmes ; il sort du cadre de leur esthétique, sans pour autant revenir à la position par eux critiquée. Il est en cela post- et non pré-romantique.

Goethe est bien conscient que son temps, qui est celui du romantisme, favorise le pôle subjectif (exige de l'écrivain l'expression de ses états d'âme), au lieu d'imposer à l'intérieur de son œuvre la présence du monde extérieur. « La maladie universelle du temps actuel : l'excès de retour sur soi-même. » « Mon époque tout entière différait de moi, car elle était prise entièrement dans la direction subjective, tandis que moi je restais tout à fait seul dans mes efforts objectifs. » D'autres fois, il se voit entraîné dans le même tourbillon : « Nous en souffrons tous, moi non plus je ne puis renier ma modernité » (entendons ici : romantisme). De telles époques correspondent pour lui à une décadence maladive de l'esprit humain : « Toutes les époques de recul ou de dissolution sont subjectives, alors que toutes les époques de progrès ont une direction objective. Notre temps est un temps de recul, car il est subjectif. » Ce jugement le guide même dans les circonstances de la vie pratique, ainsi lors de son voyage en Italie. Il ne veut ressembler au voyageur « romantique » qui « peut voyager sans rien apercevoir hors de soi » ; son projet à lui est tout autre : « Je ne fais pas ce merveilleux voyage pour m'abuser moi-même mais pour apprendre à me connaître au moyen des objets. » Il croit de plus que ce principe est applicable à tous. « Le plus excellent des hommes [...] s'entretient misérablement quand il se replie trop sur lui-même et néglige de puiser dans le trésor du monde extérieur, où il peut seulement trouver la nourriture pour sa croissance et une échelle où mesurer cette croissance »[16].

Or il ne fait pas de doute pour Goethe qu'un poète qui ne révèle que sa propre intimité produit une piètre poésie. « On ne mérite pas le nom de poète tant qu'on ne sait exprimer que ses quelques expériences subjectives ; celui-là est un poète qui sait s'assimiler le monde, et l'exprimer. » La poésie qui représente l'intériorité sans l'extériorité est au plus bas de l'échelle poétique. En revanche, il ne tarit pas d'éloges pour les poètes qui savent trouver des motifs, choisir des sujets, décrire des situations. S'il approuve Byron, c'est parce que celui-ci sait représenter des êtres qui ne se confondent pas avec l'auteur : « Les personnages parlent entièrement à partir d'eux-mêmes et de leur situation, sans rien conserver des sentiments, des pensées, des opinions subjectives du poète. C'est là l'art véritable ! »[17].

Goethe ne pouvait pas savoir à quel point l'esthétique romantique « subjective », déjà dominante à son époque, allait se répandre et triompher par la suite, jusqu'à rendre incompréhensibles les soucis d'objectivité chez les écrivains d'époques antérieures et à aboutir à une forme de solipsisme, comme si l'auteur du livre était le seul être existant et que le monde qui l'entoure était dépourvu de tout intérêt. Mais c'est peut-être aussi la raison pour laquelle les propos de Goethe acquièrent pour nous aujourd'hui une actualité nouvelle.

Une deuxième opposition, où les romantiques optent pour un seul terme, alors que Goethe voudrait maintenir la continuité des deux, caractérise la nature de l'idéal auquel on aspire. Dans ses décisions de la vie courante, Goethe aime faire preuve d'une certaine prudence, il essaie de tenir compte des divers intérêts qui entrent en jeu dans chaque situation. Or il s'aperçoit qu'une telle attitude n'est pas fort appréciée par d'autres que lui, et qu'on lui préfère la manifestation de la pure volonté, celle qui ignore toute contrainte. « Quand quelqu'un faisait une folie sans but et sans utilité, c'était un trait de génie. » Derrière de tels comportements se profile une hiérarchie de valeurs : « Des jeunes hommes ardents, parfois vraiment doués, se perdaient dans l'illimité » : c'est que celui-ci leur apparaît comme la valeur la plus haute. Pour sa part, Goethe choisit le chemin inverse : « Il crut reconnaître de plus en plus [dit-il de lui-même à la troisième personne] qu'il valait mieux détourner sa pensée de l'infini, de l'insaisissable »[18]. Il y parvient grâce à un stratagème qu'il pratique souvent, en confiant cette soif de l'illimité à l'un de ses personnages, le comte Egmont : ayant objectivé ainsi ce sentiment, il peut prendre ses distances avec lui.

À cet égard, les romantiques incarnent une version profane de la doctrine chrétienne. Avant les religions monothéistes, l'insaisissable, l'infini et l'illimité n'ont pas bonne presse : ils correspondent à un état mythique, le chaos originel, antérieur à la constitution du monde. Être humain, dans cette perspective, consiste à introduire de l'ordre dans le chaos et donc à poser des limites. Le monothéisme renverse cette hiérarchie : c'est le monde imparfait ici-bas qui se reconnaît à son caractère fini et limité, alors que son créateur, le Dieu unique, est infini et inconditionné. Héritiers de cette doctrine, les romantiques préservent la même articulation, y compris lorsqu'ils s'affranchissent de l'idée de Dieu. De son côté, Goethe est convaincu que l'aspiration à l'inconditionné, à la totale liberté de la volonté est nuisible à l'action humaine. Ce sera l'un des grands thèmes de son roman *Wilhelm Meister*, où le héros progresse vers cette conclusion : « L'homme n'est pas heureux tant que ses aspirations illimitées ne se sont pas donné elles-mêmes une limite[19]. »

C'est encore d'un héritage chrétien qu'il s'agit dans la troisième opposition où se marque la différence entre Goethe et ses contemporains romantiques, celle entre idéal et réel. La doctrine chrétienne, au moins dans ses versions les plus influentes, dénigre la vie sur terre et projette son idéal dans l'au-delà, dans la cité de Dieu. Elle porte en cela la trace des doctrines gnostiques et manichéennes qu'elle a pourtant combattues. Goethe ne se sent guère attiré par cette manière de voir, et ne se préoccupe pas de son âme immortelle. Ce qu'il met en valeur, ce sont les actions dans ce monde-ci : « Un homme supérieur [...] qui doit tous les jours travailler, combattre, agir, laisse en paix le monde futur et se contente d'être actif et utile en celui-ci. » De ce point de vue, il se sent plus proche des Grecs païens, qui ne pratiquaient pas un tel dualisme entre la Terre, lieu de dépravation et de péché, et le Ciel parfait. Les Anciens « ressentaient que leur unique bien-être se trouvait à l'intérieur des délicieuses limites du monde si beau »[20].

Goethe n'opte pas pour la Terre contre le Ciel mais pour leur contiguïté, de préférence à leur opposition. La vie quotidienne peut être pénible, usante, mécanique, mais l'on se cache les difficultés plutôt qu'on ne les surmonte quand, pour se consoler des déboires vécus, on se réfugie dans l'autre extrême : le rêve, l'espoir pieux ou même la poésie. Il n'y a qu'une seule vie, celle qui se déroule sur terre, et c'est elle qu'il faut éclairer de l'intérieur en découvrant sa grandeur potentielle. Il est trop facile – mais vain – de glorifier l'absence, de mépriser le présent au nom du futur, l'ici au nom du lointain. La voie que préfère Goethe consiste à chercher l'un à l'intérieur de l'autre. On le peut, car le particulier est indissociable de l'universel, et toute expérience individuelle est alors vécue comme un symbole conduisant à l'harmonie cosmique. « Chaque état des choses, chaque seconde même est d'une valeur infinie, car elle est le représentant d'une éternité tout entière. » C'est ainsi qu'il décrit « Le livre du Paradis » dans son *Divan occidental-oriental* : on y voit comment « le quotidien sublimé nous prête des ailes pour nous élever, de degré en degré, jusqu'aux plus hauts sommets »[21]. Non un quotidien méprisé ni un sublime adulé mais inaccessible ; un quotidien sublimé, habité par des êtres humains en chair et en os.

L'homme dialogique

Une autre facette de la critique de la subjectivité concerne l'opposition entre individuel et social. Préoccupé exclusivement par son intériorité, l'homme romantique est indifférent à ses proches ; il vit dans l'illusion de l'autosuffisance, ne voyant dans le tissu social qu'une convention pesante. « On ne cherche pas sérieusement à entrer dans l'ensemble social, on n'a aucun désir de faire plaisir à sa société ; au contraire, on n'aspire qu'à faire remarquer son propre soi, et à le mettre autant que possible en évidence devant le monde [...]. Partout l'individu veut s'étaler, et on ne rencontre jamais un véritable effort de soumettre son soi à la société et à la cause commune[22]. » L'individualisme dominant est à la fois cause et effet de la subjectivité romantique.

Or, sur ce point encore, Goethe est en désaccord avec nombre de ses contemporains. L'homme isolé a des forces limitées, c'est l'humanité prise comme un tout qui est puissante. « Si la nature est insondable, c'est parce qu'un homme unique est incapable à lui seul de l'embrasser tout entière, alors que l'humanité envisagée dans son ensemble en est parfaitement capable. » Chacun de nous est un être incomplet, mais il peut s'enrichir par le contact avec les autres : le constat de distance devient le point de départ d'une transformation intérieure. « Je me suis miré toujours très volontiers dans les natures qui possèdent ce qui me manque. » L'homme vu en isolement est un homme mutilé. « En général, un homme ne doit être considéré que comme un supplément de tous les autres. » C'est en prenant conscience de cette complémentarité que l'individu peut aspirer à atteindre plénitude et félicité. « C'est l'humanité tout entière qui est seule l'homme véritable, et l'individu ne peut être content et heureux que s'il a le courage de se connaître comme un élément du tout »[23].

À son tour, l'aspiration à la sagesse doit se fonder sur cette interprétation de la condition humaine. Dans leur vie quotidienne, les individus sont en proie à des désirs innombrables ; pourtant, même quand ils parviennent à les satisfaire, ils n'y trouvent pas la quiétude ; ils s'empressent de les remplacer par de nouveaux désirs dont l'objet est différent mais la forme reste intacte. L'apprentissage de la sagesse commence lorsqu'on découvre que la relation d'être humain à être humain n'a pas besoin de se conformer à la logique du désir : on ne recherche pas son ami pour en obtenir une faveur mais parce qu'on se sent bien en étant avec lui ; on n'aime pas son compagnon (ou son enfant, ou son parent) pour satisfaire un désir mais parce que l'amour est source de joie. L'attachement et l'affection arrêtent la course effrénée du désir et le remplacent par un souci pour autrui que l'usage n'érode pas.

Œuvrer au bien du groupe bénéficie à chacun de ses membres. On peut parfois avoir l'impression que cet argument permet à Goethe de renoncer à toute action proprement politique. « J'aurais cru que chacun devait commencer par soi-même et faire son propre bonheur, d'où résulterait immanquablement le bonheur général. [...] Si chacun fait individuellement son devoir, et dans la sphère d'action la plus rapprochée, agit avec loyauté et énergie, l'ensemble de la société marchera bien. Dans ma carrière d'écrivain, je ne me suis jamais demandé : que veut la masse de la nation ? comment servirai-je la société[24] ? » Mais il ne faut pas se méprendre sur le sens de ces formules : Goethe dit bien « commencer », non « s'en tenir à », et évoque sa carrière d'écrivain, non la condition humaine. Bien au contraire, les œuvres de ses dernières années affirment la supériorité des actes qui contribuent au bien-être de la communauté. Lorsqu'il se trouve engagé dans un projet d'utilité publique, assécher les marécages qui empoisonnent la vie de la population, Faust, qui jusque-là ne s'était laissé tenter par aucun bien terrestre, se décide à dire : Instant, arrête-toi, même si cela signifie qu'il se livre au pouvoir de Méphistophélès. De même, à la fin de ses voyages, Wilhelm Meister renonce à sa carrière d'artiste et se fait médecin, afin de pouvoir servir les hommes.

Cette appartenance de l'individu à la chaîne des hommes conduit aussi à reconnaître tout ce que l'individu doit aux autres, ses proches ; à refuser l'idée de l'homme autosuffisant. La notion d'originalité, chère à l'esthétique romantique, n'a pas de sens pour Goethe. « On parle toujours d'originalité, mais qu'entend-on par là ? Dès que nous sommes nés, le monde commence à agir sur nous, et ainsi jusqu'à la fin, en tout ! Nous ne pouvons nous attribuer que notre énergie, notre force, notre vouloir. » « Au fond, nous avons beau faire, nous sommes tous des êtres collectifs ; ce que nous pouvons appeler notre propriété au sens strict, comme c'est peu de chose ! et par cela seul, comme nous sommes peu de chose ! Tous, nous recevons et nous apprenons, aussi bien de ceux qui étaient avant nous que de ceux qui sont avec nous. [...] Qu'y a-t-il de bon en nous, si ce n'est la force et la tendance à nous approprier les éléments du monde extérieur ? »[25].

L'homme est inconcevable isolément. Dès qu'il apparaît au monde, il est pris dans le dialogue des voix qui l'entourent, celles de ses prédécesseurs comme celles de ses contemporains. Il n'existe pas d'« homme naturel » antérieur à l'homme social. Ce qu'il a en propre, c'est la seule énergie vitale, la force informe, dont la fonction est précisément de se confronter à l'extérieur et d'en absorber une partie. En lui-même déjà, l'homme est un être collectif. Ce qui ne signifie pas qu'il n'existe aucune singularité de l'être, mais que celle-ci ne lui vient pas exclusivement du dedans. Elle est plutôt la résultante de toutes les actions exercées sur lui par le monde extérieur, ce qui aboutit forcément à une configuration unique, propre à cet être-là, et à nul autre. À vouloir se détourner du monde, à toujours se préoccuper exclusivement de soi, on se condamne à la détresse. « Le découragement est toujours l'enfant, le nourrisson de la solitude[26]. »

Il est donc tout aussi vain de réduire un homme aux influences qu'il a subies, que de l'imaginer vierge de toute interaction avec les autres. « C'est parfaitement ridicule, commente Goethe à propos des recherches d'influences extérieures ; on pourrait aussi bien à propos d'un homme bien nourri faire des recherches sur les bœufs, les moutons et les porcs qu'il a mangés et qui lui ont donné des forces. Nous apportons bien avec nous des facultés, mais nous devons notre développement aux mille influences d'un monde infini ; de ce monde, nous nous approprions ce que nous pouvons et ce qui nous convient. » Puisque tout en nous vient de l'interaction avec l'extérieur, il est dérisoire d'accuser l'écrivain de s'être laissé influencer par tel ou tel prédécesseur : de toutes les façons, personne ne peut être autre chose que le produit de toutes les interactions dans lesquelles il s'est trouvé engagé. Pour la même raison, il ne faut pas exiger que chacun reconnaisse tous les emprunts qu'il a faits aux personnes croisées dans le passé : cette absence de gratitude est excusable, sinon il passerait tout son temps à reconnaître ses dettes et « il ne lui resterait ni temps ni sensibilité pour recevoir de nouveaux bienfaits et pour en jouir ». La réciproque est vraie aussi : on ne mesure pas tous les effets que nos actions produisent, directement ou indirectement, sur les autres. Chaque individu n'est qu'un relais, formé par l'action des autres et participant à son tour à leur formation. On tient là comme une définition de ce qui est proprement humain : c'est la vie en dialogue, l'interpellation permanente. « Telle est précisément la nature de l'esprit qu'il stimule éternellement l'esprit »[27].

C'est dans ce contexte qu'on peut comprendre pourquoi l'autobiographie de Goethe, *Poésie et Vérité*, ou les autres écrits dans lesquels il évoque sa vie ressemblent si peu à l'œuvre qui a introduit ce genre littéraire dans la modernité, les *Confessions* de Rousseau. Ce dernier analyse avant tout sa propre intériorité ; le monde extérieur intervient réfracté par la perception du sujet. Goethe, lui, déclare dès la préface de son livre : « La tâche principale de la biographie est de représenter l'homme dans ses rapports au temps, de montrer jusqu'à quel point le monde lui résiste, jusqu'à quel point il le favorise, comment il s'en forme une conception de l'univers et de l'homme, et, s'il est artiste, poète, écrivain, comment il les réfléchit au-dehors. » Goethe s'intéresse non à l'individu en lui-même (cela n'existe pas), mais à son interaction avec le monde. C'est pourquoi son livre ne contient pas des révélations sur les sentiments du sujet mais déploie un récit de ce que ce dernier a vu et entendu, de ce qui l'a fait ce qu'il est. Cette dualité du dehors et du dedans est déjà à la base des œuvres de Goethe, ses poésies ou ses romans ; ainsi, pour écrire *Werther*, il lui a fallu à la fois « laisser aller [sa] nature intime suivant la pente qui lui était propre » et « laisser refluer sur [lui] la nature extérieure avec les qualités qui étaient les siennes ». Et Goethe généralise ce principe pour la conduite de la vie : « Si nous sommes contraints d'une part de nous individuer [*verselbsten* : réaliser notre soi], nous ne devons pas négliger, d'autre part, de nous désindividuer [*entselbstigen* : nous libérer de notre soi] suivant un rythme régulier »[28].

Cette communication permanente des êtres humains entre eux ne signifie pas que les individus sont transparents les uns par rapport aux autres, ni qu'ils sont destinés à vivre en harmonie. Les mêmes mots sont employés de manières différentes par les différentes personnes, et il y a toujours une part de malentendu dans leurs échanges. Il ne faut pas s'attendre non plus à ce que les autres reconnaissent infailliblement nos mérites : « Les hommes sont très chiches de leur approbation, ils réduisent la louange et, si c'est un tant soit peu faisable, ils la tournent en blâme[29]. » Mais tout cela ne diminue pas la dépendance de chacun à l'égard de tous les autres.

S'il y a une marche de l'humanité depuis la barbarie vers la civilisation, elle ne peut être mesurée qu'à l'aide de cet unique étalon, la manière dont on perçoit et juge les autres. Dans un court texte de sa vieillesse, Goethe distingue ainsi plusieurs « époques de la culture sociale ». Au plus bas de l'échelle de civilisation, on sort à peine de soi, on ne se confie qu'à ses intimes, on se refuse de croire que le monde continue au-delà des limites du village. À l'époque suivante, époque déjà « sociale », « on ne refuse plus l'influence des langues étrangères », on tolère les autres même si l'on ne les reconnaît pas pleinement. Enfin la future époque universelle serait celle de « l'alliance de tous les groupes ». L'être est toujours aussi dépendant de l'autre, et, par-delà leurs différences, les hommes se ressemblent. Mais le barbare, et c'est là sa définition, croit que les autres n'existent pas, ou ne comptent pas, ou qu'ils ne sont que des barbares. Parlant de l'avenir des nations, Goethe imagine le surgissement d'un principe opposé à la barbarie et à l'égoïsme. Il n'est pas démesurément optimiste sur la portée de ce principe, mais n'en continue pas moins de le soutenir. « On ne pourrait certes espérer que, ce faisant, une paix universelle pourra s'instaurer, mais au moins que la dissension inévitable deviendra peu à peu vénielle, la guerre moins cruelle et la victoire moins arrogante »[30].

En matière de langue, Goethe est contre ce qu'il appelle le « purisme négatif » (l'expulsion des mots étrangers) et pour le « purisme positif » (acceptation de l'influence). « La force d'une langue ne se manifeste pas par le fait qu'elle rejette ce qui lui est étranger, mais qu'elle se l'incorpore. » En matière d'échanges humains aussi, la même attitude est la plus recommandable. Goethe ne se lasse jamais de se féliciter, par exemple, de la rencontre qu'il a faite avec Schiller. « Il n'y a vrai plaisir et véritable profit que dans la réciprocité. » « Combien on a tout à gagner à se regarder dans le miroir d'autrui plutôt que dans le sien propre ! » Car, même si l'autre est déjà dans l'être, il peut aussi lui servir de miroir. Connaître le monde, c'est se connaître soi-même, et réciproquement. Il n'hésite pas à généraliser cette conclusion en une mise en question du précepte socratique « connais-toi toi-même », qu'il interprète comme une « ruse de prêtres » qui voudraient détourner les hommes de l'action et les enfermer dans une contemplation stérile. « L'homme ne se connaît lui-même qu'en tant qu'il connaît le monde », déclare Goethe, en situant cette connaissance dans « deux moments inextricablement conjugués : le monde en lui, lui dans le monde »[31].

La reconnaissance de l'autre conduit nécessairement à une réflexion sur la pluralité humaine. Si j'admets l'autre comme interlocuteur, et non seulement comme objet du discours ou comme destinataire de mes ordres, si je reste conscient en même temps de toutes les différences qui nous séparent, je suis conduit, sans même m'en apercevoir, à produire une typologie des hommes, des attitudes ou des œuvres, de sorte que chacun de nous puisse occuper une case équivalente mais non identique. C'est à la mutuelle reconnaissance de deux hommes, Goethe et Schiller, qu'on doit quelques-unes des distinctions les plus fécondes dans la pensée esthétique de l'époque (même si chacun des deux a secrètement tendance à valoriser son propre pôle). C'est pour se situer par rapport à Goethe que Schiller introduit l'opposition entre le « naïf » et le « sentimental », qui se transformera par la suite en classique et romantique. C'est pour se définir par rapport à Schiller que Goethe sépare le symbole de l'allégorie. Et si l'un et l'autre tentent de saisir l'identité de l'épopée et du drame, c'est parce qu'ils ont sous les yeux leurs propres productions, un drame d'un côté, une épopée de l'autre. Ce qui montre que les distinctions en apparence toutes théoriques et abstraites s'enracinent dans les contingences de la vie, et, en même temps, que la reconnaissance de l'autre est un premier pas nécessaire vers la connaissance du monde.

L'autre existe non seulement en dehors de soi mais aussi à l'intérieur même de l'être : nous sommes tous des êtres collectifs, disait Goethe, une pluralité de sujets dans un seul corps. De ce fait, tout espoir d'une adhésion parfaite entre l'être et son discours sera forcément déçu. Nous caressons l'illusion qu'une présence pleine est possible, que l'être se donnera tout entier dans ses manifestations ; d'où la valorisation de la sincérité, de l'honnêteté, de la droiture, et la condamnation corrélative du mensonge, de l'hypocrisie, de la vanité. Mais si l'être est multiple, peut-on encore espérer en obtenir un discours qui le dise entièrement et ne dise que lui ? Toute conviction absolue, par le fait même qu'elle est absolue, n'est-elle pas en même temps intenable, dans la mesure où elle trahit la multiplicité de l'être ? Goethe écrit dans une lettre à Schiller : « Je sais bien que l'idéaliste transcendantal est fermement convaincu qu'il est solidement installé tout en haut de l'échelle ; mais ce qu'avec la meilleure volonté du monde je ne parviens pas à trouver à mon goût, dans son cas, c'est qu'il déclare la guerre aux autres modes de représentation, car je ne vois pas de bonne raison pour en contester aucun. » Pour illustrer l'idée, Goethe donne l'exemple de ses propres théories « morphologiques » (en sciences naturelles), et conclut : « Il vaut mieux, plutôt que d'avoir à choisir parmi les différentes options, les maintenir toutes et faire de son mieux le meilleur usage possible de cet état d'indivision, jusqu'au jour où les philosophes voudront bien se mettre d'accord sur les moyens qui permettent de réunir à nouveau ce qui leur a plu de dissocier »[32].

Ce jour heureux est, sans doute, toujours à venir ; en attendant, la solution de Goethe qui refuse de choisir entre les différentes options et préfère les maintenir toutes met en question de façon radicale la philosophie elle-même.

Accepter ou transformer le monde

Repensant à ses années de formation, Goethe constate que, aussi loin qu'il puisse remonter, il se voit toujours animé par une certaine bienveillance envers le monde et les êtres humains qu'il y rencontre. Elle ne se fonde pas dans une expérience particulière mais semble plutôt les précéder toutes, comme si elle était l'effet d'une bonne constitution physiologique. Cette attitude n'est guère partagée par toutes les personnes qu'il rencontre, mais celles-ci renoncent vite à l'idée de le convertir à leur propre point de vue, tant leurs efforts en ce sens restent vains. Ainsi, peu avant de quitter sa ville natale Francfort pour suivre des études, il se lie d'amitié avec un jeune homme brillant. « Il m'aurait pris volontiers comme prosélyte de son mépris du genre humain, mais il perdit sa peine avec moi, parce que j'avais conservé un grand désir d'être bon et de trouver bons les autres hommes » : le désir précède l'expérience. Quelques années plus tard, il entreprend un voyage avec quelques autres amis, dont l'un, nommé Merck, est décrit par Goethe comme un esprit méphistophélique. Merck méprise leurs autres compagnons et se désole de voir que Goethe ne partage pas son point de vue : « La bienveillance incorrigible et naïve de ma nature le chagrinait ; cette éternelle tolérance, ce goût de vivre et de laisser vivre, étaient pour lui des épouvantails »[33]. Goethe ne conteste pas la justesse des jugements de son ami mais refuse d'y adhérer parce qu'il trouve que tout être humain est pluriel et possède aussi des côtés qui méritent l'approbation.

L'admiration de Goethe va donc, de préférence, non à ces esprits qui se targuent de leur lucidité pour mépriser le genre humain et vilipender le monde, mais à ceux qui incarnent cette même bienveillance. À Dresde, il rencontre un modeste cordonnier dont la vie quotidienne n'est pas facile ; de ce fait même, il ne peut s'empêcher d'admirer « la sérénité avec laquelle il considérait sa propre vie, gênée, étroite, pauvre, pénible, les plaisanteries qu'il tirait des maux et des incommodités, sa conviction imperturbable qu'en soi la vie est un bien[34] ». Il ne s'agit pas de prétendre que tout va toujours bien : la vie est souvent pénible, les maux n'en sont pas absents ; mais le cordonnier (et Goethe avec lui) refusent de systématiser ces condamnations ponctuelles en un rejet global. On ne peut affirmer que toute la nature est mauvaise : nous-mêmes et notre capacité de juger en faisons partie. Ni que tous les hommes sont méchants : au vrai, ils sont, nécessairement, pourvus de caractéristiques multiples, voire contradictoires.

Cette acceptation globale de la vie et du monde n'exclut donc pas les indignations. Goethe le constate au cours d'un épisode survenu à Strasbourg, où il trouve que la décoration d'un bâtiment est inappropriée : « Mon goût et mon jugement n'étaient point portés à rien exclure entièrement : mais le sujet me révolta ». « Entièrement » est essentiel ici. On peut en voir un autre exemple lorsque Goethe décrit l'ambiance politique du moment, en particulier pour ce qui concerne le maintien de l'ordre public. « L'humanisme se répandait et tout le monde rivalisait pour se montrer humain, même dans les rapports juridiques. On améliora les prisons, on excusa les crimes, on adoucit les peines »[35]. Goethe ne dit pas que tout ce qui advient est bon, qu'il faut approuver tout acte et renoncer à toute répression, il ne demande pas la fermeture des prisons et la libération des criminels ; il rappelle en revanche l'appartenance des prisonniers à l'humanité dont proviennent aussi ceux qui les jugent et les enferment : les uns ne sont pas moins humains que les autres.

À un moment donné, Goethe se rend compte que cette vision du monde ne cadre pas bien avec l'interprétation dominante du christianisme. Il découvre en effet l'un des plus anciens débats qui agitent cette doctrine, celui entre augustiniens et pélagiens, portant justement sur la nature humaine. « Les uns soutenaient que la nature humaine a été si corrompue par le péché originel qu'on ne saurait trouver en elle, jusqu'en son fond le plus intime, le moindre bien, et c'est pourquoi l'homme doit renoncer absolument à ses propres forces et tout attendre de la grâce et de son effet. » Cette interprétation, formulée par saint Augustin, est adoptée aussi bien par Luther et le protestantisme en Allemagne que par les jansénistes en France. Or les sympathies de Goethe vont plutôt à ses adversaires, héritiers indirects du moine Pélage. Tout d'abord, le jugement qu'il porte sur le monde est loin d'être aussi négatif. « De toutes parts, j'étais poussé vers la nature ; elle m'était apparue dans sa magnificence. » Il en va de même pour les êtres humains : « J'avais appris à connaître beaucoup de braves gens fort courageux qui, engagés dans la voie du devoir, en subissaient de dures pour l'amour de lui. » Il ne faut donc pas désespérer et se contenter d'attendre la grâce divine, on peut agir soi-même pour rendre cette vie meilleure. « Le monde extérieur exigeait que cette activité se réglât et s'employât à l'utilité d'autrui, et il me fallait satisfaire à cette exigence capitale par une élaboration intérieure »[36].

L'attitude de Goethe ne se réduit donc pas à ce que Nietzsche appelle *amor fati*, l'amour du destin : non seulement accepter le monde tel qu'il est, ce en quoi on n'a pas vraiment le choix la plupart du temps, mais de plus l'aimer quoi qu'il arrive. Goethe aime spontanément la vie, il part d'un préjugé favorable envers les êtres humains qui l'entourent, mais cela ne l'empêche nullement de porter des jugements sur leurs actes et de chercher à améliorer le monde. Il faut ici distinguer entre normes de la société humaine et poursuite du bonheur individuel (ou, comme on dit parfois, entre morale et éthique) : les deux sont nécessaires mais leur logique n'est pas la même. Les êtres humains vivent dans le présent et ils ont tout intérêt à ne pas l'oublier, à ne pas négliger leur existence et celle de leurs proches au nom de rêves vagues d'un avenir meilleur ou de réminiscences d'un passé disparu. Faust s'adressant à Hélène dit :

> L'esprit quitte des yeux le futur, le passé,
> Car dans le présent seul…

Et Hélène complète :

> … le bonheur est placé[37]

Mais cette règle de vie ne signifie pas que le présent n'est fait que de lui-même. Mémoire et espoirs, passé et avenir sont constitutifs de l'être, et la pensée même naît de ce que Faust (et Goethe) appellent *die Wechselrede*, le discours alterné : l'individu n'existe que dans l'échange humain. La sagesse consiste à équilibrer ces deux exigences, non à étouffer l'une par l'autre.

Dans le cours quotidien de sa vie, Goethe constate qu'il est plus heureux s'il accepte de se voir comme une parcelle du monde, obéissant aux lois communes de la nature, plutôt que de s'enfermer dans sa propre conscience et de voir son expérience uniquement de l'intérieur. Il s'en rend compte, en particulier, au moment où il vit les expériences qu'il transposera dans son *Werther*. La pensée du suicide le hante ; il possède un bon poignard. « Je le plaçai constamment auprès de mon lit, et, avant d'éteindre la lumière, je faisais un essai pour voir si je réussirais à enfoncer la pointe aiguë à quelques pouces de profondeur dans ma poitrine. Mais comme je n'y arrivais jamais, je finis par rire de moi-même ; je rejetai loin de moi toutes ces folies d'hypocondre, et résolus de vivre[38]. » Si Goethe ne se suicide pas, ce n'est pas parce qu'il a élaboré un bon raisonnement ; c'est que, ayant tenté le geste, il n'y arrive pas : son désir de vivre est trop fort. Mais, une fois ce constat formulé, il choisit de mettre sa réflexion en accord avec son être, et renonce donc aux rêveries morbides. Il y parvient en se voyant comme du dehors : un jeune homme qui, tous les soirs en se couchant, fait une tentative de suicide mais ne se décide pas à verser la moindre goutte de sang ! Il y a là de quoi rire : le rire naît en effet de ce regard porté sur soi de l'extérieur ; c'est par ce moyen – inaccessible à tous les romantiques qui s'enferment dans la seule subjectivité – que l'événement tragique donne lieu à un récit comique.

Pour ne pas être déçu d'emblée par les hommes qu'il rencontre, Goethe refuse de les mesurer à l'aune d'une norme préalablement établie. Un jour il rencontre Lavater, avec qui il a correspondu. Son premier mouvement est de réjouissance. « Je voyais devant moi, vivant et agissant, une créature unique, insigne, comme on n'en a point vu et comme on n'en verra plus. » Ces phrases font penser aux formules par lesquelles Rousseau inaugure ses *Confessions* : « Je ne suis fait comme aucun de ceux que j'ai vus ; j'ose croire n'être fait comme aucun de ceux qui existent » ; mais, différence significative, ce que Rousseau dit de lui-même, Goethe l'applique à un autre que soi : c'est le *tu* qui est unique, non le *je*. Il s'aperçoit en même temps que la réaction de Lavater est autre : l'image qu'il s'était faite de Goethe ne coïncide pas avec la réalité. Ce dernier essaie alors de communiquer son bonheur élémentaire à son interlocuteur : « Je l'assurai de mon côté, avec mon réalisme inné et acquis, que, puisqu'il avait plu une bonne fois à Dieu et à la nature de me faire ainsi, il fallait nous en contenter »[39]. Cela n'empêchera pas Goethe, dans la suite de leur relation, de relever chez Lavater tel trait qui lui déplaît ; mais ce fait n'entame pas sa capacité d'émerveillement devant ce qui existe – simplement parce qu'il existe.

Cette expérience sera centrale au cours du voyage en Italie, que Goethe entreprend entre 1786 et 1788 (il est né en 1749). Il a d'emblée le sentiment d'être confronté à une surabondance de beautés naturelles et artistiques, et il adopte une attitude d'humilité, d'ouverture au monde, d'absorption passive, qui engendrent à leur tour un sentiment de sérénité, une « béatitude calme et attentive ». Mais il fait un pas de plus : ce ne sont pas seulement les plus beaux spécimens de l'art et de la nature qui provoquent son admiration, c'est tout ce qui témoigne de l'activité de l'esprit comme de la vitalité de la nature. Les poissons qu'il voit au marché l'émerveillent. Des chevaux galopent à la campagne, sous ses yeux : « C'est la première fois de ma vie que je sens à leur vue mon cœur s'épanouir. » Tout organisme vivant suscite son admiration par l'adéquation parfaite entre son être et sa fonction. « Qu'un être vivant est une chose précieuse et magnifique ! comme il est approprié à son état ! comme il est vrai ! comme il existe ! »[40]. Êtres extra-moraux, le poisson et le cheval le comblent par leur seule existence ; leur vérité n'est rien d'autre qu'une cohérence intérieure. Goethe privilégie ainsi les objets qui l'entourent au détriment du sujet qu'il est ; s'opposant une fois de plus à l'attitude romantique, il entonne un véritable hymne à la vie qui libère des carcans idéologiques préconçus.

Son parcours le conduit de Venise à Rome, avant qu'il ne reparte vers le Sud. C'est à Naples qu'il découvre ce qui lui paraît être un état proche de la perfection : non seulement dans la beauté des sites ou des œuvres, mais dans les comportements les plus communs. Les Napolitains semblent réaliser cet idéal : loin de soumettre leur existence du moment à un objectif lointain, ils savent jouir du présent. « Naples est un paradis, chacun vit dans une sorte d'ivresse et d'oubli de soi-même. [...] Ici, on ne veut que vivre ; on oublie et le monde et soi-même, et c'est pour moi une singulière sensation de ne vivre qu'avec des hommes occupés à jouir. » La vie là-bas est jouissance. « Chacun, dans son genre, ne travaille pas pour *vivre* seulement, mais pour *jouir* ; et même dans le travail de la vie, chacun veut s'égayer. » Grâce à quoi, les habitants de Naples, quelle que soit leur condition, peuvent accéder à la félicité : « Celui que nous traitons de mendiant napolitain pourrait bien dédaigner la place du vice-roi de Norvège. » Goethe ne peut cesser d'admirer ces êtres « toujours prêts à s'asseoir au grand banquet du monde »[41] et, une fois revenu à Rome, il essaiera de vivre de cette manière, aussi adéquat à son être que le cheval qui galope dans les champs, aussi comblé de son présent que le mendiant napolitain.

Dans un poème plus tardif, appartenant au *Divan occidental-oriental*, Goethe distingue deux degrés dans cette jouissance du monde. Au premier, on se réjouit de ce qu'on éprouve ; au second, on prend conscience de l'existence du cosmos tout entier.

> Grande est la joie d'exister,
> Plus grande encore la joie devant l'existence[42].

Dans cette seconde expérience, l'individu se sent appartenir à un ordre impersonnel ; les deux se trouvent reliés par ce que Goethe appelle le symbole : c'est lorsque chaque chose, chaque acte existe pleinement en lui-même mais en même temps renvoie à l'universel. Ressentir cette appartenance et cette correspondance provoque la jubilation. « Chaque état des choses, chaque seconde même est d'une valeur infinie, car elle est le représentant d'une éternité tout entière[43]. »

La voie que trace ainsi Goethe semble promettre aux hommes une sérénité qui les rapprocherait du bonheur ; ils sont pourtant nombreux à s'en détourner, parfois même à la dénoncer. Ainsi les amis mélancoliques qui se désolaient de sa bienveillance à l'égard du monde, ainsi les chrétiens augustiniens, ou encore les poètes anglais de son époque, qu'il épingle pour leur misanthropie « qui répand sur leurs écrits une désagréable atmosphère de répulsion à l'égard de tout ». Le rejet de la voie retenue par Goethe est même beaucoup plus général. « Notre vie physique, autant que sociale, nos mœurs, nos habitudes, notre sagesse mondaine, la philosophie, la religion et même les événements accidentels, tout nous invite au renoncement. » Dire non à la vie, telle semble être la sagesse inculquée à chacun, et tout souhait d'une vie meilleure est mal vu. « Plus le calice est amer, plus on doit faire bonne mine. » Goethe a pu échapper à ce consensus sous l'influence de Spinoza, nous dit-il, penseur accusé à l'époque d'athéisme mais que Goethe voit plutôt en panthéiste. « Spinoza ne démontre pas l'existence de Dieu, écrit-il à Jacobi ; l'existence est Dieu »[44].

Goethe explique cette attitude de rejet du monde par une nostalgie de l'absolu, héritée de la religion. On voudrait que, le bien une fois atteint, tout s'arrête. Or la vie est un éternel recommencement, où rien n'est entièrement différent de ce qui précède, mais rien n'est non plus rigoureusement identique. Les heures s'écoulent, se suivent et ne se ressemblent pas, et de même les saisons, ou encore les années. Ce que nous projetons sur la nature environnante, nous le transposons aussi sur le monde humain. L'amour une fois trouvé, nous voudrions qu'il reste à tout jamais intact ; et de même pour la reconnaissance. « La faveur des grands, les bonnes grâces des puissants, les encouragements des gens actifs, l'inclination de la multitude, l'amitié des individus, tout s'élève et s'abaisse, sans que nous puissions le fixer plus que le soleil, la lune et les étoiles. » Cela nous plonge dans le désarroi car notre idée même de l'éternité et de l'infini s'en trouve ébranlée. Si l'on ne trouve plus refuge en Dieu, on sombre dans un « dégoût devant la vie »[45]. On oublie, ce faisant, que ce sont les humains qui, seuls, convertissent le relatif en absolu, transforment leurs rencontres dues au hasard en nécessités intangibles et érigent ce qu'ils ont eux-mêmes choisi en valeurs transcendantes.

Dans plusieurs poèmes, Goethe a proclamé cette nécessité d'accepter le devenir de toute chose, ce qui veut dire aussi son dépérissement : être vivant est synonyme d'être mortel. Ainsi dans *Selige Sehnsucht (Nostalgie bienheureuse)* :

> Je veux louer le vivant
> Qui aspire à la mort dans la flamme.
> […]
> Et tant que tu n'as pas compris
> Ce : Meurs et deviens !
> Tu n'es qu'un hôte obscur
> Sur la terre ténébreuse[46].

Et dans *Un et tout*[47] :

> Un agir éternel et vivant s'emploie
> À transformer tout ce qui est déjà formé
> Afin qu'il ne se fixe pas dans une rigidité hostile.
> […]
> En aucun cas, il ne lui est permis de se reposer.
> Il faut qu'il se meuve, agisse et crée,
> Prenant forme d'abord, se transformant ensuite.
> […]
> Car tout doit s'anéantir
> S'il veut persévérer dans l'être.

Le rôle de l'art

Au cours de ses années d'apprentissage, Goethe se donne comme objectif de comprendre le monde plutôt que de vouloir le plier à sa propre volonté : il préfère, on l'a vu, vivre et laisser vivre, chacun selon ses propres maximes. « Dans mon petit milieu, écrit-il, notre affaire était d'apprendre à connaître l'homme ; quant aux hommes, nous les laissions volontiers faire à leur tête. » De même, pendant le voyage en Italie, il voudrait s'en tenir au rôle purement passif de l'observateur. « Je voudrais m'abstenir tout à fait de juger, si seulement c'était possible. » « Je devrais proprement consacrer à l'observation le reste de ma vie », se promet-il[48]. Pourtant, il ne peut jamais s'en tenir à cette attitude exclusive. Comme tout un chacun, il se conforme aux normes sociales de son temps, il veut favoriser ses amis et gratifier ses amours ; il ne lui suffit donc pas de laisser vivre chacun à sa guise, il intervient activement dans le cours du monde. Surtout, il est devenu conscient de sa vocation : celle d'être poète, créateur d'œuvres d'art. Or l'artiste n'est pas un simple consommateur, il ne se contente pas d'observer et de connaître mais transforme le monde dans lequel il vit en lui adjoignant des œuvres qui ne s'y trouvaient pas précédemment.

Il est vrai que, d'un certain point de vue, les œuvres d'art elles-mêmes relèvent de la nature. Notamment celles des artistes les plus remarquables produisent cette impression : ceux-ci ont su se mettre à l'écoute du monde et en pressentir les desseins, il est donc légitime aussi de ne pas attribuer ces œuvres à leurs seuls auteurs. L'art puise dans la nature à la fois sa matière, qui est l'existence même du monde, et ses lois. « Les grandes œuvres d'art ont été faites par des hommes, selon des lois naturelles et vraies, en même temps que les œuvres suprêmes de la nature. Tout arbitraire, tout ce qui est imaginaire s'effondre, là est la nécessité, là est Dieu[49]. » Lui-même n'a pas toujours le sentiment d'être l'auteur de ses œuvres, elles lui semblent même d'autant plus réussies qu'elles ont jailli en lui indépendamment de sa volonté, comme dictées par la nature en dehors de lui. Il n'en reste pas moins que l'art est une intervention active dans l'ordre naturel, qui ne s'explique pas par le seul acquiescement au monde, mais implique aussi un désir de le changer, et même de l'améliorer. Mais de quelle manière ?

Tout d'abord, remarque Goethe, l'écriture d'un texte change son auteur. Il s'en aperçoit dès ses premières tentatives sérieuses d'écrire des poèmes : trouver l'équivalent verbal d'un sentiment lui permet de le mettre à distance de lui-même. Que l'expérience soit joyeuse ou douloureuse, sa transformation en poème lui permet, d'abord, de mieux la comprendre et, de plus, de retrouver sa paix intérieure. Il est en particulier heureux de pouvoir éloigner de lui tout ce qui le tourmente, en le transformant en chanson : son talent poétique, remarque-t-il, a des « forces curatives ». Même constat au moment des événements qui le conduisent à écrire son *Werther* : pour surmonter ses déceptions et ses frustrations, il doit recourir à la forme poétique. Ce que les mots étaient censés décrire fidèlement se trouve transformé par cet acte d'écriture même : « Je me sentais, comme après une confession générale, redevenu joyeux et libre et en droit de commencer une vie nouvelle »[50]. L'écriture de poésie le guérit de ce qui l'avait provoquée, elle lui apporte un apaisement de l'esprit et du cœur.

On peut vivre la même expérience en tant que lecteur : le texte lu nous permet de prendre une distance par rapport à notre expérience et, le cas échéant, de la trouver plus facile à supporter. « La véritable poésie se reconnaît au fait que, comme un évangile profane, elle est capable de nous délivrer des pesanteurs terrestres qui nous accablent, parce qu'elle nous procure à la fois la sérénité intérieure et le plaisir extérieur. » Il ne s'agit pas de se ménager une évasion dans un monde plus agréable que celui où nous habitons, mais de s'élever au-dessus de sa propre expérience, de la voir comme à travers les yeux d'un autre et d'inscrire ainsi son destin dans la marche du monde. Peu importe, à cet égard, la tonalité particulière de l'œuvre que nous lisons, positive ou négative : ce qui compte est le fait même de la représentation, donc de l'objectivation du vécu intime. « Les œuvres les plus gaies et les plus sérieuses ont le même but, de modérer la joie aussi bien que la douleur par une heureuse et spirituelle peinture[51]. »

Si de ce point de vue l'expérience de l'auteur et celle du lecteur peuvent être parallèles, il est en revanche impossible de procéder à une marche inverse, de la représentation au vécu. L'auteur nourrit son poème de sa vie ; mais le lecteur ne devrait pas le lire comme s'il contenait des instructions directes sur la manière de conduire la sienne. Or c'est précisément ce qui s'est produit à la parution de *Werther*. L'auteur s'était libéré de ses velléités suicidaires en les attribuant à son héros de papier ; de nombreux lecteurs, hélas, ont adopté ces obsessions dans leur vie réelle. « Alors que je me sentais allégé et éclairé, pour avoir transformé la réalité en poésie, mes amis se trompèrent en croyant qu'il fallait transformer la poésie en réalité, revivre ce roman et, au besoin, se brûler la cervelle. » Son ami Merck, resté lucide, le lui dit plus tard : « Ton effort, la tendance dont on ne saurait t'écarter, est de donner une forme poétique au réel ; les autres cherchent à réaliser ce qu'on nomme poétique, imaginaire, et cela ne donne que des sottises »[52]. Goethe en est pleinement d'accord : il y a, entre ces deux mouvements, une « énorme différence ». La vie fournit sa matière à la poésie, mais celle-ci ne doit pas dicter ses lois à la vie. Celui qui apparaît comme une figure poétique splendide serait dans la vie un personnage sinistre : les deux ordres n'obéissent pas aux mêmes principes ni ne partagent les mêmes valeurs. C'est pourquoi Goethe reste étranger à tout esthétisme, à toute tentation de soumettre l'existence aux critères du beau, tels qu'on peut les déduire des pratiques artistiques.

L'art n'agit pas seulement sur ceux qui le produisent ou ceux qui le consomment ; il exerce aussi un effet sur le monde qu'il représente : on pourrait dire qu'il le révèle. C'est ce que Goethe chérit dans la peinture. En découvrant la galerie de tableaux de Dresde, il voit que l'image peut être plus éloquente que son objet et donc enrichir le monde en retour. « C'étaient surtout ces ouvrages qui m'attiraient le plus où la comparaison avec la nature connue relevait nécessairement le mérite de l'art, [...] où le pinceau avait triomphé de la nature. » Le peintre a vu ce qui échappe au regard du spectateur moyen ; l'ayant représenté, il permet à ce dernier de s'en emparer à son tour. C'est aussi le bénéfice que tire Goethe de son voyage en Italie. « Je suis à cette heure tellement ravi de Michel-Ange que je trouve après lui la nature même insipide, parce que je ne puis la voir avec d'aussi grands yeux que lui »[53].

Cette révélation du monde par l'art se produit aussi, quoique de manière moins évidente, en poésie. La description poétique d'un paysage nous rend sensible à une beauté qui pouvait autrement passer inaperçue. Plus fondamentalement, l'intervention du poète est nécessaire pour passer du réel au vrai. Tel est l'enseignement qu'on peut tirer du projet autobiographique de Goethe que désigne ce titre un peu énigmatique, *Dichtung und Wahrheit, Poésie et Vérité*. Goethe donne quelques indications là-dessus dans sa préface : au début, dit-il, il voulait fournir un simple commentaire factuel de ses œuvres, signaler de quelles circonstances particulières elles étaient nées. Ce serait là un premier sens de la distinction entre poésie et vérité : les œuvres d'un côté, la vie de l'autre. Mais peu à peu Goethe s'aperçoit que le choix de ces circonstances est bien plus difficile qu'il ne l'imaginait ; de proche en proche, il se voit obligé de convoquer l'ensemble de son existence, de celle de ses contemporains, des pans entiers de l'Histoire. C'est dans la manière même de conduire le récit que les deux termes qui forment son titre trouvent une nouvelle justification, car il s'agit d'une « manière mi-poétique, mi-historique[54] ». Ici, la poésie ne se sépare plus de l'histoire et des faits mais s'entremêle avec eux, permettant ainsi de progresser vers la vérité. Car les faits en eux-mêmes ne possèdent pas de sens déterminé, or le récit naît à partir du moment où le sens relie un fait à un autre. C'est à l'auteur qu'incombe cette tâche, et pour cette raison il n'existe pas de vérité humaine qui ne dépendrait pas de la poésie, de la fiction, de l'invention.

C'est en cela que réside, selon Goethe, la différence essentielle entre les œuvres de l'homme et celles de la nature : les premières sont des objets toujours déjà pourvus de sens, et destinés à l'interprétation d'autrui, alors que les secondes se contentent d'exister, et seule la volonté de l'interprète leur attribue un sens. « La nature forme des êtres vivants mais quelconques, l'artiste forme des êtres morts mais dotés de signification. […] Dans le cas d'œuvres de la nature, le spectateur doit apporter lui-même la signification, le sentiment, les pensées, l'effet et l'action sur l'âme ; dans le cas de l'œuvre d'art, il veut et doit trouver déjà tout cela dans l'œuvre. […] La nature semble agir pour elle-même, l'artiste agit en tant qu'homme, pour le bien des hommes[55]. »

L'art possède, de ce point de vue, un statut intermédiaire entre la nature et le sermon. Comme celui-ci, il est chargé de sens ; comme celle-là, il produit des œuvres offertes à la contemplation. Cela veut dire aussi que, réciproquement, il ne se confond ni avec l'un ni avec l'autre : le sens le fait vivre, la leçon de morale l'atrophie. Pas plus que les préceptes esthétiques ne doivent régir la vie pratique, les exigences morales ne doivent orienter l'art ; Goethe refuse de fixer un but didactique à ses œuvres. « Un récit digne de ce nom n'en a point, il n'approuve pas, il ne blâme pas ; il développe dans leur enchaînement les actions et les sentiments, et, de la sorte, il éclaire et instruit[56]. » L'instruction peut devenir un effet de l'œuvre, elle ne doit pas en être le but. Le grand artiste est celui qui crée des œuvres parfaites, non celui qui incarne les meilleures vertus.

Le parallèle entre art et religion est souvent sous-jacent aux descriptions de Goethe. Quand il entre dans la galerie de peinture de Dresde, il a le sentiment de pénétrer dans un temple, dans un sanctuaire – d'autant plus que les œuvres qu'il voit accrochées aux cimaises ont précédemment orné les parois des églises. Goethe ne cesse de se féliciter de ce déménagement : non seulement parce que les toiles échappent aussi à la noirceur de la fumée provenant des cierges et de l'encens, qui risque de faire disparaître les images, mais parce que le beau s'affranchit de toute tutelle idéologique. La poésie, on l'a vu, lui apparaît comme un évangile profane, parce qu'elle aide à s'élever au-dessus du monde ; sa création est pour lui l'équivalent de la confession, qui lui permet de s'engager dans des voies nouvelles ; le grand créateur est toujours comparé à Dieu ; et l'Italie, patrie des arts, est qualifiée de « nouvelle Jérusalem ».

Mais Goethe ne suggère pas pour autant que les œuvres d'art doivent contenir des préceptes de comportement, à la manière des dogmes religieux. C'est plutôt que l'un et l'autre incarnent un sommet des aspirations humaines, même si ce n'est pas le même, et méritent à ce titre d'être tenus pour sacrés. Entre les deux, les préférences de Goethe vont à l'art, et il adresse aux prêtres catholiques cette demande : « Ne me cachez pas le soleil de l'art sublime et de l'humanité pure. » La supériorité de l'art lui vient justement de ce qu'il est exclusivement humain. Lorsqu'il visite la chapelle Sixtine au Vatican Goethe n'éprouve pas un sentiment de piété ou d'écrasement par la grandeur divine ; il y voit plutôt un monument inégalé à la grandeur humaine : « Sans avoir vu la chapelle Sixtine, on ne saurait se faire une idée concrète de ce qu'un homme peut accomplir »[57]. L'art ne s'oppose pas à la vie, il en produit une forme particulièrement dense et pure.

Vers l'universel

Goethe partage une conviction, fortement répandue au siècle des Lumières, à savoir que les êtres humains et les peuples ne se ressemblent pas mais que leurs différences ne justifient nullement le mépris ou les discriminations envers certains d'entre eux. L'exemple majeur, celui qui entraîne tous les autres, concerne la religion. « On répétait fort souvent, dans ces temps de tolérance, que chacun a sa religion particulière, sa façon propre d'honorer Dieu », se souvient-il. Goethe est éduqué à cette attitude tolérante envers la diversité depuis son enfance. Dans sa ville natale, il voit naître une quantité de sectes protestantes ; elles ont « toutes l'unique dessein de s'approcher de la divinité », pourtant elles ne se ressemblent pas. Faut-il choisir entre elles, se demande l'enfant ; devenu adulte, Goethe décide de ne pas le faire et, avec d'autres, adhère à ce qu'il appelle « le mot d'ordre de l'époque, je veux dire la tolérance, admise par les meilleures têtes et les meilleurs esprits ». C'est au nom de cette même ouverture universelle qu'il exprime ses préférences pour la « religion naturelle » plutôt que pour les religions révélées : celles-ci favorisent leurs fidèles, celle-là s'adresse à tous les hommes sans distinction ni discrimination, toujours et partout. « Par ce même principe de modération, on accordait ensuite les mêmes droits à toutes les religions positives, ce qui les rendait équivalentes les unes aux autres et également incertaines »[58]. La « tolérance générale » de Goethe va jusqu'à traiter sur un pied d'égalité la foi et la science ; il est vrai que tous ses amis ne le suivent pas dans cette voie.

Ce même principe de tolérance et d'universalité peut être étendu aux peuples. Tout comme l'être humain, abandonnant la barbarie primitive qui lui faisait croire à sa supériorité sur les autres hommes, doit reconnaître et même cultiver leur présence, chaque nation doit reconnaître les mêmes droits aux autres nations. Goethe admet qu'il lui a fallu une bonne soixantaine d'années de vie avant de sentir « le bonheur ou le malheur d'un peuple voisin comme le sien propre », mais on le voit depuis son jeune âge dévorant avec la plus grande curiosité la description des mœurs de tous les peuples de la terre.

Tous ses contemporains ne partagent pas sa largeur de vues, il le sait bien. Ils ne réagissent pas du tout de la même manière selon que les victimes de la violence sont leurs compatriotes ou des peuples de mœurs et croyances différentes, tels les Turcs : du haut de leur sentiment d'appartenir à la partie la plus civilisée de l'humanité, ils sont prêts à considérer les autres comme incomplètement humains. « Il semblait qu'aucun homme n'eût été sacrifié quand ces infidèles tombaient par milliers. Leur flotte brûlée dans le port de Tchesmé causa une allégresse universelle dans le monde civilisé »[59].

Goethe ne perd pas pour autant tout espoir de voir évoluer cette situation. Il suffirait, dans un premier temps, que les nations « prennent conscience l'une de l'autre, qu'elles se comprennent », que s'établissent « une médiation et une reconnaissance réciproques ». Cette familiarité des peuples les uns avec les autres pourrait être le seul résultat positif des guerres récentes (napoléoniennes) qui ont ravagé l'Europe. Pour les faire avancer dans cette voie, on devrait encourager l'étude des langues « et la reconnaissance de ce qui est voisin », ainsi que les traductions dont le rôle est de « promouvoir l'échange réciproque ». Cependant, et cela est essentiel, cette meilleure connaissance des autres a pour but de produire, non un amalgame des deux, mais une conscience plus aiguë des différences qui les séparent. « Lorsqu'on traduit, il faut s'avancer vers l'intraduisible : ce n'est qu'à partir de ce moment qu'on prend pleinement conscience d'une nation étrangère et de sa langue »[60].

En effet, Goethe ne souhaite pas la disparition des différences nationales, y compris à l'époque moderne d'échange généralisé entre nations : « Il ne saurait être question d'amener les nations à penser de la même manière. » Son idée est plutôt la suivante : on parviendra à rapprocher les peuples non en les poussant à abandonner leurs caractéristiques traditionnelles, mais en leur faisant découvrir l'universellement humain derrière chaque comportement particulier, lequel dès lors n'est rien de plus qu'une langue – différente mais équivalente – pour dire l'universel. Voici comment il s'exprime : « Il faut apprendre et connaître les particularités de chaque nation afin de les lui laisser, ce qui justement permet qu'on entre en échange avec elle : car les particularités d'une nation sont comme sa langue et sa monnaie, elles facilitent les échanges, davantage même, elles seules les rendent possibles dans toute leur ampleur. » La disparition des différences aurait un effet désastreux ; la voie du général passe nécessairement par le particulier. Goethe poursuit : « Une tolérance généralisée sera atteinte le plus sûrement si on laisse en paix ce qui fait la particularité des différents individus humains et des différents peuples, tout en restant convaincu que le trait distinctif de ce qui est réellement méritoire réside dans l'appartenance à toute l'humanité. » Les faits sont singuliers ; les valeurs, universelles. En d'autres termes encore, le national ne sera plus que le symbole de l'universel, mais le symbolisé doit avoir une existence discrète : « On verra de plus en plus l'universalité briller et transparaître à travers le caractère national et individuel »[61].

L'acceptation de la diversité va encore plus de soi dans le domaine des jugements esthétiques. Là aussi Goethe part d'une expérience enfantine. Dans le groupe de garçons qu'il fréquente, il est devenu de règle de présenter, tous les dimanches, quelques vers de sa composition. « Mes poésies, quoi qu'il en fût, me semblaient toujours forcément les meilleures. » Mais, au bout d'un moment, il est troublé : il s'aperçoit que tous les participants sont dans le même cas. Un doute s'introduit alors dans son esprit : « Je fus frappé un jour de l'idée que je me trouvais peut-être moi-même dans ce cas, je me demandais [...] si je ne pouvais pas paraître à bon droit aussi fou à mes camarades qu'ils le paraissaient à moi-même ». Cette expérience précoce de se voir à travers les yeux des autres servira plus tard à Goethe ; elle lui apprendra aussi la relativité des jugements esthétiques. Chacun a le droit de se trouver aussi beau que les autres, et tous sont également humains. « Le plus chétif n'est pas gêné dans son existence par l'existence du plus excellent. Un petit homme est aussi un homme. » Il en va déjà ainsi des œuvres de la nature. « Le gosier du rossignol est ému par le printemps, mais aussi la gorge du coucou. Les papillons, qui plaisent tant aux yeux, et les mouches, qui répugnent à notre sensibilité, la chaleur du soleil les fait également naître »[62].

La poésie et la science s'adressent à tous, et c'est pourquoi elles exercent un attrait universel. « La science et l'art appartiennent au monde entier, et devant eux tombent les frontières des nationalités. » Leur pratique possède même une vertu prophylactique, dans la mesure où ils peuvent nous libérer de nos préjugés nationaux. « Peut-être se persuadera-t-on prochainement, écrit Goethe en 1801, qu'il n'existe aucun art patriotique, aucune science patriotique. Tous deux appartiennent, comme tout ce qui est bien, au monde entier. » Plus tard, il ajoute : « Toutes les littératures étrangères se mettent sur un pied d'égalité avec la littérature nationale. » « Comme homme, comme citoyen, le poète aimera sa patrie ; mais la patrie de sa puissance et de son action poétiques, c'est le Bon, le Noble, le Beau, qui ne sont attachés à aucune province spéciale, à aucun pays spécial, et qu'il saisit et forme là où il les trouve »[63].

Il ne voit donc pas de privilège à attribuer à une poésie par rapport à une autre, si l'on met de côté ses chers Grecs – exception motivée non par le patriotisme, mais parce que les Grecs sont pour lui l'instrument même qui permet d'identifier le beau ailleurs. La poésie savante et cultivée n'est pas supérieure à celle des « barbares » ; mais ceux-ci, contrairement à ce que suggèrent les « primitivistes » de son temps, ne détiennent pas non plus le monopole de la vraie poésie. Ainsi Goethe écrit à propos de la poésie populaire serbe : « Nous serons en état de comprendre de mieux en mieux ce que pourraient signifier ces expressions "poésie populaire" et "poésie nationale" : car au fond il n'y a qu'*une* poésie, l'authentique ; elle n'appartient ni aux peuples ni aux nobles, ni au roi ni au paysan ; celui qui sent comme un vrai être humain pourra la pratiquer ; elle surgit irrésistiblement au sein d'un peuple simple, ou même grossier, mais n'est pas non plus refusée aux nations cultivées ou même hautement cultivées. » Ou de la littérature chinoise : « Je vois mieux chaque jour que la poésie est un bien commun de l'humanité, et qu'elle se montre partout, dans tous les temps, dans des centaines et des centaines d'hommes »[64].

Les littératures ont un avantage direct à tirer des échanges entre nations : pas plus que l'homme ne peut ni ne doit vivre seul, « toute littérature voit se tarir sa vitalité, lorsqu'elle n'est pas rafraîchie par une participation étrangère ». Goethe voit la fécondation réciproque des littératures à l'image de son « purisme positif » : il faut emprunter et assimiler tout ce qui manque chez soi. C'est ainsi qu'il représente sa propre expérience des peuples étrangers : je n'ai, dit-il, « jamais jeté un regard ni fait un pas dans un pays étranger sans l'intention de connaître dans ses formes les plus variées l'universellement humain, ce qui est répandu et réparti sur la terre entière, et ensuite de le retrouver dans ma patrie, de le reconnaître et de le promouvoir. » C'est ainsi que, par annexions progressives de ce qui est étranger, s'élaborera une littérature nouvelle, à laquelle Goethe réserve le nom de *Weltliteratur* : « J'aime à considérer les nations étrangères et je conseille à chacun d'agir de même de son côté. La littérature nationale, cela n'a plus aujourd'hui grand sens ; le temps de la littérature universelle est venu, et chacun doit aujourd'hui travailler à hâter ce temps »[65].

Le programme dressé par Goethe pour la littérature universelle est à la fois plus ambitieux et plus original que ce à quoi on pourrait s'attendre. Nous jouissons certainement aujourd'hui, longtemps après la mort de Goethe, d'une meilleure information sur la littérature des *autres*, non seulement à l'intérieur de l'Europe occidentale, mais même d'un continent à l'autre ; la « reconnaissance réciproque » a certainement fait, depuis, un grand pas en avant. Mais la littérature universelle n'est pas obtenue par l'addition des chefs-d'œuvre de tous les pays. Goethe suggère quelque chose de différent : une transformation progressive des littératures vivantes, celles qui sont en train de s'écrire, qui les fasse se rapprocher de cet objet qu'est l'« universellement humain » « Toute poésie nationale doit être vaine ou le devenir si elle ne repose sur ce qu'il y a d'abord d'humain[66]. » La voie pour atteindre cet objectif est double. D'une part, au lieu de renoncer à ses particularités, cette littérature doit au contraire les renforcer, les creuser jusqu'à ce qu'apparaissent, à travers elles, des expériences communes à tous les hommes. Et en même temps, d'autre part, il ne faut pas hésiter à s'incorporer ce qu'ont découvert les autres cultures, puisque l'objet ultime de ces différentes représentations reste identique.

On peut voir que Goethe qui, surtout dans la seconde moitié de sa vie, se consacre inlassablement à la connaissance et à la promotion des littératures étrangères en Allemagne ne perd pas pour autant son identité d'Allemand ou d'Européen. Son *Divan occidental-oriental*, par exemple, né de son admiration pour la poésie persane, est tout entier traversé par ce double mouvement. D'une part, affirme Goethe, « si nous voulons prendre part aux productions de ces magnifiques génies, il faut nous orientaliser, ce n'est pas l'Orient qui viendra à nous » : voici donc le geste d'empathie et de compréhension, qui reste incontestable, même si certains des « orientalismes » de Goethe peuvent faire sourire. Mais, d'autre part, son propre système de valeurs s'exprime sans travestissement dans le même livre, ainsi sa condamnation du despotisme : « Ce qui n'entrera jamais dans l'esprit des Occidentaux, c'est la servilité spirituelle et corporelle envers un seigneur et un maître. » Tout le sens de l'entreprise de Goethe est dans ce double mouvement, et son but, écrit-il dans une lettre, est « de faire déborder les uns sur les autres les mœurs et modes de pensée des deux contrées ». Pour décrire son propre travail dans le *Divan*, dont les poèmes sont à la fois « occidentaux » et « orientaux », Goethe se compare à un voyageur « qui tient à l'honneur de s'adapter avec plaisir aux coutumes des pays étrangers, qui s'efforce de s'assimiler leur langage, de partager leurs sentiments, d'adopter leurs mœurs »[67] ; en Italie déjà, il se voyait en « Italien d'adoption », à la fois proche et distinct. Le voyageur de bonne volonté ne perd pas pour autant son appartenance antérieure : il ne devient pas un membre comme les autres de ce nouveau pays, il garde son accent d'étranger. C'est ainsi seulement que peut s'engager un dialogue entre les deux cultures, qui ouvre la voie à l'universalité.

Vivre sa pensée

Goethe a l'ambition d'accorder son existence à sa conception de la vie bonne, de la parfaire comme une œuvre, tout en restant à l'écoute de son être et en se soumettant aux inclinations de sa nature ; tout en sachant aussi que l'adéquation entre idéal et réalité ne pourra jamais être parfaite. Dans une lettre à Schiller, il se décrit comme un homme « qui se rend compte petit à petit qu'il n'est pas à la hauteur des sujets dont il voudrait se rendre maître, et qui ne s'aperçoit qu'au terme de sa carrière qu'il serait enfin et maintenant seulement de taille à tout reprendre par le début[68] ». On ne vit pourtant qu'une fois ! Néanmoins, tout au long de sa vie Goethe a essayé de rendre sa vie aussi proche que possible de son idéal.

L'universalité qu'il observe et loue dans le monde, Goethe cherche à l'incarner à sa manière : il voudrait devenir comme une personne sans personnalité. Qu'on confonde ses écrits avec ceux de Schiller le ravit car il y voit « la preuve que nous nous libérons de plus en plus de ce qui est manière personnelle, et que nous sommes en passe d'atteindre à ce qui est vraiment et universellement bien ». On pourrait rester sceptique devant l'affirmation qu'il suffit d'additionner les deux correspondants pour atteindre l'universel, mais le projet est bien présent : Goethe aspire à se *libérer* de tout ce qui est personnel. Et lorsqu'il acquiert une opinion, il voudrait tout naturellement que ce soit aussi celle de tout le monde : « Est-ce que tout homme sensé ne partage pas ces idées ? »[69].

Goethe voudrait qu'on ne puisse l'identifier à aucun de ses actes, il s'imagine lui-même comme répondant librement aux impulsions qui lui viennent de chaque situation particulière ; c'est pour cette raison que ses occupations multiples lui sont si précieuses : j'ai, dit-il, « la ressource de changer de sujet à mon gré, et de choisir librement ce qui convient à telle heure donnée et à la disposition d'esprit du moment ». Dans la vie pratique, Goethe a un grand souci : c'est de ne pas paraître exceptionnel, unique, mais de se confondre avec le commun des mortels. « C'est ainsi que vous me verrez toujours préférer voyager incognito, choisir un costume de moindre qualité plutôt qu'un autre meilleur, et, dans les conversations avec les étrangers ou avec des gens que je ne connais qu'à demi, rechercher plutôt les sujets de moindre portée ou du moins les expressions moins significatives, me montrer plus frivole que je ne le suis, en un mot, si je puis dire, m'interposer entre moi-même et mon apparence »[70].

Toujours dans le même esprit d'absence à soi et d'universalisation, il préfère écouter les autres que parler lui-même : « Si j'ai parlé à quelqu'un un quart d'heure, je le laisserai à son tour parler deux heures », et Eckermann le confirme : « Il semblait qu'il aimât toujours mieux écouter que parler beaucoup lui-même. » Se projetant sur son peuple, il imagine aussi les Allemands comme une nation dont la principale particularité serait de n'en point avoir, ou plutôt d'être capables de comprendre et d'absorber celles de tous les autres peuples. « C'est là la vocation des Allemands, de s'élever en représentants du citoyen universel complet », ce qui veut dire comprendre les autres nations, « chacune dans son genre », et « se prêter à l'originalité étrangère »[71].

Les nations devraient vivre en paix, les individus aussi : rien n'est plus étranger à Goethe que la polémique. « Je ne me suis jamais engagé dans les contradictions », dit-il, et aussi : « Tout acte polémique est contre ma nature et m'est peu agréable. » Tout au long de son activité, il pratique ce refus de la guerre. Ainsi en parlant de Shakespeare : il ne veut pas se « laisser entraîner à des querelles et des discours d'opposition ». Ou d'Aristote : « Dans cette affaire, tout comme en d'autres occasions, je préférerais ne pas me conduire de manière polémique. » Ou de Byron : « Tout acte d'opposition a une origine négative, et le négatif n'est rien. Quand j'ai nommé le mauvais mauvais, ai-je beaucoup gagné par là ? [...] Il ne faut pas renverser, il faut bâtir. » Et même s'il lui arrive d'être injuste avec certains de ses contemporains, c'est plus souvent l'admiration qui domine ses jugements sur les écrivains de son temps : Stendhal, « profond coup d'œil psychologique », Walter Scott, « grand talent », Manzoni, « la perfection », Alexander von Humboldt, « quel homme ! »[72].

Cependant, ce refus de l'hostilité, cette propension à l'admiration ne le conduisent pas à vouloir absorber ces autres êtres humains, ni à se projeter en eux jusqu'à s'y perdre. Tout comme le bon échange entre nations implique qu'on en maintienne les particularités, le commerce humain demande qu'on reconnaisse l'altérité de l'autre, sans désirer qu'il se confonde avec soi. « C'est une grande folie de demander que les hommes soient en harmonie avec nous. Je n'ai jamais agi ainsi. J'ai toujours considéré chaque homme comme un individu existant pour soi, que je m'efforçais d'explorer et de connaître dans son originalité, mais à qui je ne demandais ensuite aucune sympathie. Par là je suis arrivé à entretenir des relations avec tout homme ; et c'est seulement de cette façon que l'on apprend à connaître la variété des caractères[73]. »

On voit bien dans ce texte l'ambition universelle de Goethe : « tout homme » l'intéresse autant ; et sa curiosité est inlassable. Le plus important toutefois est qu'il sache admettre que l'autre existe non pour lui, Goethe, mais pour soi ; et que la communication n'implique pas la fusion affective, bien au contraire. Voilà la clé du fameux « égoïsme » de Goethe : on lui reproche ce manque de sympathie qui pour lui représente, au contraire, le fondement même d'une reconnaissance de l'autre. « Égoïsme » n'est donc que le nom péjoratif attribué à l'une des positions effectivement assumées par Goethe, nom qui participe au système même que lui cherche à combattre. Il en est de même, du reste, pour les autres raisons qu'on pouvait avoir de ne pas « aimer Goethe » : si ses assertions nous paraissent parfois banales, c'est qu'il aspire à ce que tout un chacun partage ses idées ; s'il manque de modestie, c'est parce qu'il ne s'identifie pas à lui-même, mais se voit comme s'il était un tiers. Il n'est pas vaniteux mais réaliste ; et s'il y a en lui un excès, c'est plutôt celui de la dépersonnalisation que celui d'un culte du moi. Autant d'explications qui ne nous font peut-être pas « aimer Goethe », mais il ne nous demandait pas tant, on l'a vu, et se méfiait même de la « sympathie » ; autant de raisons, plutôt, pour reconnaître Goethe comme l'interlocuteur d'un dialogue toujours renouvelé.

Le rapport aux autres est régi chez Goethe par une double exigence. D'une part, il en a besoin pour simplement exister. En voyage en Italie, il revient régulièrement sur cette condition de l'expérience : le voyage le passionne mais il lui manque de partager avec ses proches restés en Allemagne ce que lui, Goethe, voit et éprouve. « Je regrette seulement de ne pouvoir à chaque instant faire part à quelqu'un de mes observations. » « Que ne puis-je seulement donner à ceux que j'aime une partie de mes impressions et de mes jouissances ! »[74]. Il ne peut jouir de la vie sans partager son expérience avec des interlocuteurs présents ou absents ; il ne peut penser sans communiquer. Mais, d'un autre côté, il faut laisser à chacun la possibilité d'être lui-même, plutôt que de chercher à gommer les différences ; il faut aussi savoir se protéger d'une sociabilité superficielle qui ne rompt pas vraiment la solitude, ou de ces autres envahissants qui ne vous laissent pas l'opportunité d'être vous-même. Il évite de se mettre à la place des autres, même s'il s'agit de sa femme ou de son fils, et d'œuvrer directement à leur bonheur. Cela explique aussi l'impression que produit Goethe sur ceux qui le rencontrent pour la première fois : il fuit la familiarité facile, impose une certaine distance, se retire derrière une façade un peu cérémonieuse. Il est pourtant un ami fidèle, sur qui on peut compter.

On voit la même ambivalence dans sa pratique artistique, marquée par ce paradoxe propre à la création : alors qu'elle est destinée aux sens et à l'esprit des autres, elle demande au créateur de s'en détourner et de travailler en solitaire – autrement elle échoue. La retraite dans le silence et la pénombre favorise la création, l'agitation du grand jour la rend impossible. « Je sentais fort bien qu'on ne saurait produire quelque chose d'important sans s'isoler. Mes ouvrages, qui avaient trouvé tant d'applaudissements, étaient des enfants de la solitude. » Mais, au sein de cette solitude, et pour pouvoir écrire, Goethe se fabrique un interlocuteur. C'est son don particulier : imaginer les autres de l'intérieur, s'identifier avec leur condition, participer aux formes de vie qui lui sont étrangères. À l'occasion, tel un Cyrano de Bergerac, il prête sa plume à ses proches pour écrire des lettres d'amour enflammées ! Devenu écrivain, il profite de cette disposition ; c'est ainsi qu'il invente la forme épistolaire de *Werther*, la première œuvre qui « trouve tant d'applaudissements » : il a su y « convertir le monologue en dialogue ». Si la poésie est mise parfois par Goethe au sommet des activités humaines, c'est qu'elle réalise cette fusion de l'expression avec la communication. « C'est dans la production poétique qu'on trouve à se satisfaire le mieux soi-même, et c'est là qu'on trouve du même coup le meilleur moyen de se tenir en étroite liaison avec les autres hommes »[75].

Même dans ses écrits les plus « théoriques », Goethe n'hésite pas à recourir à la forme dialoguée. *Architecture allemande*, texte de jeunesse, n'est qu'une suite d'interrogations, d'accords et de désaccords, de répliques imaginaires d'un chœur de protagonistes. *Du vrai et du vraisemblable* oppose un accusateur et un défenseur, qui se réjouissent en commun des progrès que leur fait faire la méthode dialectique. Sans Schiller, Goethe ne se serait jamais engagé dans une réflexion théorique sur les genres littéraires : le dialogue entre les deux est toujours présent à l'arrière-plan. Dans son commentaire de *L'Essai sur la peinture* de Diderot, Goethe s'en explique plus longuement. Il se sent fatigué d'avance à l'idée de présenter une conférence, d'écrire un traité : ces formes d'écriture dissimulent le caractère dialogique de la pensée sous les apparences du système impersonnel. « Tout exposé unilatéral, fût-il le plus complet et issu de la conception la plus méthodique, nous paraît triste et pesant. La cause en est vraisemblablement la suivante : l'homme n'est pas fait pour enseigner mais pour vivre, il est fait pour être agissant et actif. Nous ne nous réjouissons que de l'action et de la contre-action. » Mais voici qu'apparaît un interlocuteur et les obstacles se trouvent levés : peu importe qu'on soit plus ou moins d'accord avec lui, l'essentiel est que le deuxième pôle de tout discours, indispensable, soit ainsi matérialisé. « Rapidement toutes les hésitations disparaissent, nous nous engageons avec vivacité, nous écoutons et nous répondons »[76].

À défaut d'un interlocuteur réel, on peut en trouver un imaginaire. Mais la présence active de l'autre est encore plus précieuse et, même s'il a fallu s'isoler pour écrire, Goethe déclare volontiers à ses interlocuteurs qu'ils sont au moins aussi responsables que lui des œuvres qu'il leur adresse. Il serait heureux de voir Schiller s'emparer des idées qu'il lui soumet. « J'aurai à cœur de déposer entre vos mains nombre de projets [...] pour que, grâce à vous, ils prennent vie. » Beaucoup plus tard, il dit à Eckermann : « Il n'est pas bon que l'homme soit seul ; il a besoin, pour réussir, qu'on prenne intérêt pour ce qu'il fait, qu'on l'excite. Je dois à Schiller mon *Achilléide*, beaucoup de mes *Ballades*, car c'est lui qui m'y a poussé, et quand je finis la seconde partie de *Faust*, vous pouvez vous l'attribuer. » L'interlocuteur *est* l'auteur, et Goethe y voit une règle générale : « L'œuvre ne peut plaire vraiment au lecteur ou au spectateur que si elle le contraint à interpréter selon son propre sentiment, à en continuer et à en compléter en quelque sorte la création »[77].

On a vu Goethe récuser la distinction entre penseurs originaux et penseurs qui ont subi des influences. À la mort de Schiller, il a l'impression de perdre non seulement un ami, mais aussi la moitié de lui-même. Il n'a aucun mal à reconnaître ce qu'il doit aux autres. « Si je pouvais énumérer toutes les dettes que j'ai faites envers mes grands prédécesseurs et mes contemporains, ce qui me resterait serait peu de chose. » Une fois de plus, l'individu n'est qu'un chaînon dans une transmission perpétuelle. En voyage en Italie, il remarque : « Je trouve aussi agréable que conforme à mon devoir de célébrer la mémoire d'un devancier. Ne suis-je pas moi-même le devancier d'autres qui viendront après moi, dans la vie comme en voyage ? » Cette conviction s'accroît chez lui au fur et à mesure qu'il s'approche de la mort. Un mois avant le 22 mars 1832, il revient sur le sujet devant Eckermann. « Qu'est-ce qui m'appartient vraiment, en dehors de la faculté et du penchant que je possédais pour voir et entendre, distinguer et choisir, animer avec un peu d'esprit et répéter avec un peu d'adresse ce que j'avais vu et entendu ? » Et dans la toute dernière lettre qu'il a écrite, quelques jours seulement avant sa mort, à Wilhelm von Humboldt : « Le meilleur génie est celui qui absorbe tout, qui sait s'approprier tout, sans que sa détermination fondamentale, ce que l'on appelle le caractère, subisse le moindre préjudice, qu'il s'en trouve même encore plus élevé et par là capable de s'ouvrir à toutes les possibilités »[78].

Dans les jours qui précèdent sa mort, où il est habité peut-être sans le savoir par l'obscur pressentiment du moment où la terre absorbera son corps et lui-même se confondra avec l'univers objectif, Goethe ne pense qu'à une chose : que son esprit n'est que le résultat des mille et une absorptions, que son originalité consiste en une capacité de tout assimiler, que l'être *est* l'autre. C'est au moment même où il n'existera plus que dans et par l'esprit des autres que Goethe reconnaît pleinement les autres en lui. L'être individuel n'est qu'une infime transition dans cet échange généralisé puisque nous sommes faits des autres, et que les autres sont et seront faits de nous. Du point de vue de l'individu, naissance et mort sont des événements décisifs, mais de celui de l'humanité, elles ne peuvent jamais interrompre la chaîne d'interaction humaine. Et c'est la seule immortalité qui vaille : les autres vivent en nous, nous vivons dans les autres. D'une transformation antérieure nous ne sommes que la transformation, qui sera transformée à son tour.

Telle est l'apothéose de Goethe : au moment même où son corps périssable est destiné à se perdre dans la matière, son esprit reconnaît qu'il n'est que mémoire et il se livre sans méfiance à la mémoire des autres, contemporains et futurs lecteurs. La perméabilité généralisée dissout la personne et Goethe, comme tout homme, est emporté non par les anges mais par les autres hommes, qui se transmettront eux-mêmes aux autres, et ainsi à l'infini.

Notes

Introduction

1. Tous les textes qui suivent ont été révisés, parfois considérablement, c'est pourquoi je n'indique pas la date de leur première version. Je précise que ces révisions consistent en additions de nouvelles informations, suppressions de redites ou corrections stylistiques, non en une réorientation de leur sens. Dans les références, sauf indication contraire, le lieu d'édition est Paris.

Portraits

Germaine Tillion

1. *Fragments de vie*, Seuil, 2009, p. 87.
2. *Il était une fois l'ethnographie*, Seuil, 2000, p. 39.
3. *Ibid.*, p. 104.
4. *Fragments de vie*, *op. cit.*, p. 115.
5. *Combats de guerre et de paix*, Seuil, 2007, p. 402.
6. *Fragments de vie*, *op. cit.*, p. 129.
7. *Ibid.*, p. 251.
8. *Combats de guerre et de paix*, *op. cit.*, p. 423.
9. *Fragments de vie*, *op. cit.*, p. 159, 179.
10. *Fragments de vie*, *op. cit.*, p. 147, 177.
11. *Ravensbrück*, Seuil, 1997, p. 29.

12. *Fragments de vie*, *op. cit.*, p. 149.
13. *Ibid.*, p. 178, 249-250.
14. *Ravensbrück*, *op. cit.*, p. 33.
15. *Combats de guerre et de paix*, *op. cit.*, p. 203.
16. *Fragments de vie*, *op. cit.*, p. 250.
17. *Combats de guerre et de paix*, *op. cit.*, p. 80.
18. *Fragments de vie*, *op. cit.*, p. 196.
19. *Le Verfügbar aux enfers*, La Martinière, 2005, p. 118.
20. *Ravensbrück*, *op. cit.*, p. 33.
21. *Fragments de vie*, *op. cit.*, p. 245, 252, 357, 229, 253.
22. *Ibid.*, p. 247.
23. *Ibid.*, p. 246.
24. *Ibid.*, p. 133.
25. *Combats de guerre et de paix*, *op. cit.*, p. 176 ; *Fragments de vie*, *op. cit.*, p. 358.
26. *Ibid.*, p. 322.
27. *Combats de guerre et de paix*, *op. cit.*, p. 267.
28. *Fragments de vie*, *op. cit.*, p. 315.
29. *Combats de guerre et de paix*, *op. cit.*, p. 289 ; *Fragments de vie*, *op. cit.*, p. 317 ; *Combats de guerre et de paix*, *op. cit.*, p. 69.
30. *Fragments de vie*, *op. cit.*, p. 44.
31. *Combats de guerre et de paix*, *op. cit.*, p. 430.
32. *Fragments de vie* (*op. cit.*) constitue une tentative pour reconstituer l'ouvrage inachevé.
33. *Combats de guerre et de paix*, *op. cit.*, p. 64.
34. *Ibid.*, p. 223, 212, 309.
35. *Ibid.*, p. 43.
36. *Ibid.*, p. 222, 400.
37. *Ibid.*, p. 290.
38. *Ibid.*, p. 81.
39. *Ibid.*, p. 43.
40. *Ibid.*, p. 212.
41. *Le Siècle de Germaine Tillion,* Seuil, 2007, p. 99.
42. *Combats de guerre et de paix*, *op. cit.*, p. 194, 216.
43. *Ibid.*, p. 196, 53, 42.
44. *Ibid.*, p. 152, 388, 401.
45. *Ibid.*, p. 388, 51.

46. *Ibid.*, p. 43.
47. *Ibid.*, p. 210, 424.
48. *Ibid.*, p. 728 ; Simone de Beauvoir, *La Force des choses,* Gallimard, 1963, p. 462.
49. *Combats de guerre et de paix*, *op. cit.*, p. 63-64.
50. *Combat* du 10 mai 1947, repris dans A. Camus, *Œuvres complètes*, t. II, Gallimard, 2006, p. 430 ; *Combats de guerre et de paix*, *op. cit.*, p. 195.
51. *Ibid.*, p. 404, 470.
52. *Ibid.*, p. 402.
53. *Ibid.*, p. 69.
54. *Ibid.*, p. 186, 47.
55. Lettre publiée dans le numéro spécial des *Cahiers du Rhône* consacré à Ravensbrück en 1946, puis reprise dans *Voix et Visages*, 6, 1947.
56. *Combats de guerre et de paix*, *op. cit.*, p. 277.
57. J'ai consacré à Germaine Tillion plusieurs autres études, notamment un chapitre de *Mémoire du mal tentation du bien*, Robert Laffont, 2000, p. 311-329, et « Germaine Tillion face à l'extrême », in *Le Siècle de Germaine Tillion*, Seuil, 2007, p. 171-189.

Raymond Aron

1. N. Baverez, *Raymond Aron*, Flammarion-Champs, 1993, p. 381. Une autre source riche en informations sur Aron est le numéro spécial que lui a consacré la revue *Commentaire* (28-29, février 1985). Les références des citations extraites des *Mémoires* figurent dans le texte, précédées de la lettre M, et renvoient à l'édition publiée chez Robert Laffont en 2003.
2. Cité par N. Baverez in *Raymond Aron*, *op. cit.*, p. 210.
3. Julliard, 1981, Presses-Pocket, 1983, p. 294.
4. *Ibid.*, p. 299.
5. Texte de 1965, cité par Baverez in *Raymond Aron*, *op. cit.*, p. 338.
6. *Ibid.*, p. 125.
7. *Op. cit.*, p. 298.
8. Cité par Baverez in *Raymond Aron*, *op. cit.*, p. 173.
9. Hachette, « Pluriel », 2002, p. 11.
10. *Dialogues*, *Œuvres complètes*, Gallimard, « Bibliothèque de la Pléiade », t. I, 1964, p. 965.

11. Cité par Baverez, *Raymond Aron*, *op. cit.*, p. 338-339.
12. J.-P. Sartre, *Situations IV*, Gallimard, 1961, p. 248-249.
13. Cité par Baverez, *Raymond Aron*, *op. cit.*, p. 350.
14. « Introduction » à M. Weber, *Le Savant et le Politique*, 10/18, 1982, p. 40.
15. Cité par Baverez, *Raymond Aron*, *op. cit.*, p. 369.
16. Catalogue de l'exposition « Résistance et déportation », 1980.
17. Cité par Baverez, *Raymond Aron*, *op. cit.*, p. 88.
18. *Ibid.*, p. 339.
19. *Ibid.*, p. 264.
20. *Les Guerres en chaîne*, Gallimard, 1951, p. 490.
21. Cité par Baverez, *Raymond Aron*, *op. cit.*, p. 445.
22. *Ibid.*, p. 423.
23. *Ibid.*, p. 72.
24. *Ibid.*, p. 77.
25. *Ibid.*, p. 13.

Edward Said

1. *Joseph Conrad and the Fiction of Autobiography*, Cambridge (Mass.), Harvard University Press, 1966.
2. *Beginnings : Intention and Method*, Cambridge (Mass.), Harvard University Press, 1974.
3. *Reflections on Exile*, Cambridge (Mass.), Harvard University Press, 2000 ; trad. fr., *Réflexions sur l'exil*, Arles, Actes Sud, 2008, p. 37.
4. *The World, the Text and the Critic,* Cambridge (Mass.), Harvard University Press, 1983.
5. *Réflexions sur l'exil, op. cit.*, p. 17.
6. *Ibid.*, p. 699.
7. *La Conquête de l'Amérique*, Seuil, 1982 ; *Nous et les autres*, Seuil, 1989.
8. *Covering Islam*, Cambridge (Mass.), Harvard University Press, 1981 ; *Culture and Imperialism*, New York, Viking Press, 1994 ; trad. fr., *Culture et Impérialisme*, Fayard, 2000.
9. Cf. ici même, p. 71.
10. Cité in *Remembering Edward Said*, New York, Columbia University, 2004, p. 73.

11. *Representations of the Intellectual*, New York, Viking Press, 1994 ; trad. fr., *Des intellectuels et du pouvoir*, Seuil, 1996.
12. *L'Homme dépaysé*, Seuil, 1996.
13. *Humanism and Democratic Criticism*, New York, Columbia University Press, 2004 ; trad. fr., *Humanisme et Démocratie*, Fayard, 2005, p. 141-142.
14. *Des intellectuels et du pouvoir*, *op. cit.*, p. 63 et p. 69.
15. E. Said et D. Barenboim, *Parallels and Paradoxes*, New York, Pantheon Books, 2002 ; trad. fr., *Parallèles et Paradoxes*, Le Serpent à plumes, 2003, p. 23 ; *From Oslo to Iraq and the Road Map*, New York, Pantheon Books ; trad. fr., *D'Oslo à Irak*, Fayard, 2005, p. 258 ; *On Late Style*, Londres, Bloomsbury, 2006, p. 8.
16. Arléa, 1997.
17. *Out of Place*, New York, A. A. Knopf, 1999 ; trad. fr., *À contre-voie*, Le Serpent à plumes, 2002, et Le Livre de poche, 2003.
18. *Reflexions sur l'exil, op. cit.*, p. 691, p. 689 (trad. modifiée).
19. *D'Oslo à Irak, op. cit.*, p. 223.
20. *Humanism and Democratic Criticism, op. cit.* ; trad. fr., *Humanisme et Démocratie, op. cit.* ; *From Oslo to Iraq, op. cit.* ; trad. fr., *D'Oslo à Irak, op. cit.* ; *On Late Style, op. cit.* ; *Music at the Limits*, New York, Columbia University Press, 2008.
21. « Préface » (2003), *L'Orientalisme*, Seuil, 2005, p. V.
22. *Réflexions sur l'exil, op. cit.*, p. 21 (trad. modifiée), 630.
23. *Ibid.*, p. 659.

Jakobson et Bakhtine

1. *Théorie de la littérature. Textes des formalistes russes*, Seuil, 1965 ; nouvelle édition : Seuil, « Points », 2001.
2. *Mikhaïl Bakhtine. Le principe dialogique*, Seuil, 1981.
3. V. Kozhinov, « Kak pishut trudy », *Dialog, Karnaval, Khronotop*, 1992, 1.
4. « Futurizm » (1919), *Selected Writings*, t. III, La Haye, Mouton, 1981, p. 718-722 ; trad. fr. : « Futurisme », *Questions de poétique*, Seuil, 1973.
5. *Ibid.*, p. 719.
6. « Iskusstvo i otvetstvennost' » (1919), *Estetika slovesnogo tvorchestva*, Moscou, Nauka, 1979, p. 6.

7. « Réponses », *in* R. Jakobson, *Russie Folie Poésie*, Seuil, 1986, p. 31.
8. *Ibid.*, p. 36, 37-38 ; « Beseda s profesorom R.O. Jakobson », L. Dezë, Debrecen, 1972 (inédit).
9. « Relations entre la science du langage et les autres sciences » (1970), *Essais de linguistique générale*, t. II, Minuit, 1973, p. 65 (repris in *Selected Writings*, *op. cit.*, t. VIII).
10. « Archives du XXe siècle : Entretiens avec R. J. », ORTF, Paris, 1972 (inédit), VII, p. 38.
11. « Ein Blick auf *Die Aussicht* von Hölderlin » (1976), *Selected Writings*, *op. cit.*, t. III, p. 421 ; trad. fr., « Un regard sur *La Vue* de Hölderlin », *Russie Folie Poésie*, *op. cit.*
12. *Ibid.*, p. 434.
13. R. Jakobson, K. Pomorska, *Dialogues*, Flammarion, 1980, p. 101 (original russe repris in *Selected Writings*, *op. cit.*, t. VIII) ; « O pokolenii rastrativshem svoikh poètov » (1931), *Selected Writings*, *op. cit.*, t. V, 1979 ; trad. fr., « La génération qui a gaspillé ses poètes », *Questions de poétique*, *op. cit.*, p. 101.
14. « Razgovory s Bakhtinym » (1973), *Chelovek* (I : 4, 1993 : II : 5, 1993 ; III : 1, 1994 ; IV : 3, 1994 ; V : 4, 1994 ; VI : 6, 1994 ; VII : 1, 1995), III, p. 162. Ces entretiens ont été repris en livre, sous une forme un peu différente : *Besedy B. D. Duvakina s M. M. Bakhtinym*, Moscou, Progress, 1996.
15. *Ibid.*, III, p. 171.
16. « Pis'ma M. M. Bakhtina », *Literaturnaja uchëba*, 1992, 5-6 (lettres à Kozhinov datant de 1960 à 1965), p. 150 ; « Razgovory », *op. cit.,* I, p. 150 ; M. Kaganskaja, « Shutovskoj khorovod », *Syntaxis*, 1984, 121, p. 141.
17. « Linguistics and Poetics » (1960), *Selected Writings*, *op. cit.*, t. III, p. 24 ; trad. fr., *Essais de linguistique générale*, t. I, Minuit, 1963.
18. P.N. Medvedev, *Formal'nyj metod v literaturovedenii*, Leningrad, Priboj, 1929, p. 203-204 ; « Iz zapisej 1970-1971 godov », *Estetika*, *op. cit.*, p. 352 ; trad. fr., « Les carnets 1970-1971 », *Esthétique de la création verbale*, Gallimard, 1984.
19. « Problema obosnovannogo pokoja », in *M. M. Bakhtin kak filosof*, Moscou, Nauka, 1992, p. 235.
20. « Iz chernovykh tetradej » (1943 et s.), *Literaturnaja uchëba*, 1992, 5-6, p. 154.
21. « Réponses », *op. cit.*, p. 39.

22. Ivan Tolstoj, *Otmytij roman Pasternaka*, Moscou, Vremja, 2009, p. 216-227.
23. *Dialogues*, *op. cit.*, p. 39.
24. *Ibid.*, p. 37.
25. « Réponses », *op. cit.*, p. 10, 13 ; « Beseda », *op. cit.*, p. 37.
26. « Réponses », *op. cit.*, p. 43.
27. « Razgovory », *op. cit.*, III, p. 160.
28. Kagan, *op. cit.*, p. 80-81 ; « Razgovory », *op. cit.*, VI, p. 166.
29. *Ibid.*, V, p. 181.
30. Ju.P. Medvedev, « Nas bylo mnogo na chelne... », *Dialog, Karnaval, Khronotop*, 1992, 1, p. 97, 95.
31. K. Clark, M. Holquist, *Mikhail Bakhtin*, Cambridge, Harvard University Press, 1984, p. 260 ; « Pis'ma », *op. cit.*, p. 150.
32. *Dialog, Karnaval, Khronotop*, *op. cit.*, p. 120.
33. « Réponses », *op. cit.*, p. 26, 27, 41.
34. « Beseda », *op. cit.*, p. 27 ; « Archives », *op. cit.*, p. 29-30.
35. « Archives », III, p. 39-40 ; *A Tribute to Roman Jakobson*, Berlin, Mouton, 1983, p. 69, p. 87.
36. « Préface » (1976), *in* V. N. Volochinov (M. Bakhtine), *Le Marxisme et la Philosophie du langage*, Minuit, 1977, p. 8.
37. « Réponses », *op. cit.*, p. 42.

Histoires

Le sauvetage des juifs bulgares

1. *Eichmann in Jerusalem*, New York, Viking Press, 1965, p. 188.
2. *The Bulgarian Jews and the Final Solution, 1940-1944*, Pittsburgh, University of Pittsburgh Press, 1974. D'autres études complètent ce premier travail : Nir Barouch, *Otkupât. Car Boris i sâdbata na bâlgarskite evrei*, Sofia, Éditions universitaires Saint-Clément d'Okhrid, 1991 ; Michael Bar-Zohar, *Beyond Hitler's Grasp*, Avon, Adams Media Corporation, 1998 (trad. fr., *Arrachés aux griffes de Hitler*, Sofia, Bul Koreny, 2006).
3. *Oceljavaneto [La survie]*, Sofia, Shalom, 1995, p. 134.

4. On peut prendre connaissance du détail de ces réactions dans les Mémoires de Dimitar Pechev ; trad. fr., *La Fragilité du bien. Le sauvetage des juifs bulgares,* Albin Michel, 1999.
5. *Oceljavaneto, op. cit.*, p. 181.
6. Message du 27 mars 1943, cité *in* Christo Boyadjieff, *The Bulgarian Jews and the Final Solution*, Ottawa, Free Bulgarian Center, 1989, p. 73.
7. *Oceljavaneto, op. cit.*, p. 207.
8. *Ibid.*, p. 205-206.
9. *Ibid.*, p. 210.
10. Cf. *La Fragilité du bien, op. cit.*, p. 188, 125, 100.
11. On trouve un récit très détaillé de cette journée dans le livre de Michael Bar-Zohar, *Arrachés aux griffes de Hitler, op. cit.*
12. *La Fragilité du bien, op. cit.*, p. 122-123.
13. *Ibid.*, p. 96-99.
14. *Oceljavaneto, op. cit.*, p. 237.
15. *Ibid.*, p. 257.
16. *Ibid.*, p. 42. (La référence évangélique est à Mt VII,1-2.)
17. *Ibid.*, p. 265-266.
18. Cf. Gabriele Nissim, *L'uomo che fermo Hitler*, Milan, Mondadori, 1998, p. 225-226, 315-316.
19. *Ibid.*, p. 210-222.
20. Cf. Liliana Deyanova, « Dva malki kazusa », in *Prenapisvaneto na uchebnicite po istorija*, Sofia, Institut za socialna kritika, 1994.
21. Nissim, *L'uomo che fermo Hitler, op. cit.*, p. 264.
22. Cf. *La Fragilité du bien, op. cit.*, p. 82, 91, 93, 133.
23. *Op. cit.*, p. 55.
24. *Oceljavaneto, op. cit.*, p. 236 ; texte allemand *in* Boyadjieff, *The Bulgarian Jews and the Final Solution, op. cit.*, p. 79.
25. *La Fragilité du bien, op. cit.*, p. 114.
26. *Ibid.*, p. 151.
27. *Ibid.*, p. 125, 156, 157.
28. *Oceljavaneto, op. cit.*, p. 232.
29. Journal de Filov, le 5 avril 1943, traduit dans *La Fragilité du bien, op. cit.*, p. 111.
30. Le 4 avril 1943, *Oceljavaneto, op. cit.*, p. 234.
31. *The Bulgarian Jews and the Final Solution, op. cit.*, p. 72.
32. *La Fragilité du bien, op. cit.*, p. 72.
33. *Oceljavaneto, op. cit.*, p. 231.

34. *La Fragilité du bien*, *op. cit.*, p. 156-157.
35. *Ibid.*, p. 164 s.
36. *Ibid.*, p. 114, 189, 98.
37. *Ibid.*, p. 72, 125, 189.
38. *Ibid.*, p. 189-190.
39. *Ibid.*, p. 190, 194, 196-197.
40. *Ibid.*, p. 159.
41. *Ibid.*, p. 81, 172.
42. *Ibid.*, p. 66.
43. *Oceljavaneto*, *op. cit.*, p. 259.
44. *La Fragilité du bien*, *op. cit.*, p. 59-60.
45. *Ibid.*, p. 195.
46. Journal de Filov du 24 mars 1943, *La Fragilité du bien*, *op. cit.*, p. 109.
47. Le 23 mars 1943, *ibid.*, p. 108.
48. Le 24 mars 1943, *ibid.*, p. 110.
49. *Ibid.*, p. 211, 216.
50. *Ibid.*, p. 131.
51. J'ai traité également de la question des sauveteurs dans *Face à l'extrême*, Seuil, éd. de 1994, p. 256-264.

Staline vu de près

1. G. Dimitrov, *Dnevnik*, Sofia, Éditions universitaires Saint-Clément d'Okhrid, 1997, 794 p.
2. *The Diary of Georgi Dimitrov, 1933-1942*, New Haven, Yale University Press, 2003.
3. On trouve une remarquable reconstruction romanesque des derniers jours de Münzenberg dans le livre d'Antonio Munoz Molina, *Séfarade* (Seuil, 2002).

Artistes et dictateurs

1. *L'Ancien Régime et la Révolution*, III, 1, Gallimard, 1967, p. 240.
2. R. Wagner, *Œuvres en prose*, Éditions d'aujourd'hui, 1976, t. III, p. 91.
3. *Ibid.*, p. 19, 16, 243.

4. *Futurisme. Manifestes, proclamations, documents*, éd. par G. Lista, Lausanne, L'Âge d'homme, 1973, p. 88.
5. *Marinetti et le futurisme*, éd. par G. Lista, Lausanne, L'Âge d'homme, 1977, p. 18, 19.
6. *Le Futurisme*, Lausanne, L'Âge d'homme, 1980, p. 103, 159, 110, 112.
7. *Marinetti et le futurisme, op. cit.*, p. 59 s.
8. Dans *Anthologie du Bauhaus*, Bruxelles, Didier Devillez éd., 1995, p. 51-54 ; cité par E. Michaud, « L'œuvre d'art totale et le totalitarisme », in *L'Œuvre d'art totale*, Gallimard, 2003, p. 43, dont je suis ici l'analyse.
9. *Bauhaus 1919-1969*, Musée national d'art moderne, 1969, p. 13, cité par Michaud, *in* « L'œuvre d'art totale et le totalitarisme », *op. cit.*, p. 47 ; *Anthologie du Bauhaus, op. cit.*, p. 110 ; Michaud, *op. cit.*, p. 53.
10. L. Moholy-Nagy, *Peinture, photographie, film*, Nîmes, Jacqueline Chambon, 1993, p. 78 ; Michaud, *op. cit.*, p. 54.
11. Cité par Igor Golomstock, *L'Art totalitaire*, Éditions Carré, 1991, p. 66 (ouvrage central pour la question qui nous occupe ici).
12. *Présence de Marinetti*, éd. par J.-C. Marcadé, Lausanne, L'Âge d'homme, 1982, p. 197 ; Mikhaïl Levidov dans *LEF*, 2, 1923, p. 135.
13. Larionov, in *Une avant-garde explosive*, Lausanne, L'Âge d'homme, 1978, p. 72-73 ; Malevitch, *Écrits*, t. I, Lausanne, L'Âge d'homme, 1993, p. 102 ; Livchits cité par J.-C. Marcadé, *L'Avant-garde russe. 1907-1927*, Flammarion, 1995, p. 6.
14. Arvatov, cité par Marcadé, *L'Avant-garde russe, op. cit.*, p. 19 ; « L'utopie objectalisée », 1923, *in* G. Conio, *Le Constructivisme russe*, Lausanne, L'Âge d'homme, 1987, t. II, p. 46.
15. « Des nouveaux systèmes dans l'art », *Écrits*, Éditions G. Lebovici, 1986, p. 336.
16. *LEF*, 2, 1923, p. 135.
17. Cité par Conio, *Le Constructivisme russe*, *op. cit.*, p. 153 ; « L'artiste et la Commune », *ibid.*, t. I, p. 241.
18. *Foi et Amour, Œuvres*, Gallimard, 1975, t. I, p. 341.
19. Cité par Conio, *Le Constructivisme russe*, *op. cit.*, p. 44.
20. Arvatov, « Utopie ou science ? », *in* Conio, *Le Constructivisme russe*, *op. cit.*, t. II, p. 65-66.
21. Tchoujak, *in* Conio, *Le Constructivisme russe*, *op. cit.*, t. II, p. 39.

22. Tchoujak, *in* Conio, *Le Constructivisme russe*, *op. cit.*, p. 23, 170, 178 ; K. Marx, « Thèses sur Feuerbach », *in* Marx-Engels, *Études philosophiques*, Éditions sociales, 1947, p. 59.
23. Tchoujak, *in* Conio, *Le Constructivisme russe*, *op. cit.*, p. 176, 23, 178.
24. *Ibid.*, p. 40, 180.
25. *LEF*, 1, 1923, p. 199.
26. *Œuvres complètes*, Gallimard, 1950, 2 vol., *République*, 500e-501a ; *Lois*, 817b.
27. Cité in *L'Homme nouveau dans l'Europe fasciste*, Fayard, 2004, p. 7 ; cité par E. Michaud, *Un art de l'éternité*, Gallimard, 1996, p. 17 ; E. Ludwig, *Colloqui con Mussolini*, Milan, 1932, cité in *L'Homme nouveau*, *op. cit.*, p. 284.
28. Le 15 février 1927, cité in *L'Homme nouveau*, *op. cit.*, p. 82.
29. Cité d'après *Art and Power*, exposition à la Hayward Gallery, Londres, 1995-1996.
30. « Lettre à un soldat de la classe 60 », *Écrit à Fresnes*, Plon, 1967, p. 140.
31. G. Ciano, *Diario 1937-1943*, Milan, 1980, p. 445 ; cité par E. Gentile, *Qu'est-ce que le fascisme ?*, Gallimard, 2004, p. 393.
32. H. Rauschning, *Hitler m'a dit*, sans éditeur, 1939, p. 255 ; *Musique en jeu*, 23, p. 60.
33. A. Kubizek, *Adolf Hitler. Mein Jugendfreund*, Graz, 1953, p. 101 ; trad. fr., *Hitler, mon ami d'enfance*, Gallimard, 1954, cité *in* B. Hamann, *La Vienne d'Hitler,* Éditions des Syrtes, 2001, p. 88.
34. A. Kubizek, *Adolf Hitler, op. cit.*, p. 343, cité par Hamann, *op. cit.*, p. 77 ; A. Speer, *Journal de Spandau*, 1975, p. 108, cité par Michaud, *Un art de l'éternité*, *op. cit.*, p. 86.
35. Cité par I. Golomstock, *L'Art totalitaire*, *op. cit.*, p. 12.
36. Goebbels, *Combats pour Berlin*, Éditions Saint-Just, 1966 (original 1931), p. 38 ; cité par Michaud, *Un art de l'éternité, op. cit.,* p. 20, 62.
37. Cité par Franz Dröge et Michael Müller, *Die Macht der Schönheit, Avantgarde und Faschismus oder die Geburt der Massenkultur*, Hambourg, Europäische Verlagsanstalt, 1995, p. 57.
38. *Hitler m'a dit*, *op. cit.*, p. 273.
39. Rapporté par S. Sechoukov, *Neistovye revniteli*, Moscou, 1970, p. 339, cité par V. Strada, « Le réalisme socialiste », in *Histoire de la littérature russe. Le* XXe *siècle*, t. III, Fayard, 1990, p. 20.
40. *Pervyj vsesojuznyj s'ezd sovetskikh pisatelej [premier congrès national des écrivains soviétiques]*, Moscou, 1934, p. 5.

41. Cité par Golomstock, *L'Art totalitaire*, *op. cit.*, p. 76.
42. Cf. S. S. Montefiori, *Young Stalin*, Londres, Weidenfeld & Nicolson, 2007.
43. O. Ivinskaïa, *Mes années avec Pasternak*, Fayard, 1978.
44. *Vlast' i khudozhestvennaja intelligencija*, Moscou, 1999, p. 275 ; K. Chukovskij, *Dnevnik 1930-1969*, Moscou, 1994, p. 141. Les deux sont cités dans le livre de S. Volkov, *Chostakovitch et Staline*, Éditions du Rocher, 2005, p. 115 et 153.
45. « Programme du Parti communiste russe », cité *in* M. Heller, *La Machine et les rouages*, Calmann-Lévy, 1985, p. 11 ; H. Rauschning, *Hitler m'a dit, op. cit.*, p. 278.
46. *Belomorsko-Baltijskij kanal imeni Stalina*, Moscou, 1934, p. 397, cité par M. Heller, « Maxime Gorki », in *Histoire de la littérature russe, op. cit.*, p. 78-82.
47. L. Trotski, *Littérature et Révolution*, Julliard, 1964, p. 213, 215, 217.
48. « L'œuvre d'art à l'ère de sa reproductibilité technique », *Poésie et Révolution*, Denoël, 1971, p. 208, 210.
49. « Lettre aux *Cahiers du Sud* sur les responsabilités de la littérature », *Les Cahiers du Sud*, 34 (1951).
50. J'évoque plus longuement l'idéologie romantique et sa place dans l'histoire dans *Les Aventuriers de l'absolu*, Robert Laffont, 2006.
51. *La Société ouverte et ses ennemis*, t. I, Seuil, 1979, p. 135.

Les limites de la justice

1. *Le Monde* du 2 mai 2001.
2. Lettre 104, in *Œuvres complètes*, Seuil, 1964.
3. Cf. mon livre *La Peur des barbares*, Robert Laffont, 2008, p. 201 s.
4. *Le Monde des débats*, n° 25, mai 2001.
5. Seuil, 1994.
6. Cf. Stephen Holmes, *The Matador's Cape*, New York, Cambridge University Press, 2007, p. 164-167.
7. *Le Monde*, 1er-2 juillet 2001.
8. « Le devoir de vérité », in *Combats de guerre et de paix*, Seuil, 2007, p. 401.
9. *Paix et guerre entre les nations*, Calmann-Lévy, 1962, p. 721.
10. Cité par P. Hazan, *La Justice face à la guerre*, Stock, 2000, p. 219.

Le testament de Primo Levi

1. « Comprendre et faire comprendre », *in* Primo Levi, *Conversations et Entretiens,* Robert Laffont, 1998, p. 242.
2. *Les Naufragés et les Rescapés*, Gallimard, 1989, p. 196.
3. *Ibid.*, p. 197, 38.
4. *Ibid.*, p. 56.
5. *Ibid.*, p. 199.
6. *Ibid.*, p. 42.
7. J'évoque le destin et la pensée de Primo Levi également dans *Face à l'extrême*, Seuil, 1994, p. 275-287, et dans *Mémoire du mal, tentation du bien*, Robert Laffont, 2000, p. 193-203.

La mémoire comme remède contre le mal

1. Mt VI,13.
2. *Le Portail*, La Table ronde, 2000.
3. *Ibid.*, p. 383 ; *Le Portail*, Talents Hauts, 2007, p. 9.
4. *Le Portail*, La Table ronde, *op. cit.*, p. 113, 148.
5. *Le Soir*, 20 septembre 2007.
6. *No Future without Forgiveness*, New York, Doubleday, 1999 ; trad. fr., *Il n'y a pas d'avenir sans pardon*, Albin Michel, 2000.
7. Cité *in Il n'y a pas d'avenir sans pardon, op. cit.*, p. 136-137.
8. *Ibid.*, p. 126, 89, 87.
9. *Ibid.*, p. 193, 39.
10. *Ibid.*, p. 39.
11. *Country of My Skull*, New York, Vintage, 1999.
12. « African forgiveness – too sophisticated for the West », document diffusé au *4th International Literature Festival Berlin*, 2004.
13. *Tulipe* (1946), Gallimard, 1970, p. 85.
14. *Les Cerfs-Volants,* Gallimard, 1980, p. 265.
15. Jn XVII,15.
16. « Entretien avec Zoran Music », *in* J. Clair, *La Barbarie ordinaire*, Gallimard, 2001, p. 150.

Lectures

La découverte de l'Amérique

1. On peut lire la traduction française de ces écrits dans le recueil *Le Nouveau Monde*, Les Belles Lettres, 1992.
2. Cf. C. Colomb, *La Découverte de l'Amérique*, t. III, *Écrits et Documents. 1492-1506*, La Découverte, 1991, p. 48-49. Michel Lequenne, le maître d'œuvre de cette édition, a beaucoup insisté sur ce point.
3. Certaines lettres de Martyr, non incluses dans ses *Décades*, ont été traduites par P. Gaffarel et P. Louvot, « Lettres de Pierre Martyr », *Revue de géographie*, 1884. On en trouve les principaux extraits *in* Colomb, *La Découverte de l'Amérique, op. cit.*, p. 83-87.
4. On trouve tous les textes de Vespucci dans *El Nuevo Mundo*, Buenos Aires, Editoria Nova, 1951.
5. Sur la question de la découverte, on peut consulter aussi A. Ronsin, *Découverte et baptême de l'Amérique*, Montréal, G. Lepape, 1979 (rééd. : Nancy, Éditions de l'Est, 1991), et N. Broc, *La Géographie de la Renaissance (1420-1620), Mémoires de la section de géographie*, 9, Bibliothèque nationale, 1980.
6. Cf. Colomb, *La Découverte de l'Amérique, op. cit.*, t. II, 1979, p. 75.
7. F. Colomb, *Christophe Colomb raconté par son fils*, Perrin, 1986.
8. Cf., en traduction française, *Récits aztèques de la Conquête*, Seuil, 1983 (réédité en 2009 sous le titre *La Conquête. Récits aztèques)* ; *Témoignages de l'ancienne parole*, La Différence, 1991.
9. J'ai consacré à l'étude de Colón et de ses successeurs mon livre *La Conquête de l'Amérique*, Seuil, 1982.

La Rochefoucauld, la comédie humaine

1. M signifie maxime ; MS, maxime supprimée ; MP, maxime posthume ; R, réflexion. Sauf indication contraire, tous les textes de La Rochefoucauld sont cités d'après l'édition suivante : *Maximes, Réflexions,*

Lettres, Hachette, 1999. Les lettres contemporaines concernant les maximes sont citées d'après *Maximes*, Bordas, 1992.

2. Au père Thomas Esprit, le 6 février 1664.
3. *Ibid.*
4. *Pensées*, Garnier, 1966, B.455, L.597.
5. À Thomas Esprit, le 6 février 1664.
6. *Pensées,* B.100, L.978.
7. *Éthique à Nicomaque*, Vrin, 1959, VIII.5.5.
8. *Ibid.*, VIII.12.3.
9. Lettre du 6 février 1664.
10. *De la force du gouvernement actuel de la France*, Flammarion, 1988, VII, p. 74 ; *Pensées*, B.233, L.418.
11. « Préface à *Narcisse* », *Œuvres complètes*, Gallimard, t. II, 1964, p. 972.
12. *Mes Pensées*, *Œuvres complètes*, Seuil, 1964, B.1042, N.464 ; « Lettres morales », VI, *Œuvres complètes*, Gallimard, t. IV, 1969, p. 1116.
13. Cicéron, *Traité des devoirs*, XXI, 113, in *Les Stoïciens*, Gallimard, 1962.
14. *Ibid.*, XXXIV, 125.
15. Lettre du 17 août 1662.
16. Au comte de Guitaut, le 19 novembre 1666.

Mozart, homme des Lumières

1. Les lettres de Mozart sont citées d'après la *Correspondance*, Flammarion, 1989-1993 : t. I (1756-1776), t. II (1777-1778), t. III (1778-1781), t. IV (1782-1785), t. V (1786-1791). À Leopold, le 4 février 1778.
2. « Testament Johanis », *in* Lessing, *Schriften*, 1886-1907, t. XIII, p. 15.
3. À Leopold, le 11 septembre 1778.
4. À Padre Martini, 1775.
5. Le 9 mai 1781.
6. À Leopold, le 20 juin 1781.
7. À Leopold, 1775.
8. À F.J. Bullinger, le 7 août 1778.
9. Dans l'album de son ami Gottfried von Jacquin, en 1786.

10. Le 4 avril 1787.
11. À Leopold, le 4 février 1778 ; le 17 août 1782.
12. *Mémoires de Lorenzo da Ponte*, Mercure de France, 1980.

Constant, politique et religion

1. *De la religion*, Arles, Actes Sud, 1999, II, 8, p. 139 ; « Histoire abrégée de l'égalité », *Œuvres complètes*, Tübingen, Niemeyer Verlag, t. III, 1, 1995, p. 373.
2. « De Madame de Staël et de ses ouvrages », *Œuvres*, Gallimard, 1979, p. 826 ; « Lettre sur Julie », *ibid.*, p. 806-807.
3. « Des réactions politiques », *De la force du gouvernement actuel de la France*, Flammarion, 1988, VIII, p. 136.
4. À Annette de Gérando, le 5 juin 1815, *in* B. Constant et Mme Récamier, *Lettres 1807-1830*, Champion, 1992.
5. Texte de 1806, repris dans les « Annexes aux *Principes de politique* », *in* B. Constant, *De la liberté chez les modernes*, Le Livre de poche, 1980, p. 437-440.
6. *De la religion*, *op. cit.*, p. 617.
7. *Ibid.*, p. 469.
8. *Ibid.*, p. 340.
9. *Ibid.*, p. 48.
10. *Adolphe,* X, *Œuvres*, p. 78 ; *De la religion,* p. 577.
11. J'ai consacré à Constant une monographie, *Benjamin Constant. La passion démocratique*, Hachette Littératures, 1997, réédition Le Livre de poche, 2004.

Stendhal, amour et égotisme

1. *De l'amour*, Paris, Gallimard, Folio, 1980, p. 30 ; XXXII, p. 112 ; XXIX, p. 98 ; XXXII, p. 110.
2. *Ibid.,* I, p. 28 ; X, p. 47 ; XLII, p. 153.
3. *Ibid.*, p. 241 ; XL, p. 145 ; LIX, p. 235 ; *Vie de Henry Brulard, Œuvres intimes*, t. II, Gallimard, « Bibliothèque de la Pléiade », 1982, XLII, p. 933 ; XLIII, p. 940.

4. *De l'amour*, p. 338 ; XLI, p. 148 ; XLII, p. 153-154 ; XLIX, p. 177 ; « Fragments divers », 56, p. 261 ; XLI, p. 150.
5. *Ibid.*, « Fragments divers », 56, p. 261 ; XLIII, p. 155 ; « Troisième préface », p. 341-342 ; XLVII, p. 169 ; XLIV, p. 159 ; « Troisième préface », p. 341.
6. « Le rameau de Salzbourg », p. 361 ; II, p. 31 ; VIII, p. 43 ; « Fragments divers », 121, p. 292 ; Rousseau, *La Nouvelle Héloïse*, I, 46, *Œuvres complètes*, t. II, Gallimard, 1964, p. 103 ; II, 18, p. 319 ; *Émile*, V, *Œuvres complètes*, t. IV, 1969, p. 743.
7. *De l'amour*, p. 359 ; XI, p. 48 ; XVII, p. 59.
8. *Ibid.*, XXIII, p. 70.
9. *Journal, Œuvres intimes*, t. II, Gallimard, 1982, II, p. 46 ; *Journal littéraire, Œuvres complètes,* t. 49, Genève, Cercle du bibliophile, 1972, p. 140 ; p. 141 ; *Souvenirs d'égotisme, Œuvres intimes*, *op. cit.*, t. II, IX, p. 513.
10. *De l'amour*, p. 36 ; p. 111 ; IX, p. 46.
11. *Ibid.*, p. 334.
12. *Souvenirs d'égotisme, Œuvres intimes*, *op. cit.*, I, p. 434.
13. *De l'amour*, I, p. 28.
14. *Vie de Henry Brulard*, *op. cit.*, II, p. 541-542.
15. *Souvenirs d'égotisme, Œuvres intimes*, *op. cit.*, I, p. 431 ; p. 429-430 ; *Vie de Henry Brulard, Œuvres intimes, op. cit.*, I, p. 532 ; XXI, p. 735.
16. *Souvenirs d'égotisme, Œuvres intimes, op. cit.*, II, p. 440 ; *Vie de Henry Brulard, Œuvres intimes, op. cit.*, XIII, p. 657 ; *Souvenirs d'égotisme, Œuvres intimes, op. cit.*, VI, p. 486 ; *Vie de Henry Brulard, Œuvres intimes, op. cit.*, I, p. 535.
17. XIII, p. 657.
18. *Ibid.*, XLV, p. 949.
19. *Ibid.*, II, p. 547 ; IX, p. 622 ; VII, p. 600.
20. *Souvenirs d'égotisme, Œuvres intimes, op. cit.*, IX, p. 509 ; *De l'amour*, XL, p. 147.
21. *Vie de Henry Brulard, Œuvres intimes, op. cit.*, IV, p. 562 ; XXX, p. 819.
22. Lettre à A. Levavasseur du 21 novembre 1835, *Correspondance*, Gallimard, t. III, p. 140 ; *Journal*, *op. cit.*, II, p. 283 ; II, p. 66.
23. *Vie de Henry Brulard, Œuvres intimes, op. cit.*, XXIV, p. 767 ; I, p. 534 ; *Souvenirs d'égotisme, Œuvres intimes, op. cit.*, I, p. 430 ; VII, p. 495.

24. *Journal*, le 14 décembre 1829, II, p. 109.
25. *Souvenirs d'égotisme, Œuvres intimes, op. cit.*, V, p. 453 ; VI, p. 474 ; *Vie de Henry Brulard, Œuvres intimes, op. cit.*, XXXVIII, p. 896 ; II, p. 540 ; XLV, p. 951 ; « Appendice », p. 962.
26. *Journal*, II, p. 198.
27. *Émile*, *op. cit.*, I, p. 264 ; V, p. 777.

Beckett, l'espoir

1. *La République,* 514a, *Œuvres complètes,* Gallimard, 1950, t. I, p. 1101-1102.
2. Minuit, 1970.
3. « Lettres à Malesherbes », *Œuvres complètes*, Gallimard, t. I, 1959, p. 1131.
4. Minuit, 1980.
5. Minuit, 1972.

Finale

Un profil de Goethe

1. Goethe-Schiller, *Correspondance 1794-1805,* Gallimard, 1994, 2 volumes, le 21 novembre 1795 ; *Conversations de Goethe avec Eckermann* [désormais abrégé en Eckermann], Gallimard, 1988, 23 novembre 1830 ; *ibid.*, 14 février 1830.
2. Eckermann, le 11 juin 1825.
3. À Schiller, le 16 mai 1798 ; « Einwirkung der neueren Philosophie », *Goethes Werke*, Hamburger Ausgabe, Munich, 1981-1982, t. XIII, p. 25.
4. Schiller à Goethe, le 9 juillet 1796 ; à Schiller, le 10 août 1796 ; Schiller à Goethe, le 23 juin 1797 ; à Schiller, le 24 juin 1797.
5. Eckermann, le 14 novembre 1823 ; à Schiller, le 19 février 1802.
6. À Schiller, le 30 décembre 1797 ; au même, le 27 juillet 1799 ; *Écrits sur l'art*, Flammarion, 1996, p. 311 ; à Schiller, le 19 octobre 1794.

7. À Voigt, le 19 décembre 1798, *Briefe*, Munich, DTV, 1988, t. I, p. 363 ; à C. F. Schultz, le 18 septembre 1831, *ibid.*, t. IV, p. 450 ; à Schiller, le 19 décembre 1798.
8. *Écrits sur l'art* p. 185 ; « Bedeutende Fordernis », *Hamburger Ausgabe*, t. XIII, p. 25 ; à Jacobi, le 23 novembre 1801, *Briefe,* t. II, p. 424.
9. Eckermann, le 18 septembre 1823 ; Schiller à Goethe, le 23 août 1794 ; « Maximes », *Hamburger Ausgabe*, t. XII, 575, 569.
10. Eckermann, le 14 avril 1824 ; à Schiller, le 14 août 1797 ; au même, le 12 mai 1798.
11. À Schiller, le 6 mars 1799.
12. Au comte Reinhard, le 18 juin 1831.
13. Eckermann, le 14 avril 1825 ; *Wilhelm Meister. Les années d'apprentissage,* VIII, v, *in Romans*, Gallimard, 1954, p. 883 ; *Écrits sur l'art, op. cit.,* p. 293.
14. Eckermann, le 13 novembre 1823 ; Schiller à Goethe, le 18 mai 1798 ; Eckermann, le 16 avril 1825 ; à Schiller, le 30 juin 1798 ; au même, le 27 avril 1798 ; Eckermann, le 24 février 1823.
15. *Écrits sur l'art, op. cit.*, p. 148.
16. Eckermann, le 29 janvier 1826 ; le 14 avril 1824 ; le 3 novembre 1823 ; le 29 janvier 1826 ; *Voyage en Italie*, Bartillat, 2003, p. 109 ; *ibid.*, p. 51 ; *Poésie et Vérité*, Aubier, 1991, X, p. 257.
17. Eckermann, le 29 janvier 1826 ; le 14 mars 1830.
18. *Poésie et Vérité*, XIX, p. 483 ; *ibid.,* XX, p. 493.
19. *Wilhelm Meister,* VIII, v, p. 885.
20. Eckermann, le 25 février 1824 ; « Winckelmann », *Hamburger Ausgabe*, t. XII, p. 98-99 ; cf. P. Hadot, *N'oublie pas de vivre*, Albin Michel, 2008, p. 34.
21. Eckermann, le 3 novembre 1823 ; *Divan occidental-oriental*, Aubier, 1940, p. 393.
22. Eckermann, le 20 avril 1825.
23. À Schiller, le 21 février 1798 ; *Voyage en Italie*, *op. cit.*, p. 316 ; *ibid.*, p. 391 ; *Poésie et Vérité*, IX, p. 249.
24. Eckermann, le 20 octobre 1830.
25. Eckermann, le 12 mai 1825 ; le 17 février 1832.
26. *Poésie et Vérité*, XIII, p. 369.
27. Eckermann, le 16 décembre 1828 ; *Poésie et Vérité*, X, p. 263 ; *Écrits sur l'art*, p. 248.
28. *Poésie et Vérité*, p. 12 ; *ibid.*, XII, p. 346 ; *ibid.*, VIII, p. 227.

29. *Poésie et Vérité*, XV, p. 419.
30. *Écrits sur l'art*, p. 305 ; *ibid.*, p. 299.
31. *Écrits sur l'art*, p. 317 ; à Schiller, le 27 août 1794 ; au même, le 18 février 1795 ; « Bedeutende Fordernis », *Hamburger Ausgabe*, t. XIII, p. 38.
32. À Schiller, le 6 janvier 1798.
33. *Poésie et Vérité,* VI, p. 155 ; *ibid.,* XVIII, p. 462.
34. *Poésie et Vérité*, VIII, p. 206.
35. *Poésie et Vérité,* IX, p. 233 *; ibid.,* XIII, p. 362.
36. *Poésie et Vérité*, XV, p. 406 ; *ibid.*, p. 407.
37. *Faust*, Flammarion, 1984, II, 3, v. 9381-2.
38. *Poésie et Vérité,* XIII, p. 374.
39. Rousseau, *Œuvres complètes,* Gallimard, t. I, *Confessions,* p. 5 ; *Poésie et Vérité,* XIV, p. 391.
40. *Voyage en Italie,* p. 501 ; *ibid.*, p. 220 ; *ibid.*, p. 105.
41. *Voyage en Italie*, p. 241-242 ; *ibid.*, p. 379 ; *ibid.*, p. 385.
42. *Divan occidental-oriental*, p. 190 ; cf. Hadot, *N'oublie pas de vivre*, *op. cit.*, p. 66.
43. À Eckermann, le 3 novembre 1823.
44. *Poésie et Vérité*, XIII, p. 372 ; *ibid.*, XVI, p. 428 ; à Jacobi, le 9 juin 1785, *Briefe*, t. I, p. 475.
45. *Poésie et Vérité*, XIII, p. 370.
46. *Divan occidental-oriental, op. cit.*, p. 80-83.
47. *Hamburger Ausgabe, op. cit.*, t. I, p. 475 ; cf. Hadot, p. 248 s.
48. *Poésie et Vérité*, XVII, p. 452 ; *Voyage en Italie, op. cit.*, p. 138 ; p. 236.
49. *Voyage en Italie*, *op. cit.*, p. 446.
50. *Poésie et Vérité*, VII, p. 186 ; *ibid.*, XIII, p. 376 ; à Schiller, le 3 mars 1799.
51. *Poésie et Vérité*, XIII, p. 371.
52. *Poésie et Vérité*, XIII, p. 376 ; *ibid.,* XVIII, p. 461-462.
53. *Poésie et Vérité*, VIII, p. 207 ; *Voyage en Italie* , p. 168.
54. *Poésie et Vérité*, p. 13.
55. *Écrits sur l'art*, p. 194, 199.
56. *Poésie et Vérité*, XIII, p. 377.
57. *Voyage en Italie*, p. 181 ; *ibid.*, p. 435.
58. *Poésie et Vérité*, XIV, p. 392 ; *ibid.*, II, p. 34 ; *ibid.*, XII, p. 328 ; *ibid.*, VII, p. 179.

59. Eckermann, le 14 mars 1830 ; *Poésie et Vérité*, XVII, p. 451.
60. *Écrits sur l'art*, p. 297, p. 300 ; à C.L. von Knebel, le 14 décembre 1822, *Briefe*, t. IV, p. 54 ; *Écrits sur l'art*, p. 300, p. 321.
61. *Écrits sur l'art*, p. 297, p. 299-300, p. 299.
62. *Poésie et Vérité*, I, p. 28-29 ; *Voyage en Italie*, p. 200 ; *Poésie et Vérité*, XII, p. 351.
63. H. Luden (1813), *in* Goethe, *Sämtliche Werke. Briefe, etc.*, B.VII (XXXIV), Francfort, Deutsche Klassiker Verlag (N°165), 1999 ; « Flüchtige Übersicht über die Kunst in Deutschland », *Hamburger Ausgabe,* t. XII ; *Écrits sur l'art*, p. 306 ; Eckermann, mars 1832.
64. « Compte-rendu de *Serbische Lieder* », *Hamburger Ausgabe*, t. XII, p. 327s. ; Eckermann, le 31 janvier 1827.
65. « Bezüge nach Aussen », *Sämtliche Werke* (N°166) ; à J.L. Blücher, le 14 juin 1820, *Sämtliche Werke*, B.IX (XXXVI) ; Eckermann, le 31 janvier 1827.
66. *Poésie et Vérité*, VII, p. 182.
67. *Divan occidental-oriental,* p. 372 ; à Cotta, le 16 mai 1815, *Briefe*, t. III ; *Divan occidental-oriental*, p. 326.
68. À Schiller, le 26 octobre 1796.
69. À Schiller, le 26 décembre 1795 ; Eckermann, le 27 avril 1825.
70. À Schiller, le 15 décembre 1798 ; au même, le 9 juillet 1796.
71. Eckermann, le 26 février 1824 ; le 14 octobre 1823 ; à J.L. Blücher, le 14 juin 1820 ; Eckermann, le 10 janvier 1825.
72. Eckermann, le 11 avril 1827 ; le 15 mai 1831 ; *Écrits sur l'art, op. cit.*, p. 248 ; p. 294 ; Eckermann, le 24 février 1825 ; le 17 janvier 1831 ; le 8 mars 1831 , le 10 juillet 1827 ; le 11 décembre 1826.
73. Eckermann, le 2 mai 1824.
74. *Voyage en Italie*, p. 243, p. 446.
75. *Poésie et Vérité*, XV, p. 409 ; XIII, p. 369 ; à Schiller, le 3 mars 1799.
76. *Écrits sur l'art*, p. 190.
77. À Schiller, le 27 août 1794 ; Eckermann, le 7 mars 1830 ; *Entretiens avec le chancelier Müller*, Phénix, 1999, p. 285.
78. Eckermann, le 12 mai 1825 ; *Voyage en Italie*, p. 289 ; Eckermann, le 17 février 1832 ; à W. von Humboldt, le 17 mars 1832, *Briefe*, t. IV, p. 480.

Table

Du même auteur *(suite)*

Aux éditions Actes Sud

Germaine Tillion, une ethnologue dans le siècle (avec Christian Bromberger), 2002

Aux éditions Hachette

Benjamin Constant, la passion démocratique, 1997

Frêle bonheur, essai sur Rousseau, 1985

Aux éditions Adam Biro

Éloge de l'individu, 2000

Éloge du quotidien, 1993

Aux éditions Arléa

Les Abus de la mémoire, 1995

Aux éditions Mouton

Grammaire du « Décaméron », 1969

Aux éditions Larousse

Littérature et Signification, 1967

Direction d'ouvrages

Germaine Tillion, *Fragments de vie*, Seuil, 2009

Marina Tsvetaeva, *Vivre dans le feu*, Robert Laffont, 2005

La Fragilité du bien, le sauvetage des juifs bulgares, Albin Michel, 1999

Guerre et paix sous l'Occupation (avec Annick Jacquet), Arléa, 1996

Au nom du peuple, témoignages sur les camps communistes, Éditions de l'Aube, 1992

Récits aztèques de la conquête (avec Georges Baudot), Seuil, 1983 (et 2009)

Théorie de la littérature, textes des Formalistes russes, Seuil, 1965

Le Seuil s'engage pour la protection de l'environnement

Cet ouvrage a été imprimé sur papier FSC (www.fsc.org) bouffant Médiopaque.

Le FSC est une association d'utilité publique internationale qui s'engage pour une exploitation durable des forêts.

Elle est soutenue par toutes les grandes organisations environnementales, par des organisations engagées sur le plan social et des organisations de l'économie forestière et du bois.

Elle est indépendante et ne poursuit en aucun cas des intérêts financiers.

Ce livre a été imprimé chez un imprimeur labellisé Imprim'Vert, marque créée en partenariat avec l'Agence de l'Eau, l'ADEME (Agence de l'Environnement et de la Maîtrise de l'Énergie) et la FICG (Fédération de l'Imprimerie et de la Communication Graphique).

La marque Imprim'Vert apporte trois garanties essentielles :

- la suppression totale de l'utilisation de produits toxiques ;
- la sécurisation des stockages de produits et de déchets dangereux ;
- la collecte et le traitement des produits dangereux.

RÉALISATION : NORD-COMPO À VILLENEUVE-D'ASCQ
IMPRESSION : NORMANDIE ROTO IMPRESSION S.A.S. À LONRAI
DÉPÔT LÉGAL : OCTOBRE 2009. N° 99326 (09-2986)
IMPRIMÉ EN FRANCE